Stefan Smid

Forderungen in der Insolvenz

De Gruyter Praxishandbuch

Stefan Smid

Forderungen in der Insolvenz

Anmeldung – Feststellung – Tabellenfeststellungsstreit

DE GRUYTER

Dr. Stefan Smid
Professor an der Rechtswissenschaftlichen Fakultät der Christian Albrechts-Universität zu Kiel
Centrum für Deutsches und Europäisches Insolvenzrecht

ISBN 978-3-11-052598-4
e-ISBN (PDF) 978-3-11-052759-9
e-ISBN (EPUB) 978-3-11-052601-1

Bibliografische Information der Deutschen Nationalbibliothek
Die Deutsche Nationalbibliothek verzeichnet diese Publikation in der Deutschen Nationalbibliografie; detaillierte bibliografische Daten sind im Internet über http://dnb.dnb.de abrufbar.

Bildnachweis: Ingram Publishing/thinkstock
Datenkonvertierung/Satz: jürgen ullrich typosatz, Nördlingen
Druck: CPI books GmbH, Leck
♾ Gedruckt auf säurefreiem Papier
Printed in Germany

www.degruyter.com

Norbert Fehl zum Gedenken

Vorwort

Forderungsanmeldung, Forderungsprüfung, Feststellung zur Tabelle und der Tabellenfeststellungsprozess scheinen unproblematisch zu sein. Dieser Schein trügt. Er wird dadurch hervorgerufen, dass die insolvenzrechtliche Diskussion der beiden vergangenen Jahrzehnte vorzugsweise um neue, durch die Reformen dieser Jahre hervorgebrachte Rechtsinstitute kreist; Insolvenzplan, Eigenverwaltung und Konzerninsolvenz sollen dies nur stichwortartig umreissen. Die positiv-rechtlichen Regelungen der Forderungsanmeldung und der Feststellung angemeldeter Forderungen zur Tabelle ist von den Insolvenzrechtsreformen des vergangenen Vierteljahrunderts unberührt geblieben, was den Schein bestärkt, hier gäbe es keine Fragen, der sich anzunehmen sich lohne. Während Anfang des vergangenen Jahrhunderts mit einer Reihe von Monographien[1] eine lebhafte prozessrechtliche Diskussion um Forderungsanmeldung und Tabellenfeststellungsprozess geführt worden ist, ist das Interesse an den damit zusammenhängenden Rechtsfragen stark zurückgegangen. *Henckels*[2] Frage nach dem Streitgegenstand der Tabellenfeststellungsklage und nicht zuletzt *Spellenbergs*[3] tiefgreifende Untersuchungen liegen 45 Jahre zurück. Und bereits *Spellenberg* stellte fest, dass das Interesse nach rechtsdogmatischer Begründung nicht selten Einzelfallabwägungen unter Verzicht auf systematische Rekonstruktionen weiche.

Die insolvenzrechtliche Lehre hat damit die vielfältigen Fragen kaum aufgegriffen, die sich für die höchstrichterliche Judikatur der vergangenen beiden Jahrzehnte aus Problemen der Insolvenzpraxis ergeben haben. Dazu zählen die förmlichen Anforderungen an die Forderungsanmeldung nach § 174 Abs. 2 InsO,[4] aber auch die besonderen Zulässigkeitsvoraussetzungen der Tabellenfeststellungsklage.[5] Nach einer aus der Funktion des Verfahrens der Forderungsprüfung abgeleiteten Begründung dieser besonderen Zulässigkeitsvoraussetzungen aus §§ 181, 183 InsO zeichnet sich ein an Billigkeitserwägungen abgeleiteter Umschwung an,[6] der für die Rechtspraxis mit Unsicherheiten und Haftungsrisiken verbunden ist. Aber auch die Frage, was Grund und Reichweite der Rechtskraftwirkungen der Tabellenfeststellung nach § 178 Abs. 3 InsO sind, ist in den vergangenen Jahren streitig geworden. Die Rechtsprechung hat dabei lange Jahre an dem Dogma festgehalten, dass Gegenstand der

---

1 Besonders *Jonas*, Die Konkursfeststellung in ihrer prozessualen Durchführung, 1907; *Bley*, Die Feststellung des Konkursgläubigerrechts, 1914.

2 *Henckel*, in: Festschrift für Michaelis, 1972, 151.

3 *Spellenberg*, Zum Gegenstand des Konkursfeststellungsverfahrens, 1973.

4 BGH, Urt. v. 1.12.2005 – IX ZR 95/04, DZWIR 2006, 125.

5 BGH, (SKL-M-)Urt. v. 2.7.2007 – 221/05, ZIP 2007, 1785, aber auch BGH, NichtzulassungsB. v. 12.11.2015 – IX ZR 313/14, ZIP 2016, 30.

6 BGH, NichtzulassungsB. v. 12.11.2015 – IX ZR 313/14: Aufweichung im vordergründigen Interesse nur einer Seite, nämlich des anmeldenden Gläubigers.

Feststellung die Forderung sei. Dieses Dogma hat sie nicht durchgehalten, wo es um die Frage der Zulässigkeit eines Anfechtungs- oder eines Absonderungsprozesses nach Feststellung der anzufechtenden bzw. gesicherten Forderung zur Tabelle geht. Und, um diese Übersicht noch zu ergänzen, hat sich die Frage der Rechtsnachfolge von anmeldendem und opponierendem Gläubiger und Insolvenzverwalter im Anmeldeverfahren besonders für den Fall der Zession der angemeldeten Forderung ergeben.

All diese Fragen sind von erheblicher praktischer Bedeutung. Hier werden die ihnen zugrundeliegenden Strukturen nachgezeichnet – und für die Durchführung von Forderungsanmeldung, Forderungsprüfung, Feststellung und Tabellenfeststellungsprozess Folgerungen gezogen.

Die Mitarbeiterinnen und Mitarbeiter meines Lehrstuhls haben mit ihren Korrekturen und Formatierungshilfen mir bei der Ausarbeitung wichtigen Beistand geleistet. Das Interesse an Forderungsanmeldung und Tabellenfeststellung hat André Löffler geweckt, dem ich dafür zu Dank verpflichtet bin. Silke Wehdeking hat mir als Diskussionspartnerin zur Seite gestanden. Auch ihr sei dafür gedankt.

Kiel, im Januar 2017 Stefan Smid

Inhaltsübersicht

Inhaltsverzeichnis

Kapitel 2
Tabellenführung und Forderungsprüfung

Kapitel 3
Widerspruch des Schuldners

Kapitel 4
Forderungsanmeldung und Versäumung der gerichtlich gesetzten Anmeldefrist

Kapitel 6
Zession der Forderung nach deren Anmeldung und Feststellung

Teil 2
Feststellung der Forderung zur Tabelle

Kapitel 1
Die positiv-rechtliche Regelung

Kapitel 2
Verfahren der Feststellung angemeldeter Insolvenzforderungen und der Eintragung in die Tabelle

Kapitel 3
Korrektur der „fehlerhaften" Tabelle und Feststellung des Inhalts der „unklaren" Tabelle

Kapitel 4
Rechtskraftwirkung der Eintragung der Forderung in die Tabelle

Teil 3
Der Prozess um die Feststellung der bestrittenen Forderung zur Tabelle

Kapitel 1
Positiv-rechtliche Regelung

Kapitel 2
Negative Feststellungsklagen gegen bestrittene, aber nicht „betriebene" Forderungen durch Insolvenzverwalter und Insolvenzgläubiger

Kapitel 3
Wirkung der Beendigung des Insolvenzverfahrens auf laufende Tabellenfeststellungsprozesse

Kapitel 4
Zusammenfassung: Parteien des Tabellenfeststellungsprozesses

Kapitel 5
Rechtsbehelfe im Falle des Widerspruchs des Schuldners

Kapitel 6
Zusammenhang von Zulässigkeit der Tabellenfeststellungsklage und Anforderungen an die Forderungsanmeldung

Kapitel 7
Wirkung des Tabellenfeststellungsurteils

Kapitel 8
Anmeldung von Forderungen aus vorsätzlich begangener unerlaubter Handlung

Abkürzungsverzeichnis und Verzeichnis der abgekürzt zitierten Literatur

a.A.	anderer Auffassung
a.a.O.	am angegebenen Ort
Abs.	Absatz
abw.	abweichend
aE	am (Absatz-)Ende
a.F.	alter Fassung
allg.	allgemein
Alt.	Alternative
amtl.	amtlich
AnfG	Gesetz betreffend die Anfechtung von Rechtshandlungen eines Schuldners außerhalb des Insolvenzverfahrens (Anfechtungsgesetz)
Anm.	Anmerkung(en)
AO	Abgabenordnung/Anordnung
ArbG	Arbeitsgericht
ArbGG	Arbeitsgerichtsgesetz
Art.	Artikel
Aufl.	Auflage
BAG	Bundesarbeitsgericht
BAGE	Entscheidungen des Bundesarbeitsgerichts
BayObLG	Bayerisches Oberstes Landgericht
BB	Der Betriebs-Berater
Bd.	Band
Begr.	Begründung
Beschl.-Empf.	Beschlussempfehlung
Beschl. v.	Beschluss vom
BFH	Bundesfinanzhof
BGB	Bürgerliches Gesetzbuch
BGBl.	Bundesgesetzblatt
BGH	Bundesgerichtshof
BGHZ	Entscheidungen des Bundesgerichtshofes in Zivilsachen
BMJ	Bundesministerium der Justiz
BRAO	Bundesrechtsanwaltsordnung
bspw.	beispielsweise
BT-Drucks.	Drucksache des Deutschen Bundestages
BVerfG	Bundesverfassungsgericht
BVerfGE	Entscheidungen des Bundesverfassungsgerichts
bzw.	beziehungsweise
DepotG	Depotgesetz. Gesetz über die Verwahrung und Anschaffung von Wertpapieren
ders.	derselbe
d.h.	das heißt
dies.	dieselbe(n)

Diss.	Dissertation
DZWIR	Deutsche Zeitschrift für Wirtschafts- und Insolvenzrecht
EGInsO	Einführungsgesetz zur Insolvenzordnung
Einl.	Einleitung
EStG	Einkommensteuergesetz
ESUG	Gesetz über die weitere Erleichterung der Sanierung von Unternehmen
EuGH	Europäischer Gerichtshof
EWiR	Entscheidungen zum Wirtschaftsrecht
EzA	Entscheidungssammlung zum Arbeitsrecht
f(f).	(fort)folgende
FK-Bearbeiter	Frankfurter Kommentar zur Insolvenzverordnung, 8. Aufl. 2015
(Name)-Festschr.	Festschrift für ...
Fußn.	Fußnote(n)
gem.	gemäß
GenG	Gesetz betreffend die Erwerbs- und Wirtschaftsgenossenschaften
GesO	Gesamtvollstreckungsordnung
GG	Grundgesetz für die Bundesrepublik Deutschland
GKG	Gerichtskostengesetz
GmbH	Gesellschaft mit beschränkter Haftung
GmbHG	Gesetz betreffend die Gesellschaften mit beschränkter Haftung
Gottwald/Bearbeiter	*Gottwald* (Hrsg.), Insolvenzrechts-Handbuch, 5. Aufl. 2015
GrSen	Großer Senat
GVG	Gerichtsverfassungsgesetz
Hahn (Mat.)	Hahn (Hrsg.), Die gesamten Materialien zu den Reichs-Justizgesetzen, Bd. IV, Materialien zu der Konkursordnung und dem Einführungsgesetz vom 10.2.1877, 1881
Häsemeyer	*Häsemeyer*, Insolvenzrecht, 4. Aufl. 2007
HK-Bearbeiter	Heidelberger Kommentar zur Insolvenzordnung, 8. Aufl. 2016
hL	herrschende Lehre
hM	herrschende Meinung
Hrsg.	Herausgeber
hrsg.	herausgeben
i.d.F. (d. Bek.)	in der Fassung (der Bekanntmachung)
i.e.S.	im engeren Sinne
InsO	Insolvenzordnung
InsVV	Insolvenzrechtliche Vergütungsordnung
i.S.d.	im Sinne des
i.S.v.	im Sinne von
i.V.m.	im Verbindung mit
Jaeger/Bearbeiter	*Jaeger*, Großkommentar zur Insolvenzordnung, 1. Aufl., seit 2004
Jaeger, Lb	*Jaeger*, Lehrbuch des Konkursrechts, 8. Aufl. 1932
jprins	Juris Praxisreport Insolvenzrecht

KG	Kommanditgesellschaft/Kammergericht
KGaA	Kommanditgesellschaft auf Aktien
KP-Bearbeiter	Kübler/Prütting, Insolvenzordnung, 69. Liefg. 2016
KS-Bearbeiter	Kölner Schrift zur Insolvenzordnung, 3. Aufl. 2009
krit.	kritisch
KTS	Konkurs, Treuhand, Sanierung
LAG	Landesarbeitsgericht
LG	Landgericht
LM	Nachschlagewerk des BGH, hrsg. v. Lindenmaier, Möhring u.a.
LSZ	Leonhardt/Smid/Zeuner, Insolvenzordnung, 3. Aufl. 2011
m.a.W.	mit anderen Worten
m.w.Nachw.	mit weiteren Nachweisen
Mat.	Materialien
MDR	Monatszeitschrift für Deutsches Recht
Mot.	Motive
MünchKomm-Bearbeiter, BGB	Münchener Kommentar zum Bürgerlichen Gesetzbuch, 7. Aufl. 2015 ff.
Nachw.	Nachweise
n.F.	neuer Fassung
NJW	Neue Juristische Wochenschrift
NJW-RR	Neue Juristische Wochenschrift-Rechtsprechungsreport
Nr.	Nummer
OHG	Offene Handelsgesellschaft
OLG	Oberlandesgericht
p(p).	page(s)
PSV	Pensionssicherungsverein
RAG	Reichsarbeitsgericht
RdNr.	Randnummer
RegE	Regierungsentwurf
RFH	Reichsfinanzhof
RG	Reichsgericht
RGZ	Entscheidungen des Reichsgerichts in Zivilsachen
RPfleger	Der Deutsche Rechtspfleger
RPflG	Rechtspflegergesetz
S.	Seite/Satz
s.	siehe
Smid, Rechtsprechung	*Smid*, Zur Unterscheidung von Rechtsfürsorge und Prozess, Köln-Berlin-Bonn-München 1990
sog.	so genannt(er)
str.	streitig
Thomas/Putzo, ZPO	*Thomas/Putzo*, Zivilprozessordnung, 38. Aufl. 2017

u.a.	unter anderem
Uhlenbruck	Uhlenbruck, Insolvenzordnung, 14. Aufl. 2015
u.U.	unter Umständen
umf.	umfassend
umstr.	umstritten
UNCITRAL (ML)	United Nations Commission on International Trade Law (Modell Law on Cross-Border Insolvency)
URG	(österreichisches) Bundesgesetz über die Reorganisation von Unternehmen
Urt. v.	Urteil vom
UStG	Umsatzsteuergesetz
v.	von, vom/versus
VAG	Versicherungsaufsichtsgesetz
Var.	Variante
VerglO	Vergleichsordnung
VGH	Verwaltungsgerichtshof
vgl.	vergleiche
VVG	Gesetz über den Versicherungsvertrag (Versicherungsvertragsgesetz)
WG	Wechselgesetz
WM	Wertpapier-Mitteilungen. Zeitschrift für Wirtschafts- und Bankrecht
z.B.	zum Beispiel
ZB	Zweiter Bericht der Kommission für Insolvenzrecht, 1986
ZGR	Zeitschrift für Unternehmens- und Gesellschaftsrecht
Ziff.	Ziffer
ZInsO	Zeitschrift für das gesamte Insolvenzrecht
ZIP	Zeitschrift für Wirtschaftsrecht
Zöller/Bearbeiter	*Zöller*, Zivilprozessordnung, 31. Aufl. 2016
ZPO	Zivilprozessordnung
z.T.	zum Teil
zust.	zustimmend
ZZP	Zeitschrift für Zivilprozess

Teil 1
Rechtsverfolgung durch die Insolvenzgläubiger im nichtstreitigen Verfahren

Kapitel 1. Anmeldung der Forderungen gem. § 174 InsO

A) Funktion der Forderungsanmeldung

I. Schuldenmasse und Verfahrensteilnahme

1. Forderungsanmeldung: Verfahrensteilnahme als Voraussetzung der Rechtsverfolgung von Insolvenzgläubigern

Die Eröffnung des Insolvenzverfahrens führt zu einer Veränderung der prozessualen **1.1** Situation:[1] Das Verfahren der Teilnahme des Gläubigers am Insolvenzverfahren zur Anmeldung seiner Forderung nach den §§ 174 ff. InsO stellt die einzige dem Gläubiger zu Gebote stehende Form dar, seine Rechte nach Eröffnung des Insolvenzverfahrens über das Vermögen des Schuldners zu verfolgen. Hierauf wird im Folgenden leitmotivisch zurückzukommen sein. Während § 12 KO[2] den Konkursgläubigern die Möglichkeit offenlies, nach einem Verzicht auf die Teilnahme am Verfahren gegen den Gemeinschuldner persönlich Klage zu erheben, wobei ihnen jedoch die Vollstreckung während der Dauer des Konkursverfahrens durch § 14 KO verwehrt war,[3] schließt § 87 InsO im Interesse der Bündelung der Rechtsverfolgung der Insolvenzgläubiger bereits eine jede Form der Leistungsklage zur Durchsetzung von Forderungen auch im Falle des Verzichts des Gläubigers auf Teilnahme am Insolvenzverfahren aus.[4] Gemäß § 87 InsO[5] können Insolvenzgläubiger ihre Forderungen nach der Eröffnung des Insolvenzverfahrens (zum maßgeblichen Zeitpunkt vgl. § 27 Abs. 3 InsO)[6] nur noch „nach den Vorschriften des Insolvenzrechts“ verfolgen. Darum können die Gläubiger allein durch die Anmeldung ihrer Forderungen zur Insolvenztabelle gem. § 174 InsO[7] ihre Vermögensansprüche gegen den Schuldner verfolgen.[8] In welcher Weise der

---

1 *Smid*, DZWiR 1993, 485 ff.
2 Amtl. Begr. zu § 98 RegEInsO, BT-Drs. 12/2443, 137.
3 *Hess*, in: Hess-Kommentar zur KO, 6. Aufl., § 14 Rn. 1 f.
4 Amtl. Begr. zu § 98 RegEInsO, BT-Drs. 12/2443, 137.
5 *Smid*, in: Leonhardt/Smid/Zeuner, 3. Aufl. InsO, § 87 Rn. 3 ff.
6 Braun/*Herzig*, 6. Aufl. InsO, § 27 Rn. 6.
7 Abs. 2: I.d.F. d. Art. 1 Nr. 12 G v. 26.10.2001 (BGBl. I, 2710) m.W.v. 1.12.2001, Abs. 4: Eingef. durch Art. 9 Nr. 2 G v. 22.3.2005 (BGBl. I, 837) m.W.v. 1.4.2005.
8 BGH, B. v. 3.4.2014 – IX ZB 93/13, ZIP 2014, 1185 = DZWIR 2014, 506 m. Anm. *Hain* jurisPR-InsR 13/2014 Anm. 1, BGH, Urt. v. 21.2.2013 – IX ZR 92/12, ZIP 2013, 680.

Schuldner während des Verfahrens für Forderungen der Insolvenzgläubiger in Anspruch genommen werden kann, ergibt sich daher allein aus den Vorschriften über das Insolvenzverfahren – also den Regelungen der Forderungsanmeldung gem. §§ 174 ff. InsO.[9] § 87 InsO betrifft dabei den **Schuldenmassestreit** – also **Passivprozesse** des Schuldners über **Insolvenzforderungen.** § 87 InsO normiert damit eine allgemeine Wirkung der Eröffnung des Insolvenzverfahrens – *Uhlenbruck*[10] hat sie zu Recht als **„Schlüsselnorm“** bezeichnet.[11]

1.2 *J. Kohler*[12] hat in seinem Lehrbuch des Konkursrechts die Funktion von Anmelde- und Forderungsfeststellungsverfahren in einer Weise verdeutlicht, die heute überholt anmuten mag, aber doch besonders von *Spellenberg*[13] mit seiner Beschreibung der Funktion des Forderungsanmeldungsverfahrens herangezogen wird; *Spellenberg* erläutert, die Eröffnung des Insolvenzverfahrens kehre gegenüber dem Verhältnis des zivilprozessualen Erkenntnisverfahrens und der Individualvollstreckung des aus ihm erlangten Titels gleichsam die zeitliche Reihenfolge von Erlangung des Titels und der Vollstreckung um. Denn er hat sie in den Zusammenhang der Funktion des Konkurses als Gesamtvollstreckungsverfahren gestellt – die heute durch die Betonung von Reorganisations- und Sanierungsaufgaben des Insolvenzverfahrens bisweilen verdunkelt wird. Die Eröffnung des Insolvenzverfahrens ordnet zunächst die Exekution in das Vermögen des Schuldners durch Verhängung des Insolvenzbeschlags an. Die Feststellung, wem das beschlagnahmte Vermögen haftet, wird erst im Gesamtvollstreckungsverfahren getroffen – und dies zunächst nicht durch richterlichen Kognitionsakt im Prozess, sondern durch Gläubiger und Insolvenzverwalter. *Kohler* geht in diesem Zusammenhang von der Beschlagnahme des schuldnerischen Vermögens mit dem Eröffnungsbeschluss *„in blanco“* aus (heute § 35 Abs. 1 InsO), womit er ausdrückt, dass die Masse einer Gesamtheit von Gläubigern haftet, ohne dass die Identität der einzelnen im Verteilungsverfahren zu berücksichtigenden Gläubigern bei Eröffnung des Verfahrens feststünde. Die Anmeldung behandelt *Kohler* folglich als Schritt zur „Fixierung der Gläubigerschaft“. Die Forderungsanmeldung ist keine Klage, sondern „Aktualisierung des den Konkursgläubigern potentiell gewährten Beschlagsrechts.“[14]

1.3 Das Prüfungsverfahren stellt sich danach nicht als „prozessualisches Feststellungsverfahren“ dar.[15] Der Charakter dieses Verfahrens als Entscheidung der Gläubigergemeinschaft über den Zugang zur Beteiligung an der Verteilungsmasse drückt

9 *Smid*, in: Leonhardt/Smid/Zeuner, 3. Aufl. InsO, § 87 Rn. 2.
10 Heute aufgegriffen von Uhlenbruck/*Mock*, 14. Aufl. InsO, § 87 Rn. 1.
11 *Smid*, in: Leonhardt/Smid/Zeuner, 3. Aufl. InsO, § 87 Rn. 1.
12 *Kohler*, Lehrbuch des Konkursrechts 1891, 549.
13 *Spellenberg*, Zum Gegenstand des Konkursfeststellungsverfahrens, 1973, S. 1 f.
14 *Kohler*, Lehrbuch des Konkursrechts 1891, 329.
15 *Kohler*, Lehrbuch des Konkursrechts 1891, 551.

Kohler damit aus, dass er es prägnant als „Diskussionsverfahren zur Klärung der Sache" bezeichnet.

Die Insolvenzrechtsreform des Jahres 1999 hat mit § 174 Abs. 1 InsO die Zuständigkeit für die Entgegennahme der Anmeldungen vom Konkursgericht auf den Insolvenzverwalter verlagert. Damit sind nicht nur die Insolvenzgerichte entlastet, sondern es ist strukturell zugleich dazu beigetragen worden, die Frage nach der Zuordnung des Verfahrensteilnahmerechts zum öffentlichen Verfahrensrecht oder zum Privatrecht klarer fassen zu können. Denn das Verfahren der (nichtstreitigen) Feststellung der angemeldeten Forderungen liegt bei dem Insolvenzverwalter und zugleich nicht zuletzt bei den (anderen) Gläubigern – und damit im privatrechtlichen Bereich.[16] 1.4

Diese Grundform der Forderungsanmeldung als Verfahrensteilnahme und insolvenzspezifische Verfolgung der Forderung greift das europäische Recht grenzüberschreitender Insolvenzen auf (unten Rn. 1.11). Nach Art. 46 Abs. 3 EuInsVO ist das Verfahrensteilnahmerecht des Verwalters eines Haupt- oder eines Sekundärinsolvenzverfahrens, insbesondere durch Teilnahme an einer Gläubigerversammlung „wie ein Gläubiger an einem anderen Insolvenzverfahren mitzuwirken", nicht von der Anmeldung der im jeweiligen Verfahren angemeldeten Forderungen im jeweils anderen Verfahren abhängig. 1.5

Übersicht 1	**Forderungsanmeldung**		
§ 174 Abs. 1 S. 1 InsO	Die Insolvenzgläubiger haben ihre Forderungen schriftlich beim Insolvenzverwalter anzumelden.	Nicht nachrangige Insolvenzforderung, § 38 InsO Dagegen: Gesellschaftergläubiger in der Insolvenz der Gesellschaft Nachrangige Gläubiger Massegläubiger	Aufnahme zur Tabelle, wenn Anmeldung als nicht nachrangige Insolvenzforderung
§ 174 Abs. 1 S. 2 InsO	Der Anmeldung sollen die Urkunden, aus denen sich die Forderung ergibt, in Abdruck beigefügt werden.	Nicht zwingend Urkunden im Original: BGH, Urt. v. 1.12.2005 – IX ZR 95/04, DZWIR 2006, 125	
§ 174 Abs. 1 S. 3 InsO	Zur Vertretung des Gläubigers im Verfahren nach diesem Abschnitt sind auch Personen befugt, die Inkassodienstleistungen erbringen (registrierte Personen		Offenkundigkeitsprinzip, § 164 BGB Ggf. § 80 ZPO

16 Dies gilt auch, soweit sich – wie typischer Weise – öffentlich-rechtliche Gläubiger am insolvenzrechtlichen Verfahren der Forderungsfeststellung beteiligen.

Übersicht 1	**Forderungsanmeldung**		
	nach § 10 Abs. 1 Satz 1 Nr. 1 des Rechtsdienstleistungsgesetzes).		Prüfung der Vertretungsmacht nur, wenn Zweifel
§ 174 Abs.2, 1. Halbs. InsO	Bei der Anmeldung sind der Grund und der Betrag der Forderung anzugeben.	Grund: Angabe eines subsumtionsfähigen schlüssigen Sachverhalts Betrag: § 45 S. 1 InsO: Bezifferung § 45 S. 2 InsO: Angabe in €	Sammelanmeldungsfall: BGH, Urt. v. 2.1.2009 – IX ZR 3/08, ZIP 2009, 483
		aber: bei Bestreiten genügt dies nicht: Angabe konkreter Anspruchsgrundlage, um Prüfung zu ermöglichen	BGH, (SKL-M-) Urt. v. 2.7.2007 – XXX, ZIP 2007, 1785, aber auch BGH, NichtzulassungsB. v. 12.11.2015 – IX ZR 313/14
§ 174 Abs.2, 2. Halbs. InsO	Sowie die Tatsachen, aus denen sich nach Einschätzung des Gläubigers ergibt, dass ihr eine vorsätzlich begangene unerlaubte Handlung, eine vorsätzliche pflichtwidrige Verletzung einer gesetzlichen Unterhaltspflicht oder eine Steuerstraftat des Schuldners nach den §§ 370, 373 oder § 374 der Abgabenordnung zugrunde liegt.		
§ 174 Abs.3 InsO	Die Forderungen nachrangiger Gläubiger sind nur anzumelden, soweit das Insolvenzgericht besonders zur Anmeldung dieser Forderungen auffordert. Bei der Anmeldung solcher Forderungen ist auf den Nachrang hinzuweisen und die dem Gläubiger zustehende Rangstelle zu bezeichnen.		
§ 174 Abs.4 InsO	Die Anmeldung kann durch Übermittlung eines elektronischen Dokuments erfolgen, wenn der Insolvenzverwalter der Übermittlung elektronischer Dokumente ausdrücklich zugestimmt hat. In diesem Fall sollen die Urkunden, aus denen sich die Forderung ergibt, unverzüglich nachgereicht werden.		

2. Forderungsanmeldung: Feststellung der Schuldenmasse

Die Anmeldung von Insolvenzforderungen hat eine weitere Funktion. Neben ihrer Funktion als Ausübung und Begründung von Verfahrensteilnahmerechten des anmeldenden Gläubigers (soeben Rn. 1.4.) dient die Forderungsanmeldung als Voraussetzung der Feststellung der Forderung und damit der Ermittlung der Schuldenmasse, aus der sich die konkursmäßige Befriedigung der Gläubiger berechnet, § 188 InsO.[17] 1.6

3. Nicht-nachrangige und nachrangige Insolvenzgläubiger

§ 174 InsO bestimmt die Anmeldung zur Tabelle als die insolvenzrechtliche Art der Geltendmachung von **Insolvenzforderungen**. Die Vorschrift betrifft also gem. § 38 InsO die persönlichen Gläubiger, die einen zur Zeit der Eröffnung des Insolvenzverfahrens begründeten Vermögensanspruch gegen den Schuldner haben. Die Insolvenzgläubiger, zu denen auch die absonderungsberechtigten Gläubiger zählen, soweit sie aufgrund (gesicherter) persönlicher Forderungen gegen den Schuldner Insolvenzgläubiger sind, nehmen ihre Rechte nach alledem im Insolvenzverfahren dadurch wahr, dass sie ihre Forderungen zur Tabelle anmelden. Aber auch **nachrangige Insolvenzforderungen** gem. § 39 Abs. 1 InsO werden unter den besonderen Voraussetzungen des § 174 Abs. 3 InsO durch Forderungsanmeldung verfolgt.[18] Dass gegen den Schuldner als Träger des haftenden Vermögens begründete Forderungen als nachrangige Insolvenzforderungen qualifiziert werden, ist Folge gesetzlicher Regelungen des Insolvenzrechts: So fingiert das Gesetz z.B. in § 39 Abs. 1 Nrn. 1 und 2 InsO die Qualität im eröffneten Insolvenzverfahren begründeter Forderungen als nachrangige Insolvenzforderungen, was im Gegensatz zu § 63 KO deren Unterwerfung unter das insolvenzrechtliche Regime nach sich zieht und die Teilnahme ihrer Inhaber unter den Voraussetzungen des § 174 Abs. 3 InsO ermöglicht. In den Fällen der Nrn. 3, 4 und 5 des § 174 Abs. 1 InsO werden vorkonkurslich begründete Forderungen im Rang herabgestuft. Eingehend im Folgenden Rn. 1.12ff., 1.39. 1.7

4. Forderung gegen Personen- oder Personenhandelsgesellschaften und persönlich haftende Gesellschafter

Ist ein Insolvenzgläubiger Inhaber einer **Forderung gegen eine Personen- oder Personenhandelsgesellschaft**,[19] so war es nach überkommenem Recht zweckmäßig, die Forderung gesondert unter Beifügung einer Zweitschrift sowohl im Insolvenzverfahren der Gesellschaft als auch des persönlich haftenden Gesellschafters 1.8

17 *Füchsl/Weishäupl/Kebekus/Schwarzer*, in: MünchKomm, 3. Aufl. InsO, § 188 Rn. 3f.

18 Amtl. Begr. zu § 201 RegEInsO, BT-Drs. 12/2443, 184.

19 *Smid*, in: Leonhardt/Smid/Zeuner, 3. Aufl. InsO, § 11 Rn. 10.

anzumelden – im Zweitverfahren stand dem Gläubiger dann (nur) die Ausfallforderung zu, § 212 Abs. 1 KO.[20] In Ansehung des § 93 InsO ist dieser Weg nicht mehr gangbar: die persönliche Haftung der Gesellschafter kann überhaupt (und nicht nur im Falle des Doppelkonkurses) während des Insolvenzverfahrens über das Vermögen der Gesellschaft ausschließlich vom Insolvenzverwalter geltend gemacht werden, § 93 InsO.[21]

II. Berechtigung zur Forderungsanmeldung

1. Übersicht

1.9 § 174 InsO regelt das Verfahren und die Form der Forderungsanmeldung. Nach § 174 Abs. 1 InsO haben die Insolvenzgläubiger ihre Forderungen schriftlich beim Insolvenzverwalter anzumelden (eingehend unten Rn. 1.56ff.). Der Grundsatz von Treu und Glauben schränkt die Berechtigung zur Forderungsanmeldung nicht ein.[21a]

2. Einzelheiten

a) Deutsches Insolvenzrecht

1.10 **Berechtigt** zur Anmeldung sind:

– **Insolvenzgläubiger**[22] i.S.v. § 38 InsO, denen eine persönliche Forderung gegen den Schuldner zusteht, und zwar auch dann, wenn ihnen zur Sicherung ihrer Forderung ein **Absonderungsrecht** eingeräumt worden ist;[23] § 52 InsO betrifft nur die Berücksichtigung des Ausfalls bei der Schlussverteilung, schließt aber die Anmeldung der gesicherten Forderung nicht aus.[24] Gleiches gilt für Insolvenzgläubiger, die zur **Aufrechnung** befugt sind.[25] So sind auch familienrechtliche Unterhaltsansprüche, die bis zur Eröffnung des Insolvenzverfahrens fällig geworden waren (Rückstände), als nicht nachrangige Insolvenzforderungen gem. § 40 InsO beim Insolvenzverwalter zur Eintragung in die Tabelle nach den §§ 174, 175 InsO anzumelden.[26]

---

20 Nach überkommenem Recht *Kuhn/Uhlenbruck*, KO, § 139 Rn. 1; *Uhlenbruck/Delhaes*, Konkurs- u. Vergleichsverfahren, Rn. 768.

21 Vgl. allein KS-*K. Schmidt* 1199, 1209 Rn. 22ff.; KS-*Bork*, 1333, 1343, Rn. 25.

21a BFH, Urt. v. 24.8.2016 – VR 36/15, ZIP 2016, 2487.

22 *Smid*, Handbuch InsO, 6. Aufl., § 2 Rn. 30; *Becker*, Insolvenzrecht, 3. Aufl., Rn. 254 f.

23 K/P/B/*Pape/Schaltke*, 66. Lfg. InsO, § 174 Rn. 14; Uhlenbruck/*Sinz*, 14. Aufl. InsO, § 174 Rn. 2; Braun/*Specovius*, 6. Aufl. InsO, § 174 Rn. 5.

24 Graf-Schlicker/*Graf-Schlicker*, 4. Aufl. InsO, § 174 Rn. 3; MünchKomm-*Riedel*, 3. Aufl. InsO, § 174 Rn. 8; Braun/*Specovius*, 6. Aufl. InsO, § 174 Rn. 5.

25 MünchKomm-*Riedel*, 3. Aufl. InsO, § 174 Rn. 9; Uhlenbruck/*Sinz*, 14. Aufl. InsO, § 174 Rn. 8; Braun/*Specovius*, 6. Aufl. InsO, § 174 Rn. 7.

26 OLG Jena 1 UF 324/11, FamRZ 2012, 641.

- **Kein Insolvenzgläubiger** ist der **Gläubiger der Komplementär-GmbH**, der seine gegen die GmbH gerichtete Forderung in dem über das Vermögen der KG eröffneten Insolvenzverfahren anmeldet; da das Insolvenzverfahren nicht öffentlich ist, bewirkt die Anmeldung keine Verfahrensteilnahme dieses Liquidanten, die vom Insolvenzverwalter als *Irrläufer* zurückzusenden, nicht indes zur Tabelle aufzunehmen ist.
- **nachrangige Insolvenzgläubiger**[27] gem. § 39 Abs. 1 InsO, sofern ihnen die Anmeldebefugnis durch das Insolvenzgericht gem. § 174 Abs. 3 InsO eingeräumt worden ist.

b) Europäisches Recht grenzüberschreitender Insolvenzen und deutsches autonomes internationales Insolvenzrecht

Art. 55 Abs. 1 EuInsVO gestattet denjenigen Gläubigern, denen jeweils nach Art. 7 **1.11**
oder nach Art. 35 maßgebliche lex fori concursus die Anmeldung am Insolvenzverfahren durch Forderungsanmeldung gebietet bzw. ermöglicht, ihre Forderung sowohl im Haupt- als auch im Sekundärinsolvenzverfahren anzumelden. Das der Vorschrift zugrundeliegende Prinzip modifizierter Universalität bei gleichzeitig uneingeschränkter Universalität der Passivmasse würde es möglich machen, dass ein Gläubiger durch parallele Forderungsanmeldungen sowohl im Haupt- als auch im Sekundärinsolvenzverfahren gleichheits- und damit konkurszweckwidrige Vorteile erlangen könnte. Dies schließt Art. 23 Abs. 2 durch ein Verfahren einer Quotenanrechnung aus.

Die Befugnis der Mitgliedsstaaten, die Forderungsanmeldung zu regeln, wird durch Abs. 1 beschränkt.

- **Gem. Art 45 Abs. 2 EuInsVO (Art. 32 Abs. 1 EuInsVO a.F.)** melden die Verwalter des Hauptinsolvenzverfahrens und der Sekundärinsolvenzverfahren in den anderen Verfahren die Forderungen an, die in dem Verfahren, für das sie bestellt sind, bereits angemeldet worden sind, soweit dies für die Gläubiger des letztgenannten Verfahrens zweckmäßig ist[28] und vorbehaltlich des Rechts dieser Gläubiger, eine solche Anmeldung abzulehnen,[29] oder die Anmeldung ihrer Ansprüche zurückzunehmen, sofern das anwendbare Recht dies vorsieht.
- **Das autonome deutsche internationale Insolvenzrecht** trifft in **§ 341 Abs. 1** InsO eine dem Art. 45 Abs. 1 EuInsVO entsprechende Regelung. **§ 341 Abs. 2** InsO sieht weiterhin vor, dass der Insolvenzverwalter berechtigt ist, vorbehaltlich des Rechts des Gläubigers, die Anmeldung zurückzunehmen, eine in dem

27 *Smid*, Handbuch InsO, 6. Aufl., § 2 Rn. 37; Braun/*Specovius*, 6. Aufl. InsO, § 174 Rn. 6.
28 Uhlenbruck/*Sinz*, 14. Aufl. InsO, § 174 Rn. 17.
29 Pannen/*Herchen*, EuInsVO, Art. 32 Rn. 38 f.

Verfahren, für das er bestellt ist, angemeldete Forderung in einem anderen Insolvenzverfahren über das Vermögen des Schuldners anzumelden.

3. Insolvenzgerichtliche Aufforderung zur Anmeldung nachrangiger Insolvenzforderungen, § 174 Abs. 3 InsO

a) Grundsatz

1.12 Die Forderungen nachrangiger Gläubiger sind gem. § 174 Abs. 3 InsO im Allgemeinen nicht anzumelden. Die Anmeldbarkeit der Forderung beruht darauf, dass das Insolvenzgericht besonders zur Anmeldung dieser Forderungen auffordert.[30]

b) Betroffene Forderungen

1.13 Die in § 39 Abs. 1 InsO bezeichneten nachrangigen Gläubiger können nur in Ausnahmefällen mit einer Befriedigung rechnen. Dies ist der Fall, wenn entweder alle nicht nachrangigen Insolvenzgläubiger voll befriedigt werden können und dann noch ein Überschuss in der Masse verbleibt oder wenn ein Insolvenzplan vorgelegt wird, der – insbesondere im Zusammenhang mit einer Sanierung des Schuldners – auch Zahlungen an nachrangige Gläubiger vorsieht. Die Insolvenzverfahren, in denen keiner dieser Ausnahmefälle vorliegt, brauchen mit der Anmeldung und Prüfung der nachrangigen Forderungen nicht belastet zu werden. Die nachrangigen Forderungen fallen dann ohnedies aus. Eine insolvenzgerichtliche Aufforderung wird häufig nicht schon bei der Eröffnung des Verfahrens, sondern zu einem späteren Zeitpunkt erfolgen, z.B. wenn sich nach der vollständigen Verwertung des Schuldnervermögens herausstellt, dass Mittel zur Befriedigung der nachrangigen Gläubiger zur Verfügung stehen. Das ist freilich ein eher seltener Fall. Regelmäßig ist Anlass für eine nachträgliche Aufforderung zur Anmeldung nachrangiger Forderungen die Vorlage eines Sanierungsplans, der auch eine Rückzahlung von Gesellschafterdarlehen vorsieht (vgl. § 39 Abs. 1 Nr. 5 InsO).[31]

1.14 § 174 Abs. 3 InsO betrifft auch solche Ansprüche, deren insolvenzrechtlicher Nachrang nach nicht-nachrangigen Insolvenzforderungen (§ 38 InsO) in Gesetzen außerhalb der InsO geregelt ist. Hierzu zählt insbesondere der Anspruch auf Tilgung des Gründungsstocks, der in der Insolvenz des Versicherungsvereins auf Gegenseitigkeit gem. § 51 Abs. 1 S. 1 VAG allen übrigen Insolvenzforderungen nachsteht. § 51 Abs. 1 S. 2 VAG regelt weiter, dass unter diesen Ansprüche aus einem Versicherungsverhältnis, die den bei Eröffnung des Insolvenzverfahrens dem Verein angehörenden oder im letzten Jahr vor dem Eröffnungsantrag oder nach diesem Antrag

30 Vgl. *Smid*, in: Leonhardt/Smid/Zeuner, 3. Aufl. InsO, § 174 Rn. 28.
31 Vgl. *Smid*, in: Leonhardt/Smid/Zeuner, 3. Aufl. InsO, § 174 Rn. 28.

ausgeschiedenen Mitgliedern zustehen, im Rang nach den Ansprüchen der anderen Insolvenzgläubiger befriedigt werden.[32]

c) Form

§ 174 Abs. 3 S. 1 InsO trifft keine Regelung darüber, in welcher Form Gläubiger nachrangiger Forderungen vom Insolvenzgericht besonders zur Anmeldung dieser Forderungen aufzufordern sind, § 174 Abs. 3 S. 2 InsO. Es greifen daher die allgemeinen Regelungen, so dass die Form des § 30 i.V.m. § 9 InsO zu beachten ist. Die Aufforderung ist daher wie der Eröffnungsbeschluss zu veröffentlichen.[33] Nach § 9 Abs. 1 InsO erfolgt die öffentliche Bekanntmachung durch eine zentrale und länderübergreifende Veröffentlichung im Internet. Dabei kann der insolvenzgerichtliche Beschluss auszugsweise wiedergegeben werden. Dabei ist aber jedenfalls der Schuldner genau zu bezeichnen, insbesondere sind seine Anschrift und sein Geschäftszweig anzugeben. Die Bekanntmachung gilt als bewirkt, sobald nach dem Tag der Veröffentlichung zwei weitere Tage verstrichen sind.[34] 1.15

d) Möglichkeit der Beschränkung der Aufforderung

Stets braucht sich die Aufforderung des Insolvenzgerichts nicht auf alle nachrangigen Forderungen zu beziehen, sondern sie kann sich auf die Rangklassen beschränken, deren Befriedigung im konkreten Fall in Betracht kommt.[35] Die Prüfung dieser nachträglichen Anmeldungen muss in einem besonderen Prüfungstermin erfolgen (vgl. § 177 Abs. 2 InsO). Zwar kann dieser mit dem Schlusstermin verbunden werden, wodurch sämtliche den Gläubigern während des Verfahrens entstandenen Kosten, die nach § 39 Abs. 1 Nr. 2 InsO mit Nachrang zu befriedigen sind, in die Prüfung und Feststellung der Forderungen einbezogen werden könnten.[36] Doch ergeben sich Bedenken daraus, dass die in diesem „Sammeltermin" festgestellten Forderungen von der Schlussverteilung ausgeschlossen (vgl. § 197 InsO)[37] sind.[38] In § 174 Abs. 3 S. 2 InsO wird vorgeschrieben, dass bei der Anmeldung anzugeben ist, welche der in § 39 InsO aufgeführten Rangstellen für die Forderung in Anspruch genommen wird. Wenn eine nachrangige Forderung angemeldet wird, ohne dass der Gläubi- 1.16

---

32 Laars VAG/*Laars*, § 51 VAG Rn. 1.

33 *Gerhardt*, in: Jaeger/Henckel § 174 Rn. 105.

34 *Ganter/Lohmann*, in: MünchKomm, 3. Aufl. InsO, § 9 Rn. 20; *Pape*, in: Uhlenbruck, 14. Aufl. InsO, § 9 Rn. 5.

35 Amtl. Begr. zu § 201 RegEInsO, BT-Drs. 12/2443, 184.

36 Dies empfiehlt die Amtl. Begr. zu § 201 RegEInsO, BT-Drs. 12/2443, 184.

37 *Smid*, in: Leonhardt/Smid/Zeuner, 3. Aufl. InsO, § 176 Rn. 4.

38 Ebenso KS-*Eckardt*, 743, 759 Rn. 31.

ger dabei auf den Nachrang hinweist, gilt dies als Anmeldung einer nicht nachrangigen Forderung; Folge wird sein, dass der Rang im Prüfungstermin bestritten wird.[39]

1.17 Stellt sich erst im laufenden Verfahren heraus, dass eine Befriedigung nachrangiger Gläubiger in Betracht kommt oder dass sie wegen Vorlage (§ 218 Abs. 1 InsO) oder insolvenzgerichtlicher Zulassung (§ 231 Abs. 1 InsO) eines Insolvenzplans geboten ist, hat das Insolvenzgericht die **Aufforderung** gem. § 174 Abs. 3 InsO **nachzuholen.**

4. Verjährungshemmung der nachrangigen Insolvenzforderungen

a) Problem

1.18 Die nachrangigen Gläubiger können, wenn nicht – ausnahmsweise – das Insolvenzgericht zur Anmeldung ihrer Forderungen auffordert, eine Verjährungshemmung nicht nach § 204 Abs. 1 Nr. 10 BGB erzielen. *Gerhardt*[40] bezeichnet es zu Recht als „inakzeptabel", an dieser Stelle stehenzubleiben. Ein (einst) im Schrifttum[41] vertretener Ansatz, einer unzulässigen Anmeldung wie einer unzulässigen Klage verjährungshemmende Wirkungen beizulegen (unten Rn. 265 ff., 268), scheitert daran, dass ohne Vorliegen der insolvenzgerichtlichen Aufforderung gem. § 174 Abs. 3 InsO – anders als im Falle einer unzulässigen Klage – die Anmeldung einer nachrangigen Insolvenzforderung nicht zu einer Teilnahme am Verfahren führen kann, da sie vom Verwalter nicht in die Tabelle aufzunehmen ist,[42] was den Eintritt verjährungshemmender Wirkungen ausschließt oder doch wenigstens als äußerst fragwürdig erscheinen lässt.

b) Judikatur des BGH

1.19 Nicht allein nachrangige Insolvenzgläubiger, sondern auch andere Gläubiger und auch der Schuldner sind freilich durch die Eröffnung des Insolvenzverfahrens daran gehindert, ihre Ansprüche geltend zu machen. Der BGH[43] hat Mitte Juli 2015 über die Frage zu entscheiden gehabt, wann die Verjährung eines Anspruchs des Insolvenzschuldners gegen den Insolvenzverwalter auf Ersatz eines Gesamtschadens beginnt. Verjährungsfristen beginnen zu laufen, sobald der Gläubiger des Anspruchs verjäh-

---

39 Amtl. Begr. zu § 201 RegEInsO, BT-Drs. 12/2443, 184; *Smid*, in: Leonhardt/Smid/Zeuner, 3. Aufl. InsO § 176 Rn. 4.

40 *Gerhardt*, in: Jaeger/Henckel § 174 Rn. 106 a.E.

41 MünchKomm-*Nowak*, 2. Aufl., 2008, InsO, § 174 Rn. 24.

42 Uhlenbruck/*Sinz*, 14. Aufl. InsO, § 174 Rn. 54; MünchKomm-*Riedel*, 3. Aufl. InsO, § 174 Rn. 39; *Gerhardt*, in: Jaeger/Henckel § 174 Rn. 103.

43 BGH Urteil vom 16. Juli 2015 – IX ZR 107 20/14, ZIP 2015, 1645.

rungshemmende Maßnahmen einzuleiten rechtlich in der Lage ist. Der BGH folgert nun aus § 206 BGB, der vorsieht, dass die Verjährung gehemmt ist, solange der Gläubiger innerhalb der letzten 6 Monate der Verjährungsfrist aufgrund höherer Gewalt an der Rechtsverfolgung gehindert ist, dass wegen Schadensersatzansprüchen der Insolvenzgläubiger erst dann die Verjährungsfrist beginnt, wenn der Beschluss Rechtskraft erlangt, mit dem das Insolvenzverfahren aufgehoben oder eingestellt wird.

c) § 206 BGB

Gerhardts[44] Vorschlag, die Verjährungshemmung materiellrechtlich aus einer auf der Eröffnung des Insolvenzverfahrens wegen § 87 InsO und – hier: § 174 Abs. 3 InsO folgenden Verhinderung der Rechtspflege zu folgern, kann m.a.W. auf vergleichbare Fälle gegründet werden. **1.20**

d) Praxisempfehlung

Der Lösungsweg, den der BGH und *Gerhardt* einschlagen, muss freilich von den Instanzgerichten erst einmal gesehen werden – und sie müssen bereit sein, ihm zu folgen. Um den damit verbundenen allfälligen Unwägbarkeiten aus dem Wege zu gehen empfiehlt es sich für den nachrangigen Insolvenzgläubiger, mit dem Insolvenzverwalter eine Abrede über die Hemmung der Verjährung der Forderung zu treffen. Denn der Schuldner hat nach § 80 Abs. 1 InsO nach Eröffnung des Insolvenzverfahrens über sein Vermögen zum Abschluss einer derartigen Vereinbarung nicht mehr die Rechtsmacht. Da eine Forderungsanmeldung nicht in Betracht kommt und damit der Weg zu §§ 179ff. InsO nicht eröffnet ist, kommt im Falle des Leugnens des Insolvenzverwalters eine allgemeine Feststellungsklage gem. § 256 Abs. 1 ZPO in Betracht. Das besondere Feststellungsinteresse für diese Klage liegt in der Herbeiführung der Verjährungshemmung. **1.21**

III. Vertretung des anmeldenden Gläubigers im Verfahren der §§ 174ff. InsO

1. Fälle gesetzlicher Vertretung

a) Juristische Personen. Minderjährige

Der Gläubiger kann sich bei der Forderungsanmeldung vertreten lassen. Das ergibt sich schon daraus, dass die Forderungsanmeldung selbstverständlich durch gesetzliche Vertreter erfolgen muss, soweit dies zum rechtsgeschäftlichen Handeln des Gläubigers bei juristischen Personen, Personenhandelsgesellschaften oder aber **1.22**

---

44 *Gerhardt*, in: Jaeger/Henckel § 174 Rn. 108.

auch bei Minderjährigen, oder Personen unter entsprechender Betreuung erforderlich ist.

b) § 2039 BGB

1.23 Für nachlasszugehörige Forderungen, für die die Rechtszuständigkeit bei einer Miterbengemeinschaft liegt, greift § 2039 S. 1 BGB ein. Der einzelne Miterbe hat danach die Befugnis, durch Anmeldung der Forderung in dem über das Vermögen des Forderungsschuldners eröffneten Insolvenzverfahren die Leistung an alle Erben zu fordern.[45]

2. Gewillkürte Stellvertretung

a) Grundsätzliche Zulässigkeit

1.24 Auch eine gewillkürte Stellvertretung des Gläubigers bei der Forderungsanmeldung ist zulässig, wie sich zwangslos aus § 174 Abs. 1 S. 3 InsO ergibt, der bestimmt, dass *auch* Personen zur Vertretung des Gläubigers im Verfahren der Forderungsanmeldung befugt sind, die Inkassodienstleistungen erbringen, also registrierte Personen nach § 10 Abs. 1 Satz 1 Nr. 1 RDLG.[46]

b) Offenkundigkeitsprinzip

1.25 Wird der Gläubiger bei der Forderungsanmeldung vertreten, greift grundsätzlich § 164 Abs. 2 BGB. Der Vertreter muss daher erklären, im Namen des Vertretenen zu handeln. Die Vollmacht, die den Vertreter legitimiert, betrifft seine Vertretungsmacht, nicht die Forderung. Es greift daher nicht § 174 Abs. 1 S. 2 InsO, so dass es keiner Einreichung einer Vollmachtsurkunde bedarf. Da die vom Verwalter geführte Tabelle keine „Gerichtsakte" ist, kommt auch § 80 ZPO bei der Anmeldung der Forderung zur Tabelle beim Insolvenzverwalter nicht zum Zuge, unabhängig davon, ob der Vertreter als Rechtsanwalt zugelassen ist oder nicht. Anders verhält es sich dagegen im Prüfungstermin, dazu unten Rn. 1.167.

1.26 Den Insolvenzverwalter trifft im Allgemeinen keine Pflicht, das Vorliegen der offengelegten Vertretungsmacht zu überprüfen. Anderes mag dagegen gelten, wenn sich dem Verwalter Zweifel aufdrängen müssen,[47] ob es an Vertretungsmacht des Handelnden fehlt.

---

45 Vgl. zur Feststellungsklage MünchKomm-*Gergen*, 6. Aufl., 2013, BGB, § 2039 Rn. 22.

46 Braun/*Specovius*, 6. Aufl., 2014, InsO, § 174 Rn. 18.

47 Uhlenbruck/*Sinz*, 14. Aufl. InsO, § 174 Rn. 21.

c) Formen der Bevollmächtigung

Soweit der Vertreter keine Generalvollmacht vom vertretenen Gläubiger erteilt bekommen hat, die mit der Vertretung des Gläubigers im Insolvenzverfahren auch die Vertretung im Rahmen der Forderungsanmeldung mit umfasst, bedarf es einer Legitimation des Vertreters durch Erteilung einer allgemeinen Insolvenzvollmacht, wegen deren Voraussetzungen nach § 4 InsO auf § 81 ZPO[48] verwiesen wird. Danach umfasst die allgemeine Insolvenzvollmacht entsprechend zur Prozessvollmacht die Ermächtigung zu allen das Insolvenzverfahren betreffenden Prozesshandlungen, einschließlich des Widerspruchs durch Bestreiten einer angemeldeten Forderung gem. § 178 Abs. 1 InsO und der Erhebung des Betreibens der für den Vertretenen angemeldeten, aber bestrittenen Forderung durch Erhebung der Tabellenfeststellungsklage. Weiterhin wird durch die Insolvenzvollmacht der Vertreter zur Bestellung eines Vertreters sowie eines Bevollmächtigten für die höheren Instanzen; zur Beseitigung des Tabellenrechtstreits durch Vergleich, Verzichtleistung auf den Streitgegenstand, oder Anerkennung des von dem Gegner geltend gemachten Anspruchs bevollmächtigt. Die Vollmacht umfasst auch die Empfangnahme der von dem Gegner oder aus der Staatskasse zu erstattenden Kosten. Die allgemeine Prozessvollmacht gem. § 81 ZPO genügt dagegen nach hL[49] zur Legitimation des Vertreters des anmeldenden Gläubigers nicht, sofern nicht formularmäßig die Vertretung im Insolvenzverfahren die Prozessvollmacht über den Wortlaut des § 81 ZPO hinaus eingeschlossen sein sollte. 1.27

3. Mehrfachvertretung bei Forderungsanmeldungen

Zu einer Sammelanmeldung der Forderungen verschiedener Gläubiger darf sich ein Rechtsanwalt wegen des damit im Hinblick auf den Widerspruch durch Bestreiten von Forderungen verbundenen Interessenkonflikts nicht mandatieren lassen. Die Gegenansicht, die von einer Berechtigung zur Mehrfachvertretung gestützt auf die durch § 43a BRAO normierten Grenzen ausgeht,[50] verkennt, dass bereits die Forderungsanmeldung als Verfahrensteilnahmehandlung den Interessenkonflikt mit den anderen im Insolvenzverfahren *ex definitione* („Konkurs") konkurrierenden Gläubigern begründen kann. Ob es dazu tatsächlich kommt ist nach allgemeinen Grundsätzen unerheblich. Umso mehr gilt dies bei einer sonstigen Befassung, etwa im Rahmen von Insolvenzanfechtungsprozessen. 1.28

48 MünchKomm-*Touissant*, 5. Aufl., 2016, ZPO, § 81 Rn. 15.

49 LG Stuttgart ZZP 70, 142, 143; *Gerhardt*, in: Jaeger-Henckel InsO § 174 Rn. 64; Musielak/Voit/*Weth*, 13. Aufl. ZPO, § 81 Rn. 2 a.E.; dagegen MünchKomm-*Touissant*, 4. Aufl. ZPO, § 81 Rn. 15.

50 *Gerhardt*, in: Jaeger-Henckel InsO § 174 Rn. 70.

4. Anmeldungen massezugehöriger Forderungen als Verwaltungsmaßnahme von Insolvenzverwaltern

a) Insolvenzverwalter als Liquidant

1.29 Der Insolvenzverwalter hat die aus § 80 Abs. 1 InsO folgende Befugnis und Aufgabe, eine vom Insolvenzbeschlag erfasste Forderung in dem über das Vermögen des Forderungsdrittschuldners eröffneten Insolvenzverfahren anzumelden.[51] Er nimmt dann als anmeldender Gläubiger am Prüfungstermin in dem über das Vermögen des Forderungsschuldners eröffneten Insolvenzverfahren teil. Dabei darf der Insolvenzverwalter neben der beschlagnahmten Forderung, deren Inhaber der Insolvenzschuldner ist, über dessen Vermögen das Insolvenzverfahren, in dem er bestellt wurde, nicht als Vertreter eines dritten Gläubigers dessen Forderung anmelden. Der insolvenzanfechtungsrechtliche Rückforderungsanspruch muss nicht nach § 174 Abs. 1 InsO in dem über das Vermögen des Anfechtungsgegners eröffneten Insolvenzverfahren zur Tabelle angemeldet werden. [51a]

1.30 Ausgeschlossen ist, dass – namentlich in **Konzerninsolvenzfällen** – der anmeldende Insolvenzverwalter zugleich zum Insolvenzverwalter in dem Insolvenzverfahren, in dem die Anmeldung zur Tabelle erfolgen soll, bestellt ist. Dies gilt auch dann, wenn beim Insolvenzverwalter Forderungen von Gläubigern vertreten durch einen seiner Sozien angemeldet werden; hierbei handelt es sich um einen groben Verstoß gegen die Berufspflichten des Anwalts.[52] Für diesen Fall muss dann ein Sonderinsolvenzverwalter bestellt werden.[53]

b) Forderungsanmeldung nach Art. 45 Abs. 2 EuInsVO

1.31 Einen besonderen Fall der Vertretung – allerdings: im untechnischen Sinne – von Gläubigern bei der Forderungsanmeldung regelt der bereits oben (Rn. 1.11.) angesprochene Art. 45 Abs. 2 EuInsVO. Dort handelt der Insolvenzverwalter als Verfahrensstandschafter derjenigen Gläubiger, die Forderungen „in seinem" Insolvenzverfahren angemeldet haben.[54] Die Verwalter des Hauptinsolvenzverfahrens und der Sekundärinsolvenzverfahren melden in den anderen Verfahren die Forderungen an, die in dem Verfahren, für das sie bestellt sind, bereits angemeldet worden sind, soweit dies für die Gläubiger des letztgenannten Verfahrens zweckmäßig ist und vorbehaltlich des Rechts dieser Gläubiger, eine solche Anmeldung abzulehnen oder die Anmeldung ihrer Ansprüche zurückzunehmen, sofern das anwendbare Recht dies vorsieht.

---

51 Vgl. zur Verwertungspflicht des Insolvenzverwalters MünchKomm-*Görg/Janssen*, § 159 Rn. 3ff.

51a OLG Schleswig, Urt. v. 27. 7. 2016 – 9 U 34/16, ZIP 2016, 1932.

52 *Gerhardt*, in: Jaeger-Henckel InsO § 174 Rn. 66.

53 Vgl. *Zipperer*, in: Uhlenbruck, 14. Aufl. InsO, § 56 Rn. 57; Graeber, in: MünchKomm, 3. Aufl. InsO, § 56 Rn. 155.

54 K/P/B/*Kemper*, 67. Lfg. InsO, § Art. 32 EuInsVO Rn. 11.

5. Sonderfälle

a) § 317 Abs. 2 VAG

In dem über das Vermögen einer Versicherungsgesellschaft eröffneten Insolvenzverfahren hat das Insolvenzgericht gem. § 317 Abs. 1 S. 1 VAG den Versicherten zur Wahrung ihrer Vorrangrechte nach den §§ 315, 316 VAG einen Pfleger zu bestellen. Gem. § 317 Abs. 2 VAG hat der Pfleger den Umfang des vorhandenen Sicherungsvermögens festzustellen sowie die Ansprüche der Versicherten zu ermitteln und anzumelden. 1.32

b) § 19 SchVG

Die Schuldverschreibungsgläubiger können nach § 19 Abs. 1 S. 1 SchVG durch Mehrheitsbeschluss zur Wahrnehmung ihrer Rechte im Insolvenzverfahren einen gemeinsamen Vertreter für alle Schuldverschreibungsgläubiger bestellen. Dieser gemeinsame Vertreter für alle Schuldverschreibungsgläubiger ist nach § 19 Abs. 3, 1. Halbs. SchVG allein berechtigt und verpflichtet, die Rechte der Gläubiger im Insolvenzverfahren geltend zu machen.[55] Der IX. Zivilsenat des BGH[56] hat über die rechtliche Stellung des gemeinsamen Gläubigervertreters gem. §§ 7, 19 SchVG zu entscheiden gehabt. 1.33

Die insolvenzschuldnerische F. KGaA hatte Orderschuldverschreibungen in unterschiedlichen Serien ausgegeben. Nach Eröffnung des Insolvenzverfahrens über das Vermögen der Schuldnerin wurde der spätere Antragsteller in einer Gläubigerversammlung zum gemeinsamen Vertreter gemäß § 19 Abs. 2 SchVG gewählt. Für die von ihm vertretenen Gläubiger meldete er Forderungen zur Insolvenztabelle an. Weiter widersprach der Antragsteller für die von ihm vertretenen Gläubiger der Anmeldung von Forderungen von Genussrechtsgläubigern, die durch die Antragsgegnerin vertreten wurden. Er machte geltend, es handele sich bei Genussrechten um nachrangige Forderungen gemäß § 39 Abs. 2 InsO. Die Antragsgegnerin erhob daraufhin gegen die Schuldverschreibungsgläubiger vertreten durch den Antragsteller Tabellenfeststellungsklage. Im Prozess hat der Antragsteller die Bewilligung von PKH begehrt, womit er vor dem Landgericht und dem OLG gescheitert ist.

Der IX. Zivilsenat des BGH hat die Rechtsbeschwerde des Antragstellers wegen fehlender Erfolgsaussichten nach § 114 ZPO verworfen. Es komme nämlich für die Gewährung von PKH auf die wirtschaftlichen Verhältnisse der vom Antragsteller vertretenen Gläubiger an, wozu der Antragsteller nichts vorgetragen hatte. § 116 ZPO

---

55 Langenbucher/Bliesener/Spindler/*Bliesener/Schneider*, Bankrechts-Kommentar, 2. Aufl. 2016, § 19 SchVG Rn. 19 f.

56 BGH, B. v. 14.7.2016 – IX ZA 9/16, ZIP 2016, 1684.

komme für ihn nicht zur Anwendung, da er nicht die Stellung einer Partei kraft Amtes einnehme. Seine Stellung nach § 19 SchVG sei eine vertretungsrechtliche; im übrigen bleibe es dabei, dass die Rechtsverhältnisse zwischen dem jeweiligen, vom gemeinsamen Vertreter vertretenen Gläubiger und dem Schuldner bezüglich der Schuldverschreibungen einen individuell rechtlichen Charakter hätten. Allerdings schließt § 19 Abs. 3 SchVG die einzelnen Gläubiger von der Geltendmachung ihrer Rechte aus. Hierauf komme es aber nicht an. Ausschlaggebend sei die materiellrechtliche Stellung der Gläubiger, die weiter Inhaber der Forderung sei und aufgrund dieser Stellung dem gemeinsamen Vertreter im Innenverhältnis Weisungen in der Gläubigerversammlung geben könne.

c) § 9 Abs. 2 S. 3 BetrAVG

1.34 Ansprüche oder Anwartschaften des Berechtigten gegen den Arbeitgeber auf Leistungen der betrieblichen Altersversorgung, die den Anspruch gegen den Träger der Insolvenzsicherung begründen, gehen gem. § 9 Abs. 2 S. 1 BetrAVG im Falle eines Insolvenzverfahrens mit dessen Eröffnung, in den übrigen Sicherungsfällen dann auf den Träger der Insolvenzsicherung über, wenn dieser nach § 9 Abs. 1 S. 1 BetrAVG dem Berechtigten die ihm zustehenden Ansprüche oder Anwartschaften mitteilt. Nach § 9 Abs. 3 BetrAVG werden die mit der Eröffnung des Insolvenzverfahrens übergegangenen Anwartschaften im Insolvenzverfahren vom PSV als unbedingte Forderungen nach § 45 InsO geltend gemacht.[57]

d) § 1422 BGB

1.35 In dem über das Vermögen einer fortgesetzten Gütergemeinschaft eröffneten Insolvenzverfahren ist der Ehegatte, der das Gesamtgut verwaltet, nach § 1422 BGB[58] berechtigt, über das Gesamtgut zu verfügen; wegen massezugehöriger Forderungen ist er zur Anmeldung berufen.

IV. Unzulässigkeit der Anmeldung, Masseforderungen

1.36 Die **Anmeldung ist grundsätzlich unzulässig**, wenn sie sich auf Forderungen bezieht, die der Anmeldung nicht fähig sind, also Masseforderungen (§ 53 InsO – vgl. aber zum Verfahren nach § 209 InsO de lege lata et de lege ferenda unten Rn. 1.47 ff.), auch Sozialplanforderungen (§ 123 InsO) und nachrangige Insolvenz-

57 Müller-Gloge/Preis/I. Schmidt/*Steinmeyer*, Erfurter Kommentar Arbeitsrecht, 16. Aufl, 2016, § 9 BetrAVG Rn. 22 f.

58 MünchKomm-*Kanzleiter*, 6. Aufl., 2013, BGB, § 1422 Rn. 1.

forderungen, deren Anmeldungen nicht durch das Insolvenzgericht zugelassen worden sind.[59] Macht ein Gläubiger im Insolvenzverfahren eine Forderung als Masseforderung geltend, obgleich es sich um eine Insolvenzforderung handelt, so tritt eine Hemmung der Verjährung gemäß § 204 Abs. 1 Nr. 10 BGB nicht ein.[60] Herrscht Streit über die Qualifikation der angemeldeten Forderung als Masse- oder als Insolvenzforderung muss der Verwalter sie als Insolvenzforderung mit Bestreitensvermerk zur Tabelle aufnehmen (unten Rn. 1.185).

B) Insolvenzgerichtliche Aufforderung der Gläubiger zur Anmeldung der Forderungen

I. Gesetzliche Regelung

Nach § 28 Abs. 1 InsO sind die Gläubiger im Eröffnungsbeschluss aufzufordern, ihre **1.37**
Forderung innerhalb einer durch die Terminierung des Prüfungstermins nach § 29 InsO bestimmten Frist beim Insolvenzverwalter anzumelden. Dabei sind die Gläubiger aufzufordern, die nach § 174 InsO vorgeschriebenen Anforderungen zu beachten.

II. Adressaten der Aufforderung zur Forderungsanmeldung

1. Insolvenzgläubiger i.S.v. § 38 InsO

Angesprochen werden durch die insolvenzgerichtliche Aufforderung zur Forde- **1.38**
rungsanmeldung nach § 28 Abs. 1 InsO zunächst allein die nicht-nachrangigen Insolvenzgläubiger gem. § 38 InsO. Davon sind die nachrangigen Insolvenzgläubiger i.S.v. § 39 Abs. 1 InsO zu unterscheiden. Die Aufforderung nach § 28 Abs. 1 InsO erfasst sie nicht. Denn sie sind im allgemeinen zur Forderungsanmeldung nicht berechtigt – und werden daher hierzu nicht durch die – wenn man so will: allgemeine insolvenzgerichtliche – Aufforderung i.S.v. § 28 Abs. 1 InsO legitimiert.

2. § 174 Abs. 3 InsO als lex specialis gegenüber § 28 Abs. 1 InsO: Besondere Aufforderung nachrangiger Insolvenzgläubiger

Nachrangige Insolvenzgläubiger werden zur Anmeldung ihrer Forderung gem. § 39 **1.39**
Abs. 1 InsO durch eine nach Maßgabe des § 174 Abs. 3 InsO auf ihre nachrangigen Forderungen bezogene besondere, ausdrückliche insolvenzgerichtliche Aufforde-

---

59 KS-*Eckardt*, 751, 755.
60 LG Wuppertal, Urt. v. 20.4.2010 – 16 O 129/09, ZInsO 2010, 1281.

rung legitimiert. § 174 Abs. 3 InsO stellt sich m.a.W. als lex specialis gegenüber § 28 Abs. 1 InsO dar.

III. Aufforderung an die Absonderungsberechtigten gem. § 28 Abs. 2 InsO

1. Gesetzliche Regelung

1.40 Die Mitteilung bzw. untechnische Anmeldung von Eigentums- und Pfandrechten beruht darauf, dass die Verwertung von Absonderungsgegenständen beim Verwalter liegt, soweit er diese im Besitz hat (vgl. § 166 Abs. 1 InsO),[61] bzw. es sich um eine sicherungszedierte Forderung des Schuldners (§ 166 Abs. 2 InsO) handelt.[62] Dem Absonderungsberechtigten steht jedoch unter den Voraussetzungen des § 168 Abs. 1, 3 InsO ein Übernahmerecht zu. Es entspricht allgemein hL, dass die absonderungsberechtigten Gläubiger ihr Absonderungsrecht nicht durch Anmeldung i.S.v. § 174 InsO verfolgen. Vielmehr „teilen" sie ihr Absonderungsrecht dem Verwalter „mit". Das veranlasst eine beinahe völlig hL[63] zu der Behauptung, § 174 InsO betreffe die Absonderungsberechtigten im Unterschied zu den Insolvenzgläubigern nicht. § 74 Abs. 1 S. 2 InsO ordnet an, dass zur Teilnahme an der Gläubigerversammlung alle absonderungsberechtigten Gläubiger, alle Insolvenzgläubiger, der Insolvenzverwalter, die Mitglieder des Gläubigerausschusses und der Schuldner berechtigt sind. Denn § 28 Abs. 2 S. 1 InsO bestimmt, dass die Gläubiger im Eröffnungsbeschluss aufzufordern sind, dem Verwalter unverzüglich „mitzuteilen", welche Sicherungsrechte sie an beweglichen Sachen oder an Rechten des Schuldners in Anspruch nehmen. Der Gegenstand, an dem das Sicherungsrecht beansprucht wird, die Art und der Entstehungsgrund des Sicherungsrechts sowie die gesicherte Forderung sind zu bezeichnen. Die dinglich gesicherten Gläubiger werden damit nicht nur mit dem Ausfall als bedingter Insolvenzforderung (§ 52 InsO), sondern als Sicherheitengläubiger in das Verfahren eingebunden;[64] dies wird übersehen, wollte man allein in den Blick fassen, dass dem Insolvenzverwalter ein Überblick über die dinglichen Rechte verschafft werden solle.

1.41 Auf eine der Anmeldung von Insolvenzforderungen entsprechenden Anmeldung von Absonderungsrechten kann schon deshalb verzichtet werden, weil die Absonderungsberechtigten ihre Forderungen als Insolvenzgläubiger anmelden, § 52 S. 1 InsO – und mit dem (vollen) Forderungsbetrag am Insolvenzverfahren teilnehmen. Ihre verfahrensrechtliche Teilnahmebefugnis kann daraus dem Grunde und

61 Vgl. noch zum sog. „offenen Arrest" Uhlenbruck/*Zipperer*, 14. Aufl. InsO, § 28 Rn. 4ff.; Braun/*Herzig*, 6. Aufl. InsO, § 28 Rn. 4.

62 Zum Ganzen *Smid*, Kreditsicherheiten in der Insolvenz, 3. Aufl. 2015, § 2 Rn. 11.

63 Vgl. MünchKomm-*Riedel*, 3. Aufl. InsO, § 174 Rn. 8 u. *Gerhardt*, in: Jaeger-Henckel InsO § 174 Rn. 9 – sofern der Schuldner dem Absonderungsberechtigten nicht zugleich persönlich haftet.

64 *Smid*, Handbuch InsO, 6. Aufl., § 2 Rn. 47f.

dem Umfang des Stimmrechts nach allein auf der Basis der Anmeldung der gesicherten Forderung festgestellt werden. Nach Art. 55 Abs. 2 lit. f) EuInsVO ist im europäisch-grenzüberschreitenden Insolvenzverfahren im Unterschied zum deutschen Recht bei der Forderungsanmeldung anzugeben, ob der Liquidant einen Status als bevorrechtigter Gläubiger beansprucht. Zudem ist die Grundlage für einen solchen Anspruch anzugeben. Art. 55 Abs. 2 lit. g) EuInsVO ordnet an, dass der anmeldende Gläubiger anzugeben hat, ob er für die Forderung eine dingliche Sicherheit oder ein Eigentumsvorbehalt geltend macht. Bejahendenfalls hat der Liquidant anzugeben, welche Vermögenswerte Gegenstand der Sicherheit sind, Zeitpunkt der Überlassung der Sicherheit und Registernummer, wenn die Sicherheit in ein Register eingetragen wurde.

2. Teilnahme absonderungsberechtigter Gläubiger ohne persönlichen schuldrechtlichen Anspruch gegen den Schuldner

Anders liegen die Dinge freilich im Falle des § 76 Abs. 2, 2. Halbs. InsO. Danach tritt bei der Abstimmung in der Gläubigerversammlung bei absonderungsberechtigten Gläubigern, denen der Schuldner nicht persönlich haftet, der Wert des Absonderungsrechts an die Stelle des Forderungsbetrags. Erfasst werden Fälle, in denen der spätere Insolvenzschuldner als Sicherungsgeber die Haftung mit dem Sicherungsgegenstand für (fremde) Schuld eines Dritten eingegangen ist. Hier fehlt es einem der förmlichen Anmeldung entsprechenden Verfahren. **1.42**

In diesem Fall ist zum Zwecke der Verfahrensteilnahme die Mitteilung gem. § 28 Abs. 2 InsO als funktionales Äquivalent der Forderungsanmeldung zugrundezulegen; der Absonderungsberechtigte muss ggf. im Wege einer ergänzenden Mitteilung den Wert seines Absonderungsrechts angeben, um die Stimmrechtsfestsetzung zu ermöglichen. **1.43**

3. Gläubiger mit Aufrechnungsbefugnis

Die Lage wird kompliziert, wenn man Gläubiger mit Aufrechnungsbefugnissen gem. § 94 InsO in den Blick nimmt. Denn diese Gläubiger haben ein Absonderungsrecht an der eigenen Forderung.[65] Überwiegend wird vertreten, die zur Aufrechnung berechtigten Gläubiger „müssten" ihre Forderung deshalb nicht zur Tabelle anmelden, weil sie außerhalb des Insolvenzverfahrens durch Ausübung ihres Selbsthilferechts Befriedigung erlangen könnten.[66] Das überzeugt schon deshalb nicht recht, weil diese Gläubiger dann am Verfahren nicht teilnehmen könnten. Es ist daher wie **1.44**

---

65 MünchKomm-*Brandes/Lohmann*, 3. Aufl. InsO, § 94 Rn. 16; eingehend auch *Häsemeyer*, Insolvenzrecht, 4. Aufl., 19.02 a.E.

66 *Gerhardt*, in: Jaeger-Henckel InsO § 174 Rn. 10.

nach § 52 S. 1 InsO zu verfahren. Nach Art. 55 Abs. 2 lit. h) EuInsVO muss der Liquidant abweichend vom deutschen Insolvenzrecht mit seiner Forderungsanmeldung angeben, ob er eine Aufrechnung beansprucht. Für den Fall, dass der anmeldende Gläubiger sich auf eine Aufrechnung beruft, hat er mit der Forderungsanmeldung die Beiträge der zum Zeitpunkt der Eröffnung des Insolvenzverfahrens bestehenden gegenseitigen Forderungen, den Zeitpunkt ihres Entstehens und den geforderten Saldo nach Aufrechnung anzugeben.

IV. Aufgaben des Insolvenzverwalters

1.45 Der Insolvenzverwalter muss auch die ihm bekannten Insolvenzgläubiger (vgl. § 9 InsO)[67] nicht zur Anmeldung ihrer Forderungen veranlassen. Dies folgt bereits aus der Zuweisung der Aufgabe zur Aufforderung zur Forderungsanmeldung an das Insolvenzgericht in § 28 Abs. 1 InsO. Für das grenzüberschreitende europäische Insolvenzverfahren trifft Art. 54 EuInsVO allerdings eine Sonderregelung, unten Rn. 1.50. *Rolf Weidmann* hat mich allerdings darauf hingewiesen, dass in **Großverfahren** wie im Falle der Insolvenz der Betreiber von Kaufhausketten mit vielen Filialen und mehreren tausend Insolvenzgläubigern die Insolvenzverwaltung aufgrund des unter Rückgriff auf die Schuldnerbuchhaltung erhobenen Kreditorenstandes den Gläubiger Forderungsanmeldungsformulare übersendet, die von diesen unterschrieben oder mit Korrekturen versehen zurückgereicht werden. Diese Formulare werden mit Barcodes versehen, die sowohl die elektronische Listenführung als auch die Verwaltung von Teilnahmerechten in Gläubigerversammlung erheblich beschleunigen. Es besteht auch mit Blick auf § 174 Abs. 4 InsO kein Anlass zur Vermutung, dass dieser Einsatz von computergestützten Anmeldeverfahren nicht auch in „kleineren" Verfahren zu einem stärken eigenen Tätigwerden des Verwalters führen wird.

1.46 Im deutschen Insolvenzrecht, aber auch im europäischen Insolvenzrecht berechtigt die Amtsstellung des Insolvenzverwalters ihn nicht dazu, Forderungen einzelner Gläubiger von sich aus (von Amts wegen) in dem von ihm verwalteten Verfahren anzumelden.[68]

V. Aufforderung des Insolvenzverwalters an Massegläubiger zur Anmeldung von Masseforderungen

1. Gesetzliche Regelung

1.47 Im Falle des Eintritts der Masseunzulänglichkeit nach den §§ 207 ff. InsO tritt eine Lage ein, die mit dem Begriff des Konkurses im Konkurse beschrieben wird. Um die Rang-

67 MünchKomm-*Ganter*/*Lohmann*, 3. Aufl. 2013, InsO, § 9 Rn. 5 f.

68 Umkehrschluss zu *Smid*, in: Leonhardt/Smid/Zeuner, 3. Aufl. InsO, § 174 Rn. 3 sowie *Specovius*, in: Braun, 6. Aufl. InsO, § 174 Rn. 5 f.

folge des § 209 InsO zu wahren werden durch den Insolvenzverwalter in praxi nicht selten die Massegläubiger zur „Anmeldung“ ihrer Masseforderungen aufgefordert.[69]

Im Gesetz ist dies nicht vorgesehen. Und ein Verfahren der Feststellung von Masseforderungen mit der Folge, dass diese wie festgestellte Insolvenzforderungen tituliert würden, ist nicht geregelt. Eine „Anmeldung“ hat daher auch nicht die Hemmung der Verjährung von Masseforderungen entsprechend § 204 Abs. 1 Nr. 10 InsO zur Folge.[70] 1.48

2. Kritik de lege ferenda

Da das Gesetz für den Fall des Eintritts der Masseunzulänglichkeit aber in der Tat mit § 209 InsO einen „Konkurs im Konkurs“ vorsieht, ist es erwägenswert, im Rahmen der materiellen Rangordnung nach § 209 InsO ein Verfahren der förmlichen Anmeldung von Masseforderungen einzuführen und an die Anmeldung die Wirkungen des § 204 Abs. 1 Nr. 10 BGB zu knüpfen. In diesem Zusammenhang ist es zu erwägen, dem Insolvenzverwalter die Führung einer Tabelle der Masseforderung aufzuerlegen – was von Verwaltern bisweilen heute schon ohne eine entsprechende Rechtsgrundlage aus Praktikabilitätsgründen gemacht wird. 1.49

VI. Aufforderung zur Forderungsanmeldung in europäisch-grenzüberschreitenden Insolvenzverfahren

Nach Art. 54 Abs. 1 EuInsVO unterrichtet das zuständige Gericht des eröffnenden Staates oder der von diesem Gericht bestellte Verwalter unverzüglich alle bekannten ausländischen Gläubiger, sobald in einem Mitgliedstaat ein Insolvenzverfahren eröffnet wird. Art. 54 Abs. 2 EuInsVO sieht vor, dass die Unterrichtung nach Art. 54 Abs. 1 EuInsVO durch individuelle Übersendung eines Vermerks erfolgt und gibt insbesondere an, welche Fristen einzuhalten sind, welches die Versäumnisfolgen sind, welche Stelle für die Entgegennahme der Anmeldungen zuständig ist und welche weiteren Maßnahmen vorgeschrieben sind.[71] In dem Vermerk ist auch anzugeben, ob die bevorrechtigten oder dinglich gesicherten Gläubiger ihre Forderungen anmelden müssen. Dem Vermerk ist des Weiteren eine Kopie des Standardformulars für die Anmeldung von Forderungen gemäß Art. 55 EuInsVO beizufügen oder es ist anzugeben, wo dieses Formular erhältlich ist. Die Unterrichtung nach den Absätzen 1 und 2 des Art. 55 EuInsVO erfolgt nach Art. 54 Abs. 3 EuInsVO mithilfe eines Standardmitteilungsformulars, das gemäß Art. 88 EuInsVO festgelegt wird. Das Formular wird im Europäischen Justizportal veröffentlicht und trägt die Überschrift „Mit- 1.50

69 *Kirchner*, Die Verjährung von Masseverbindlichkeiten, 2016, S. 54 f.
70 *Kirchner*, Die Verjährung von Masseverbindlichkeiten, 2016, S. 132.
71 MünchKomm-*Reinhart*, 3. Aufl. EuInsVO, Art. 54 Rn. 3 f.

teilung über ein Insolvenzverfahren" in sämtlichen Amtssprachen der Organe der Union. Es wird in der Amtssprache des Staates der Verfahrenseröffnung oder – falls es in dem betreffenden Mitgliedstaat mehrere Amtssprachen gibt – in der Amtssprache oder einer der Amtssprachen des Ortes, an dem das Insolvenzverfahren eröffnet wurde, oder in einer anderen Sprache übermittelt, die dieser Staat gemäß Artikel 55 Abs. 5 EuInsVO zugelassen hat, wenn anzunehmen ist, dass diese Sprache für ausländische Gläubiger leichter zu verstehen ist.

C) Verfahrensrechtliche Anforderungen an die Forderungsanmeldung

I. Allgemeiner zivilprozessualer Bestimmtheitsgrundsatz

1. § 253 Abs. 2 Nr. 2 ZPO

1.51 Es ist selbstverständlich, dass, wollte der Gläubiger seine Forderung klageweise im ordentlichen Zivilprozess gegen den Schuldner geltend machen, die von ihm erhobene Klage den allgemeinen zivilprozessualen Anforderungen genügen müsste. Das verweist im Wesentlichen auf § 253 Abs. 2 ZPO. Diese Vorschrift ordnet an, dass die Klageschrift die Bezeichnung der Parteien und des Gerichts und die bestimmte Angabe des Gegenstandes *und* des Grundes des erhobenen Anspruchs enthalten muss. § 253 Abs. 2 Nr. 2 ZPO schreibt zudem vor, dass der Antrag, mit dem die Klage erhoben wird, „bestimmt" zu sein hat.

1.52 Der Antrag ist in streitigen Verfahren deshalb von wesentlicher Bedeutung, weil das Gericht nicht befugt ist, den Parteien etwas zuzusprechen, was sie nicht beantragt haben, § 308 Abs. 1 S. 1 ZPO.[72] Diese „negative" Formulierung bringt die Bindung des Gerichts an die Anträge der Parteien zum Ausdruck. Der Antrag bildet m.a.W. den Rahmen, innerhalb dessen das Gericht seine Entscheidung fällen darf und muss.[73]

2. Keine Anwendung des § 253 Abs. 2 Nr. 2 ZPO im nichtstreitigen Verfahren der Forderungsanmeldung

1.53 Im Verfahren der Forderungsanmeldung entscheidet im Unterschied zum streitigen Zivilprozess als Verfahrens richterlicher Rechtserkenntnis kein Gericht als Dritter zwischen Parteien über einen Streit, der wegen der angemeldeten Forderung auftritt. Denn durch die Einrichtung des Verfahrens der Forderungsanmeldung nach den §§ 174 ff. InsO hat das deutsche Insolvenzrecht sich vom gemeinrechtlichen Konkursprozess abgewandt;[74] dies entspricht den Regelungen in den meisten Insol-

72 MünchKomm-*Musielak*, 4. Aufl. ZPO, § 308 Rn. 1.
73 Vgl. auch *Rosenberg/Schwab/Gottwald*, § 132 Rn. 6 ff.
74 Uhlenbruck/*Sinz*, 14. Aufl. InsO, § 174 Rn. 18.

venzrechtsordnungen Europas. Das Anmeldeverfahren ist vielmehr auf das Prüfungsverfahren ausgerichtet:

1.54 Die Prüfung angemeldeter Forderungen liegt in der Zuständigkeit der Gläubiger und des Insolvenzverwalters als Organ des Insolvenzverfahrens. Das Verfahren der Forderungsanmeldung stellt sich schon deshalb nicht als streitiger Prozess dar, was bereits zwanglos daraus folgt, dass der anmeldende Gläubiger einer nichttitulierten Forderung nach § 179 Abs. 1 InsO im Falle des gegen seine Anmeldung erhobenen Widerspruchs des Verwalters oder eines anderen Gläubigers klagweise die Feststellung gegen den Bestreitenden betreiben kann. Gleiches gilt im Falle titulierter Forderungen für Insolvenzverwalter oder bestreitenden Gläubiger nach § 179 Abs. 2 InsO (unten Rn. 2.39 ff.). Da sich das Verfahren der Forderungsanmeldung damit nicht als streitiges Verfahren der Rechtserkenntnis durch ein unparteiliches Gericht darstellt, sondern als Prüfungsverfahren besonderer Art (als „Diskussionsverfahren – oben Rn. 1.3) erweist (unten Rn. 1.163 ff.), formuliert die InsO in ihrem § 174 Abs. 2 eigene Anforderungen, denen eine Forderungsanmeldung genügen muss.

1.55 Für einen Verweis des § 4 InsO auf eine entsprechende Anwendung der Regelungen der ZPO ist daher im Falle des § 253 ZPO kein Raum.[75] Denn die § 174 InsO und § 175 InsO stellen sich insoweit als leges speciales dar.

II. Form der Anmeldung

1. Schriftform

a) § 174 Abs. 4 InsO

1.56 Da eine Anmeldung (zu Protokoll der Geschäftsstelle) beim Insolvenzgericht ausgeschlossen ist, kommt allein die **Schriftform** für die Anmeldung in Betracht, wobei jede Art schriftlicher Übermittlung (Telegramm, Photokopie, Telefax usf.) ausreichend ist.[76] Das Schriftformerfordernis ist nach § 174 Abs. 4 InsO eingeschränkt. Denn die Anmeldung kann danach durch Übermittlung eines elektronischen Dokuments erfolgen, wenn der Insolvenzverwalter der Übermittlung elektronischer Dokumente ausdrücklich zugestimmt hat. In diesem Fall sollen die Urkunden, aus denen sich die Forderung ergibt, unverzüglich nachgereicht werden.[77]

---

75 *Häsemeyer*, Insolvenzrecht, 4. Aufl., Rn. 22.01; *Becker*, Insolvenzrecht, 3. Aufl. Rn. 1245.

76 NR/*Becker*, 29 Egl. InsO, § 174 Rn. 13; K/P/B/*Pape/Schaltke*, 67. Egl InsO, § 174 Rn. 41 f; MünchKomm-*Riedel*, 3. Aufl. InsO, § 174 Rn. 21; Graf-Schlicker/*Graf-Schlicker*, 4. Aufl. InsO, § 174 Rn. 12; Braun/*Specovius*, 6. Aufl. InsO, § 174 Rn. 16.

77 Braun/*Specovius*, 6. Aufl. 2014, InsO, § 174 Rn. 20 f.

b) Europäisches Insolvenzrecht

1.57 Art. 53 EuInsVO sieht vor, dass sich jeder ausländische Gläubiger zur Anmeldung seiner Forderungen in dem Insolvenzverfahren aller Kommunikationsmittel bedienen kann, die nach dem Recht des Staats der Verfahrenseröffnung zulässig sind. Allein für die Anmeldung einer Forderung ist die Vertretung durch einen Rechtsanwalt oder sonstigen Rechtsbeistand nicht zwingend.

2. Sprache der Anmeldung

a) § 184 GVG

1.58 Da das Insolvenzverfahren ein Verfahren der gerichtlichen Rechtsfürsorge[78] ist, kommt auch für das vom Verwalter geleitete Anmeldungsverfahren § 184 GVG zur Anwendung. Gerichtssprache ist daher deutsch bzw. in den sorbischen Gerichtskreisen deutsch und sorbisch; in diesen Sprachen ist die Anmeldung abzufassen. Bei internationalen Verflechtungen des Schuldners kann es allerdings vorkommen, dass fremdsprachig abgefasste Anmeldungen eingehen. In diesen Fällen hat der Verwalter den betreffenden Gläubiger zur Einreichung einer in die deutsche Sprache übersetzten Fassung seiner Anmeldung aufzufordern.[79] Eine Zurückweisung oder Nichtberücksichtigung der Anmeldung geht dagegen zu weit,[80] da auch hinsichtlich des ausländischen Gläubigers der Grundsatz der gemeinschaftlichen Gläubigerbefriedigung unter Gläubigergleichbehandlung einen vorrangigen Stellenwert einnimmt, und zwar nicht nur im Verhältnis zu EU-Ausländern. Es kommt daher für das Procedere nicht auf Sprachkenntnisse beim Verwalter oder beim Gericht an, da nur die Abfassung in der allen Gläubigern verständlichen Gerichtssprache deren Teilnahmemöglichkeiten am Prüfungstermin gem. § 176 InsO wahrt.

b) Art. 53 Abs. 2 EuInsVO

1.59 Für grenzüberschreitende Insolvenzverfahren innerhalb des **Geltungsbereichs der EuInsVO** greift deren Art. 53 Abs. 2[81] ein, der bestimmt, dass jeder Gläubiger, der seinen gewöhnlichen Aufenthalt, Wohnsitz oder Sitz in einem anderen Mitgliedsstaat als dem Staat der Verfahrenseröffnung hat, seine Forderung auch in der Amtssprache oder einer der Amtssprachen dieses anderen Staates anmelden kann. Gem. Art. 55 Abs. 1 EuInsVO können in europäisch-grenzüberschreitenden Insolvenzver-

---

78 Alternativ: Smid/Rechel, Die Struktur des Insolvenzrechts in der BGH-Rechtsprechung, S. 146.

79 KS-*Eckardt*, 743, 750 Rn. 13; ähnl. Uhlenbruck/*Sinz*, 14. Aufl. InsO, § 174 Rn. 26; für den Anwendungsbereich des EU-Übereinkommens über Insolvenzverfahren v. 23.11.1995 (ZIP 1996, 976 ff.) ist dies in Art. 42 Abs. 2 ausdr. geregelt.

80 So aber *Hess*, InsO, § 174 Rn. 81; wohl auch Kreft/*Depré*, 7. Aufl. InsO, § 174 Rn. 2.

81 Zur Vorgängernorm: *Smid*, Deutsches u. Europäisches Internationales Insolvenzrecht, 2004, Art. 42 EuInsVO Rn. 3.

fahren ausländische Gläubiger ihre Forderungen mithilfe des Standardformulars anmelden, das die in Art. 55 Abs. 2 EuInsVO festgelegten Angaben zur Identifizierung des ausländischen Gläubigers und der Forderung enthält.

III. Gesetzlicher Inhalt der Forderungsanmeldung

1. Übersicht

a) Grund und Betrag der Forderung

§ 174 Abs. 2 InsO bestimmt, dass der Grund und der Betrag der Forderung bei der Anmeldung anzugeben sind, sowie die Tatsachen, aus denen sich nach Einschätzung des Gläubigers ergibt, dass ihr eine vorsätzlich begangene unerlaubte Handlung des Schuldners, eine vorsätzliche pflichtwidrige Verletzung einer gesetzlichen Unterhaltspflicht oder eine Steuerstraftat des Schuldners nach den §§ 370, 373 oder § 374 AO zugrunde liegt. **1.60**

b) Funktion des § 174 Abs. 2 InsO

Die Bestimmung des § 174 Abs. 2 InsO dient dazu, es nicht nur dem Insolvenzverwalter, sondern auch den Gläubigern zu ermöglichen, die Berechtigung oder Nichtberechtigung der angemeldeten Forderung zu beurteilen und über die Erhebung eines Widerspruchs zu entscheiden.[82] **1.61**

Die Angabe des Schuldgrundes wird wesentlich, wenn der anmeldende Gläubiger einer bestrittenen Forderung die prozessuale Feststellung zur Tabelle im Klageweg betreibt: Der sinnvolle Umfang des Vortrages bei der Anmeldung der anzumeldenden Forderung ergibt sich aus § 181 InsO: Danach kann die Feststellung nach **Grund, Betrag** und (nach wie vor) **Rang** der Forderung nur in der Weise begehrt werden, wie die Forderung in der Anmeldung oder im Prüfungstermin bezeichnet worden ist,[83] eingehend unten Rn. 3.206 ff. **1.62**

2. Angabe des Betrages der Forderung

a) § 45 InsO

Am Insolvenzverfahren kann der Insolvenzgläubiger nur mit einer **Geldforderung** teilnehmen. Das ergibt sich schon daraus, dass Aufgabe des Insolvenzverfahrens die Gleichbehandlung der Insolvenzgläubiger ist.[84] Das setzt voraus, dass ihre An- **1.63**

---

82 Das folgt aus der Grundstruktur des Prüfungsverfahrens, grundlegend BGH, Urt. v. 5.7.2007 – IX ZR 221/05, NJW-RR 07, 1693.

83 BGH, Urt. v. 5.7.2007 – IX ZR 221/07, ZIP 2007, 1760 f.

84 *Smid*, Handbuch Insolvenzrecht, 6. Aufl., § 1 Rn. 25.

sprüche gegen den Schuldner in einem allgemeinen Äquivalent ausgedrückt werden: § 45 S. 1 InsO bestimmt daher folgerichtig, dass Forderungen, die nicht auf Geld gerichtet sind oder deren Geldbetrag unbestimmt ist, mit dem Wert geltend zu machen sind, der für die Zeit der Eröffnung des Insolvenzverfahrens geschätzt werden kann. Und § 45 S. 2 InsO sieht vor, dass Forderungen, die in ausländischer Währung oder in einer sonstigen Rechnungseinheit ausgedrückt sind, nach dem Kurswert, der zur Zeit der Verfahrenseröffnung für den Zahlungsort maßgeblich ist, in inländische Währung umzurechnen sind.[85] Es wird noch darauf einzugehen sein, dass der Liquidant sich daher mit seiner Forderungsanmeldung auf einen „Gestaltwechsel" seiner Forderung einlässt, der – wird die Forderung zur Tabelle festgestellt (§ 178 Abs. 2, 3 InsO), irreversibel ist (unten Rn. 1.116 ff.).

b) Keine Angabe unbezifferter Forderungsbeträge

1.64 Das Erfordernis der Angabe eines Betrages der Forderung weicht insofern von dem des § 253 Abs. 2 Nr. 2 ZPO ab, als – anders als im streitigen Zivilprozess, in dem ein unbezifferter Klagantrag unter bestimmten Voraussetzungen[86] zulässig ist – im Verfahren der Forderungsanmeldung eine Bezifferung des angemeldeten Forderungsbetrages schon deshalb unerlässlich ist, weil dies die spätere Feststellung von Quote und Dividende erfordert. Die Forderungsanmeldung genügt daher dem Bestimmtheitsgrundsatz nicht und ist fehlerhaft (zu den Folgen fehlerhafter Forderungsanmeldungen unten Rn. 1.67 und 1.141 ff.), wenn der anmeldende Gläubiger keinen Betrag seiner Forderung beziffert.

c) Erhöhung oder Beschränkung des Betrags der angemeldeten Forderung

1.65 § 181 InsO hat zur Folge, dass der Anmeldende den Betrag der angemeldeten Forderung nicht etwa entsprechend § 264 Nr. 2 ZPO erhöhen darf. Er ist daher auf eine Neuanmeldung verwiesen. Denn die Gläubiger müssen Gelegenheit haben, den vollen Betrag der angemeldeten Forderung zu bestreiten. Die Ermäßigung des Betrags der angemeldeten Forderung ist dagegen zulässig, weil damit die verfahrensrechtlichen Befugnisse der anderen am Verfahren teilnehmenden Gläubiger nicht berührt werden.[87]

---

85 MünchKomm-*Bitter*, 3. Aufl. 2013, InsO, § 45 Rn. 17.

86 MünchKomm-*Becker-Eberhard*, 4. Aufl. ZPO, § 253 Rn. 117; Musielak/Voit/*Foerste*, 13. Aufl. ZPO, § 253 Rn. 34.

87 *Gerhardt*, in: Jaeger/Henckel § 181 Rn. 11.

d) Vollständig fehlende Angaben

Dies mag folgender Beispielsfall zeigen, der sich in der Tat in einem Gesamtvollstreckungsverfahren ereignet hat: 1.66

„*Orwo*"-Fall: In seiner Forderungsanmeldung verweist der Gläubiger den Verwalter darauf, er verfüge über die Unterlagen der schuldnerischen Buchhaltung, aus der sich der Grund und Betrag seiner, des Gläubigers, anzumeldenden Forderung ergebe – und legt ein DIN A4-Blatt bei mit zwei Zahlenkolonnen, deren linke – wohl – Kontonummern, deren rechte – wohl – Geldbeträge aufweist. Es ist nicht Aufgabe des Verwalters, sich erst die Forderungsanmeldung des Gläubigers „zu konstruieren". 1.67

e) Nebenforderungen

Hinsichtlich des Betrages hat er Kapital, Kosten und die bis zur Eröffnung des Insolvenzverfahrens (zum Zeitpunkt vgl. § 27 InsO)[88] angefallenen Zinsen gesondert auszuweisen.[89] Nach Art. 55 Abs. 2 lit. c) EuInsVO hat die Forderung auch die Angabe von Zinsen, den Zinssatz unter Angabe, ob es sich um einen gesetzlichen oder vertraglich vereinbarten Zinssatz handelt, sowie den Zeitraum, für den die Zinsen gefordert werden, und den Betrag der kapitalisierten Zinsen zu umfassen. 1.68

3. Sammelanmeldung

Sammel- oder Poolanmeldungen, die mehrere Gläubiger aus Gründen der Kostenersparnis für ihre gleichartigen Forderungen (z.B. Kaufpreisforderungen aufgrund von Lieferungen an den Schuldner) durch einen Treuhänder vornehmen lassen, sind grundsätzlich zulässig (vgl. auch unten Rn. 3.235 zur Sammelanmeldung im Zusammenhang der Zulässigkeitsvoraussetzungen einer Tabellenfeststellungsklage).[90] Es gelten aber Besonderheiten: Sie genügen nur dann den Bestimmtheitsanforderungen, wenn die einzelnen Forderungen vom Verwalter oder den anderen Gläubigern dergestalt individualisiert werden können, dass es ihm und den übrigen Gläubigern möglich ist, den Bestand jeder einzelnen Forderung zu prüfen und ggf. zu bestreiten.[91] Die beizufügenden Unterlagen müssen geeignet sein, Rechtsgrund und 1.69

---

88 *Smid*, in: Leonhardt/Smid/Zeuner, § 27 Rn. 25.

89 Uhlenbruck/*Sinz*, 14. Aufl. InsO, § 174 Rn. 32 f.; *Haarmeyer/Wutzke/Förster*, Handbuch InsO Rn. 7/17; vgl. Graf-Schlicker/*Graf-Schlicker*, 4. Aufl. InsO § 174 Rn. 15 f.; MünchKomm-*Riedel*, 3. Aufl. InsO, § 174 Rn. 26 f.; Braun/*Specovius*, 6. Aufl. InsO, § 174 Rn. 26 f.

90 BAG, Urt. v. 19.12.1979 – 5 AZR 96/76 – AP Nr. 10 zu § 112 BetrVG 1972 m. Anm. *Uhlenbruck* = ZIP 1980, 378, 379; BAG, Urt. v. 3.12.1985 – 1 AZR 545/84 – NJW 1986, 1896; *Gottwald/Eickmann*, Insolvenzrechtshandbuch, 3. Aufl., § 63 Rn. 8; MünchKomm-*Riedel*, 3. Aufl. InsO § 174 Rn. 24.

91 *Mohrbutter*, KTS 1974, 221, 223; Uhlenbruck/*Sinz*, 14. Aufl. InsO, § 174 Rn. 25; MünchKomm-*Riedel*, 3. Aufl. InsO, § 174 Rn. 24.

Lebenssachverhalt, wie etwa eine erbrachte Leistung, erkennbar werden zu lassen und entsprechend aufzuschlüsseln. Wird in einer Sammelanmeldung vom klagenden Gläubiger eine Reihe von Forderungen geltend gemacht, die entweder ihm oder mehreren Berechtigten zustehen, die eine gebündelte Forderungsanmeldung vornehmen, genügt eine Pauschalabrechnung den Anforderungen des § 174 InsO nicht.[92] Bei einer Sammelanmeldung mehrerer Forderungen hat daher für jede einzelne Forderung eine Substantiierung zu erfolgen. Jede einzelne Forderung muss individualisierbar sein. Diesen Anforderungen wird eine Sammelanmeldung nicht gerecht, bei der der Gläubiger lediglich eine einheitliche Hauptforderung nennt, ohne diese Summe nach Einzelforderungen aufzugliedern und bei der sich auch aus den beigefügten Rechnungen und weiteren Unterlagen nicht für jede Einzelforderung der betreffende Lebenssachverhalt entnehmen lässt.[93] Stehen mehrere Forderungen im Raum und nimmt der Gläubiger Verrechnungen mit Gegenansprüchen des Schuldners vor, so muss aus einer Sammelanmeldung deutlich hervorgehen, welche Verrechnung sich auf welche Forderung bezieht.[94]

4. Zahlungsansprüche auf erstes Anfordern

1.70 Auch Zahlungsansprüche auf erstes Anfordern können Gegenstand von Forderungsanmeldungen nach § 174 InsO sein.[95] Der BGH hat dazu klargestellt, dass die Insolvenzordnung keine besonderen Regeln für die Tabellenfeststellung einzelner Forderungsarten kenne und insbesondere nicht auf eine eingeschränkte Feststellungsfähigkeit von Forderungen aus Zahlungsversprechen auf erstes Anfordern geschlossen werden könne. Dieses Rechtsinstitut dient dem Ziel, dem Gläubiger möglichst schnell einen – wenngleich nur vorläufigen – Titel zu verschaffen und ihm den raschen Zugriff zu ermöglichen.[96] Der Schuldner wird mit seinen Einwendungen oder Einreden aus dem Schuldverhältnis auf einen Rückforderungsprozess (bzw. ein Nachverfahren) verwiesen.[97] Der BGH bestimmt die Funktion des Zahlungsversprechen auf erstes Anfordern daher damit, es bewirke eine dem Gläubiger zu Gute kommende Beschleunigungs- und Verfahrensvereinfachungswirkung, die auch noch in dem über das Vermögen des Schuldners eröffneten Insolvenzverfahren bei Abschlagsverteilungen zum Tragen kommen könne. Zudem müsse in einem gegen

92 BGH, Urt. v. 22.1.2009 – IX ZR 3/08, ZIP 2009, 483.

93 OLG Jena, Urt. v. 20.3.2013 – 2 U 554/12, ZIP 2013, 1235.

94 OLG Jena, Urt. v. 20.3.2013 – 2 U 554/12, ZIP 2013, 1235.

95 BGH, Urt. v. 29.5.2008 – IX ZR 45/07, ZIP 2008, 1441 = DZWIR 2008, 384 m. Anm. *Neußner* EWiR 2008, 665; *Tetzlaff* WuB VI A § 179 InsO 1.09.

96 BGH, Urt. v. 4.7.2002, BGHZ 151, 236, 241 zur Liquiditätsfunktion der Forderung auf Zahlung auf erstes Anfordern.

97 BGH, Urt. v. 17. Oktober 1996 – IX ZR 325/95, ZIP 1996, 2062, 2063; v. 23. Januar 1997 – IX ZR 297/95, ZIP 1997, 582, 583.

den Widerspruch des Insolvenzverwalters gegen den angemeldeten Anspruch aus einem Zahlungsversprechen auf erstes Anfordern nach § 179 Abs. 1 InsO durch Betreiben des Opponenten eingeleiteten Tabellenfeststellungsprozess den gegen die Forderung erhobenen materiellrechtlichen Einwendungen und Einreden des Insolvenzverwalters nicht nachgegangen werden, so dass dem Gläubiger ein vereinfachtes Verfahren zur Erlangung des Tabelleneintrags zustehe und die Betreibungslast für den Rückforderungsprozess beim Insolvenzverwalter liege. Daraus folgert der BGH, dass der Anspruch auf Zahlung aufs erste Anfordern einer Anmeldung einer auflösend bedingten Forderung vergleichbare Struktur habe. Denn nach § 42 InsO wird eine solche bedingte im Insolvenzverfahren wie eine unbedingte Forderung berücksichtigt. Die Insolvenzordnung mutet also den anderen Gläubigern zu, dass ihnen der Anteil des auflösend berechtigten Gläubigers äußerstenfalls bis zur Schlussverteilung vorenthalten wird. Dann müssen die anderen Gläubiger diese Schmälerung auch hinnehmen, wenn der Anspruch des anmeldenden Gläubigers unbedingt ist und lediglich der Verwalter es in der Hand hat, den Rückforderungsprozess zu betreiben. Wäre dagegen eine Anmeldung der Forderung aus dem Anspruch auf erstes Anfordern von der Forderungsanmeldung nach § 179 InsO ausgenommen, würde der Gläubiger einer solchen Forderung schlechter gestellt als gewöhnliche Gläubiger, die ihre Forderung anmelden und materielle Einwendungen des Verwalters über eine Klage aus § 179 InsO ausräumen können. Zwar kann der Insolvenzverwalter, nachdem der Anspruch auf erstes Anfordern in die Tabelle eingetragen wurde, sofort den Rückforderungsprozess einleiten und hierbei etwaige Einwendungen vorbringen. Deswegen darf dem Gläubiger die Aussicht auf eine schnelle Titulierung – hier durch den Tabelleneintrag – und auf Teilhabe an der Insolvenzquote jedoch nicht von vornherein versagt werden, zumal es auch Fälle geben kann, in denen ein Rückforderungsprozess nicht in Betracht kommt, weil Einwendungen nicht bestehen.

5. Keine Aufnahme von Zug-um-Zug-Forderungen zur Tabelle

Grundsätzlich ist bei der Feststellung eines Schadensersatzanspruchs zur Insolvenz- 1.71
tabelle der Wert der Zug-um-Zug zu übertragenden Rechte aus einer Kommanditbeteiligung in entsprechender Anwendung von § 45 Satz 1 InsO auf einen Geldbetrag zu schätzen und dieser von dem Schadensersatzbetrag in Abzug zu bringen.[98] Daher ist es im Ergebnis überzeugend, dass der BGH meint, im Insolvenzverfahren über das Vermögen der Darlehensgeberin sei die zur Tabelle begehrte Feststellung eines Rückzahlungsanspruchs **Zug-um-Zug** gegen Übertragung der Anteile an der Genossenschaft nicht möglich. Ihr steht der insolvenzrechtliche Grundsatz der gleichmä-

98 OLG München, Urt. v. 2.10.2015 – 10 U 1534/13, FD-InsR 2015, 373, 162.

ßigen Befriedigung der Gläubiger an der Masse entgegen, die nur durchführbar ist, wenn sich die Forderungen für die Berechnung der Quote eignen. Die Insolvenzordnung kennt in dem Feststellungs- und Verteilungsverfahren nach §§ 174 ff. keine den §§ 756, 765 ZPO entsprechende Regelung.[99] Dies bedarf einer differenzierten Betrachtung. Denn Fälle, in denen der Schuldner nur Zug-um-Zug gegen eine Gegenleistung seine Leistung zu erbringen hat verweisen auf § 103 InsO: Hat der Gläubiger seine Leistung noch nicht erbracht, kommt es zu einem Austausch Zug-um-Zug erst bei Wahl der Erfüllung des gegenseitigen Vertrages durch den Insolvenzverwalter. Ansonsten steht dem Gläubiger ein – allerdings wie das Gesetz in § 103 Abs. 2 S. 2 InsO zeigt: zweifellos anmeldefähiger – Schadensersatzanspruch zu.

1.72 Der III. Zivilsenat des BGH[100] hat sich dieser Judikatur des II. Zivilsenats[101] angeschlossen und darauf erkannt, das Zug um Zug Forderungen nicht zur Insolvenztabelle angemeldet werden können.

1.73 Über das Vermögen des auf Schadensersatz in Anspruch genommenen Beklagten in dem vom BGH entschiedenen Fall das Insolvenzverfahren eröffnet und der Rechtsstreit, der nach Revisionseinlegung sich in der Revisionsinstanz befindet, unterbrochen worden. Die Revisionsklägerin, Gläubigerin der Beklagten, widersprach in dem durch Aufnahme nach § 180 InsO fortgesetzten Rechtsstreit als widersprechende Gläubigerin gemäß § 180 Abs. 2 InsO.

1.74 Nach „durchgängiger Judikatur“[102] sind Zug-um-Zug-Forderungen nicht anmeldungsfähig, wie der BGH[103] plastisch formuliert hat. Meldet daher ein Gläubiger die ihm zustehende oder bereits zugesprochene Zug um Zug-Forderung *als solche* zur Tabelle an, kann er jedenfalls den Rechtsstreit in der Revisionsinstanz schon deshalb nicht fortsetzen, weil die Forderung so nicht hätte angemeldet werden können – also in Ermangelung einer rechtmäßigen und damit beachtlichen Forderungsanmeldung es an der Zulässigkeit der Insolvenzfeststellungsklage fehlte.[104] Sie kann daher auch im Insolvenzfeststellungsprozess nicht festgestellt werden. Hat der anmeldende Gläubiger dagegen seine Forderung ohne die Zug-um-Zug-Einschränkung angemeldet, könnte es sich dabei um die Anmeldung eines Schadensersatzbetrages handeln. Diese uneingeschränkte Forderungsanmeldung ist zulässig und kann, soweit sie bestritten wird, mit der Insolvenzfeststellungsklage verfolgt werden.

---

99 BGH, Urt. v. 1.3.2011 – II ZR 297/08, ZIP 2011, 859 = DZWIR 2011, 287.

100 BGH, Urt. v. 21.5.2015 – III ZR 384/12, ZIP 2015, 1500.

101 BGH, Urt. v. 9.7.2013 – II ZR 9/12, ZIP 2013, 1616 sowie BGH, Urt. v. 1.3.2011 – II ZR 297/08, ZIP 2011, 859.

102 BGH, Urt. v. 17.7.2014 – III ZR 218/13, ZInsO 2014, 1768; BGH, Urt. v. 23.10.2003 – IX ZR 165/02, NZI 2004, 214.

103 BGH, Urt. v. 9.7.2013 – II ZR 9/12, WM 2013, 1597.

104 Vgl. zur Grundstruktur das SKLM-Urteil des BGH, Urt. v. 5.7.2007 – IX ZR 221/05, ZIP 2007, 1760 f.

Der Gläubiger einer Zug-um-Zug-Forderung ist also insbesondere nicht an der prozessualen Verfolgung seines Rechts gehindert – er kann zwar wegen § 87 InsO keine Leistungsklage erheben, hat aber die Möglichkeit, den Insolvenzverwalter zur Erklärung gem. § 103 Abs. 2 InsO aufzufordern.[105] 1.75

6. Angabe des „Grundes" der Forderung

a) Gesetzliche Regelung

In seiner Anmeldung hat der Gläubiger den Schuldgrund seiner Forderung darzulegen.[106] Als Angabe des Schuldgrundes genügt nicht allein die Beschreibung der Tatumstände, aus denen sich seine Forderung ergeben soll. Die früher vertretene Ansicht, eine rechtliche Würdigung müsse nicht wiedergeben werden,[107] lässt sich in dieser Allgemeinheit nicht halten. In seinem SKL-M-Urteil[108] hat der BGH darauf erkannt, dass § 174 InsO die Angabe des Schuldgrundes – also der Anspruchsgrundlage – voraussetzt, um sowohl dem Insolvenzverwalter als auch den beteiligten Gläubigern die Prüfung der Forderung zu ermöglichen; die Forderungsanmeldung bestimmt damit den Gegenstand eines möglichen Feststellungsstreits nach §§ 181, 183 InsO. 1.76

b) Werden damit an den anmeldenden Gläubiger „unangemessene" Anforderungen gestellt?

Damit wird dem anmeldenden Gläubiger freilich nicht zu viel abverlangt. Denn fehlt es an der Angabe eines Schuldgrundes kann der Insolvenzverwalter oder können die anderen Gläubiger die angemeldete Forderung bestreiten. Daraufhin ist es dem Anmeldenden regelmäßig möglich, seine Anmeldung durch Nachanmeldung „nachzubessern". 1.77

Die neue Rechtsprechung des BGH in seinem Nichtzulassungsbeschluss vom November 2015 (eingehend unten Rn. 3.216, 3.229 ff.)[109] wird dagegen von dem Gedanken getragen, dass es dem anmeldenden Gläubiger nicht unnötig schwer ge- 1.78

---

105 Vgl. hierzu die Ausführungen von Kreft/Huber, in: MünchKomm, 3. Aufl. InsO, § 103 Rn. 1 f.

106 BFH, Urt. v. 17.5.1984 – VR80/77 – ZIP 1984, 1004, 1005 sowie BFH, Urt. v. 26.2.1987 – VR 114/79 – ZIP 1987, 583; Uhlenbruck/*Sinz*, 14. Aufl. InsO, § 174 Rn. 29 f.; NR/*Becker*, 29. Egl. InsO, § 174 Rn. 14; Braun/*Specovius*, 6. Aufl. InsO, § 174 Rn. 24 f.; MünchKomm-*Riedel*, 3. Aufl. InsO, § 174 Rn. 26 f.; Graf-Schlicker/*Graf-Schlicker*, 4. Aufl. InsO, § 174 Rn. 15 f.

107 RG, Urt. v. 1.5.1918 – Rep. I. 422/17, RGZ 93, 13, 14; LG Mönchengladbach, Beschl. v. 2.6.1969 – 4 T 77/69KTS 1970, 62; Uhlenbruck/*Sinz*, 13. Aufl. InsO, § 174 Rn. 29; MünchKomm-*Nowak*, 2. Aufl. InsO, § 174 Rn. 10; Braun/*Specovius*, 5. Aufl. InsO, § 174 Rn. 26.

108 BGH, Urt. v. 5.7.2007 – IX ZR 221/05, ZIP 2007, 1760 ff.

109 BGH, Beschl. v. 12.11.2015 – IX ZR 313/14, ZIP 2016, 30.

macht werden solle, seine bestrittene Forderung zu betreiben. Das ist nun nicht nur ein Gesichtspunkt, den man damit leichthin abtun sollte, der IX. Zivilsenat wolle sich dem Liquidanten gegenüber großzügig erweisen – und dass der gute Wille des Guten ärgster Feind sei. Denn der BGH kann sich zunächst einmal darauf stützen, dass der Anmeldende aufgrund der allgemeinen Insolvenzwirkung der Sperre der Leistungsklage schließlich gar keine andere Wahl als die der Forderungsanmeldung und in dem seine Teilnahme hindernden Bestreitens der Erhebung der Tabellenfeststellungsklage habe. Da die Tabellenfeststellungsklage aber der prozessuale Weg ist, gegen eine Versagung der Teilnahme am Verfahren der Haftungsverwirklichung vorzugehen (gerichtlichen „Rechtsschutz" zu erlangen), scheint sich die „Großzügigkeit" des IX. Zivilsenats geradezu zwingend aus dem Gebot effizienten Rechtsschutzes zu ergeben – der andernfalls durch die prozessualen Insolvenzwirkungen im Lichte der SKL-M-Entscheidung unangemessen beschränkt zu werden scheint.

1.79 Der Ansatz, den der IX. Zivilsenat des BGH dabei wählt, scheint ihm dabei nur allzu Recht zu geben. Denn der Satz, dass der Streitgegenstand einer (jeden, also auch der auf Tabellenfeststellung gerichteten) Klage durch Antrag und Lebenssachverhalt konstituiert werde, wie es durch den zweigliedrigen Streitgegenstandsbegriff[110] zur Grundlage eines prozessualen Denkens geworden ist, scheint geradezu zwingend einen jeden „engeren" Ansatz als nicht nur nicht gebotene, sondern systemwidrige Abweichung von allgemeinen zivilprozessualen Strukturen auszumachen. So kritisiert der IX. Zivilsenat mit der früheren Judikatur denn auch das SKL-M-Urteil.[111]

1.80 Nimmt man indes die Diskussionen über Rechtsnatur, Struktur und Streitgegenstand der Tabellenfeststellungsklage (unten Rn. 3.3ff., 3.196ff.) in den Blick, wird deutlich, dass sich der BGH hier auf schwierigem defilée bewegt (eingehend auch zur prozessualen Problematik des Nichtzulassungsbeschlusses unten Rn. 3.231). Er kann nämlich die Forderung einfach nach Antrag und Lebenssachverhalt solange definieren, wie Streitgegenstand der Tabellenfeststellungsklage die Forderung wäre – die aber doch nur, wie eingehend erörtert, allein Vorfrage des Streits um ihre Feststellung zur Tabelle ist. *Deshalb* blendet der BGH nunmehr die entscheidende Frage aus, die Gegenstand des SKL-M-Urteils war und den Streitgegenstand des Tabellenfeststellungsprozesses bezeichnet: Liegen die Voraussetzungen der Feststellung deshalb vor, weil die angemeldete Forderung und die Forderung, deren Feststellung zur Tabelle begehrt wird, nach dem mit der Anmeldung angegebenen Grund deckungsgleich sind. Mit seiner federstrichartig leichten Umkehr in seinem Nichtzulassungsbeschluss blendet der erkennende Senat die Sachfragen aus, die sich im

---

110 MünchKomm-*Becker-Eberhard*, 5. Aufl. 2016, ZPO, Vorb. § 253 Rn. 32f.

111 BGH, Urt. v. 5.7.2007 – IX ZR 221/05, ZIP 2007, 1760f.

Zusammenhang des Streitgegenstandes der Tabellenfeststellungklage ergeben. Bereits *Jonas*[112] hat darauf aufmerksam gemacht, dass, wollte man die Tabellenfeststellungsklage als besondere Leistungsklage ansehen, die Vorschrift des (heutigen) § 181 InsO, wonach die Feststellung nach Grund, Betrag und Rang der Forderung nur in der Weise begehrt werden kann, wie die Forderung in der Anmeldung oder im Prüfungstermin bezeichnet worden ist, als unerklärliche Ausnahme von den §§ 264, 269 ZPO anzusehen wäre – was es nahelegen würde, davon im Interesse effektiven Rechtsschutzes des Gläubigers abzuweichen, wie es der IX. Zivilsenat des BGH heute meint. Bereits *Jonas*[113] hat aber deutlich gemacht, dass dies eine Verkennung der Strukturen wäre, da § 181 InsO sich aus dem „Charakter der [Tabellenfeststellungs]Klage" ergibt.

Nun ist der Ansatz des Reichsgerichts und des BGH, es genüge die hinreichende **1.81**
Bezeichnung der Tatsachen, aus denen der Anspruch subsumiert werden könne, in der Judikatur früh vertreten worden (unten Rn. 3.200–3.208).[114] Allerdings wurde die Abweichung der Begründung der Forderung in der Tabellenfeststellungsklage vom Rechtsgrund der angemeldeten Forderung als Grund für den Verlust des Rechtsschutzinteresses gedeutet, der zur Unzulässigkeit der Klage führe.[115] An dieser Stelle genügt es, zu bemerken, dass Reichsgericht und BGH ja nicht (ganz) unrecht haben: Wenn es Insolvenzverwalter und anderen Gläubigern „genügt" – wenn sie nicht bestreiten – dann kommt es in der Tat auf eine nähere Bezeichnung des Rechtsgrundes nicht an.

7. Angabe des Vorrangs gem. § 32 Abs. 4 S. 1 DepotG

Kommittenten, die trotz vollständiger Erbringung ihrer Verpflichtungen das Eigen- **1.82**
tum oder Miteigentum an den zu beschaffenden Wertpapieren noch nicht erlangt haben (§ 32 Abs. 1 Nr. 1 DepotG), solche Hinterleger, Verpfänder oder Kommittenten, die ihre Verpflichtungen vollständig erbracht haben, deren Eigentum aber durch eine rechtswidrige Verfügung des Verwahrers, Pfandgläubigers oder Kommissionärs verletzt worden ist (§ 32 Abs. 1 Nr. 2 DepotG) und solche Gläubiger nach Nr. 1 u. 2 des § 32 Abs. 1 DepotG, deren noch nicht erfüllter Teil der sie treffenden Verbindlichkeiten bei Verfahrenseröffnung 10% des Wertes ihres Wertpapierlieferanspruchs nicht überschreitet (§ 32 Abs. 1 Nr. 3 DepotG), genießen nach § 32 Abs. 1 DepotG i.d.F. des Art. 51 Nr. 2 EG-InsO[116] Vorrang vor den anderen Insolvenzgläubigern. Diesen Vor-

112 *Jonas*, Die Konkursfeststellung in ihrer prozessualen Durchführung, 1907, S. 24 f.
113 *Jonas*, Die Konkursfeststellung in ihrer prozessualen Durchführung, 1907, S. 25.
114 *Bley*, Die Feststellung des Konkursgläubigerrechts, 1914, S. 53.
115 *Bley* (Fn. 114), S. 54.
116 Vgl. die amtl. Begr. zu Art. 49 RegEEGInsO, BT-Drs. 12/3803, 96.

rang haben sie nach § 32 Abs. 4 S. 1 DepotG bei der Anmeldung gem. § 174 InsO anzugeben.

8. Weitere Einzelfälle

a) Anmeldungen von Sozialplanansprüchen der Arbeitnehmer des insolvenzschuldnerischen Betriebes

1.83 Soweit aus einem, vor Eröffnung des Insolvenzverfahrens über das Vermögen des Arbeitgebers vereinbarten, Sozialplan begründete Sozialplanansprüche für die Arbeitnehmer des Betriebes durch Gewerkschaft oder Betriebsrat angemeldet werden, muss diese Anmeldung den auf den einzelnen Arbeitnehmer entfallenden Betrag deutlich machen. Demgegenüber genügt nicht die bloße Anmeldung des Sozialplanvolumens.[117]

b) Anmeldung von Steuerforderungen

1.84 Nach § 28 Abs. 1 InsO ist vom Gericht **allen** Gläubigern des Schuldners, also auch den Finanzbehörden, aufzugeben, innerhalb der Anmeldefrist ihre Forderungen beim Verwalter anzumelden. Damit ist das Steuerfestsetzungsverfahren nach § 155 Abs. 1 AO derogiert; es gilt seinem Wortlaut nach nur, „soweit nichts anderes vorgeschrieben ist“. Machte die Finanzbehörde nach überkommenem Recht im Konkursverfahren einen Anspruch aus dem Steuerschuldverhältnis als Konkursforderung geltend, so stellte sie gem. § 251 Abs. 3 AO erforderlichenfalls die Konkursforderung und ein Konkursvorrecht durch schriftlichen Verwaltungsakt fest.[118] Dieses Erfordernis beruhte darauf, dass der Verwalter oder ein Gläubiger, nicht aber der Schuldner (weil sein Widerspruch die Feststellung nicht hindert, § 178 Abs. 1 S. 2 InsO), der Forderung im Prüfungstermin widersprachen.[119] Eine Anmeldung ist auch dann erforderlich, wenn die Steuer bereits vor Eröffnung des Verfahrens durch Steuerbescheid festgesetzt wurde, gleichgültig, ob der Bescheid rechtskräftig war.[120]

---

117 BAG, Urt. v. 3.12.1985 – 1 AZR 545/84, NJW 1986, 1896 MünchKomm-*Riedel*, 3. Aufl. InsO, § 174 Rn. 27.

118 Mit der Aussetzung der Änderung von Steuergesetzen, deren Aufkommen ganz oder teilweise den Ländern zufließt (vgl. Beschl.-Empf. des RechtsA zu Art. 60, 62, 64–66 RegEInsO, BT-Drs. 12/7303, 113 f.), entfiel auch die mit Art. 60 Nr. 4 c) RegEEGInsO geplante Anpassung dieser Regel einschließl. der Streichung der Vorrechtsfeststellung auf das neue Insolvenzverfahren.

119 *Klein/Orlopp*, AO, § 251 Anm. 3; *Frotscher*, Besteuerung bei Insolvenz, 249 f.

120 K/P/B/*Pape/Schaltke*, 67. Lfg. InsO, § 174 Rn. 55.

IV. Sonderproblem: Anmeldung von Forderungen aus unerlaubten Handlungen

1. Funktion

Nach Vorstellung des Gesetzgebers wird die aus dem Tatbestand der vorsätzlichen unerlaubten Handlung des Schuldners herrührende „Bevorrechtigung" des Gläubigers wie die Behandlung eines Konkursvorrechts nach altem Recht behandelt. Wie in dem isolierten Vorrechtsstreit nach der KO soll auch bei dem Streit, ob der Forderung eine unerlaubte Handlung zugrunde liegt, alle gegen den Bestand gerichteten Einwendungen durch die Rechtskraftwirkung des Feststellungsvermerks abgeschnitten sein. Der Fortgang des Insolvenzverfahrens wird durch einen solchen Feststellungsstreit nicht behindert, da diese Feststellung außerhalb des Insolvenzverfahrens zu erfolgen hat. Widerspricht der Schuldner nicht, so wird der Vortrag des Gläubigers, die Forderung stamme aus einer unerlaubten Handlung, in die Tabelle eingetragen, was nach § 178 Abs. 3 InsO wie ein rechtskräftiges Urteil gegenüber dem Insolvenzverwalter und den Insolvenzgläubigern (vgl. dazu näher unten Rn. 2.72ff.) wirkt. Fehlt die Feststellung hinsichtlich einer vorsätzlich begangenen unerlaubten Handlung in der Tabelle, so kann sich der Gläubiger auf einen angeblichen Ausschluss seiner Forderung von der Restschuldbefreiung gem. **§ 302 Nr. 1** InsO nicht berufen. 1.85

2. Tatsachenangaben bei der Forderungsanmeldung

Tatsachen, aus denen sich ergibt, dass die **Forderung** auf einer **vorsätzlich begangenen unerlaubten Handlung** beruht, sind daher anzugeben, um dem Schuldner frühzeitig Kenntnis darüber zu verschaffen, ob eine Forderung, die u.U. seine wesentliche Verbindlichkeit ausmacht, von einer Restschuldbefreiung nicht erfasst wird, da ihr nach Ansicht des Liquidanten eine vorsätzlich begangene unerlaubte Handlung zugrunde liegt. § 174 Abs. 2 S. 1 InsO sieht vor, dass ein Gläubiger bereits bei der Forderungsanmeldung darauf hinzuweisen hat, wenn er der Auffassung ist, dass der von ihm beanspruchten Forderung eine unerlaubte Handlung des Schuldners zugrunde liegt. Der Schuldner soll frühzeitig einschätzen können, ob er sich einem Insolvenzverfahren mit anschließender Restschuldbefreiung überhaupt unterwerfen will.[121] Das ist aber ein Trugschluss, denn zum Zeitpunkt der Anmeldung ist das Verfahren schließlich schon eröffnet! Eine Anmeldung einer Forderung beim Insolvenzverwalter aus unerlaubter Handlung bedarf daher eines genauen Tatsachenvortrags bezüglich der angeblichen unerlaubten Handlung (z.B. Eingehungsbetrug, vorsätzliche Körperverletzung usf.). Die bloße Behauptung, der 1.86

---

121 Gesetz zur Änderung der InsO u. anderer Gesetze, BT-Drs. 14/5680, zu § 174.

Schuldner sei bei Auftragserteilung zahlungsunfähig bzw. -willig gewesen, reicht insoweit nicht aus.[122]

3. Einzelheiten

1.87 Der Rechtsgrund der vorsätzlich begangenen unerlaubten Handlung muss in der Anmeldung so beschrieben werden, dass der aus ihm hergeleitete Anspruch in tatsächlicher Hinsicht zweifelsfrei bestimmt ist und der Schuldner erkennen kann, welches Verhalten ihm vorgeworfen wird; einer schlüssigen Darlegung des (objektiven und subjektiven) Deliktstatbestands bedarf es nicht.[123] Bei der Anmeldung einer Forderung aus vorsätzlicher unerlaubter Handlung zur Insolvenztabelle gemäß § 174 Abs. 2 InsO hat der Gläubiger den Sachverhalt so vorzutragen, dass ein unbeteiligter Dritter allein aus der Forderungsanmeldung und den dortigen Ausführungen die vorgeblich unerlaubte Handlung in ihren Grundzügen nachvollziehen und rekonstruieren kann.[124] Für die ordnungsgemäße Anmeldung einer Forderung wegen des Nichtabführens der Arbeitnehmerbeiträge zur Sozialversicherung genügt es nicht, abstrakte Ausführungen zu den Voraussetzungen der §§ 266, 266a StGB zu machen und lediglich auszuführen, dass der geltend gemachte Gesamtbetrag an Arbeitnehmerbeiträgen nicht an die Einzugsstelle abgeführt worden sei. Die Einzugsstelle muss vielmehr zumindest die Namen der betroffenen Beschäftigten und der Beschäftigungszeiten sowie das Arbeitsentgelt und die Höhe der Beitragssätze benennen. Ferner hat sie Ausführungen zur Zahlungsfähigkeit des betroffenen Unternehmens zum Fälligkeitszeitpunkt zu machen.[125] Dies stellt keinen Widerspruch zu den Anforderungen, die der IX. Zivilsenat des BGH im SKL-M I-Urteil[126] formuliert hat. Denn es sind nur deliktische Anspruchsgrundlagen denkbar (§ 823 Abs. 2 BGB i.V.m. § 263, § 266, § 266a StGB etc.).

4. Folgen für die Prozessrechtsbeziehungen zwischen anmeldendem Gläubiger und Schuldner

1.88 Meldet ein Gläubiger eine, aus einer vorsätzlich begangenen unerlaubten Handlung resultierende Forderung zur Insolvenztabelle an, so hat er für den Schuldner i.S.v. § 93 ZPO Veranlassung zur Erhebung einer negativen Feststellungsklage ge-

122 AG Köln, B. v. 25.10.2012 – 72 IK 479/11, ZVI 2013, 150.

123 BGH, Urt. v. 9.1.2014 – IX ZR 103/13, ZIP 2014, 278 = DZWIR 2014, 368 m. Anm. *Hain* juris-PR-InsR 4/2014 Anm. 2; OLG Düsseldorf, B. v. 26.3.2010 – I-24 U 182/09, 24 U 182/09, JurBüro 2011, 200.

124 AG Eschweiler, Urt. v. 11.12.2012 – 27 C 119/12, NZI 2013, 403.

125 AG Eschweiler, Urt. v. 11.12.2012 – 27 C 119/12, NZI 2013, 403.

126 BGH, Urt. v. 5.7.2007 – IX ZR 221/05, NJW-RR 07, 1693.

geben, mit der sich der Schuldner gegen die Feststellung des Rechtsgrundes wendet.[127]

V. Besondere Anforderungen an die Anmeldung nachrangiger Insolvenzforderungen

Bei der Anmeldung nachrangiger Forderungen ist auf den Nachrang hinzuweisen und die dem Gläubiger zustehende Rangstelle zu bezeichnen. 1.89

D) Beifügung von Urkunden, § 174 Abs. 1 S. 2 InsO

I. Gesetzliche Regelung[128]

Der Insolvenzgläubiger hat zur Prüfung durch den Verwalter Belege urschriftlich oder in Abschriften der Anmeldung seiner Forderung beizufügen.[129] 1.90

Eine Reihe von Insolvenzgerichten[130] haben für eine wirksame Forderungsanmeldung gem. § 174 InsO die Vorlage von Urkunden – namentlich im Falle titulierter Forderungen: des Titels – im Original verlangt. Nach dem Wortlaut des § 174 Abs. 1 InsO sind aber die Urkunden, aus denen sich die Forderung ergibt, *im Abdruck* beizufügen. Der BGH[131] geht in diesem Zusammenhang davon aus, dass damit sowohl dem Insolvenzverwalter als auch den übrigen Insolvenzgläubigern zur Prüfung der Ausübung ihrer Widerspruchsbefugnis (§ 178 Abs. 1 InsO) die Möglichkeit der Prüfung der angemeldeten Forderung eröffnet werden soll. Hierzu genügen Ablichtungen der entsprechender Belege, während vom Gesetz die Vorlage von Originalen weder verlangt wird, noch sich eine entsprechende Notwendigkeit der Sache nach ergibt. Zwar sieht § 174 Abs. 2 S. 3 InsO vor, dass vom Urkundsbeamten der Geschäftsstelle des Insolvenzgerichts für den Fall der Feststellung der zugrunde liegenden Forderung dies auf Wechseln und sonstigen Schuldurkunden zu vermerken ist, da deren Indossamentfunktion ansonsten einen Missbrauch durch den Gläubiger ermöglichen würde. Für übrige Urkunden ist in der Literatur[132] zwar teilweise vertreten worden, der Gläubiger müsse sie spätestens im Prüfungstermin einreichen, was aber vom BGH[133] abgelehnt wird. Zutreffend weist der BGH[134] darauf hin, 1.91

---

127 OLG Saarbrücken, Beschl. v. 4.9.2014 – 2 W 13/14, ZInsO 2015, 469.

128 LG Aurich, Beschl. v. 8.6.2000 – 2 T 219/00, ZInsO 2000, 410.

129 Graf-Schlicker/*Graf-Schlicker*, 4. Aufl. InsO, § 174 Rn. 13; Braun/*Specovius*, 6. Aufl. InsO, § 174 Rn. 20 f.

130 AG Mönchengladbach, Urt. v. 20.2.2003 – 5 C 608/02;

131 BGH, Urt. v. 1.12.2005 – IX ZR 95/04, DZWIR 2006, 125.

132 Eingehend FK/*Kießner*, 8. Aufl. InsO, § 174 Rn. 20.

133 BGH, Urt. v. 1.12.2005 – IX ZR 95/04, DZWIR 2006, 125.

134 BGH, Urt. v. 1.12.2005 – IX ZR 95/04, DZWIR 2006, 125.

dass für den Fall einer bereits titulierten Forderung, wie im vorliegenden Fall, eine Doppeltitulierung im Verlauf des Insolvenzverfahrens dadurch vermieden werden kann, dass das Insolvenzgericht die spätere Erteilung des vollstreckbaren Auszugs von der Vorlage des Originaltitels zum Zwecke von dessen Entwertung abhängig macht. Dies gilt im Übrigen auch im Feststellungsprozess nach § 180 InsO, wie der BGH[135] feststellt. Auch hier bedarf es der Vorlage des Originaltitels keinesfalls, da der Forderungsnachweis im Feststellungsrechtsstreit nicht an die Instrumentarien des Urkundsbeweises gebunden ist. Vgl. im Übrigen unten Rn. 3.29.

II. Fehlen diese Belege

1. Kostenfolgen

1.92 Fehlen die Belege für die angemeldete Forderung, so hat dies nach dem soeben Ausgeführten nicht die Unwirksamkeit der Anmeldung der Forderung zur Folge.[136] Wenn der Verwalter dagegen die Forderung deshalb bestritten (§ 178 InsO) hat, weil er sich in Ermangelung der Prüfungsfähigkeit der angemeldeten Forderung gewährleistenden Urkunden bzw. deren Kopien nicht von der Begründetheit der Forderung überzeugen kann und der Insolvenzgläubiger daraufhin gem. § 180 InsO Feststellungsklage erhebt, hat dieser die Prozesskosten zu tragen, da er zu dem Rechtsstreit Anlass gegeben hat.[137] Insolvenzgläubiger titulierter Forderungen haben diese unter Vorlage des Titels anzumelden; die Vorlage weiterer Urkunden erübrigt sich in solchen Fällen naturgemäß. Art. 55 Abs. 7 EuInsVO ordnet an, dass das Gericht, der Verwalter oder der Schuldner in Eigenverwaltung dem Gläubiger Gelegenheit zu geben hat, zusätzliche Belege für das Bestehen und die Höhe der Forderung vorzulegen, wenn es oder er Zweifel an einer nach Maßgabe dieses Artikels angemeldeten Forderung hat.

2. § 19 Abs. 1 SchVG

1.93 Ist ein gemeinsamer Vertreter für alle Schuldverschreibungsgläubiger nach § 19 Abs. 1 SchVG (oben Rn. 1.33) bestellt, muss dieser gem. § 19 Abs. 3, 2. Halbs. SchVG die Urkunde bei der Anmeldung der Forderungen gem. § 19 Abs. 3, 1. Halbs. SchVG nicht vorlegen.[138]

---

135 BGH, Urt. v. 1.12.2005 – IX ZR 95/04, DZWIR 2006, 125.

136 RG, Urt. v. 19.5.1914 – Rep. III. 84/14, RGZ 85, 64, 68; OLG Hamburg, Beschl. v. 24.7.1974 – 9 W 26/74, KTS 1975, 43f.; vgl. Uhlenbruck/*Sinz*, 14. Aufl. InsO, § 174 Rn. 29; Braun/*Specovius*, 6. Aufl. InsO, § 174 Rn. 21; MünchKomm-*Riedel*, 3. Aufl. 2013 InsO, § 174 Rn. 23.

137 Vgl. OLG Hamburg, Beschl. v. 24.7.1974 – 9 W 26/74, KTS 1975, 43f.; Braun/*Specovius*, 6. Aufl. 2014, § 174 Rn. 20.

138 Langenbucher/Bliesener/Spindler/*Bliesener*/*Schneider*, Bankrechts-Kommentar, 2. Aufl. 2016, § 19 SchVG Rn. 21.

E) Den gesetzlichen Anforderungen nicht entsprechende („fehlerhafte") Forderungsanmeldungen

I. Kenntnis des Insolvenzverwalters wegen möglicher Forderungen

1. Kenntnis des Insolvenzverwalters über mögliche Forderungen

Eine etwaige Kenntnis des Insolvenzverwalters über Vertragsbeziehungen des Schuldners und mögliche Forderungen kann Mängel bei der Darstellung des Lebenssachverhalts, aus dem sich in Verbindung mit einem Rechtssatz die geltend gemachte Forderung als begründet erscheinen lässt, nicht auszugleichen.[139] **1.94**

2. Gläubigerverzeichnis gem. § 13 Abs. 1 S. 2 InsO

Eine gewisse Kenntnis hat der Insolvenzverwalter regelmäßig im Falle des Eigenantrags des Schuldners aufgrund des dem Antrag nach § 13 Abs. 1 S. 2 InsO beizufügenden Verzeichnis der Gläubiger und ihrer Forderungen. Und im Falle des Fremdantrags erfährt der Verwalter von Gläubigern und Forderungen häufig aufgrund der Auskünfte des Schuldners, die er im Rahmen seiner Anhörung nach § 10 InsO und im Eröffnungsverfahren nach § 20 InsO gemacht hat. Aber diese Auskünfte des Schuldners machen die ordnungsgemäße Geltendmachung seines Rechts durch den Insolvenzgläubiger nicht überflüssig. **1.95**

II. Fehlende oder fehlerhafte Angabe des Grundes

1. Fehlerhafte Forderungsanmeldung als Verfahrensteilnahmehandlung

Die Forderungs**anmeldung** ist im allgemeinen als Verfahrens**teilnahme** nicht etwa dadurch unwirksam und unbeachtlich, dass der Gläubiger den „falschen" Grund der angemeldeten Forderung oder allein einen Sachverhalt angibt, aus dem auf den Rechtsgrund geschlossen werden kann. Auch die fehlerhafte Anmeldung berechtigt daher zur Verfahrensteilnahme: **1.96**

2. Judikatur des BGH

Erklärtes Ziel des Gesetzgebers mit der Insolvenzrechtsreform war es, den Einfluss der Gläubiger auf das Insolvenzverfahren zu stärken. Anders als die KO ging der Reformgesetzgeber dabei davon aus, dass die Gläubiger persönlicher Forderungen (Insolvenzgläubiger, § 38 InsO) gemeinsam mit den absonderungsberechtigten Gläubigern i.S.v. §§ 49 ff. InsO Einfluss auf das Verfahren sollten nehmen können, § 74 InsO. Eines der Instrumente der Gläubigerselbstverwaltung, mit denen die **1.97**

139 OLG Jena, Urt. v. 20.3.2013 – 2 U 554/12, ZIP 2013, 1235.

Gläubiger das Verfahren beherrschen, ist zunächst die Gläubigerversammlung und deren Einberufung, die freilich wegen der Umständlichkeit dieses Instruments nach § 75 Abs. 1 Nr. 4 InsO daran geknüpft ist, dass Absonderungsrecht und Forderungen des Antragstellers einen Wert von $^{2}/_{5}$ der Summe aus dem Wert der Absonderungs- und Forderungsbeträge erreichen.

1.98 In einem vom *BGH* entschiedenen Fall[140] war streitig, ob eine Gläubigerin, die zugleich Insolvenzgläubigerin und absonderungsberechtigte Gläubigerin war, dieses Quorum erreichte. Das AG Hamburg, in dessen Praxis zum Teil die Rolle des Gerichts in der Leitung des Insolvenzverfahrens die Gläubigerherrschaft in den Hintergrund zu drängen scheint, hatte die gegen die ablehnende Entscheidung des Insolvenzgerichts gerichtete sofortige Beschwerde als unstatthaft zurückgewiesen.

1.99 Der IX. Zivilsenat des *BGH* hat dies anders gesehen und die Beschwerde für statthaft erachtet. Denn die Befugnis, einen Antrag auf Einberufung der Gläubigerversammlung zu stellen, **hänge nicht von der vorangegangenen Prüfung der Forderung** bzw. des Stimmrechts der Insolvenzgläubiger bzw. Absonderungsberechtigten durch den Verwalter oder die übrigen Gläubiger **ab**, sondern allein von der Prüfung durch das Insolvenzgericht, die auf der Grundlage einer Schätzung vorgenommen werde. Dem Gläubiger würde aber sein Initiativrecht und damit die Möglichkeit, auf das Verfahren Einfluss zu nehmen, versagt, wenn er diese Schätzung des Insolvenzgerichts nicht einer Überprüfung unterwerfen lassen könne.

III. Falsche Angaben

1.100 Macht der Anmeldende falsche Angaben, ist die Anmeldung gleichwohl wirksam, weil sie prüffähig ist.[141] Denn die Prüfung dient gerade auch dazu, die Richtigkeit oder Unrichtigkeit der Angaben des Anmeldenden festzustellen. Daher genügt die Forderungsanmeldung solange den sich aus der Funktion des Insolvenzverfahrens folgenden Anforderungen, wie sich die angemeldete Forderung trotz fehlender Angaben noch prüfen lässt. Nur für den Fall, dass die Forderungsanmeldung keine Angaben von Betrag und Schuldgrund enthält, fehlt es an der Prüffähigkeit der Forderung. Es genügt auch nicht, dass der Insolvenzverwalter aus den ihm vorliegenden Unterlagen auf den Betrag der anzumeldenden Forderung schließen kann. Denn es geht um die Prüfbarkeit der Forderung nicht allein durch den Insolvenzverwalter, sondern auch durch die (anderen) Gläubiger (oben Rn. 1.61).

---

140 BGH, Beschl. v. 21.12.2006 – IX ZB 138/06, ZIP 2007, 551.

141 Uhlenbruck/*Sinz*, § 174 Rn. 44; Graf-Schlicker/*Graf-Schlicker*, § 174 Rn. 23 f.

IV. Fehlende Angabe des Betrages

Anders verhält es sich, wenn die Angabe des Forderungsbetrages fehlt. Dann liegt eine – wie in dem oben dargestellten Beispielsfall (Rn. 1.67) – Forderungsanmeldung nicht vor, da eine Prüfung der Forderung in Ermangelung eines bezifferten Betrages jedenfalls den anderen Gläubigern, regelmäßig aber auch dem Verwalter, nicht möglich ist.[142] Die ohne Bezifferung des Forderungsbetrages vorgenommene Anmeldung ist daher (noch) keine wirksame Verfahrenshandlung des anmeldenden Gläubigers, die seine Verfahrensteilnahme begründet. Das stimmt mit Art. 55 Abs. 2 lit. b) EuInsVO überein, wonach bei der Forderungsanmeldung der Forderungsbetrag unter Angabe der Hauptforderung und gegebenenfalls der Zinsen sowie Entstehungszeitpunkt der Forderung und – sofern davon abweichend – Fälligkeitsdatum anzugeben ist. 1.101

F) Änderung der Anmeldung

I. Kein Verweis auf §§ 263, 264 ZPO gem. § 4 InsO

Nach hL umfasst die Verweisung des § 4 InsO nicht die §§ 261ff. ZPO. Die §§ 263, 264 ZPO sind auf das Verfahren der Forderungsanmeldung nicht anwendbar. Das ist nachvollziehbar. 1.102

1. Übersicht

Zunächst ist es für die Anpassung des Klageantrages gem. § 264 Nrn. 2 und 3 ZPO überzeugend, dass die entsprechende Anwendung dieser Vorschrift auf das Insolvenzverfahren und namentlich das Verfahren der Forderungsanmeldung gem. § 4 InsO abgelehnt wird. § 264 ZPO ordnet an, dass bestimmte Änderungen nicht als Klagänderung anzusehen sind. Es handelt sich bei § 264 Nr. 2 und 3 ZPO entgegen dem Wortlaut von § 264 ZPO um Klagänderungen, da ein modifizierter Antrag gestellt wird. Diese Änderungen werden aber durch das Gesetz für zulässig erachtet, ohne dass die in § 263 ZPO vorgesehenen Einschränkungen greifen. 1.103

2. Forderung eines anderen Gegenstandes wegen nachträglicher Änderungen gem. § 264 Nr. 3 ZPO

Dies wird besonders deutlich, wenn man § 264 Nr. 3 ZPO in den Blick nimmt. Danach ist eine Änderung des Antrages nach § 264 Nr. 3 ZPO möglich, wenn statt des ursprünglich geforderten Gegenstandes wegen einer nachträglichen Veränderung ein anderer Gegenstand oder das Interesse gefordert wird. Dieser Tatbestand trägt 1.104

142 Graf-Schlicker/*Graf-Schlicker*, § 174 Rn. 20; Braun/*Specovius*, § 174 Rn. 31.

dem Umstand Rechnung, dass der Kläger wegen von ihm nicht zu vertretender Änderung der tatsächlichen Verhältnisse nicht an seinem ursprünglichen Klageantrag soll festgehalten werden müssen. Nachträglich bedeutet, dass die Veränderung nach Erhebung der Klage eingetreten oder dem Kläger bekannt geworden ist, mag auch die Unkenntnis auf Fahrlässigkeit beruhen.[143] Geht eine Sache, die Gegenstand einer Herausgabeklage war, unter, kann der Kläger daher nach § 264 Nr. 3 ZPO die Klage auf Schadensersatz oder auch auf Herausgabe eines Surrogates umstellen.[144] Die damit erfassten Fälle sind die, in denen das stellvertretende commodum an die Stelle der herausverlangten Sache tritt usf. Diese Forderungen sind aber nach § 45 InsO ohnedies in Geld umzurechnen. Es wird noch unten (Rn. 1.116) darauf einzugehen sein, dass die Forderung durch ihre Anmeldung im Insolvenzverfahren einen „Gestaltwandel“ vollzieht – sie wird eine über einen Geldbetrag lautende Forderung, § 45 S. 1 InsO. Eine entsprechende Anpassung der Forderungsanmeldung kommt insofern nicht in Betracht.

3. Beschränkung oder Erweiterung der Forderungsanmeldung gem. § 264 Nr. 2 ZPO

1.105 Soweit gem. § 264 Nr. 2 ZPO der Klageantrag in der Hauptsache oder in Bezug auf Nebenforderungen erweitert oder beschränkt wird, kommt eine entsprechende Anwendung der Vorschrift gem. § 4 InsO im Forderungsanmeldungsverfahren deshalb nicht in Betracht, weil klargestellt sein muss, was Gegenstand der Prüfung gem. § 178 Abs. 1 InsO ist. Um dies durch den Inhalt seiner Forderungsanmeldung festzulegen, muss der anmeldende Gläubiger entweder eine Neu-Nachanmeldung vornehmen oder seine Forderungsanmeldung (teilweise) zurücknehmen.

4. Ergänzung oder Berichtigung der tatsächlichen oder rechtlichen Ausführungen gem. § 264 Nr. 1 ZPO

1.106 Dagegen greift entgegen der hL im Falle der Ergänzung oder Berichtigung der tatsächlichen oder rechtlichen Ausführungen gem. § 264 Nr. 1 ZPO die Verweisung des § 4 InsO ein. Dies ist zutreffend, soweit der Grund der Forderung, die geltend gemacht wird, durch die Ergänzung oder Berichtigung der tatsächlichen oder rechtlichen Ausführungen nicht berührt wird. Ob dies auch für die Ergänzung oder Berichtigung der rechtlichen Ausführungen des Liquidanten in seiner Anmeldung gilt, mag je nach Fallgestaltung zweifelhaft sein. Denn die rechtlichen Ausführungen können sich auf den Grund der Forderung und die Art des Umfangs ihrer Prüfung und ihres Bestreitens auswirken (sogleich Rn. 1.108).

---

143 *Thomas/Putzo*, 36. Aufl. ZPO, § 264 Rn. 7; a.A. RGZ 70, 337, 338 nur schuldlose Unkenntnis.
144 MünchKomm-*Becker-Eberhard*, 4. Aufl., ZPO, § 264 Rn. 32.

5. „Sachdienliche" Änderungen, § 263 ZPO

Um im streitigen Zivilprozess die Waffengleichheit des Beklagten zu wahren, ordnet § 263 ZPO an, dass der Streitgegenstand nach Eintritt der Rechtshängigkeit nur geändert werden darf, wenn entweder der Beklagte ausdrücklich oder stillschweigend durch rügelose Einlassung auf die abgeänderte Klage (§ 267 ZPO) einwilligt, oder aber das Gericht die Änderung als sachdienlich anerkennt. § 263 ZPO ist schon wegen seines engen Sinnzusammenhanges mit dem Zwei-Parteien-Prozess nicht nach § 4 InsO entsprechend auf das Insolvenzverfahren anwendbar: Das Insolvenzgericht ist nicht der zur unparteiischen Rechtserkenntnis zwischen streitenden Parteien berufene Dritte, der durch Hinwirken auf sachdienliche Anträge (§ 139 Abs. 1 S. 2 ZPO) das Prozessrechtsverhältnis „ordnet". Denn in § 263 ZPO geht es um die Sachdienlichkeit einer Klagänderung und also nicht oder doch jedenfalls nicht unmittelbar um die Sachdienlichkeit des zu ändernden oder des geänderten Antrages. **1.107**

II. § 177 InsO als lex specialis

1. Gesetzliche Regelung

Will der Anmeldende einen seiner Forderungsanmeldung zugrundegelegten Sachverhalt mit der Folge ändern, dass sich eine **Änderung** der rechtlichen Beurteilung ergibt, ist daher eine **neue Anmeldung** vorzunehmen[145] – was nach § 177 InsO grundsätzlich zulässig ist. Auch eine – im Allgemeinen zulässige[146] – **Abänderung** der ursprünglichen Anmeldung ist wie eine Neuanmeldung zu behandeln (z.B. dem Betrag, aber auch dem Grunde nach). § 177 Abs. 1 S. 2 InsO – also die nachträgliche Anmeldungen regelnde Vorschrift – spricht selbst von „nachträglichen Änderungen der Anmeldung": Nach § 177 Abs. 1 InsO sind im Prüfungstermin auch die Forderungen zu prüfen, die nach dem Ablauf der vom Insolvenzgericht gem. § 28 Abs. 1 InsO gesetzten Anmeldefrist angemeldet worden sind. Dieser Prüfung nachträglich angemeldeter Forderung können der Insolvenzverwalter oder ein Insolvenzgläubiger widersprechen. In diesem Fall hat das Insolvenzgericht auf Kosten des Säumigen entweder einen besonderen Prüfungstermin zu bestimmen oder die Prüfung im schriftlichen Verfahren anzuordnen. Gleiches gilt, wenn eine Forderung erst nach dem Prüfungstermin angemeldet wird. Für nachträgliche Änderungen der Anmeldung gelten die Sätze 1 und 2 entsprechend. **1.108**

---

145 BFH, Urt. v. 8.10.1968 – VII 99/65, KTS 1969, 101; Uhlenbruck/*Sinz*, 14. Aufl. InsO, § 174 Rn. 46; MünchKomm-*Riedel*, 3. Aufl. InsO, § 174 Rn. 26.

146 NR/*Becker*, 29. Egl. InsO, § 174 Rn. 19 f.; MünchKomm-*Riedel*, 3. Aufl. InsO, § 174 Rn. 26; vgl. auch K/P/B/*Pape*/*Schaltke*, § 174 Rn. 70.

2. Empfangszuständigkeit von Insolvenzverwalter oder Insolvenzgericht

1.109 Auch die nachträgliche Änderung der Anmeldung muss solange an den Insolvenzverwalter gerichtet werden, wie die Tabelle nicht beim Insolvenzgericht niedergelegt worden ist, § 175 InsO. Die Empfangszuständigkeit des Insolvenzverwalters folgt zwanglos aus § 174 InsO. Es fragt sich, ob mit der Niederlegung in der Geschäftsstelle des Insolvenzgerichts die Empfangszuständigkeit für Nachmeldungen auf das Gericht übergeht. Dies lässt sich jedenfalls dem Gesetz nicht ohne weiteres entnehmen, zumal § 177 InsO hierzu keine Regelung trifft. Die Gläubiger sind auch über die Empfangszuständigkeit des Insolvenzverwalters unterrichtet – da sie sich wie bemerkt aus dem Gesetz ergibt; ob ein „Wechsel" der Empfangszuständigkeit vom Insolvenzverwalter auf das Insolvenzgericht vollzogen worden ist, entzieht sich demgegenüber der Wahrnehmung der anmeldenden Gläubiger. Es bleibt – im Übrigen auch für die Vertreter der Gegenmeinung – die Frage zu beantworten, wie mit solchen Forderungsanmeldungen umzugehen ist, die an den „falschen" Adressaten gerichtet sind. Eine solche Anmeldung schlicht als nicht geschehen zu behandeln, verbietet sich: Dem stünde § 4 InsO i.V.m. § 139 Abs. 1 ZPO entgegen, wäre ein Wechsel der Empfangszuständigkeit auf das Insolvenzgericht vollzogen, wegen der Amtspflichten des Insolvenzverwalters, bliebe dieser empfangszuständig. Richtiger Weise hat das Insolvenzgericht eine bei ihm eingehende Forderungsanmeldung jedenfalls an den Insolvenzverwalter weiterzuleiten, schon um diesem die Erhebung des Widerspruchs zu ermöglichen. Dies gilt auch für die Ermäßigung der Forderung, eine Teilrücknahme oder Rücknahme einzelner angemeldeter Forderungen. Will der Gläubiger den Anspruchsgrund auswechseln, setzt die Erhebung der Feststellungsklage voraus, dass zuvor ein neues Anmeldungs- und Prüfungsverfahren durchgeführt worden ist, in dem die Forderung streitig geworden ist.[147]

G) Rücknahme der Forderungsanmeldung durch den anmeldenden Insolvenzgläubiger

I. § 4 InsO i.V.m. § 269 ZPO

1. Grundsatz

1.110 Im Allgemeinen ist die Befugnis des Insolvenzgläubigers, die Anmeldung seiner Forderung zurückzunehmen, anerkannt.[148] Sie ist in den einschlägigen Vorschriften (im Unterschied zur Frage der Rücknahme des Eröffnungsantrags gem. § 13 Abs. 2 InsO) nicht geregelt. Es ist daher nach § 4 InsO die Frage danach zu stellen,

---

147 OLG Düsseldorf, B. v. 26.3.2010 – I-24 U 182/09, 24 U 182/09, JurBüro 2011, 200.

148 *Hess* § 174, Rn. 110; *Braun/Specovius*, 6. Aufl. InsO, § 174 Rn. 31.

ob insoweit auf die Regelungen der ZPO zurückgegriffen werden kann (vgl. oben Rn. 1.102ff.). Die Kommentarliteratur schweigt dazu weitgehend; allein *Kirchhof*[149] führt aus, § 269 Abs. 3–5 ZPO könnten zwar angewendet werden. Dies beschränke sich aber auf echte Antragsverfahren; die Rücknahme der Forderungsanmeldung bleibt unerörtert. § 269 ZPO ist im Rahmen des Insolvenzverfahrens jedenfalls entgegen einer kürzlich vom AG Köln[150] vertretenen Meinung in seiner durch Rechtsprechung[151] und zivilprozessuale Lehre[152] soweit über die Verweisung des § 4 InsO nicht anwendbar, als die *formelle Rechtskraft* der Eintragung in die Tabelle ohne Aufschub eintritt, da hiergegen vom Gesetz ein Rechtsmittel nicht vorgesehen ist, § 6 InsO.

2. Form

Die Rücknahme der Forderungsanmeldung hat in der Form zu erfolgen, die für die Anmeldung selbst vorgeschrieben ist. Daher hat der Gläubiger die Rücknahme schriftlich gegenüber dem Insolvenzverwalter zu erklären.[153] Ist die Tabelle beim Insolvenzgericht niedergelegt (§ 175 Abs. 1 S. 2 InsO) kann der Gläubiger die Rücknahme dem Insolvenzgericht gegenüber erklären. Dies kann schriftsätzlich oder zu Protokoll der Geschäftsstelle erfolgen. Dem Verwalter ist dies dann unter Übermittlung einer Abschrift mitzuteilen.[154] Regelmäßig wird, wie ausgeführt, der Gläubiger von der Niederlegung keine Kenntnis erlangt haben. Auch die Rücknahme, die gegenüber dem Verwalter erklärt wird, ist dann wirksam. Der Verwalter hat dann die Korrektur der Tabelle zu veranlassen. 1.111

3. Wirkung der Rücknahme der Forderungsanmeldung

Mit der Rücknahme der Anmeldung der Forderung verzichtet der Gläubiger auf die mit der Anmeldung begründete Teilnahme am Insolvenzverfahren.[155] Regelmäßig wird darin aber kein endgültiger Verzicht auf die Verfahrensteilnahme liegen, da dem Gläubiger grundsätzlich nicht verwehrt ist, die Forderung erneut anzumel- 1.112

149 Kreft/*Kirchhof* 7. Aufl. InsO§ 4 Rn. 12.

150 AG Köln (Fn. 80).

151 BGH, Urt. v. 18.12.1963 – IV ZR 263/63, BGHZ 41, 3, 5; RG, Urt. v. 17.12.1917 – Rep. IV 342/17, RGZ 91, 365, 366.

152 *Assmann*, in: Wieczorek/Schütze, ZPO, § 269 Rn. 22; MünchKomm-*Becker-Eberhardt*, § 269, 4. Aufl. ZPO, Rn. 91; Uhlenbruck/*Sinz*, 14. Aufl. InsO, § 174 Rn. 50; a.A. nur bis zum Ablauf der Anmeldefrist: HambKomm/*Preß*/*Henningsmeier*, 5. Aufl. InsO, § 174 Rn. 28.

153 Uhlenbruck/*Sinz*, 14. Aufl. InsO, § 174 Rn. 49.

154 Uhlenbruck/*Sinz*, 14. Aufl. InsO, § 174 Rn. 49; MünchKomm-*Riedel*, 3. Aufl. InsO § 174 Rn. 44.

155 BGH, Urt. v. 24.10.1978 – VI ZR 67/77, BGHZ 72, 234, NJW 1979, 162.

den,[156] es sei denn, die Auslegung seiner Erklärung ergibt, dass er einen endgültigen Insolvenzteilnahmeverzicht hat erklären wollen. Eine weitergehendere Wirkung, etwa ein Verzicht auf die Forderung, liegt regelmäßig in der Rücknahme ihrer Anmeldung nicht, sofern nicht ausnahmsweise die Erklärung des Gläubigers anders auszulegen ist.[157]

II. HL und Judikatur

1.113 Dem Beschluss des AG Köln[158] (zu dessen Behandlung der Rücknahme durch den Zedenten und dessen Stellung im Insolvenzverfahren unten Rn. 1.299) ist aber in seinem Ergebnis – Anwendbarkeit des § 265 ZPO – die Zustimmung nicht zu versagen. Allerdings ist nach Eintragung der Forderung in die Tabelle gem. § 178 Abs. 2 ZPO die Rücknahme der Forderungsanmeldung dann nicht mehr möglich, soweit der Tabelleneintrag das Nachhaftungsrecht des Schuldners gem. § 201 InsO abweichend von der bis zur Anmeldung bestehenden Form der Forderung gefasst hat: Die Kommentarliteratur[159] folgt dem *Reichsgericht*[160] darin, dass von einer Zeitgrenze auszugehen sei, die der Ausübung der Befugnis zur Rücknahme der angemeldeten Forderung gezogen ist und die durch die Eintragung der festgestellten Forderung in die Tabelle gem. § 178 Abs. 2 InsO gezogen sei.

1.114 Soweit dann eine Rücknahme der Forderungsanmeldung nicht mehr möglich ist, bedarf es der Auslegung der Erklärung: Sie kann, um im Verfahren Wirkungen zu entfalten, nur als Verzicht auf die rechtskräftig festgestellte Forderung mit der Folge verstanden werden, dass der Gläubiger im weiteren Verfahren keine Stimmrechte mehr wahrnehmen kann und bei der Verteilung nicht zu berücksichtigen ist.[161]

III. Entscheidung des Reichsgerichts, Urt. v. 8. Januar 1926 – II 282/25

1. Sachverhalt

1.115 In dem vom *Reichsgericht* entschiedenen Fall hatte die spätere Beklagte in dem im Dezember 1921 über das Vermögen des späteren Klägers eröffneten Konkursverfahren ihre auf 1.4 Mio dänische Kronen lautende titulierte Forderung zur Tabelle an-

156 Jaeger/Hencke/ *Gerhardt* I § 174 Rn. 99; *Hess* § 174 Rn. 112.

157 Jaeger/Henckel/*Gerhardt* § 174 Rn. 99.

158 AG Köln (Fn. 80).

159 *Gerhardt* (Fn. 110) § 174 Rn. 100; HambKomm/*Preß/Henningsmeier*, 5. Aufl. InsO, § 174 Rn. 20 f.; MünchKomm-*Riedel*, 3. Aufl. InsO, § 174 Rn. 43; Braun/Specovius, 6. Aufl. InsO, § 174 Rn. 30 f.; Uhlenbruck/*Sinz* § 174 Rn. 46 ff.

160 RG, Urt. v. 8. Januar 1926 – II 282/25, RGZ 112, 297, 299.

161 Jaeger/Henckel/*Gerhardt* § 174 Rn. 100.

gemeldet, die nach Maßgabe des § 45 InsO entsprechenden § 69 KO zum Tageskurs in 55.8 Mio in Mark umgerechnet wurden. Die Forderung wurde nach Rücknahme des Widerspruchs des Konkursverwalters festgestellt, nachdem der Kläger 70 Mio Mark in die Masse zur vollen Befriedigung der Gläubiger der angemeldeten Forderungen in die Konkursmasse eingeschossen hatte. Der Beklagte zahlte den daraufhin an ihn ausgezahlten Betrag zurück und erklärte, sich den Ersatz der Geldentwertung vorzubehalten; der Kläger erhob gegen die Vollstreckung des Beklagten Vollstreckungsgegenklage.

2. „Gestaltwandel" der Forderung infolge ihrer Anmeldung zur Tabelle

Das *Reichsgericht* hat zunächst betrachtet, welche Wirkungen die Anmeldung auf die Forderung hat. **1.116**

1.117 Die im Insolvenzverfahren sich verwirklichende Haftungsordnung beruht auf einer quotalen Beteiligung der Insolvenzgläubiger an dem aus der Masseverwertung erzielten Erlös. Das setzt voraus, dass eine Quote rechnerisch aus der Höhe der jeweils angemeldeten Forderung ermittelt werden kann. Ihrer geldmäßigen Höhe nach zunächst unbestimmten Forderungen müssen daher – bezogen auf den Zeitpunkt der Eröffnung des Insolvenzverfahrens – in einem konkreten Geldbetrag ausgedrückt werden, um diesen, sich aus der Struktur des Insolvenzverfahrens ergebenden, Anforderungen Genüge tun zu können.[162] Eine Forderung, die auf eine fremde Währung lautet, muss weiterhin vom Gläubiger unter Zugrundelegung des amtlichen Wechselkurses vom Tag der Eröffnung des Insolvenzverfahrens umgerechnet werden.[163] Das *Reichsgericht*[164] vertrat die Ansicht, dass „ein Konkursgläubiger, der am Verfahren teilgenommen hat, seine angemeldete Forderung im Fall ihrer Feststellung später nur in der ‚Gestalt' geltend machen kann, die sie durch die Beteiligung am Verfahren gewonnen hat". Die Rechtskraftwirkung der Tabelleneintragung gem. § 164 Abs. 2 KO (heute: § 178 Abs. 3 InsO) habe daher bei einer Fremdwährungsforderung zur Folge, dass diese zu einer Inlandswährungsforderung geworden sei. Das vorkonkurslich erstrittene rechtskräftige Urteil des Gläubigers werde „durch die konkursmäßige Feststellung ... aufgezehrt" und könne daher nicht mehr als Vollstreckungstitel dienen.[165] Letzteres war unter Geltung der KO schon deshalb klar und vollstreckungs*technisch* gar nicht anders möglich, weil der Titel mit der Anmeldung im Original dem Konkursgericht vorzulegen war.

162 Smid/Leonhardt/Zeuner/*Smid*, 3. Aufl. InsO, § 45 Rn. 1.
163 Amtl. Begr. ((Fn. 2); dazu auch *Smid*, Wirtschaftsrecht 1992, 133 ff.
164 RG (Fußn. 107) 300.
165 Vgl. auch RG, Urt. v. 21. Juni 1918 – Rep. VII 140/18, RGZ 93, 209, 213.

IV. Rechtskraftwirkung der Forderungsfeststellung und nachinsolvenzrechtliches Nachforderungsrecht gem. § 201 InsO

1. Haftungsrechtliche Rechtskraftwirkung der Tabelleneintragung

1.118 Das Urteil des Reichsgerichts wirft allerdings als Grundlage der Behauptung, die Rechtskraft der Forderungsfeststellung schließe eine Anmeldungsrücknahme aus, schon deshalb Fragen auf, weil § 178 Abs. 3 InsO die Rechtskraftwirkung gegen Insolvenzverwalter und andere Gläubiger, nicht aber gegen den Schuldner betrifft.

1.119 Die Tabelleneintragung wirkt im Übrigen wie ein rechtskräftiges Urteil gegenüber dem Schuldner: § 201 Abs. 2 S. 1 InsO bestimmt, dass die Gläubiger nach Verfahrensaufhebung *wegen ihrer Restforderung* aus dem Auszug des Tabelleneintrags die Zwangsvollstreckung betreiben können.[166] In der Literatur[167] wird in diesem Zusammenhang davon gesprochen, die Feststellung wirke „gegenüber dem Schuldner als Träger der Masserechte". Und *Gerhardt*[168] führt im Zusammenhang des § 178 Abs. 1 InsO aus, diese Rechtskraftwirkung des Tabelleneintrags gegen den Schuldner sei „die nach § 325 Abs. 1 ZPO selbstverständliche Voraussetzung der in den §§ 178 Abs. 3, 183 Abs. 1 InsO angesprochenen Rechtskrafterweiterung". Dies begründet *Gerhardt* damit, der Insolvenzverwalter handle nach § 80 Abs. 1 InsO mit Wirkung für und gegen die Masse und damit gegen ihren Träger. Der Schuldner muss aber diese Wirkung nicht hinnehmen:[169] Die Rechtskraftwirkung gem. § 178 Abs. 3 InsO ist eine haftungsrechtliche und bezieht sich daher auf die Masse – nicht aber das vom Beschlag nicht ergriffene oder, nach Verfahrensaufhebung nicht mehr beschlagnahmte Vermögen des Schuldners.

2. Wirkung der Tabelleneintragung gegen den Schuldner persönlich

1.120 Denn die Ausfertigung der Tabelleneintragung dient allein als vollstreckbare Ausfertigung des im durch Eintragung gem. § 178 Abs. 2 InsO begründeten Titels[170] unter der Voraussetzung, dass der Schuldner die Forderung nicht nach § 178 Abs. 1 S. 2 InsO bestritten hat;[171] dieser Widerspruch des Schuldners hindert die Feststellung der Forderung nicht, da diese im Verhältnis der Insolvenzgläubiger untereinander haftungsrechtlich wirkt.[172] Daher wird die persönliche Haftung des Schuldners mit

---

166 Statt aller Jaeger/Henckel/*Meller-Hannich* § 201 Rn. 11.

167 Jaeger/Henckel/*Gerhardt* (Fn. 87) § 178 Rn. 51.

168 Jaeger/Henckel/*Gerhardt* (Fn. 87).

169 Jaeger/Henckel/*Gerhardt* (Fn. 87) § 178 Rn. 52: Der Schuldner hat auch persönlich ein Widerspruchsrecht.

170 *Meller-Hannich* (Fn.166).

171 *Meller-Hannich* (Fn. 166) Rn. 12; Vallender/Undritz/*Laroche*, Praxis des Insolvenzrechts Kap. 2 Rn. 108.

172 *Eckardt* (Fn. 79) Rn. 28.

seinem beschlagsfreien oder nach Aufhebung des Insolvenzverfahrens bestehenden Vermögen nicht aus der Rechtskraftwirkung des § 178 Abs. 3 InsO, sondern aus § 201 Abs. 1 InsO begründet.[173] Diese Vorschrift greift also *nicht* dinglich-haftungsrechtlich in Bezug auf die Masse. Die persönliche Leistungspflicht des Schuldners aufgrund des Nachforderungsrechts des Insolvenzgläubigers nach Aufhebung des Insolvenzverfahrens wird daher nur unter der Voraussetzung begründet, dass der Gläubiger einen etwaigen Widerspruch des Schuldners durch Feststellungsurteil beseitigt.[174]

V. Anmeldung vorkonkurslich titulierter Forderungen

1. Schuldnerwiderspruch unter den Voraussetzungen der §§ 579ff. ZPO

Ist die Insolvenzforderung tituliert, kann der Schuldner nur unter den Voraus- **1.121** setzungen der §§ 579ff. ZPO widersprechen.[175] Meldet der Gläubiger die titulierte Forderung an, wird der Titel freilich verbraucht;[176] an seine Stelle tritt, sofern eine Nachforderung nach § 201 InsO in Betracht kommt, der Tabellenauszug. Dies widerspricht nicht der Privilegierung titulierter Insolvenzforderungen nach § 189 InsO.[177] Denn die Privilegierung greift auch, wenn der Titel, der, wie im Fall des Reichsgerichts auf Fremdwährungsschuld lautet, nach § 45 InsO[178] umgestellt wird.[179]

2. Verfahrens„technisches" Problem: Verbleib der vollstreckbaren Ausfertigung des Titels beim anmeldenden Gläubiger

Dies wird durch die technische Abwicklung der Forderungsanmeldung nicht wirk- **1.122** lich abgebildet. Denn wie oben bereits angesprochen, sind nach dem Wortlaut des § 174 Abs. 1 InsO die Urkunden, aus denen sich die Forderung ergibt, im Abdruck beizufügen. Der IX. Zivilsenat des BGH[180] geht – vor dem Hintergrund der positivrechtlichen Gesetzeslage zutreffend – davon aus, dass damit sowohl dem Insolvenzverwalter als auch den übrigen Insolvenzgläubigern zur Prüfung der Ausübung ihrer Widerspruchsbefugnis (§ 178 Abs. 1 InsO) die Möglichkeit der Prüfung der angemeldeten Forderung eröffnet werden soll. Hierzu genügen Ablichtungen der entsprechenden Belege,[181] während vom Gesetz die Vorlage von Originalen weder ver-

173 *Gerhardt* (Fn. 87) § 178 Rn. 53.
174 *Häsemeyer*, Insolvenzrecht, 4. Aufl. Rn. 22.21 ff.
175 *Häsemeyer*, Insolvenzrecht, 4. Aufl. Rn. 22.19.
176 *Häsemeyer*, Insolvenzrecht, 4. Aufl. Rn. 22.11; Braun/*Spec*ovius 6. Aufl. § 174 Rn. 3.
177 Dazu *Eckardt* (Fn. 79) Rn. 65.
178 Uhlenbruck/*Sinz*, 14- Aufl. Inso, § 174 Rn. 32.
179 BGH, Urt. v. 8.11.1961 – VIII ZR 149/60, NJW 1962, 153, 154.
180 BGH, Urt. v. 1.12.2005, IX ZR 95/04, DZWIR 2006, 125, ZIP 2006, 192.
181 Kreft/*Depré*, 8. Aufl. InsO, § 174 Rn. 16; HambKomm/*Preß*/*Henningsmeier*, 5. Aufl. InsO,§ 174 Rn. 12; Braun/*Specovius*, 6. Aufl. InsO, § 174 Rn. 21, 24; *Eckardt* (Fn. 79) Rn. 14.

langt wird, noch sich eine entsprechende Notwendigkeit der Sache nach ergibt. Zwar sieht § 178 Abs. 2 S. 3 InsO vor, dass vom Urkundsbeamten der Geschäftsstelle des Insolvenzgerichts für den Fall der Feststellung der zugrunde liegenden Forderung dies auf Wechseln und sonstigen Schuldurkunden zu vermerken ist, da deren Indossamentfunktion ansonsten einen Missbrauch durch den Gläubiger ermöglichen würde.[182] Für übrige Urkunden ist in der Literatur[183] zwar teilweise vertreten worden, der Gläubiger müsse sie spätestens im Prüfungstermin einreichen, was aber vom BGH in der vorliegenden Entscheidung mit zutreffenden Argumenten abgelehnt wird. Zutreffend weist der IX. Zivilsenat darauf hin, dass für den Fall einer bereits titulierten Forderung, wie im vorliegenden Fall, eine Doppeltitulierung im Verlauf des Insolvenzverfahrens dadurch vermieden werden kann, dass das Insolvenzgericht die spätere Erteilung des vollstreckbaren Auszugs von der Vorlage des Originaltitels zum Zwecke seiner Entwertung abhängig macht.[184] M.a.W. ist die Vorlage von Originalurkunden nach der nunmehr vorliegenden Rechtsprechung des BGH keine zwingende Voraussetzung für die Feststellung der Forderung zur Tabelle. Dies gilt im Übrigen auch im Feststellungsprozess nach § 180 InsO, wie der IX. Zivilsenat zutreffend feststellt. Auch hier bedarf es der Vorlage des Originaltitels keinesfalls, da der Forderungsnachweis im Feststellungsrechtsstreit nicht an die Instrumentarien des Urkundsbeweises gebunden ist. Vielmehr kann der Nachweis des Bestehens der Forderung mit sämtlichen Beweismitteln geführt werden, die nach der ZPO zugelassen sind. Soweit daher der Insolvenzverwalter, oder soweit ein Gläubiger der Feststellung der angemeldeten Forderung zur Tabelle nur deswegen widerspricht, weil ihm das Original der entsprechenden Urkunde nicht vorgelegt worden ist, ist in einem derartigen Fall der Klage auf Feststellung deshalb stattzugeben, soweit das Bestehen der Forderung in diesem Fall auch nicht inzidenter bestritten worden ist. M.a.W. ist der auf die Nichtvorlage der Urkunde gestützte Widerspruch kein erhebliches Bestreiten gegenüber der angemeldeten Forderung. Unabhängig davon ist aber der *Titel* mit der Feststellung der Forderung zur Tabelle auch dann *verbraucht*, wenn der Insolvenzgläubiger noch über die vollstreckbare Ausfertigung des vorkonkurslich erlangten Titels verfügt. Im Verhältnis zu den anderen Gläubigern folgt dies aus § 178 Abs. 3 InsO – es findet eine Umtitulierung statt. Im Verhältnis zum Schuldner im Nachforderungsrecht nach § 201 Abs. 1 InsO ist dies Folge des § 201 Abs. 2 InsO.

---

182 Graf-Schlicker/*Graf-Schlicker*, § 178 Rn. 8; Braun/*Specovius*, § 178 Rn. 15.

183 *Merkle*, Rpfleger 2001, 157 ff., 165.

184 Es liegt auf der Hand, dass dies nicht unerheblichen tatsächlichen Aufwand für die Geschäftsstelle nach sich zieht.

3. Eintragung in die Tabelle als Beurkundungsakt

Entscheidend ist danach die Eintragung in die Tabelle als Beurkundungsakt[185] des 1.123 Insolvenzgerichts zu qualifizieren, da damit die Verfahrensteilnahme des Insolvenzgläubigers als Äquivalent der Individualzwangsvollstreckung verwirklicht und der Titelverbrauch eingetreten ist. Aus der ihm nach dem Wortlaut des § 174 Abs. 1 S. 2 InsO zu belassenden Ausfertigung des vorkonkurslich über die Forderung ausgefertigten Titels darf er dann nicht mehr vollstrecken; ob die Teilnahme an der Gesamtvollstreckung gegebenenfalls aus besonderen Gründen, wie dem Ausgleich inflationsbedingter Nachteile, nach Spezialvorschriften zu korrigieren ist, muss der Gläubiger in einem gesonderten Verfahren verfolgen.[186]

VI. Reichweite der insolvenzverfahrensspezifischen Fassung der anzumeldenden Forderung

1. Funktion der Begrenzung der Rücknahmebefugnis des anmeldenden Gläubigers

Verfahrensrechtlicher Grund der damit gezogenen Grenze der Ausübung des Rechts 1.124 auf Rücknahme der angemeldeten Forderung liegt aber nicht etwa in einer in materielle Rechtskraft erwachsenden Feststellung der durch Teilnahme am Insolvenzverfahren gewonnenen „Gestalt“. Allerdings lässt sich diese Art der Formulierung durch das *Reichsgericht* in verfahrensrechtliche Kategorien übersetzten. Die konkursliche „Gestalt“, die die angemeldete Forderung angenommen hat, betrifft die haftungsrechtliche Reichweite ihrer Durchsetzung. Daher konnte der Gläubiger der Fremdwährungsforderung – trotz allgemeiner zivilprozessualer Regelungen – zum Ausgleich inflationsbedingter Folgen nach Teilnahme am Insolvenzverfahren jedenfalls soweit nicht mehr mit der Rücknahme der Anmeldung aus der gemeinschaftlichen Haftungsverwirklichung ausscheiden, wie er und die anderen Gläubiger Befriedigung erlangen konnten und erlangt haben. Die Entscheidung des Reichsgerichts im 93. Band der Amtlichen Sammlung[187] betrifft dann aber, wohlverstanden, keine Rechtskraftwirkung der Tabelleneintragung (nach heutigem Recht) gem. §§ 178 Abs. 2 und 3 InsO. Vielmehr geht es um den Schutz der Gläubigergleichbehandlung auf der einen und die nachkonkursliche Inanspruchnahme des Schuldners auf der anderen Seite. Dieses als Formulierung eines allgemeinen Grundsatzes zitierte Urteil betrifft nun aber erkennbar einen durch besondere historische Zeitläufte bedingten und insofern tatsächlich singulären Sachverhalt. Wird durch die Rücknahme der Forderungsanmeldung die haftungsrechtliche Lage des Schuldners nicht verändert, da die Forderung keine konkursrechtliche Gestalt an-

---

185 *Smid* (Fn. 1) 503 et passim.

186 RG, Urt. v. 8. Januar 1926 – II 282/25, RGZ 112, 297, 299.

187 Vgl. Fn. 107.

genommen hat, ist die Rechtskraftwirkung des § 178 Abs. 3 InsO unerheblich. Die Metapher vom „Gestaltwechsel" der Forderung durch ihre konkursliche Betreibung durch ihren Inhaber ist dabei daher bildhaft, trifft aber die Sache nicht wirklich:

2. „Umgestaltung" der Insolvenzforderung zur Herstellung der „Anmeldefähigkeit" zur Gleichbehandlung der Insolvenzgläubiger

1.125 Die Feststellung der angemeldeten Forderung zur Tabelle und die gerichtliche Eintragung gemäß § 178 Abs. 2 InsO führen entgegen dem durch die reichsgerichtliche Entscheidung hervorgerufenen Eindruck daher nicht etwa zu einer, einer „Novation"[188] vergleichbaren, Veränderung der Insolvenzforderung selbst. Denn die vom Insolvenzgläubiger gehaltene Forderung bleibt durch die Eröffnung des Insolvenzverfahrens und die Beteiligung des Insolvenzgläubigers daran in ihrem Bestand unverändert. Das *Reichsgericht* macht vielmehr klar, dass durch die Verfahrensteilnahme des Insolvenzgläubigers die Voraussetzungen und die Bedingungen, unter denen die Forderung haftungsrechtlich in Bezug auf das Schuldnervermögen (die im Verfahren konstituierte Masse) den Zugriff des Gläubigers legitimiert, verändert werden. Der Sachverhalt, über den das Reichsgericht zu entscheiden hatte, macht dies, betrachtet man ihn näher, deutlich. Denn dort war nach Einschießen der Mittel durch den Gemeinschuldner die vollständige Befriedigung der Konkursgläubiger ermöglicht und mit der an diese durchgeführten Auszahlung auch erfolgt. Demgegenüber konnte sich der Konkursgläubiger, der eine Fremdwährungsforderung hielt, zwar die Geltendmachung seiner Rechte nach den seinerzeit in den frühen zwanziger Jahren des 20. Jahrhunderts geltenden Vorschriften über den Ausgleich inflationsbedingter Ungerechtigkeiten vorbehalten. Durch die Rücknahme seiner Anmeldung konnte er indes, nachdem es bis zur Schlussverteilung gekommen war, jedenfalls gegenüber den anderen anmeldenden Gläubigern keine Besserstellung erlangen, soweit dies die Geltendmachung seines nachkonkurslichen Nachforderungsrechts betraf. In Ansehung des Nachforderungsrechts des Gläubigers hat seine Erklärung der Rücknahme der Anmeldung der Forderung zwar Einfluss auf seine verfahrensrechtliche Stellung (in dem ohne dies durch die Befriedigung der Gläubiger zum Abschluss gekommenen Konkursverfahren). Seine einmal in Konkursverfahren auf Mark-Beträge umgestellte, ursprüngliche auf dänische Kronen lautende, Forderung wurde dadurch aber nicht wieder rückumgewandelt. Dies kann man nun aus der Rechtskraftwirkung gemäß § 178 Abs. 3 InsO bzw. zuvor aus § 164 KO zu erklären versuchen. Die Forderung selbst wird in ihrem Bestand indes von der Rechtskraftwirkung nach den zitierten Vorschriften nicht berührt.

188 Vgl. zur Novation Erman/*Kindl*, BGB, 14. Aufl. 2014, § 311 Rn. 10 ff.

3. § 45 InsO und § 103 Abs. 2 S. 1 InsO

Dies mag eine Kontrollüberlegung deutlicher zu machen helfen: § 45 InsO betrifft nicht allein Fremdwährungsforderungen, sondern auch solche Forderungen, die nicht auf einen Geldbetrag lauten. Man stelle sich nun vor, bei dem Gläubiger handelt es sich um den Käufer einer vom Insolvenzschuldner gekauften Sache. Ist der Kaufvertrag von beiden Seiten noch nicht (vollständig) erfüllt, so hat, wenn nicht der Insolvenzverwalter Erfüllung des Vertrages wählt, der Käufer als Gläubiger in dem über das Vermögen des Verkäufers eröffneten Insolvenzverfahren (die vergebliche Fristsetzung zur Erklärung unterstellt) die Möglichkeit, den ihm gegenüber der Masse zustehenden Erfüllungsanspruch auf Lieferung der Kaufsache nach § 45 InsO in einen Geldanspruch über sein Interesse umzurechnen.[189] § 103 Abs. 2 S. 1 InsO trifft insoweit eine Spezialregelung, die vorsieht, dass er in dem hier gebildeten Beispielsfall einen Schadensersatzanspruch wegen Nichterfüllung zur Tabelle anmelden kann.[190] Geht er so vor, so kann er nach Einstellung oder Aufhebung des Insolvenzverfahrens nicht etwa wieder vom Verkäufer als bisherigem Insolvenzschuldner Erfüllung von dessen Pflichten aus dem Kaufvertrag nach § 433 Abs. 1 BGB verlangen.[191] Denn durch die Anmeldung seines Schadensersatzanspruchs wegen Nichterfüllung gemäß § 103 Abs. 2 S. 1 InsO hat der Käufer den ursprünglich bestehenden Kaufantrag umgestaltet.[192] Die insolvenzgerichtliche Beurkundung durch Eintragung der Forderung in die Tabelle gemäß § 178 Abs. 2 InsO stellt dabei allein die Voraussetzung der (Um-)titulierung der Forderung dar. 1.126

---

189 MünchKomm-*Bitter*, 3. Aufl. InsO § 45 Rn. 25.

190 Dogmatische Konsequenz hieraus ist aber, dass die Behauptung, nach Beendigung des Insolvenzverfahrens „lebten" die Rechte und Pflichten aus gegenseitigen Verträgen zwischen Schuldner und Gläubiger wieder auf, für den Fall der Anmeldung einer Schadensersatzforderung des Gläubigers nach § 103 Abs. 2 InsO nicht zutreffen kann.

191 Vgl. aber *Rühle*, Gegenseitige Verträge nach Aufhebung des Insolvenzverfahrens 2006, S. 10 ff.

192 FK/*Wegener*, 8. Aufl. InsO, § 103 Rn. 100.

Kapitel 2. Tabellenführung und Forderungsprüfung

A) Adressat der Forderungsanmeldung

I. Anmeldung der Forderung „beim" Insolvenzverwalter

1.127 Die Anmeldung hat beim Insolvenzverwalter zu erfolgen,[193] dem gem. § 175 InsO[194] die Führung der Tabelle obliegt – nicht dagegen beim Insolvenzgericht. Hat das Insolvenzgericht nach § 270 InsO die **Eigenverwaltung** angeordnet, hat die **Anmeldung beim Sachwalter** zu erfolgen, § 270c Satz 2 InsO. Das Insolvenzgericht ist in beiden Fällen für die Entgegennahme der Forderungsanmeldung nicht zuständig.

Übersicht 2	Tabellenführung durch den Insolvenzverwalter		
§ 175 Abs. 1 S. 1 InsO	Der Insolvenzverwalter hat jede angemeldete Forderung mit den in § 174 Abs. 2 und 3 genannten Angaben in eine Tabelle einzutragen.	Auch Aufnahme rechtlich zweifelhafter Forderungen und deshalb zu bestreitender Forderungen zur Tabelle	Keine Aufnahme zur Tabelle: Fehlen Angabe Betrag, Anmeldung Forderungen als nachrangige Forderung ohne § 174 Abs. 3 InsO, Anmeldung Masseforderung als solche
§ 175 Abs. 1 S. 2 InsO	Die Tabelle ist mit den Anmeldungen sowie den beigefügten Urkunden innerhalb des ersten Drittels des Zeitraums, der zwischen dem Ablauf der Anmeldefrist und dem Prüfungstermin liegt, in der Geschäftsstelle des Insolvenzgerichts zur Einsicht der Beteiligten niederzulegen.	Kein Wechsel der Zuständigkeit für Entgegennahme von Forderungsanmeldungen und Vorprüfung angemeldeter Forderungen: verbleibt bei Insolvenzverwalter	
§ 175 Abs. 2 InsO	Hat ein Gläubiger eine Forderung aus einer vorsätzlich begangenen unerlaubten Handlung, aus einer vorsätzlich pflichtwidrig verletzten gesetzlichen Unterhaltspflicht oder aus einer Steuerstraftat nach den §§ 370, 373 oder § 374 der Abgabenordnung angemeldet,	Lex specialis zu § 139 Abs. 1 ZPO	

193 Vgl. Beschl-Empf. des RechtsA zu § 32 RegEInsO, BT-Drs. 12/7302, 159; *Bähr*, InVo 1998, 205; KS-*Eckardt*, 749; Braun/*Specovius*, 6. Aufl. InsO, § 174 Rn. 13; MünchKomm-*Riedel*, 3. Aufl. InsO, § 174 Rn. 22; Graf-Schlicker/*Graf-Schlicker*, 4. Aufl. InsO, § 174 Rn. 9.

194 Leonhardt/Smid/Zeuner/*Smid*, 3. Aufl. InsO, § 175 Rn. 4.

Übersicht 2	Tabellenführung durch den Insolvenzverwalter
	so hat das Insolvenzgericht den Schuldner auf die Rechtsfolgen des § 302 und auf die Möglichkeit des Widerspruchs hinzuweisen.

Wird die Forderungsanmeldung in Form elektronischer Datenübertragung gem. § 174 Abs. 4 InsO vorgenommen, kann doch auf die Führung einer Akte in herkömmlicher Schriftform nicht verzichtet werden – und der Insolvenzverwalter sollte auch angesichts der Einführung der elektronischen Akte im Zivilprozess schon aus Sicherheits- und Haftungsgründen hierauf nicht verzichten, schon um bei einer etwaigen externen Schlussrechnungsprüfung keine Nachteile zu erleiden. Dass eine herkömmliche Akte zu führen ist, ist bereits daraus zu folgern, dass § 174 Abs. 4 S. 2 InsO bestimmt, dass im Fall des Verfahrens nach § 174 Abs. 4 S. 1 InsO die Urkunden, aus denen sich die Forderung ergibt, unverzüglich nachgereicht werden sollen. 1.128

II. Tabellenführung durch den Insolvenzverwalter

1. Führung der Tabelle zur Vorbereitung des Prüfungstermins

Da nach § 175 Abs. 1 S. 1 InsO die Insolvenzforderungen beim Insolvenzverwalter anzumelden sind ist ihm folgerichtig die Führung der Tabelle übertragen worden.[195] 1.129

Der Verwalter, nicht das Insolvenzgericht, nimmt daher die Eintragung der Forderungsanmeldungen in die Tabelle vor.[196] Bedenken, weil dem Verwalter mit der Tabellenführung eine quasi-notarielle **Beurkundungsfunktion** überlassen werde, greifen nicht: Denn das Gesetz differenziert zwischen der „Verwaltertabelle" als Vorbereitung des Prüfungstermins und der vom Gericht durch die von § 178 Abs. 2 InsO vorgesehenen Eintragungen. Damit übernimmt das Insolvenzgericht die Tabellenführung, die schließlich zur Titulierung der widerspruchslos eingetragenen Forderung führt. Im Übrigen erledigen sich Bedenken durch Verweis auf die **Amtsstellung** des Verwalters (§ 56 InsO). Der Verwalter führt die Tabelle in Wahrnehmung eines Amtes, mit dem er durch ein staatliches Gericht beliehen worden ist. Seine ihm damit anvertraute beurkundende Tätigkeit steht unter der Aufsicht des Insolvenzgerichts.[197] 1.130

---

195 Vgl. Beschl.-Empf. des RechtsA zu § 32 RegEInsO, BT-Drs. 12/7302, 159 u. zu § 202 RegEInsO, a.a.O., 178; Leonhardt/Smid/Zeuner/*Smid*, 3. Aufl. InsO, § 175 Rn. 4.

196 Braun/*Specovius*, 6. Aufl. InsO, § 174 Rn. 2; KS-*Eckardt*, 752 ff.

197 Leonhardt/Smid/Zeuner/*Rechel*, 3. Aufl. InsO, § 58 Rn. 3 ff.

2. Differenzierung zwischen vorbereitender Tabelle und der Feststellungstabelle

a) Zuständigkeitsverteilung zwischen Insolvenzverwalter und Rechtspfleger

1.131 § 175 InsO zeigt, dass zwischen der Führung der Tabelle durch den Insolvenzverwalter und den Eintragungen zu unterscheiden ist, die das Insolvenzgericht nach § 178 Abs. 2 InsO vorzunehmen hat.

1.132 Die Tabelle hat **drei Funktionen**, nämlich die der **Titulierung** des angemeldeten Anspruchs, der Organisation der **Verteilung**, des bei der Verwertung der Soll-Masse erzielten Erlöses und der **Dokumentation** des Standes der Feststellung der Forderung.

b) Verwaltertabelle zur Dokumentation der Vorprüfung angemeldeter Forderungen

1.133 Während mit der vom Rechtspfleger nach § 178 Abs. 2 InsO zu führenden Tabelle der **Prüfungstermin und seine Wirkungen beurkundet** werden[198] dient die vom Verwalter zu führende Tabelle der **Vorbereitung des Prüfungstermins**. Vom Verwalter sind nicht nur anerkannte Forderungen in der Tabelle zu erfassen.[199] Die im Prüfungstermin herzustellende Tabelle dokumentiert nicht nur die nach §§ 178 Abs. 3, 201 Abs. 2 InsO zu titulierenden Forderungen, sondern auch die Insolvenzforderungen, die im Verfahren nicht zum Zuge kommen. Daraus folgt, dass in der vom Insolvenzverwalter vorbereitend erstellten Tabelle alle angemeldeten Forderungen zu erfassen sind, wobei der Verwalter kenntlich zu machen hat, ob, wieweit und von wem die Forderungen bestritten oder aber auf dieser Grundlage anerkannt worden sind.[200] Ein Anerkenntnis von Forderungen, die in der Verteilung nach §§ 187, 189 InsO keine Berücksichtigung finden können, darf nicht erfolgen.[201] Das Insolvenzgericht kann im Rahmen seiner Rechtsaufsicht aufgrund Anregungen des Gläubigers den Verwalter anweisen, eine Forderung zur Tabelle aufzunehmen[202] (vgl. aber Rn. 1.137).

c) Zur Reichweite der funktionellen Zuständigkeit des Urkundsbeamten der Geschäftsstelle

1.134 In diesem Zusammenhang ist auf § 178 Abs. 2 S. 3 InsO hinzuweisen. Danach ist der Urkundsbeamte der Geschäftsstelle funktionell dafür zuständig, auf Wechseln und

---

198 NR/*Becker*, 29. Egl. InsO, § 175 Rn. 6; K/P/B/*Pape/Schaltke*, 67. Egl. 2016, § 174 Rn. 11; Braun/*Specovius*, 6. Aufl. InsO, § 174 Rn. 4.

199 KS-*Eckardt* 743, 751 Rn. 15; NR/*Becker*, 29. Egl. InsO, § 174 Rn. 3 ff.

200 Allg. Uhlenbruck/*Sinz*, 14. Aufl. InsO, § 175 Rn. 4 f.; Braun/*Specovius*, 6. Aufl. InsO, § 175 Rn. 9; K/P/B/*Pape/Schaltke*, 67. Egl. InsO, § 175 Rn. 6 ff.; anders NL/*Becker*, 29. Egl. InsO,§ 174 Rn. 14.

201 Näher KS-*Eckardt*, 743, 768 Rn. 46.

202 Kreft/*Depré*, § 175 Rn. 9.

anderen Schuldurkunden den gegen die verbriefte Forderung erhobenen Widerspruch einzutragen.[203] Diese Eintragung stellt sich als genuine Beurkundungstätigkeit dar; sie beruht freilich auf der Beurkundung des Ergebnisses des Prüfungstermins, für die der Rechtspfleger funktionell zuständig ist (unten Rn. 1.69).

Etwas anderes ergibt sich auch nicht, wenn man die Tätigkeit des Urkundsbeamten der Geschäftsstelle im Falle der Behandlung solcher Forderungsanmeldungen betrachtet, die nach der Niederlegung der vom Insolvenzverwalter geführten Tabelle durch diesen bei der Geschäftsstelle des Insolvenzgerichts erfolgt sind. Es hat sich oben (Rn. 1.109) gezeigt, dass auch im Falle von Nachmeldungen gem. § 177 InsO nach Niederlegung der Tabelle in der Geschäftsstelle des Insolvenzgerichts der Insolvenzverwalter weiter für die Vorprüfung der Forderung zuständig bleibt. Folgt man der Gegenmeinung ist darum aber dennoch nicht auf eine eigene Prüfungskompetenz des Insolvenzgerichts zu schließen. **1.135**

Von der Gegenmeinung wird freilich aus § 175 Abs. 1 S. 2 InsO der Schluss gezogen, dass für die Weiterführung der Tabelle gleichsam der Urkundsbeamte zuständig wäre.[204] Deshalb wird danach gefragt, ob der Urkundsbeamte die Aufgabe habe, die Forderungsanmeldung (von Amts wegen) zu prüfen und „mangelhafte" Forderungsanmeldungen zurückzuweisen.[205] **1.136**

Das führt auf die sog. „Vorprüfungskompetenz" des Insolvenzverwalters zurück: Seine Rechtsmacht, Forderungsanmeldungen einer „Vorprüfung" zu unterziehen, beruht auf seiner aus seinem Amt folgenden Aufgabe, die Schuldenmasse festzustellen – also unbegründete Forderungen durch Erhebung des Widerspruchs gegen die Anmeldung zu bestreiten. Dabei sind (verfahrensrechtlich) „mangelhafte" Forderungsanmeldungen im Allgemeinen nicht anders als die Anmeldung unbegründeter Forderungen zu behandeln – also unter Bestreitensvermerk zur Tabelle aufzunehmen (vgl. Rn. 1.96) – weil der Insolvenzverwalter dem anmeldenden Gläubiger nicht sein aus Art. 103 Abs. 1 GG fließendes Recht zur Teilnahme am Insolvenzverfahren durch Nichtberücksichtigung der angemeldeten Forderung versagen darf. Der Urkundsbeamte der Geschäftsstelle ist dagegen nicht zur Mitwirkung an der Feststellung der Schuldenmasse zuständig, da er keine eigene Befugnis hat, eine angemeldete Forderung zu bestreiten. **1.137**

Dies hat eine amtshaftungsrechtliche Folge.[206] Schadensersatzpflichten werden nicht etwa dadurch ausgelöst, dass der Rechtspfleger eine ihm zweifelhaft erscheinende, aber weder vom Insolvenzverwalter noch einem anderen Gläubiger bestrittene Forderung in die Tabelle einträgt. **1.138**

---

203 NL/*Becker*, 29. Egl. InsO, § 178 Rn. 14; Uhlenbruck/*Sinz*, 14. Aufl. InsO, § 178 Rn. 2.

204 Jaeger/Henckel/*Gerhardt*, § 175 Rn. 19, 20.

205 Vgl. MünchKomm-*Schumacher*, 3. Aufl. 2013, § 178 Rn. 49.

206 Vgl. hierzu im Überblick über die einzelnen Probleme: *Knop*, Amtshaftungsansprüche bei insolvenzgerichtlichen Pflichtverletzungen, 2015, S. 1f.

d) „Nicht"-Anmeldung

1.139 Auch in Ausnahmefällen, in denen eine „Nicht-Anmeldung" vorliegt – weil die verfahrensrechtlichen Mängel der Anmeldung ins Auge springen – (vgl. Rn. 1.67), hat der Urkundsbeamte nicht etwa eine eigene Prüfungskompetenz. Er hat, kommen ihm Bedenken, ob er die nachträglich angemeldete Forderung in die Tabelle aufnehmen muss, dem Rechtspfleger oder in Fällen des § 18 Abs. 1 Nr. 2 RPflG dem Insolvenzrichter vorzulegen. Das macht eine weitere Überlegung deutlich: Richter oder Rechtspfleger entscheiden gem. § 77 Abs. 2 S. 1 InsO über das Stimmrecht der Gläubiger, deren Forderungen bestritten worden sind. Diese Entscheidungszuständigkeit über das Verfahrensteilnahmerecht des Gläubigers kann der Urkundsbeamte nicht unterlaufen.

3. Umfang der Tabellenführungspflicht des Insolvenzverwalters

a) Pflicht zur Eintragung jeder angemeldeten Forderung

1.140 Der Insolvenzverwalter hat nach § 175 Abs. 1 S. 1 InsO jede angemeldete Forderung mit den in § 174 Abs. 2 und 3 InsO genannten Angaben in eine von ihm zu führende Tabelle einzutragen. § 175 Abs. 1 S. 2 InsO bestimmt, dass diese Tabelle mit den Anmeldungen sowie den beigefügten Urkunden innerhalb des ersten Drittels des Zeitraums, der zwischen dem Ablauf der Anmeldefrist und dem Prüfungstermin liegt, in der Geschäftsstelle des Insolvenzgerichts zur Einsicht der Beteiligten niederzulegen ist.

b) Pflicht zur Eintragung auch fehlerhaft angemeldeter Forderungen

1.141 **Grundsätzlich: Fehlerhafte Anmeldungen**, die den Anforderungen des § 174 Abs. 1 InsO nicht genügen, sind nicht etwa nicht zur Tabelle aufzunehmen; zwar hat der **Verwalter** Anmeldungen **vorzuprüfen**; auf dieser Grundlage steht ihm aber ein **Zurückweisungsrecht** nicht zu: Er hat die angemeldete Forderung gegebenenfalls zu bestreiten. Denn mit Zurückweisung der Forderungsanmeldung würde der Verwalter dem Gläubiger die Wahrnehmung seines Verfahrensteilnahmerechts verwehren.

1.142 Die Prüfung der angemeldeten Forderung durch den Insolvenzverwalter führt daher, kommt er zu dem Schluss, dass die Forderung nicht besteht, nicht etwa zu einer a limine-Abweisung der Anmeldung, sondern dazu, dass er die Forderung versehen mit einem Bestreitensvermerk aufnimmt.[207] Dies gilt auch für Fälle, in denen eine nichtige Forderung angemeldet wird, die gegen ein Verbotsgesetz verstößt. Denn abschließend zu beurteilen, ob besonders die §§ 134, 138 Abs. 1 BGB eingrei-

207 K/P/B/*Pape/Schaltke*, 67. Egl. InsO, § 174 Rn. 12f.

fen, ist nicht Amtes des Insolvenzverwalters, sondern hat im Zweifel im Tabellenfeststellungsprozess nach den §§ 179 ff. InsO durch das ordentliche Gericht zu erfolgen.

Dies gilt auch, wenn der Anmeldende seine Forderung als nicht-nachrangig i.S.v. § 38 InsO qualifiziert und anmeldet. Auch wenn der Insolvenzverwalter meint, die Forderung sei nachrangig und ihre Anmeldung sei mangels insolvenzgerichtlicher Aufforderung nach § 174 Abs. 3 InsO unzulässig, muss die Forderung unter Vermerk des Bestreitens des Ranges zur Tabelle aufgenommen werden. Denn auch die Rechtsfrage der Qualifikation der Forderung als nicht-nachrangig oder nachrangig ist im Tabellenfeststellungsprozess zur Entscheidung zu bringen. **1.143**

Anders verhält es sich nach hL[208] aber, wenn der Gläubiger ohne insolvenzgerichtliche Aufforderung gem. § 174 Abs. 3 InsO eine nachrangige Insolvenzforderung als solche anmeldet. In diesem Falle soll der Insolvenzverwalter ein eigenes Prüfungsrecht ausüben und die unzulässige Anmeldung unberücksichtigt lassen können. **1.144**

Dem ist *Eckardt*[209] entgegengetreten. Er hat geltend gemacht, dass dem anmeldenden Gläubiger kein Rechtsbehelf zu Gebote steht, mit dem er der Nichtberücksichtigung der angemeldeten Forderung entgegentreten kann. In der Tat geht die hL[210] davon aus, dass der Gläubiger sich allein mit der Vorstellung beim Insolvenzgericht gegen eine rechtswidrige Nichtberücksichtigung wenden könne, um insolvenzgerichtliche Aufsichtsmaßnahmen gem. § 58 Abs. 2 S. 1 InsO[211] zu erwirken.[212] Das ist angesichts der vom Insolvenzgericht vorzunehmenden Rechtsaufsicht[213] zwar denkbar. **1.145**

Eckardt ist indes zu folgen. Zwischen einer „materiell unbegründeten" Forderung und der Qualifikation einer Forderung als nachrangig besteht insolvenzverfahrensrechtlich im Hinblick auf die verfahrensrechtliche Behandlung kein Unterschied. Die Unzulässigkeit der Anmeldung einer Forderung mag „offensichtlich" sein. Dabei bleibt aber unberücksichtigt, dass dies selbst von materiell-rechtlichen Qualifikationen abhängt – denn ebenso, wie der Gläubiger fehlerhaft davon ausgehen kann, dass eine nachrangige Forderung nicht-nachrangig sei ist der Fall denkbar, dass er die angemeldete Forderung fehlerhaft als nachrangig qualifiziert. **1.146**

---

208 MünchKomm-*Riedel*, 3. Aufl. InsO, § 174 Rn. 39; Uhlenbruck/*Sinz*, 14. Aufl. InsO, § 174 Rn. 54; HK/*Depré*, 8. Aufl. InsO, § 174 Rn. 18; N/R/*Becker*, 29. Egl. InsO, § 174 Rn. 25.
209 KS-*Eckardt*, Kap. 17 Rn. 44 f.
210 FK/*Kießner*, 8. Aufl. InsO, § 175 Rn. 8; Graf-Schlicker/*Graf-Schlicker*, 4. Aufl. InsO, § 175 Rn. 7; Kreft/*Depré*, 7. Aufl. InsO, § 175 Rn. 8.
211 MünchKomm-*Graeber*, 3. Aufl. InsO, § 58 Rn. 29 f.
212 Dies hält auch *Gerhardt*, in: Jaeger-Henckel § 175 Rn. 9 a.E. für genügend.
213 *Rechel*, in: Die Aufsicht des Insolvenzgerichts über den Insolvenzverwalter, 2009, S. 12 f.

c) Anforderungen an die Tabellenführung

aa) Titulierungsfunktion

1.147 Die Anforderungen, die im Einzelnen an die Art der Führung der Tabelle zu richten sind, ergeben sich aus deren Funktion. Gem. §§ 178 Abs. 3, 201 Abs. 1, 2 InsO[214] dient die Tabelle (in ihren Auszügen) auch als Titel für die grundsätzlich nach Abschluss des Insolvenzverfahrens erneut zulässigen Einzelzwangsvollstreckungen gegen den Schuldner.

bb) Bestimmtheit; Dokumentationsfunktion

1.148 Die angemeldeten Forderungen unter **laufenden Nummern**[215] sind so zu erfassen, dass ihre Höhe und das Ergebnis der Prüfung nach Maßgabe deren Umfangs dokumentiert werden, also unter Angabe des Gläubigers, des Betrages, des Grundes und ggf. des **Ranges**[216] der behaupteten Forderung, sowie unter Angabe, ob durch den Verwalter, einen Gläubiger (unter namentlicher Nennung wegen §§ 178 Abs. 3, 201 Abs. 2 InsO) oder durch den Schuldner bestritten wurde und in welchem Umfang dies geschehen ist,[217] § 178 Abs. 2 InsO. Die Tabelle dient dazu, die Verteilungsverzeichnisse (§§ 188, 196 InsO) und die Quote, nach der die Gläubiger befriedigt werden, festzusetzen.

cc) Einzelheiten

1.149 Aus den Funktionen der Tabelle folgt, dass der **Gläubiger**[218] mit **Identitätsmerkmalen**, also mit Namen, Vornamen bzw. Firma sowie Wohnsitz bzw. Sitz anzugeben ist. Weiter ist ein gesetzlicher oder gewillkürter **Vertreter**[219] anzugeben.

1.150 Aus der Tabelle muss weiter der **Tag der Anmeldung** hervorgehen.

1.151 Die **Forderung** ist in der Tabelle mit Betrag unter Angabe von Zinssätzen und entsprechenden Fälligkeits- bzw. Berechnungszeiträumen („5,5% Zinsen vom ... bis“) aufzunehmen, um die Abgrenzung von Insolvenzforderungen gegenüber nachran-

---

214 *Smid*, in LSZ § 201 Rn. 7.

215 K/P/B/*Pape/Schaltke*, 67. Egl. InsO, § 175 Rn. 7; MünchKomm-*Riedel*, 3. Aufl. InsO, § 175 Rn. 4.

216 NR/*Becker*, 29. Egl. InsO, § 175 Rn. 2; Gottwald/*Eickmann*, Insolvenzrechtshandbuch, 5. Aufl. 2015, § 63 Rn. 21.

217 K/P/B/*Pape/Schaltke*, 67. Egl. InsO, § 175 Rn. 4; MünchKomm-*Riedel*, 3. Aufl. InsO, § 175 Rn. 3 ff.; NR/*Becker*, 29. Egl. InsO, § 175 Rn. 2 f.

218 Uhlenbruck/*Sinz*, 14. Aufl. InsO, § 175 Rn. 5; MünchKomm-*Riedel*, 3. Aufl. InsO, § 175 Rn. 5; Braun/*Specovius*, 6. Aufl. InsO, § 175 Rn. 2.

219 MünchKomm-*Riedel*, 3. Aufl. InsO, § 175 Rn. 5; Gottwald/*Eickmann*, Insolvenzrechtshandbuch, 5. Aufl. 2015, § 63 Rn. 18.

gigen Insolvenzforderungen zu ermöglichen. In diesem Zusammenhang steht die Angabe des **Grundes** der Forderung.[220]

Schließlich hat die Tabelle Spalten für die Eintragung des zu ermittelnden **Prüfungsergebnisses** vorzusehen. 1.152

d) Absonderungsberechtigte; Ausfallforderungen gem. § 52 InsO

Persönliche Forderungen des Absonderungsberechtigten werden nicht als Insolvenzforderung für den Ausfall festgestellt,[221] sondern es wirkt mit Rücksicht auf § 52 InsO die Feststellung (§ 190 Abs. 2 S. 1 InsO) für die ganze Forderung; die Beschränkung der Feststellung auf den Ausfall hat allein Auswirkungen auf die konkursmäßige Befriedigung des Gläubigers.[222] 1.153

e) Berücksichtigung eines Gläubigerprätendentenstreits

Streiten sich zwei anmeldende Gläubiger darüber, wem die Forderung zusteht, so ergibt sich bereits aus dem Grundsatz *par condicio creditorum*, dass die Quote nur einmal auf die Forderung zu zahlen ist.[223] Beide Anmeldungen sind in die Tabelle aufzunehmen, wobei in der Vermerkspalte aufzunehmen ist, dass es sich um eine Doppelanmeldung handelt.[224] Der Verwalter wird nach der Judikatur des BGH, wenn die Forderung von ihm dem Grunde nach anzuerkennen ist, die Anerkennung unter dem **Vorbehalt** auszusprechen haben, dass die Forderung demjenigen zustehe, der im Streit über die Inhaberschaft obsiegt.[225] Zu dem besonderen Fall eines Prätendentenstreits zwischen anmeldendem Zedenten und Zessionar Rn. 1.314. 1.154

f) Inhalt der Eintragungen durch den Insolvenzverwalter

Aus den Anforderungen an die Tabellenführung (Rn. 1.147 ff.) ergibt sich zugleich, in welcher Weise die Prüfungsergebnisse eingetragen werden: 1.155

- **unbestrittene Forderungen**: Soweit die Forderung nicht bestritten wurde, lautet der Vermerk: „Festgestellt und anerkannt".
- **bestrittene Forderungen.**

---

220 Gottwald/*Eickmann*, Insolvenzrechtshandbuch, 5. Aufl. 2015, § 63 Rn. 18; MünchKomm-*Riedel*, 3. Aufl. InsO, § 175 Rn. 7.

221 RG, Urt. v. 5.12.1932 – IV 317/32 – RGZ 139, 83, 86.

222 KS/*Eckardt*, Teil 3 Kap. 17, Rn. 47; Gottwald/*Eickmann*, Insolvenzrechtshandbuch, 5. Aufl. 2015, § 63 Rn. 26.

223 RG, Urt. v. 4.7.1904 – Rep. VI. 309/03 – RGZ 58, 369, 372 f.

224 Uhlenbruck/*Sinz*, 14. Aufl. InsO, § 174 Rn. 10; Gottwald/*Eickmann*, Insolvenzrechtshandbuch, 5. Aufl. 2015, § 63 Rn. 2.

225 BGH, Urt. v. 15.1.1970 – II ZR 154/68, KTS 1970, 213.

- **teilweises Bestreiten**: Soweit nur teilweise bestritten worden ist, lautet der Vermerk „Festgestellt und anerkannt; Rang von X bestritten" oder „Dem Grunde nach festgestellt und anerkannt; der Höhe nach hinsichtlich eines Betrages von x EUR durch Y bestritten".
- bei **Wechselforderungen** lautet der Vermerk: „Festgestellt und anerkannt unter der Bedingung des Art. 39 WG", um sicherzustellen, dass die Befriedigung des Wechselgläubigers nur gegen Aushändigung des Wechsels erfolgt. Die Feststellung ist auch auf Wechseln oder sonstigen Schuldurkunden zu vermerken, § 178 Abs. 2.[226] Bei einer Wechselforderung, deren Gläubiger den Wechsel nicht vorgelegt hat (vgl. Art. 38 WG), ist zu vermerken: „Von X bestritten mangels Vorlage des Originalwechsels" bzw. bei vollständigem Bestreiten: „Bestritten von X nach Grund und Höhe". Eingehend unten Rn. 1.220 ff.
- zu dem Vermerk: „Festgestellt auf den Ausfall" Rn. 1.40, 1.153.

4. EDV-Einsatz

1.156 Es kommt die allgemeine Regelung des § 5 Abs. 4 InsO zum Zuge.[227] Danach können Tabellen und Verzeichnisse maschinell hergestellt und bearbeitet werden. Die Landesregierungen werden ermächtigt, durch Rechtsverordnung nähere Bestimmungen über die Führung der Tabellen und Verzeichnisse, ihre elektronische Einreichung sowie die elektronische Einreichung der dazugehörigen Dokumente und deren Aufbewahrung zu treffen. Dabei können sie auch Vorgaben für die Datenformate der elektronischen Einreichung machen.

B) Niederlegung der Tabelle, § 175 Abs. 1 S. 2 InsO

I. Gesetzliche Regelung

1.157 § 175 Abs. 1 S. 2 InsO bestimmt, dass der Verwalter die **Tabelle** nebst beigefügten Urkunden in der Geschäftsstelle des Insolvenzgerichts **niederzulegen** hat. Die Regelung des § 175 S. 2 InsO über die Niederlegung der Anmeldungen und der beigefügten Urkunden zur Ermöglichung einer Einsichtnahme durch die Beteiligten entspricht sinngemäß § 140 Abs. 2 KO.[228]

---

226 Uhlenbruck/*Sinz*, 14. Aufl. InsO, § 178 Rn. 6; NR/*Becker*, 29. Egl. InsO, § 178 Rn. 18; MünchKomm-*Schumacher*, 3. Aufl. InsO, § 178 Rn. 53.

227 Braun/*Specovius*, 6. Aufl. InsO, § 175 Rn. 15.

228 Amtl. Begr. zu § 202 RegEInsO, BT-Drs. 12/2443, 184.

II. Frist

Die Niederlegung soll nach dem Wortlaut des Gesetzes im 1. Drittel des Zeitraums zwischen dem Ende des Anmeldetermins und dem Prüfungstermin geschehen, § 175 Abs. 1 S. 2 InsO. Diese Frist errechnet sich nach §§ 28f. InsO. Sie soll nach § 29 Abs. 1 Nr. 2 InsO zwischen dem Ablauf der Anmeldefrist und dem Prüfungstermin mindestens eine Woche und höchstens zwei Monate betragen. § 175 Abs. 1 S. 2 InsO ist unpraktikabel;[229] er zwingt den Verwalter, will er nicht jedwede Prüfung der angemeldeten Forderungen einstellen, zur Herstellung einer Unmenge von Kopien, die andererseits vom Insolvenzgericht verwahrt werden müssen, was dort zu einem erheblichen Aufwand führen kann, siehe sogleich Rn. 1.161, vgl. bereits 1.109. 1.158

III. Einsichtsrecht

1. Gesetzliche Regelung

Nach § 175 Abs. 1 S. 2 a.E. InsO steht den Verfahrensbeteiligten an der Tabelle nebst beigeschlossenen Unterlagen ein **Einsichtsrecht** zu. Dieses Recht der Gläubiger, aber auch des Schuldners, die **Tabelle einzusehen** und **Abschriften** anzufertigen, folgt aus § 299 ZPO i.V.m. § 4 InsO.[230] 1.159

2. Niederlegung an anderem Orte

Da nicht einzusehen ist, weshalb die von § 175 Abs. 1 S. 2 InsO geforderte Einsichtsmöglichkeit den Gläubigern nicht z.B. in der Unternehmensinsolvenz in den Räumlichkeiten des Schuldners soll gewährt werden können, empfiehlt es sich, den Verwalter im Eröffnungsbeschluss von der Niederlegungspflicht nach § 175 Abs. 1 S. 2 InsO zu entbinden und die Bereitlegung an anderem Orte zur Einsichtnahme durch die Beteiligten anzuordnen. Anknüpfungspunkt ist § 8 Abs. 3 InsO: A maiore ad minus lässt sich nämlich sagen, dass der Insolvenzverwalter vom Insolvenzgericht[231] zur Auslegung der Tabelle an einem, vom Insolvenzgericht zu bestimmenden, geeigneten Ort angewiesen werden kann, wenn er sogar Zustellungen durchzuführen hat. 1.160

IV. Zuständigkeit

1. Zuständigkeit des Insolvenzgerichts

Zum Teil wird darüber gestritten, ob **das Insolvenzgericht** mit der Niederlegung der Tabelle **die Zuständigkeit zur Führung der Tabelle erlangt**, wofür neben al- 1.161

229 Bedenken auch bei KS-*Eckardt*, Teil III Kap. 17, Rn. 11.
230 NR/*Becker*, 29. Egl. InsO, § 175 Rn. 10; Uhlenbruck/*Sinz*, 14. Aufl. InsO, § 175 Rn. 24.
231 Anders NR/*Becker*, 29. Egl. § 175 Rn. 8 „aller Beteiligten“.

ten Gewohnheiten aus der konkursrechtlichen Praxis systematische Gesichtspunkte ins Feld geführt werden (hierzu im Zusammenhang der Empfangszuständigkeit für die Entgegennahme nachträglicher Forderungsanmeldungen gem. § 177 InsO oben Rn. 1.109). Danach soll es wegen der Titulierungsfunktion der Tabelle geboten sein, dass ein Gericht die Feststellung der angemeldeten Forderungen trifft, da die Eintragung in die Tabelle wie ein rechtskräftiger Titel gegenüber dem Insolvenzverwalter und den Insolvenzgläubigern wirkt, § 178 Abs. 3 InsO. § 178 Abs. 3 InsO hat aber nicht die Aufgabe, einen Übergang der Tabellenführung vom Insolvenzverwalter auf das Insolvenzgericht anzuordnen, sondern zwischen der Tabellenführung auf der einen und der Beurkundungsaufgabe auf der anderen Seite zu unterscheiden. Daher liegt die Tabellenführung beim Insolvenzverwalter, während die Eintragung in die als Titel dienende Tabelle (§ 201 Abs. 2 InsO) beim Insolvenzgericht liegt.[232]

2. Elektronische Tabellenführung

1.162 Dass die Tabelle mit Hilfe der elektronischen Datenverarbeitung geführt werden kann, ergibt sich aus § 5 Abs. 3 InsO.[233] Wo die entsprechenden technischen Voraussetzungen dafür bestehen, kann der Insolvenzverwalter die Tabelle auf einem **elektronischen Datenträger** einreichen.[234] In Abstimmung mit dem Insolvenzgericht kann der Insolvenzverwalter die Tabelle auch über elektronische Medien (**Internet**) zur Einsicht eröffnen.[235]

C) Prüfungstermin

I. Gesetzliche Regelung

1. Terminierung

1.163 Den Verfahrensbeteiligten ist hinsichtlich der ihnen vorgelegten, vom Verwalter erstellten Tabelle über die Schuldenmasse rechtliches Gehör zu gewähren. Dies hat in einem nicht-öffentlichen **Prüfungstermin** zu geschehen, für den der Abschluss der Tabelle durch den Verwalter nach § 175 InsO die Vorbereitung bildet.[236] Nach § 29 Abs. 1 Nr. 2 InsO bestimmt das Insolvenzgericht im **Eröffnungsbeschluss** Termine für eine Gläubigerversammlung, in der die angemeldeten Forderungen geprüft

232 So wohl auch *Kübler*, FS Henckel, 495, 508; Braun/*Specovius*, § 175 Rn. 4.
233 Dazu KS-*Eckardt*, 743, 752 (Rn. 79).
234 Uhlenbruck/*Sinz*, 14. Aufl. InsO, § 175 Rn. 4; vgl. NR/*Becker*, 29. Egl. InsO, § 175 Rn. 11.
235 NR/*Becker*, 29. Egl. InsO, § 175 Rn. 8.
236 KS-*Eckardt*, 754.

werden (Prüfungstermin); der Zeitraum zwischen dem Ablauf der **Anmeldefrist** und dem Prüfungstermin soll mindestens 1 Woche und höchstens 2 Monate betragen. § 29 Abs. 2 InsO sieht vor, dass der Prüfungstermin mit dem Berichtstermin verbunden werden kann. Zudem kann der Prüfungstermin mit dem Erörterungs- und Abstimmungstermin verbunden werden, wenn ein Insolvenzplan zur Beschlussfassung vorliegt.[237]

Nur die streitigen Forderungen sind Gegenstand einer detaillierten Erörterung (§ 176 Abs. 1 S. 2 InsO). Der Ablauf des Prüfungstermins wird dadurch gestrafft. Die Vorschrift schließt aber nicht aus, dass der Insolvenzverwalter oder ein Gläubiger erst im Verlauf des Prüfungstermins eine Forderung bestreitet; hierzu muss das Insolvenzgericht auch mit der Folge Gelegenheit geben,[238] dass die Forderung dann zu erörtern ist. 1.164

2. Ladung

Das Gericht hat zusammen mit dem Eröffnungsbeschluss (§ 29 Abs. 1 Nr. 2 InsO)[239] 1.165
den Prüfungstermin festzusetzen, zu dem es die Beteiligten zu **laden** hat. Im Einzelnen sind neben den Gläubigern, der Schuldner und der Verwalter zu laden. Dies geschieht durch Zustellung im Wege der Übergabe an die Post (vgl. § 8 Abs. 1 InsO),[240] zugleich aber durch eine **öffentliche Bekanntgabe** des Prüfungstermins gem. § 9 InsO, um auch die Gläubiger zu erreichen, die sich bis dahin nicht am Verfahren beteiligt haben.

Lässt sich die Prüfung der Forderungen voraussichtlich nicht in einem Termin 1.166
erledigen, sollte das Gericht zu mehreren Terminen laden; andernfalls kann im Prüfungstermin auf einen weiteren vertagt werden (vgl. auch § 74 Abs. 2 S. 2 InsO).[241] Ein solches Vorgehen empfiehlt sich in Lagen wie im „Orwo"-Fall oben Rn. 1.68 ff. Sehen sich Verwalter oder Gläubiger aus nachvollziehbaren Gründen zur Erklärung über Forderungen nicht im Stande, so können sie einen Antrag auf Vertagung stellen.[242] Das Insolvenzgericht hat die Gläubiger gem. § 179 Abs. 3 S. 2 InsO darauf hinzuweisen, dass sie keine Benachrichtigung erhalten, soweit ihre Forderungen festgestellt werden.

---

237 MünchKomm-*Schmahl/Busch*, 3. Aufl. InsO, § 29 Rn. 85.

238 Amtl. Begr. zu § 203 RegEInsO, BT-Drs. 12/2443, 184.

239 *Smid*/Leonhardt, in: LSZ, 3. Aufl. InsO, § 29 Rn. 4.

240 *Smid*/Leonhardt, in: LSZ, 3. Aufl. InsO, § 8 Rn. 3.

241 NR/*Becker*, 29. Egl. InsO, § 176 Rn. 30; Uhlenbruck/*Uhlenbruck*, 14. Aufl. InsO, § 176 Rn. 14; MünchKomm-*Riedel*, 3. Aufl. InsO, § 176 Rn. 8.

242 Uhlenbruck/*Uhlenbruck*, § 176 Rn. 14; MünchKomm-*Riedel*, 3. Aufl. InsO, § 176 Rn. 8; KS-*Eckardt*, 743, 759 Rn. 32.

3. Vertretung des anmeldenden Gläubigers im Prüfungstermin

1.167 Lässt sich der Gläubiger bei der Anmeldung vertreten (oben Rn. 1.22ff.) bedarf es im Prüfungstermin der Prüfung der Vollmacht dann nicht, wenn der Vertreter Rechtsanwalt ist.[243] Ist der Vertreter kein Rechtsanwalt, muss er sich im Prüfungstermin gem. § 80 ZPO i.V.m. § 4 InsO durch schriftliche Vollmacht ausweisen.[244] Bei Fehlen der schriftlichen Vollmacht ist dem Anmeldenden zur Nachholung Gelegenheit zu geben und nur für den Fall, dass er dem nicht nachkommt die Forderungsanmeldung als unzulässig zurückzuweisen.[245]

4. Aufgaben des Insolvenzgerichts

a) Verhandlungsleitung

1.168 Der Prüfungstermin unterliegt ebenso wie die Gläubigerversammlung der Leitung durch das Insolvenzgericht.[246]

b) Funktionelle Zuständigkeit

1.169 Die Leitung des Prüfungstermins kann vom Richter oder vom Rechtspfleger wahrgenommen werden.[247] Nach § 4 InsO kommen die Regelungen der §§ 136–144, 156 ZPO über die Verhandlungsleitung zur entsprechenden Anwendung, obwohl es sich bei der Gläubigerversammlung als einem Organ der insolvenzrechtlichen Gläubigerselbstverwaltung zwar nicht um eine Sitzung vor dem erkennenden Gericht i.S.v. § 169 GVG handelt,[248] die genannten Vorschriften aber über diesen Bereich hinaus allgemeine Regelungen und Ermächtigungen für alle richterlichen Verhandlungsleitungen enthalten.[249] Das Gericht eröffnet daher den Prüfungstermin und schließt ihn, § 136 Abs. 1 und 4 ZPO. Es hat gem. § 136 Abs. 3 ZPO für eine erschöpfende Erörterung der Beratungsgegenstände Sorge zu tragen. Dies spezifiziert § 176 S. 2 InsO: Das Insolvenzgericht hat dafür Sorge zu tragen, dass die Forderungen, die vom Insolvenzverwalter, vom Schuldner oder von einem Insolvenzgläubiger bestritten werden, einzeln zu erörtern sind.

---

243 Vgl. *Gerhardt*, in: Jaeger-Henckel, InsO, § 174 Rn. 62.

244 *Gerhardt*, in: Jaeger-Henckel, InsO, § 174 Rn. 62.

245 *Gerhardt*, in: Jaeger-Henckel, InsO, § 174 Rn. 62.

246 Huntemann/Graf Brockdorf/*Buck*, Der Gläubiger im Insolvenzverfahren, 1999, 279 f; allg. Uhlenbruck/*Sinz*, 14. Aufl. InsO, § 176 Rn. 1; MünchKomm-*Riedel*, § 176 Rn. 3; Braun/*Specovius*, 6. Aufl. 2014, § 176 Rn. 1.

247 Kreft/*Eickmann*, 8. Aufl. InsO, § 76 Rn. 2; Braun/*Herzig*, 6. Aufl. InsO, § 76 Rn. 3.

248 Vgl. NR/*Delhaes*, 29. Egl. InsO, § 76 Rn. 1; *Gerhardt*, in: Jaeger/Henckel, InsO, § 76 Rn. 3.

249 NR/*Delhaes*, 29. Egl. InsO, § 76 Rn. 1; vgl. ausf. MünchKomm-*Ehricke*, 3. Aufl. InsO, § 76 Rn. 5f.

c) Sitzungspolizei

Dem Insolvenzgericht obliegt nach § 4 InsO i.V.m. § 176 GVG die Wahrnehmung der **Sitzungspolizei**, die es gem. § 178 GVG durch Verwarnungen bei ungebührlichem oder störendem Verhalten, die **Festsetzung von Ordnungsgeld** bis zu € 1.000,– oder Ordnungshaft bis zu einer Dauer von einer Woche ausüben kann;[250] der Rechtspfleger kann indessen nur Geldstrafen verhängen, § 4 Abs. 2 S. 2 RPflG, Art. 104 Abs. 2 GG.[251] Die Sitzung ist (arg. § 169 GVG) grds. nicht öffentlich, da sie die Belange der Gläubiger bzw. der übrigen zugelassenen Verfahrensbeteiligten einschließlich des Verwalters betrifft. Das Gericht hat daher durch **Eingangskontrollen**, gegebenenfalls auch durch Zuweisung von Sitzplätzen u. dgl. m. sicherzustellen, dass keine Unbefugten an der Sitzung teilnehmen können. Der **Presse**[252] ist gem. § 175 Abs. 2 GVG grundsätzlich auch zu sonst nichtöffentlichen Sitzungen der Zutritt zu gestatten.[253] Das gilt auch für den Prüfungstermin, hinsichtlich dessen Verlaufs ein Informationsbedürfnis der breiten Öffentlichkeit bestehen kann.[254] Störende **Ton-, Lichtbild- oder Filmaufnahmen** können im Rahmen seiner Sitzungspolizei vom Gericht indessen untersagt werden. Zur Sitzung sind ferner **Rechtsreferendare**[255] am Insolvenzgericht zugelassen. 1.170

d) Kein Ausschluss von Gläubigern vom Prüfungstermin

Das Gericht darf freilich nicht im Rahmen seiner Sitzungspolizei Gläubigern die Teilnahme am Prüfungstermin untersagen, weil es die angemeldeten Forderungen für unbegründet hält. Denn auch diese Gläubiger genießen in der Gläubigerversammlung Stimmrechte (oben Rn. 1.97–1.99). Das Insolvenzgericht leitet ein Verfahren, in dem Forderungen *nichtstreitig* festgestellt werden; es hat dagegen nicht die Befugnis, seinerseits im Streitfall über Bestehen oder Nichtbestehen von Forderungen Aussagen zu treffen, und zwar auch dann nicht, wenn es hierüber dezidierte Rechtsansichten vertreten sollte. Dies folgt aus der Zugehörigkeit des Insolvenzverfahrens zum Bereich nichtstreitiger freiwilliger Gerichtsbarkeit.[256] Im Gesetz selbst hat dies unmittelbar seine Grundlage in § 174 ff. InsO (oben 1.9 ff.). Daraus folgt aber, 1.171

---

250 Vgl. MünchKomm-*Ehricke*, 3. Aufl. InsO, § 76 Rn. 6; Uhlenbruck/*Knof*, 14. Aufl. InsO, § 76 Rn. 13.

251 Eingehend MünchKomm-*Ehricke*, 3. Aufl. InsO, § 76 Rn. 7; Uhlenbruck/*Knof*, 14. Aufl. InsO, § 76 Rn. 13.

252 LG Frankfurt/M., Beschl. v. 8.3.1983 – 2/9 T 222/83, ZIP 1983, 344.

253 Uhlenbruck/*Knof*, 14. Aufl. InsO, § 76 Rn. 16.

254 Uhlenbruck/*Knof*, 14. Aufl. InsO, § 76 Rn. 16.

255 Huntemann/Graf Brockdorf/*Huntemann*, Der Gläubiger im Insolvenzverfahren, 1999, 260; Uhlenbruck/*Knof*, 14. Aufl. InsO, § 76 Rn. 14.

256 *Smid*, Handbuch InsO, 6. Aufl., § 1 Rn. 82.

dass das Insolvenzgericht aufgrund seiner Rechtsansicht über Bestehen oder Nichtbestehen einer Forderung jedenfalls keine derartigen verfahrensrechtlichen Folgerungen ableiten darf, die dem betreffenden Gläubiger jede Teilnahme am Verfahren verwehren.

e) Protokoll

1.172 Der Gang des Prüfungstermins sowie die Namen der Anwesenden sind zu **protokollieren**, wobei auf die Stimmliste als Anlage zum Protokoll Bezug genommen werden kann. Es greifen nach dem Verweis des § 4 InsO die Regelungen der §§ 159 ff. ZPO. Sodann sind im Einzelnen in Form eines Inhaltsprotokolls die Verhandlungen darzustellen und die Ergebnisse der gefassten Beschlüsse festzuhalten. Zur Vereinfachung der Arbeit des Gerichts (und zur Erleichterung der Selbstkontrolle) kann es sich dabei Formulare bedienen. Die Protokollierung ersetzt die notwendige Beurkundung hinsichtlich der Schriftform, soweit diese gesetzlich vorgeschrieben ist.[257] Das Gericht hat die Anwesenheit des Verwalters und des Schuldners sowie durch die **Auslegung einer Stimmliste** (zweckmäßigerweise im Zusammenhang mit einer Ausweis- und Einlasskontrolle)[258] die der Gläubiger festzustellen.

1.173 Weitere Anlage des Protokolls ist die vom Insolvenzgericht durch Eintragungen erstellte Tabelle i.S.v. § 178 Abs. 2 InsO.[259]

II. Verfahren

1. Keine Verlesung aller angemeldeten Forderungen

1.174 Jedenfalls sollte das Insolvenzgericht die Forderungen dadurch zur Erörterung bringen, dass sie durch das die Verhandlung leitenden Insolvenzrichter zum Aufruf gebracht werden, um den anwesenden Beteiligten, namentlich den anderen Gläubigern, die Gelegenheit zum Bestreiten zu geben.

1.175 Der KO lag dagegen die Vorstellung zugrunde, der Verwalter verlese sämtliche Forderungsanmeldungen zu ihrer Prüfung; in praxi ist dies aber nicht der Fall, oben Rn. 1.164, Prüfungstermine dauern oftmals nur wenige Minuten, und niemand interessiert sich für hunderte von angemeldeten Forderungen. Vielmehr wird im Prüfungstermin den Gläubigern Gelegenheit gegeben, mit dem Verwalter über den Inhalt der Anmeldungen allgemein zu diskutieren (Salden), gezielt nach einzelnen Anmeldungen zu fragen (z.B. Banken, Finanzamt, Sozialversicherungsträger, Verwandte des Schuldners oder Gesellschafter der insolvenzschuldnerischen Gesell-

257 RG, Urt. v. 8.11.1940 – VII ZS 40/40 – RGZ 165, 162.

258 MünchKomm-*Ehricke*, 3. Aufl. InsO, § 76 Rn. 5.

259 Vgl. NR/*Becker*, 29. Egl. InsO, § 176 Rn. 14; vgl. auch Uhlenbruck/*Sinz*, 14. Aufl. InsO, § 178 Rn. 2.

schaft) oder das Ergebnis des Prüfungsfeststellungsverfahrens bezüglich ihrer eigenen Forderung mit dem Verwalter zu erörtern (vgl. § 176 S. 2 InsO).[260]

§ 160 Abs. 1 S. 2 InsO wirft ein beredtes Licht auf die rechtstatsächlichen Verhältnisse, in denen auch im Prüfungstermin häufig andere Gläubiger nicht anwesend sind. Insolvenzgericht und Insolvenzverwalter sollten das Verhandeln, wenn ein schriftliches Verfahren nicht angeordnet ist, indes nicht auf die leichte Schulter nehmen, arg. § 178 Abs. 3 InsO (zu einem Fall unten Rn. 2.68 ff.), da das schuldhafte Unterlassen gebotenen Bestreitens eine Haftung des Verwalters nach § 60 Abs. 1 InsO auslösen kann.[261] **1.176**

2. Mündlichkeit. Schriftliches Verfahren

a) Keine Anwendung des § 5 Abs. 3 InsO

Im Prüfungstermin gilt der Mündlichkeitsgrundsatz.[262] § 5 Abs. 3 InsO, wonach im gesamten Insolvenzverfahren insolvenzgerichtliche Entscheidungen auch im schriftlichen Verfahren ergehen können, greift im Rahmen des § 176 InsO nicht. Denn der Prüfungstermin ist ebenso wie die Gläubigerversammlung (vgl. § 75, 157, 160 Abs. 1 S. 2 InsO) keine gerichtliche Verhandlung i.S.d. § 5 Abs. 3 InsO. Vielmehr ist der Prüfungstermin zur Feststellung der Schuldenmasse seinem Gegenstand nach eine Veranstaltung der Gläubigerselbstverwaltung; das Insolvenzgericht hat keine eigene Aufgabe wegen dieser Feststellung. **1.177**

b) § 5 Abs. 2 S. 1 InsO

Eine Ausnahme normiert § 5 Abs. 2 S. 1 InsO: Danach kann das Insolvenzgericht anordnen, dass das Verfahren oder einzelne seiner Teile schriftlich durchgeführt werden, wenn die Vermögensverhältnisse des Schuldners überschaubar und die Zahl der Gläubiger oder die Höhe der Verbindlichkeiten gering sind. Diese Voraussetzungen müssen **kumulativ** vorliegen, d.h. die Vermögensverhältnisse müssen überschaubar sein und keine Verbindlichkeiten aus Arbeitsverhältnissen bestehen, was sich unmittelbar aus der Formulierung „und“ ergibt. Die Überschaubarkeit der Vermögensverhältnisse allein ist somit ebenso wenig ausreichend, wie das Nichtbestehen von Verbindlichkeiten aus Arbeitsverhältnissen, wenn jeweils die andere Voraussetzung erfüllt ist. Wann die Vermögensverhältnisse überschaubar i.S.d. § 5 Abs. 2 S. 1 InsO sind, lässt sich in Anlehnung an § 304 Abs. 2 InsO a.F. beurteilen. Danach ist es maßgeblich ist, ob im Einzelfall die **Verschuldungsstruktur** des **1.178**

---

260 Dazu KS-*Eckardt*, 743, 756 Rn. 25.

261 *Gerhardt*, in: Jaeger/Henckel, InsO, § 176 Rn. 25.

262 Vgl. *Gerhardt*, in: Jaeger/Henckel, InsO, § 176 Rn. 13; siehe aber auch Uhlenbruck/*Sinz*, 14. Aufl. InsO, § 176 Rn. 36 f. u. § 177 Rn. 34 f.

Schuldnervermögens in die eines durch schriftliches procedere vereinfachten Insolvenzverfahrens passt.[263] Dieses kann ausgeschlossen sein, wenn zahlreiche **streitige Forderungen** in nicht unbeträchtlicher Höhe geltend gemacht werden oder **komplexe Anfechtungssachverhalte** auftreten können.[264] Die Voraussetzung „Verbindlichkeiten aus Arbeitsverhältnissen" ist weit auszulegen, so dass auch Forderungen erfasst werden, die mit dem Arbeitsverhältnis bloß im Zusammenhang stehen.[265] Neben dem **Arbeitslohn** der Arbeitnehmer des Schuldners sind hierunter auch die Verbindlichkeiten gegenüber den **Sozialversicherungsträgern** sowie Abgaben gegenüber der **Finanzverwaltung** zu verstehen, soweit diese sich aus einem Arbeitsverhältnis begründen und nicht lediglich den Schuldner selbst betreffen.[266] Entsprechendes gilt auch für die Beitragsforderungen der **Berufsgenossenschaft.**[267] Unbeachtlich ist, ob es sich um einen Primäranspruch oder um einen **Durchgriffsanspruch** gegen den Schuldner handelt, da maßgeblicher Grund für den Ausschluss der Vorschriften des 9. Abschnitts ist, dass der Fall sich wesentlich von Fällen des typischen Verbrauchers unterscheidet.[268] Dieses ist im Unterschied zur Auslegung des früheren § 304 Abs. 2 InsO a.F. auch anzunehmen, wenn der ehemalige **angestellte Geschäftsführer** wegen nicht abgeführter Lohnsteuer bzw. nicht abgeführten Sozialversicherungsbeiträgen in Anspruch genommen wird.

c) Nachprüfungsverfahren

1.179 Weiter kommt ein schriftliches Verfahren gem. § 177 Abs. 1 S. 2 InsO im Nachprüfungsverfahren in Betracht. Für eine entsprechende insolvenzgerichtliche Anordnung müssen die Voraussetzungen des § 5 Abs. 2 S. 1 InsO (soeben Rn. 1.178) nicht vorliegen. Die Anordnung des schriftlichen Verfahrens nach § 177 Abs. 1 S. 2 InsO muss aber öffentlich bekanntgemacht und die ergänzte Tabelle in der Geschäftsstelle des Gerichts ausgelegt werden.[269]

---

263 BGH, Beschl. v. 24.7.2003 – IX ZA 12/03; LG Göttingen, Beschl. v. 30.1.2002 – 10 T 7/02, NZI 2002, 322.

264 BT-Drs. 14/5680, 30.

265 BGH, Beschl. v. 22.9.2005 – IX ZB 55/04, NJW 2006, 917; a.A. LG Düsseldorf, Beschl. v. 16.5.2002 – 25 T 267/02, ZInsO 2002, 637; LG Köln, Beschl. v. 25.6.2002 – 90 T /70/02, NZI 2002, 505; LG Dresden, Beschl. v. 30.10.2003 – 5 T 20/03, ZVI 2004, 19, wonach nur privatrechtliche Forderungen aus Arbeitsverhältnissen, die zwischen Arbeitgebern und Arbeitnehmern bestehen, erfasst werden.

266 BGH, Beschl. v. 22.9.2005 – IX ZB 55/04, NJW 2006, 917; AG Hamburg, Beschl. v. 4.3.2003 – 68a IK 31/03, NZI 2003, 330.

267 AG Hamburg, Beschl. v. 4.3.2003 – 68a IK 31/03, NZI 2003, 330.

268 BGH, Beschl. v. 22.9.2005 – IX ZB 55/04, NJW 2006, 917.

269 *Gerhardt*, in: Jaeger/Henckel, InsO, § 177 Rn. 9.

d) Rechtsfolgen

Hat das Insolvenzgericht keine Anordnungen nach § 5 Abs. 2 S. 1 InsO getroffen, wird aufgrund der Geltung des Mündlichkeitsprinzips der Widerspruch gegen angemeldete Forderungen vom Insolvenzverwalter nicht etwa bereits durch den Bestreitensvermerk in der von ihm geführten Tabelle wirksam erhoben. Vielmehr muss mündlich im Prüfungstermin bestritten werden. Unterbleibt dies, wird die Forderung nach § 178 Abs. 2 InsO festgestellt (unten Rn. 1.198, 2.73). 1.180

Im schriftlichen Verfahren bestreitet der Verwalter durch entsprechenden Vermerk in der von ihm geführten Liste. Dieser Vermerk ist dann im Zweifelsfall als Widerspruch des Verwalters anzusehen. Bei nachgemeldeten Forderungen gem. § 177 Abs. 1 S. 2 InsO muss er ebenso wie die Gläubiger durch gesonderten Schriftsatz bestreiten.[270] 1.181

3. Kein „streitiges Verhandeln"

Auch wenn nur über die bestrittenen Forderungen verhandelt wird (§ 176 S. 2 InsO, Rn. 1.164) ist der Prüfungstermin doch keine streitige Verhandlung i.S.v. § 128 ZPO. Denn das Insolvenzgericht ist nicht das erkennende Gericht.[271] Daher kommt eine Rechtshilfe mit der Folge des Verhandelns eines anderen als des zuständigen Insolvenzgerichts im Prüfungstermin oder aber auch im Nachprüfungstermin[272] nicht in Betracht. §§ 156 ff. GVG kommen nicht zur Anwendung. 1.182

4. Kein schriftliches Bestreiten

Der Prüfungstermin stellt sich dabei unter Berücksichtigung der Sonderfälle eines schriftlichen Verfahrens als Pendant zu einer mündliche Verhandlung dar, woraus folgt, dass die §§ 128 Abs. 1, 137 ff. ZPO, die das Mündlichkeitsprinzip widerspiegeln, auch im Insolvenzverfahren zu beachten sind.[273] Ein nur schriftliches Bestreiten einer angemeldeten Forderung ist daher wirkungslos[274] (Ausnahme: Rn. 1.181), wenn nicht auch im Prüfungstermin der Widerspruch mündlich erklärt wird.[275] Im schriftlichen Prüfungsverfahren hat der Bestreitende seinen Widerspruch gegen die ange- 1.183

270 *Gerhardt*, in: Jaeger/Henckel, InsO, § 177 Rn. 9.

271 *Gerhardt*, in: Jaeger/Henckel, InsO, § 176 Rn. 13.

272 *Gerhardt*, in: Jaeger/Henckel, InsO, § 176 Rn. 22.

273 Zu den anwendbaren Vorschriften der ZPO vgl. einst sauber dargestellt MünchKomm-*Nowak*, 2. Aufl. InsO,§ 176 Rn. 4.

274 Gottwald/*Eickmann*, Insolvenzrechtshandbuch, 3. Aufl., § 64 Rn. 4.

275 RG, Urt. v. 3.3.1904 – I 466/03, RGZ 57, 270, 274; KS-*Eckardt* 743, 756 Rn. 25.

meldete Forderung an das Insolvenzgericht oder zu Protokoll der Geschäftsstelle zu erklären.

III. Umfang der Prüfung, § 176 S. 1 InsO

1. Gegenstand

1.184 Der Gegenstand der Prüfung ergibt sich aus den Angaben, die der Liquidant nach § 174 Abs. 2 InsO zu machen hat. Die Prüfung erstreckt sich nach alledem auf Grund, Betrag und gegebenenfalls auf den Rang der behaupteten Forderung. **Unanmeldbare Ansprüche**, die im Insolvenzverfahren nicht oder im Falle nachrangiger Insolvenzforderungen nur nach ausdrücklicher Aufforderung (vgl. § 174 Abs. 3 S. 1 InsO, oben Rn. 1.12ff.) geltend gemacht werden dürfen, können nach zutreffender Ansicht weder in die Tabelle aufgenommen noch geprüft werden,[276] obwohl sie durch das Ausbleiben des Widerspruchs des Verwalters oder eines Gläubigers nicht festgestellt würden.[277] Dies gilt bei nachrangigen Forderungen gem. § 39 Abs. 1 InsO nur, wenn diese durch Aufforderung des Insolvenzgerichts gem. § 174 Abs. 3 InsO als nachrangige angemeldet worden sind. Zur – fehlerhaften – Anmeldung dieser Forderungen als nicht-nachrangig gem. § 38 InsO vgl. Rn. 1.185. Gegen die Zurückweisung nachrangiger Forderungen, die unter Verstoß gegen § 174 Abs. 3 InsO angemeldet worden sind, ist die Rechtspflegererinnerung[278] und wegen Art. 19 Abs. 4 GG die sofortige Beschwerde eröffnet.[279]

1.185 Keine nach Maßgabe der in § 174 Abs. 1 InsO normierten Anforderungen **ordnungsgemäß als Insolvenzforderung angemeldete Forderung** darf von der Prüfung ausgeschlossen werden;[280] dies gilt insbesondere für Forderungen, die nach Ansicht des Verwalters keine Insolvenz-, sondern Masseforderungen (oben Rn. 1.36) oder Aussonderungsansprüche zum Gegenstand haben. Insofern entscheidet die Rechtsbehauptung des Anmeldenden, es handle sich um eine Insolvenzforderung;[281] ob diese Behauptung zutrifft, ist gerade im Prüfungstermin zu erörtern.[282]

---

276 *Eickmann*, Rpfleger 1970, 318, 319; vgl. *Hess*, § 176 Rn. 8.

277 BGH, Urt. v. 21.2.1991 – IX ZR 133/90, BGHZ 113, 381, 382 = ZIP 1991, 456; OLG Düsseldorf, Urt. v. 2.4.1974 – 20 U 98/73, NJW 1974, 1517; vgl. *Hess*, § 178 Rn. 34, 36ff.; K/P/K/P/B/*Pape/Schaltke*, 67. Egl. InsO, § 178 Rn. 12f. Nach *Eckardt*, ZIP 1993, 1765, 1767; KS-*Eckardt*, 743, 768 Rn. 46; ihm folgend *Kilger/K. Schmidt*, KO, § 145 Anm. 4; *Häsemeyer*, Insolvenzrecht, 4. Aufl., Rn. 22.19, werden diese Forderungen festgestellt, wenn sie (irrtümlich) als Insolvenzforderungen angemeldet wurden u. wenn ein Widerspruch nicht erhoben, zurückgenommen oder ausgeräumt ist.

278 LG München I, Beschl. v. 26.5.2000 – 14 T 8537/00, ZInsO 2000, 410.

279 BVerfG, Beschl. v. 18.1.2000 – 1 BvR 321/96 – BVerfGE 101, 397.

280 Kreft/*Depré*, 7. Aufl. InsO § 175 Rn. 10; *Hess*, § 176 Rn. 8; K/P/B-/*Pape/Schaltke*, § 174 Rn. 38.

281 LG München I, Beschl. v. 23.6.1995 – 13 T 8695/95 – ZIP 1995, 1373 m. Anm. *Onusseit* EWiR § 141 KO 1/95, 1209; m.w.N.; *Häsemeyer*, Insolvenzrecht, 4. Aufl., Rn. 22.04; K/P/B/*Pape/Schaltke*, § 174 Rn. 24.

282 Dazu KS-*Eckardt*, 743, 751f., 768 (Fn. 15, 17ff., 46.

IV. Aufgaben des Insolvenzgerichts

1. Verhandlungsleitung

Der Prüfungstermin unterliegt der Leitung durch das Insolvenzgericht.[283] Das Gericht hat zusammen mit dem Eröffnungsbeschluss (§ 29 Abs. 1 Nr. 2 InsO)[284] den Prüfungstermin festzusetzen, zu dem es die Beteiligten zu **laden** hat. Im Einzelnen sind neben den Gläubigern, der Schuldner und der Verwalter zu laden. Dies geschieht durch Zustellung im Wege der Übergabe an die Post (vgl. § 8 Abs. 1 InsO), zugleich aber durch eine **öffentliche Bekanntgabe** des Prüfungstermins gem. § 9 InsO, um auch die Gläubiger zu erreichen, die sich bis dahin nicht am Verfahren beteiligt haben. **1.186**

Lässt sich die Prüfung der Forderungen voraussichtlich nicht in einem Termin erledigen, sollte das Gericht zu mehreren Terminen laden; andernfalls kann im Prüfungstermin auf einen weiteren vertagt werden (vgl. auch § 74 Abs. 2 S. 2 InsO).[285] Sehen sich Verwalter oder Gläubiger aus nachvollziehbaren Gründen zur Erklärung über Forderungen nicht im Stande, so können sie einen Antrag auf Vertagung stellen,[286] § 4 InsO i.V.m. §§ 136 Abs. 3, 227 Abs. 3 ZPO. Das Insolvenzgericht hat die Gläubiger gem. § 179 Abs. 3 S. 2 InsO darauf hinzuweisen, dass sie keine Benachrichtigung erhalten, soweit ihre Forderungen festgestellt werden. Das Insolvenzgericht sollte entgegen einer verbreitet erscheinenden Praxis Vertagungsanträgen offen gegenüberstehen. Denn es lassen sich durch Vertagungen Weitläufigkeiten vermeiden, die sich ansonsten durch den Zwang ergeben, eine Titulierung der angemeldeten Forderung mittels „vorläufigen Bestreitens" zu vermeiden, zu der es ansonsten durch Unterlassen des Bestreitens käme. **1.187**

Eine **amtswegige Ermittlung** des Bestandes bestrittener Forderungen **findet nicht statt**, da dies keine das Verfahren betreffende Frage ist, § 5 Abs. 1 S. 1 InsO, auf die allein sich die Amtsermittlungspflicht bezieht.[287] Der Prüfungstermin ist nicht Hauptverhandlung eines „Konkursprozesses". Daher wird die Erörterung der bestrittenen Forderung nur soweit betrieben, wie der Bestreitende an seinem Widerspruch festhält oder einlenkt. **1.188**

---

283 Huntemann/Graf Brockdorf/*Buck*, Der Gläubiger im Insolvenzverfahren, 1999, 279 f; allg. Uhlenbruck/*Sinz*, 14. Aufl. InsO, § 176 Rn. 3; MünchKomm-*Riedel*, 3. Aufl. InsO, § 176 Rn. 9; Braun/*Specovius*, § 176 Rn. 1.

284 *Smid*, in: LSZ § 29 Rn. 4.

285 NR/*Becker*, § 176 Rn. 30; Uhlenbruck/*Sinz*, 14. Aufl. InsO, § 176 Rn. 23; MünchKomm-*Riedel*, 3. Aufl. InsO, § 176 Rn. 8.

286 Uhlenbruck/*Sinz*, 14. Aufl. InsO, § 176 Rn. 23; MünchKomm-*Riedel*, 3. Aufl. InsO, § 176 Rn. 8; KS-*Eckardt*, 743, 759 Rn. 32.

287 Graf-Schlicker/*Kexel*, § 5 Rn. 4.

2. Umfang der insolvenzgerichtlichen Prüfungsaufgaben[288]

1.189 Da die Zuständigkeit für das Feststellungsverfahren nach §§ 174 Abs. 1, 175, 178 InsO beim Verwalter (und den Gläubigern) liegt, ist davon auszugehen, dass den Verwalter die Pflicht zur Vorprüfung trifft, ob die Anmeldung einer Forderung den formellen Zulässigkeitsanforderungen entspricht.[289] Weiter sind in der Vorprüfung all diejenigen Anmeldungen als unzulässig zurückzuweisen, die den dargestellten Anforderungen nicht genügen und deren Mängel auch im Termin nicht mehr beseitigt werden können.[290]

1.190 Darüber hinaus hat der Verwalter beim Auftreten von Zweifeln zu prüfen, ob der anmeldende Gläubiger prozessfähig war, ob gegebenenfalls eine ordnungsgemäße Vertretung (Rn. 1.22ff., 1.167) vorgelegen hat, oder ob die Anmeldung bis zu deren Nachweis einstweilen zuzulassen ist.[291] Gläubiger können sich im Prüfungstermin vertreten lassen; Privatpersonen haben ihre Vertretungsmacht durch Vollmachtsvorlage nachzuweisen; wegen Rechtsanwälten greift aufgrund des Verweises nach § 4 InsO die Vorschrift des § 88 Abs. 2 ZPO ein. Der vollmachtslose Vertreter kann nach § 89 Abs. 1 S. 1 ZPO mit oder ohne Sicherheitsleistung zur Prozessführung – also im Kontext des § 4 InsO: zur Abgabe von Erklärungen im Verfahren – zugelassen werden,[292] eingehend oben Rn. 1.22ff.

3. Gewährung rechtlichen Gehörs

1.191 Im Prüfungstermin können sich Verwalter und Gläubiger zu den geltend gemachten Forderungen erklären. Das Gericht hat durch seine Verhandlungsleitung dafür Sorge zu tragen, dass die Gläubiger das Wort ergreifen können; auch in nichtstreitigen Gerichtsverfahren wie dem Insolvenzverfahren greift Art. 103 Abs. 1 GG. Das ist erforderlich, damit die Beteiligten den Bestand oder den Umfang der Forderung bestreiten können.

---

288 *Mäusezahl*, ZInsO 1999, 516ff.; KS-*Eckardt*, 755; MünchKomm-*Riedel*, 3. Aufl. InsO, § 176 Rn. 16f.; Uhlenbruck/*Sinz*, 14. Aufl. InsO, § 176 Rn. 4f.; Braun/*Specovius*, 6. Aufl. InsO, § 176 Rn. 6f.

289 K/P/B-*Pape*/*Schaltke*, § 174 Rn. 69f., § 175 Rn. 2f.; MünchKomm-*Riedel*, 3. Aufl. InsO, § 175 Rn. 11f.; Uhlenbruck/*Sinz*, 14. Aufl. InsO, § 175 Rn. 9; Graf-Schlicker/*Graf-Schlicker*, 4. Aufl. InsO, § 175 Rn. 5; a.A. KS-*Eckardt*, 755 Rn. 23: Zuständigkeit des Insolvenzverwalters und des Gerichts. Ihm folgt *Hess*, § 174 Rn. 55, § 176 Rn. 6; *Häsemeyer*, Insolvenzrecht, 4. Aufl., Rn. 22.15, vgl. auch Uhlenbruck/*Sinz*, 14. Aufl. InsO, § 175 Rn. 15; für alleiniges Vorprüfungsrecht des Gerichts: OLG Dresden, Urt. v. 3.2.2004 – 14 U 1830/03.

290 Vgl. RG, Urt. v. 12.4.1897 – Rep. VI. 260/96 – RGZ 39, 37; OLG Stuttgart, Urt. v. 22.2.1962 – 3 U 148/61 – NJW 1962, 1018; LG Mönchengladbach, Beschl. v. 2.6.1969 – 4 T 77/69 – KTS 1970, 62; Uhlenbruck/*Sinz*, 14. Aufl. InsO, § 176 Rn. 7f.

291 Uhlenbruck/*Sinz*, 14. Aufl. InsO, § 176 Rn. 7f.

292 *Smid*, InVo 2007, 3, 5.

V. Teilnahme am Prüfungstermin

1. Pflicht des Verwalters zur Teilnahme; Sonderverwalter bei Verhinderung

Der Verwalter muss **notwendig** am Prüfungstermin **teilnehmen**. Im Falle seines Ausbleibens kann der Termin nicht abgehalten werden. Er kann sich im Prüfungstermin nicht durch einen Bevollmächtigten vertreten lassen, s. Rn. 1.22ff. Ist der Verwalter dennoch verhindert, sein Amt auszuüben, so kann vom Insolvenzgericht ein Sonderverwalter bestellt werden;[293] regelmäßig ist aber bei vorübergehenden Verhinderungen des Insolvenzverwalters der Termin gem. § 4 InsO i.V.m. § 227 Abs. 3 ZPO zu verlegen.[294] Der Verwalter kann sich im Prüfungstermin eines Rechtsbeistandes bedienen[295] bzw. weitere Beistände – Wirtschaftsprüfer, Steuerberater usf. – zuziehen.[296] **1.192**

2. Pflicht des Schuldners zum Erscheinen und zur Erklärung

Da § 97 Abs. 1 S. 1 InsO bestimmt, dass der Schuldner sich zu allen das Verfahren betr. „Verhältnissen" zu erklären hat, kann die Anwesenheit des Schuldners im Prüfungstermin nach Ladung gem. § 98 Abs. 1, 4 InsO i.V.m. § 377 ZPO mit den Mitteln des § 380 ZPO erzwungen werden.[297] Denn der Schuldner ist in Ansehung der Forderungsprüfung nicht „Partei", sondern wie ein Zeuge im Prozess allein Erkenntnismittel von Insolvenzgericht und Verwalter. Seine Erklärung setzt aber Prozessfähigkeit voraus und muss gegebenenfalls von seinem gesetzlichen Vertreter abgegeben werden.[298] Die Erklärungspflicht des Schuldners besteht zum Schutz der Teilungsmasse vor der Inanspruchnahme durch unberechtigte Forderungen. Sie besteht nur dann, wenn der Schuldner zu den geltend gemachten Forderungen überhaupt Angaben machen kann. Es fällt in den Aufgabenbereich des Gerichts, die Einhaltung dieser Pflicht einzufordern. Dies kann nach § 98 Abs. 2 InsO durch Verhängung der Beugehaft über den Schuldner erzwungen werden. **1.193**

3. Teilnahme der Gläubiger am Prüfungstermin

a) Keine Beschränkung wegen rechtlicher Zweifel an Forderungen

Widerspruchsberechtigt sind neben dem Verwalter und dem Schuldner die Insolvenzgläubiger, deren Forderung angemeldet wurde und zur Prüfung zugelassen ist. **1.194**

---

293 Mohrbutter/*Mohrbutter*, Handbuch der Insolvenzverwaltung, 9. Aufl., Kap. 6 Rn. 104; *Rechel*, in: LSZ § 56 Rn. 25.

294 *Gerhardt*, in: Jaeger-Henckel, InsO, § 176 Rn. 28 a.E.

295 MünchKomm-*Riedel*, 3. Aufl. InsO, § 176 Rn. 11; Braun/*Specovius*, 6. Aufl. InsO, § 176 Rn. 4.

296 KS-*Eckardt*, 756 Rn. 24; MünchKomm-*Riedel*, 3. Aufl. InsO, § 176 Rn. 11; a.A. *Hess*, § 176 Rn. 12f.; vgl. aber auch *Bratvogel*, KTS 1977, 229ff.; *Eickmann*, KTS 1986, 197, 203f. m.w.N.

297 *Smid*, in: LSZ, 3. Aufl. InsO, § 98 Rn. 6ff.

298 K/P/B-*Pape/Schaltke*, § 176 Rn. 9; Uhlenbruck/*Sinz*, 14. Aufl. InsO, § 176 Rn. 19.

Dem einzelnen Gläubiger darf wegen Art. 103 Abs. 1 GG vom Insolvenzgericht die Teilnahme am Verfahren nicht mit Blick darauf verwehrt werden, dass seine Forderung (vermeintlich!) nicht bestehe oder zumindest zweifelhaft sei. Diesbezüglich ist auch ein gegen diese Forderung erhobener Widerspruch unerheblich, so lange nicht ein Feststellungsurteil zur rechtskräftigen Aberkennung der Forderung führte.[299] Neben den Insolvenzgläubigern gem. § 38 InsO sind noch die nachrangigen Insolvenzgläubiger gem. § 39 InsO sowie die absonderungsberechtigten Gläubiger zur Teilnahme am Prüfungstermin berechtigt, § 74 Abs. 1 S. 2 InsO. Ferner sind die Mitglieder des Gläubigerausschusses teilnahmebefugt.

b) Keine Erscheinenspflicht der Gläubiger

1.195 Die explizite Regelung des § 203 Abs. 2 RegEInsO, nach dem die Prüfung einer Forderung nicht vom Erscheinen des Gläubigers im Prüfungstermin abhängen sollte, entsprach § 143 KO;[300] sie ist den Streichungen im Gesetzgebungsverfahren zum Opfer gefallen. Damit ist aber nicht umgekehrt gewollt, dass an das Nichterscheinen im Prüfungstermin Präklusionswirkungen geknüpft wären:[301] Die Prüfung der Forderung findet auch nach den Regelungen der InsO unabhängig davon statt, ob ihr Inhaber im Prüfungstermin erscheint oder nicht. Für Präklusionswirkungen gibt es im Insolvenzverfahren, das kein Prozess ist, im Übrigen keinen sinnvollen Raum:[302] Wird die Forderung bestritten, so bleibt dem Anmeldenden der Weg der Feststellungsklage.[303] Die Insolvenzgläubiger stehen im Prüfungsverfahren nicht in einem Prozessrechtsverhältnis[304] zueinander wie die streitenden Parteien im Zivilprozess. Die Gesamtheit der Insolvenzgläubiger bildet zum Zwecke ihrer gemeinschaftlichen anteiligen Befriedigung bei Insolvenz des Schuldners eine Risikogemeinschaft.[305] Damit wird deutlich, dass die Gründe, die eine Nichtberücksichtigung von Insolvenzgläubigern bei der Aufstellung der Tabelle und damit deren Ausschluss von der Verteilung der Masse rechtfertigen können, aus der Struktur der Gesamtheit der Gläubiger als Risikogemeinschaft abgeleitet werden oder doch mit dieser Grundstruktur des Insolvenzverfahrens vereinbar sein müssen. Denn die Konstituierung

---

299 KS-*Eckardt*, 743, 757 Rn. 27; MünchKomm-*Riedel*, 3. Aufl. InsO, § 176 Rn. 27 f.

300 Amtl. Begr. zu § 203 RegEInsO, BT-Drs. 12/2443, 184.

301 Beschl.-Empf. des RechtsA zu § 203 RegEInsO, BT-Drs. 12/7302, 184.

302 Zu dieser Problematik im Rahmen des Insolvenzverfahrens vgl. *Pape*, DtZ 1992, 347 ff.; *ders.*, ZIP 1992, 1289 ff.; *Smid*, ZIP 1991, 981 ff.; ferner BVerfG, Beschl. v. 26.4.1995 – 1 BvL 19/94 – 1 BvR 1454/94 – DZWir 1995, 374 ff. m. krit. Anm. *Smid*, DZWir 1995, 387 ff.

303 MünchKomm-*Schumacher*, 3. Aufl. InsO § 179 Rn. 3; Graf-Schlicker/*Graf-Schlicker*, 4. Aufl. InsO, § 179 Rn. 1.

304 *Kohler*, Der Prozess als Rechtsverhältnis, 1888, 6 ff. et passim; zur heutigen Rechtslage *Smid*, Rechtsprechung, § 5 I 2 (S. 325 ff.) m.w.N.

305 So *Smid*, in: Handbuch Insolvenzrecht, 6. Aufl. InsO, § 47 Rn. 31.

der Risikogemeinschaft der Gläubiger[306] im Insolvenzverfahren dient der Realisierung und Durchsetzung der verfassungsrechtlich garantierten Eigentumsrechte der Gläubiger gegenüber dem nicht mehr vollständig leistungsfähigen Schuldner. Wenn das Insolvenzverfahren demgegenüber umgekehrt dazu führt, dass bestimmte Gläubiger diese Rechte gerade nicht mehr durchsetzen können, bedarf dies einer besonderen Rechtfertigung.

VI. Der Widerspruch (Bestreiten), § 176 S. 2 InsO und § 178 Abs. 1 InsO

1. Befugnis zum Bestreiten

Im Prüfungstermin kann jeder Gläubiger, der Insolvenzverwalter oder der Schuldner eine angemeldete Forderung bestreiten, d.h. ihrer Feststellung widersprechen. Auch der Schuldner kann bestreiten. Erst der erhobene Widerspruch hat nach § 176 S. 2 InsO zur Folge, dass die Einzelerörterung der angegriffenen Forderung erfolgt. **1.196**

Zur Form s. oben Rn. 1.177, 1.178. **1.197**

2. Wirkung

a) Bestreiten durch Insolvenzverwalter oder (andere) Gläubiger

aa) Fiktion im Falle des Unterlassens des Bestreitens

Der Widerspruch (das Bestreiten) hindert die Feststellung der Forderung. Denn § 178 Abs. 1 S. 1 InsO bestimmt, dass die angemeldete Forderung als festgestellt „gilt", wenn weder der Insolvenzverwalter noch ein Gläubiger sie durch Widerspruch bestritten haben.[307] Eingehend unten Rn. 2.73. **1.198**

bb) Widerspruch des Insolvenzverwalters

Der Widerspruch des Insolvenzverwalters kann unabhängig davon erhoben werden, ob andere Gläubiger widersprechen oder den Widerspruch unterlassen haben. Der Widerspruch des Insolvenzverwalters fällt nicht unter die Beschlussfassung von Gläubigerausschuss und Gläubigerversammlung nach § 160 Abs. 2 Nr. 2 InsO; gleichwohl hierzu gefasste Beschlüsse binden den Insolvenzverwalter nicht.[308] **1.199**

Was hat zu geschehen, wenn nach Bestreiten der angemeldeten Forderung der Insolvenzverwalter gem. § 59 Abs. 1 InsO entlassen und dann oder nach seinem **1.200**

---

306 Z.B. KG, B. v. 30.12.2002 – 2 W 256/02; *Knops/Bamberger/Maier-Reimer*, Recht der Sanierungsfinanzierung, 2005, S. 16 Rn. 1; *Smid* (oben Fußn. 305).

307 FK/*Kießner*, § 178 Rn. 3; Uhlenbruck/*Sinz*, 14. Aufl. InsO, § 178 Rn. 1; MünchKomm-*Schumacher*, 3. Aufl. InsO, § 178 Rn. 9; Braun/*Specovius*, 6. Aufl. InsO, § 178 Rn. 1; Graf-Schlicker/*Graf-Schlicker*, 4. Aufl. InsO, § 178 Rn. 2.

308 *Gerhardt*, in: Jaeger/Henckel, InsO, § 176 Rn. 26.

Tode ein neuer Insolvenzverwalter bestellt wird? Der vom Insolvenzgericht an Stelle des Abberufenen oder Verstorbenen neu zu bestellende Insolvenzverwalter übernimmt die Insolvenzverwaltung in dem bis dahin entwickelten Zustand; er ist also grundsätzlich an die Maßnahmen gebunden, die der Amtsvorgänger ergriffen hat.[309] Der Widerspruch des Amtsvorgängers ist daher als Widerspruch der Insolvenzverwaltung zu behandeln, der mit Entlassung oder Tod des Insolvenzverwalters nicht einfach unbeachtlich wird. Der „neue" Insolvenzverwalter ist daher Partei des vom Liquidanten zu betreibenden Tabellenfeststellungsprozesses oder hat im Falle der Anmeldung titulierter Forderungen den Widerspruch zu betreiben.[310]

cc) Widerspruch anderer Insolvenzgläubiger

1.201 Der Widerspruch gegen eine angemeldete Forderung beruht auf der Verfahrensteilnahmebefugnis des anmeldenden bestreitenden Gläubigers. Jeder anmeldende Gläubiger ist für sich – also ohne Mitwirkung der anderen Gläubiger oder des Insolvenzverwalters – dazu befugt, eine angemeldete Forderung zu bestreiten. Er widerspricht aufgrund eigenen Rechtes, und nicht etwa für oder anstelle der Gläubigerschaft.[311] In praxi stellt es freilich den Ausnahmefall dar, wenn ein Gläubiger im Prüfungstermin einer angemeldeten Forderung widerspricht. Denn gegenüber dem Insolvenzverwalter, der aufgrund seines Amtes bestreitet, verfolgt der einzelne Gläubiger mit seinem Widerspruch eigene Interessen, verfügt aber im Unterschied zum Verwalter regelmäßig über weniger Informationen. Zudem muss er im Unterliegensfall die Kosten des Tabellenfeststellungsstreits tragen; dies Risiko trifft ihn, wiewohl er nur eine Erhöhung der Dividende von seinem Obsiegen erwarten kann.[312]

1.202 Da der Gläubiger den Widerspruch aus eigenem Recht erhebt, kann er – ohne Rücksicht auf die Lage der anderen Gläubiger – auch den Widerspruch zurücknehmen.[313] Verliert der Opponent seine Eigenschaft als Insolvenzgläubiger, ist er doch als Bestreitender mit seinem Widerspruch in die Tabelle eingetragen, so dass der Anmeldende die Tabellenfeststellung nach § 179 Abs. 1 InsO gegen ihn als Beklagten betreiben muss.[314] Im Falle der Zession seiner Forderung durch den Opponenten ergibt sich dies aus § 4 InsO i.V.m. § 265 ZPO (unten Rn. 1.300 ff.).

---

309 Vgl. hierzu wohl Uhlenbruck/*Vallender*, 14. Aufl. 2015, § 59 Rn. 26.

310 Uhlenbruck/*Vallender*, 14. Aufl. 2015, § 59 Rn. 26.

311 *Gerhardt*, in: Jaeger/Henckel, InsO, § 176 Rn. 29.

312 Uhlenbruck/*Sinz*, 14. Aufl. InsO, § 183 Rn. 15 ff.; Kreft/*Depré*, 4. Aufl. InsO, Rn. 5.

313 *Gerhardt*, in: Jaeger/Henckel, InsO, § 176 Rn. 82; im Allgem. Uhlenbruck/*Sinz*, 14. Aufl. InsO, § 176 Rn. 33.

314 Vgl. hierzu auch: *Gerhardt*, in: Jaeger/Henckel, InsO, § 176 Rn. 86.

Ist die vom bestreitenden Gläubiger zur Begründung seines Verfahrensteilnahmerechts angemeldete Forderung selbst oder die Ordnungsgemäßheit der Forderungsanmeldung (z.B. beim Streit über einen Nachrang der angemeldeten Forderung, zum Ganzen Rn. 3.27ff.) vom Insolvenzverwalter oder einem anderen Gläubiger bestritten, ist das Bestreiten zwar zulässig. Ob es berücksichtigt wird, hängt von der Klärung der Gläubigerposition des Bestreitenden ab; solange besteht ein Schwebezustand hinsichtlich der Rechtswirkungen des Widerspruchs.[315] Greift der Widerspruch, der gegen die Forderungsanmeldung des Bestreitenden erhoben worden ist, durch, verliert sein Bestreiten die Rechtswirkung.[316] Denn es ist dann geklärt, dass die angemeldete Forderung im Insolvenzverfahren nicht berücksichtigt wird. Im Falle eines nachrangigen Gläubigers kann freilich auch nach Klärung des Nachranges der von ihm angemeldeten Forderung noch eine Aufforderung des Insolvenzgerichts nach § 174 Abs. 3 InsO ergehen; das Verfahrensteilnahmerecht des bestreitenden Gläubigers steht dann fest und sein Widerspruch ist in die Tabelle einzutragen.[317] 1.203

dd) Schadensersatzpflicht des Bestreitenden bei grundlos erhobenem Widerspruch

Wird der Widerspruch grundlos erhoben, kann dies eine Schadensersatzpflicht des Bestreitenden auslösen: Für den Insolvenzverwalter greift § 60 Abs. 1 InsO, wenn dessen Voraussetzungen im Übrigen vorliegen.[318] Im Falle eines grundlos von einem anderen Gläubiger erhobenen Widerspruchs kann – wie bei schikanösen Klagen – gegebenenfalls eine Schadensersatzpflicht aus § 826 BGB greifen.[319] In beiden Fällen richtet sich die Schadensersatzpflicht auf den Ersatz des Ausfalls, den der Gläubiger wegen seiner Nichtberücksichtigung bei der Verteilung nach § 188 InsO erleidet. Weiter kommt ein Ersatz des Schadens in Betracht, der daraus entsteht, dass der Gläubiger nach Beendigung des Insolvenzverfahrens nicht über einen Titel (Auszug aus der Tabelle) gegen den Schuldner verfügt. Aufgabe und Gegenstand der Forderungsfeststellung ist zwar die Forderung in ihrer Verfahrensteilnahmefähigkeit, was aber eine Verfolgung durch Leistungsklage nach Aufhebung des über das Vermögen des Schuldners eröffneten Insolvenzverfahrens nicht ausschließt. Schadensersatzrechtlich kommt es darauf aber nicht an, weil der unbegründete Widerspruch den Gläubiger zu einer (weiteren) Klage zwingt und ihm Vermögenseinbußen auferlegt. 1.204

315 So *Gerhardt*, in: Jaeger/Henckel, InsO, § 176 Rn. 34.
316 *Gerhardt*, in: Jaeger/Henckel, InsO, § 176 Rn. 32.
317 *Gerhardt*, in: Jaeger/Henckel, InsO, § 176 Rn. 33.
318 LG Osnabrück, Urt. v. 23.11.1983 – 1 S 344/83, ZIP 1984, 91.
319 Vgl. KS-*Eckardt*, S. 533, Rn. 60ff.

b) Bestreiten durch Schuldner nach Anordnung der Eigenverwaltung

1.205 Im Verfahren der angeordneten Eigenverwaltung gem. §§ 270 ff. InsO handelt der Schuldner als Amtswalter in eigenen Angelegenheiten.[320] Er nimmt daher – vorbehaltlich der wegen seiner Befugnis, die angemeldete Forderung zu bestreiten, nicht eingreifenden Befugnisse des Sachwalters (§ 270c InsO) die Stellung ein, die im „Regelinsolvenzverfahren" der Insolvenzverwalter einnimmt.[321] Der Widerspruch des eigenverwaltenden Schuldners hindert daher nicht nur die spätere Vollstreckung, § 201 Abs. 2 InsO, sondern nach **§ 183 Abs. 1 S. 2** InsO bereits die Feststellung der Forderung zur Tabelle.[322]

c) Tabellenfeststellungsklage

1.206 Erhebt der Gläubiger während des beschriebenen (Rn. 1.198) Schwebezustandes Tabellenfeststellungsklage, liegen zunächst die Prozessvoraussetzungen vor: Es fehlt nämlich nicht etwa daran, dass die Insolvenzgläubigereigenschaft wegen Widerspruchs gegen seine angemeldete Forderung nicht festgestellt ist. Denn bis zur Entscheidung, die dem Bestreitenden die Insolvenzgläubigereigenschaft aberkennt, nimmt er aufgrund seiner eigenen Forderungsanmeldung die Befugnisse zur Teilnahme am Insolvenzverfahren war (Rn. 1.96–1.98). Erst wenn ihm dies rechtskräftig aberkannt wird (nämlich bei seinem Unterliegen in einem von ihm gegen den anderen, bestreitenden Gläubiger angestrengten Tabellenfeststellungsprozess) steht fest, dass die Tabellenfeststellungsklage des Gläubigers, dessen Forderung der Gläubiger bestritten hat, mangels wirksamen Bestreitens unzulässig ist.

1.207 In dieser Lage kann der Tabellenfeststellungsprozess ausgesetzt werden, §§ 148, 249, 250, 252 ZPO.[323] Der Kläger kann Erledigung des Rechtsstreits in der Hauptsache erklären. Schließt sich der beklagte Liquidant wegen des Wegfalls seiner Insolvenzgläubigereigenschaft an, kommt es zur Kostenentscheidung nach § 91a ZPO. In einem Erledigungsstreit entfaltet das gegen den Liquidanten aufgrund Widerspruchs gegen die von ihm angemeldeten Forderung von dem Beklagten in jenem Prozess erstrittene Urteil zwar keine Rechtskraftwirkung nach § 183 InsO. Denn es steht ja fest, dass der Bestreitende kein Insolvenzgläubiger mehr ist. Das andere Urteil entfaltet aber Tatbestandswirkungen.[324] Stellt sich umgekehrt nach Bestreiten durch einen Gläubiger heraus, dass der Opponent kein Insolvenzgläubiger ist oder diese

---

320 *Häsemeyer*, 4. Aufl. InsO, Rn. 8.13 f.; Uhlenbruck/*Zipperer*, 14. Aufl. InsO, § 270 Rn. 12; Braun/*Riggert*, 6. Aufl. InsO, § 270 Rn. 1.

321 Braun/Riggert, 6. Aufl. InsO, § 270 Rn. 1.

322 KS-*Eckardt*, 777; MünchKomm-*Schumacher*, 3. Aufl. InsO, § 178 Rn. 28 f.

323 *Gerhardt*, in: Jaeger/Henckel, InsO, § 176 Rn. 37.

324 Vgl. *Gerhardt*, in: Jaeger/Henckel, InsO, § 176 Rn. 37; eingehend zur Rechtskraft in Rn. 38.

Eigenschaft nach Bestreiten verloren hat, verliert der Bestreitende den Erledigungsstreit.[325]

d) Bestreiten durch nachrangigen Insolvenzgläubiger

Ein Widerspruch eines nachrangigen Insolvenzgläubigers (§ 39 InsO) ist nach alledem unbeachtlich, wenn nicht das Insolvenzgericht nach § 174 Abs. 3 InsO zur Anmeldung aufgefordert hat. In letzterem Fall greifen die allgemeinen Regeln (soeben Rn. 1.196ff.). 1.208

e) Bestreiten einer nachrangigen Insolvenzforderung durch nicht nachrangigen Insolvenzgläubiger

Fraglich ist, ob ein nicht-nachrangiger Gläubiger die verfahrensrechtliche Befugnis hat, die Anmeldung eines nachrangigen Insolvenzgläubigers zu bestreiten. Dies ist jedenfalls zu bejahen, soweit der nachrangige Gläubiger geltend macht, Inhaber einer nicht nachrangigen Forderung zu sein. Problematisch ist demgegenüber der Fall eines behaupteten Nachranges. Unter Geltung der Konkursordnung ist von der damals hM vertreten worden, der bestreitende nicht-nachrangige Gläubiger habe kein Rechtsschutzbedürfnis.[326] Dem ist nicht zu folgen. *Fr. Weber*[327] hat dagegen zu Recht darauf hingewiesen, dass schon wegen der Verfahrensteilnahmebefugnis des nachrangigen Insolvenzgläubigers das Bestreiten eine Rolle spielen kann, was, denkt man an § 225 Abs. 3 InsO, durchaus eine Rolle spielen kann. *Häsemeyer*[328] stützt das Rechtsschutzbedürfnis des nicht nachrangigen Gläubigers auf die Kostenlast des Insolvenzverfahrens. 1.209

3. Reichweite und Begründung des Widerspruchs

a) Teilweises Bestreiten

Ein teilweises Bestreiten der Forderung ist möglich.[329] Daher kann sich der Widerspruch gegen die Anspruchsberechtigung, den Anspruchsgrund, die Anspruchshöhe oder einen geltend gemachten Rang richten.[330] Der Widerspruch kann auch in 1.210

---

325 *Smid*, Zivilgerichtliche Verfahren, 2014, S. 440f.

326 Nach heutigem Recht vertreten dies *Gerhardt*, in: Jaeger-Henckel, InsO, § 176 Rn. 42, 43; MünchKomm-*Schumacher*, 3. Aufl. InsO, § 176 Rn. 22.

327 *Fr. Weber*, in: Jaeger, 8. Aufl. KO, § 141 Rn. 8.

328 *Häsemeyer*, 4. Aufl. Insolvenzrecht, Rn. 22.23.

329 NR/*Becker*, 29. Egl. InsO, § 178 Rn. 3; MünchKomm-*Schumacher*, 3. Aufl. InsO, § 178 Rn. 34f.; Uhlenbruck/*Sinz*, 14. Aufl. InsO, § 178 Rn. 30; krit. *Graf-Schlicker/Remmert* NZI 2001, 569.

330 Uhlenbruck/*Sinz*, 14. Aufl. InsO, § 178 Rn. 30; MünchKomm-*Schumacher*, 3. Aufl. InsO, § 178 Rn. 34f.; Braun/*Specovius*, 6. Aufl. InsO, § 178 Rn. 13.

Gestalt eines **Anerkenntnisses unter Vorbehalt** erfolgen; dieser kann sich darauf beziehen, dass der Gläubiger sich durch die Vorlage des Wechsels legitimiere.[331]

b) Begründung des Widerspruchs

1.211 Allgemein[332] wird vertreten, der Widerspruch brauche nicht begründet zu werden; er bedarf also weder der Angabe des Sachverhalts noch einer rechtlichen Subsumtion. Allerdings sind im Zusammenhang des Widerspruchs die allgemeinen zivilprozessualen Grundsätze zu berücksichtigen: Der BGH[333] hat festgestellt, dass, wenn der Insolvenzverwalter wegen der Nichtvorlage von Originalurkunden im Prüfungsverfahren von seinem Widerspruchsrecht Gebrauch macht, er sich gleichwohl mit den angemeldeten Forderungen des Klägers in der Sache auseinanderzusetzen hat. Der Insolvenzverwalter kann sich daher wegen des Bestehens der Forderung nicht gem. § 138 Abs. 4 ZPO pauschal mit Nichtwissen erklären. Vielmehr muss er sich aus den Geschäftsunterlagen des Schuldners über die zugrunde liegenden Vorgänge unterrichten und notfalls den Schuldner befragen. Da dem Insolvenzverwalter nach § 174 Abs. 1 InsO jedenfalls Fotokopien der Belege für die konkret bezeichneten Forderungen vorliegen, stellt sein Widerspruch dann ein Zugeständnis des klägerischen Begehrens auf Feststellung der Forderung gem. § 138 Abs. 3 ZPO dar, wenn er die Forderung im Übrigen nicht substantiiert bestreitet.

1.212 Der Widerspruchsführer muss nach alledem angeben, ob er sich gegen den Grund, den Betrag ganz oder zum Teil, gegen einen geltend gemachten Rang oder gegen die Anmeldbarkeit als Insolvenzforderung richtet.[334]

4. Widerspruch als Insolvenzanfechtung?

a) Bestreiten angemeldeter anfechtbarer Forderungen durch den Insolvenzverwalter

1.213 Die Forderung kann auch deshalb bestritten werden, weil sie **gem. §§ 129 ff. InsO anfechtbar** ist.[335] Dabei ist es streitig, ob der Widerspruch des Insolvenzverwalters als fristwahrende Insolvenzanfechtung anzusehen sei.

---

331 RG, Urt. v. 15.12.1895 – Rep. I. 364/95 – RGZ 37, 1, 4; *Hess*, § 178 Rn. 11; Braun/*Specovius*, 6. Aufl. InsO, § 178 Rn. 3.

332 Braun/*Specovius*, 6. Aufl. InsO, § 178 Rn. 8; Uhlenbruck/*Sinz*, 14. Aufl. InsO, § 178 Rn. 17; K/P/B/*Pape*/*Schaltke*, 67. Egl., § 176 Rn. 16; N/R/*Becker*, 29. Egl. InsO, § 176 Rn. 27.

333 BGH, Urt. v. 1.12.2005 – IX ZR 95/04 – DZWIR 2006, 125 = ZIP 2006, 192.

334 Uhlenbruck/*Sinz*, 14. Aufl. InsO, § 178 Rn. 17; krit. KS-*Eckardt* 765 f. Rn. 43.

335 BGH, Urt. v. 18.1.2007 – IX ZR 176/05 – ZInsO 2007, 265; *Uhlenbruck*/*Sinz*, 14. Aufl. InsO, § 178 Rn. 11.

b) Gegenargumente

Ich habe mich an anderer Stelle dagegen ausgesprochen.[336] Dagegen soll sprechen, dass es sich bei dem Verfahren der Forderungsanmeldung nicht um ein streitiges Verfahren der Rechtserkenntnis und beim Prüfungstermin nicht um eine mündliche Verhandlung i.S.v. § 128 Abs. 1 ZPO handelt. Daher würden die Anfechtungsfristen der §§ 130–136 InsO durch Erhebung des Widerspruchs (Bestreiten) des Insolvenzverwalters nicht gewahrt.[337] 1.214

c) Bestreiten des Insolvenzverwalters als Leistungsverweigerung

Gerhardt[338] lässt die Fristwahrung dahingestellt bleiben, da es gem. § 146 Abs. 2 InsO (dazu unten Rn. 3.107) nicht darauf ankommt, ob die Erhebung des Widerspruchs die Hemmungswirkung des § 204 Abs. 1 Nr. 1 ZPO auslöst. Denn der Widerspruch des Insolvenzverwalters stellt sich als Verweigerung der Leistung (wenn auch nur einer Dividende) gegenüber dem anmeldenden Gläubiger dar, worauf nach früherem Recht die Vorgängernorm des § 146 Abs. 2 InsO deshalb zur Anwendung kam, weil es auf die Parteirolle (der Insolvenzverwalter „handelt" durch Erhebung des Widerspruchs) nicht ankommt: 1.215

Das Reichsgericht und ihm folgend der BGH[339] haben sich für eine weite Auslegung des § 41 Abs. 2 KO (als Vorgängernorm des heutigen § 146 Abs. 2 InsO) ausgesprochen. In dem Urteil des Reichsgerichts ging es um die Frage, ob der anfechtungsweise im Verteilungstermin einer Zwangsversteigerung vom Konkursverwalter erhobene Widerspruch gegen Eintragung einer Hypothek und die anschließende Widerspruchsklage als Verweigerung der Leistung des Gemeinschuldners nach § 41 Abs. 2 KO anzusehen sei. Der bejahenden Entscheidung des Reichsgerichts hat sich der BGH in einem Fall angeschlossen, in dem der Konkursverwalter sich gegen ein Pfändungspfandrecht nach Ablauf der Frist des § 41 Abs. 1 KO (heute: § 146 Abs. 1 InsO) gewandt hat, in dem der Gerichtsvollzieher die gepfändete Sache beim Schuldner belassen hatte. 1.216

Hierin ist *Gerhardt* zu folgen, der ausgeführt hat, dass nach alledem bei der Funktion des Verfahrens der Forderungsanmeldung anzusetzen ist. Der Gläubiger verfolgt hier seine Forderung wegen des Ausschlusses der Leistungs- 1.217

336 *Smid*, in: Leonhardt/Smid/Zeuner, 3. Aufl. InsO, § 178 Rn. 9; ebenso *Häsemeyer*, Insolvenzrecht, 4. Aufl., *Rn. 22.25.*

337 *Häsemeyer*, Insolvenzrecht, 4. Aufl., Rn. 22.25.

338 *Gerhardt*, in: Jaeger/Henckel, InsO, § 176 Rn. 51–54.

339 BGH, Urt. v. 1.3.1982 – VIII ZR 75/81, BGHZ 83, 159; RG, Urt. v. 29.3.1919 – Rep. V. 364/18, RGZ 95, 224.

klage gem. § 87 InsO mit der materiellen Folge der Hemmung der Verjährung, § 204 Abs. 1 Nr. 10 BGB.[340] Der Verwalter verteidigt dagegen den Bestand der Masse.[341]

d) Widerspruch des Gläubigers und Anfechtbarkeit

1.218 Nur dem Insolvenzverwalter steht gem. § 129 Abs. 1 InsO die Insolvenzanfechtung zu.[342] Und auch die Vorschrift des § 313 Abs. 2 S. 1 InsO a.F., nach der zur Anfechtung von Rechtshandlungen nach den §§ 129 bis 147 InsO ist InsO nicht der Treuhänder, sondern jeder Insolvenzgläubiger berechtigt war, ist mit dem Gesetz zur Verkürzung des Restschuldbefreiungsverfahrens und zur Stärkung der Gläubigerrechte vom 15.7.2013[343] aufgehoben worden. Ein der angemeldeten Forderung widersprechender anderer Insolvenzgläubiger kann daher seinen Widerspruch nicht auf die Anfechtbarkeit der Forderung stützen – wohl aber darauf, dass der Insolvenzverwalter sie zuvor angefochten hat.[344]

5. Rücknahme des Widerspruchs

1.219 Der Widerspruch gegen die Forderungsanmeldung stellt sich als Verfahrenshandlung dar, die gem. § 4 i.V.m. § 496 ZPO[345] schriftlich oder zu Protokoll der Geschäftsstelle[346] **zurückgenommen** werden kann.[347] Die Rücknahme muss als Verfahrenshandlung vorbehaltlos erklärt werden, da andernfalls der Widerspruch weiter beachtlich bleibt.[348] Haben mehrere die Forderung bestritten, wirkt die Rücknahme nur für und gegen den konkret Bestreitenden. Daher kann auch der Verwalter durch

---

340 *Gerhardt*, in: Jaeger/Henckel, InsO, § 176 Rn. 53, gegen Pagenstecher/*Grimm*, Der Konkurs, 1968, § 39 II S. 117.

341 *Gerhardt*, in: Jaeger/Henckel, § 176 Rn. 51 a.E.

342 Statt aller Kreft/*Kreft*, 7. Aufl. InsO, § 129 Rn. 9.

343 BGBl. I S. 2379.

344 *Gerhardt*, in: Jaeger/Henckel, InsO, § 176 Rn. 55.

345 Uhlenbruck/*Sinz*, 14. Aufl. InsO, § 176 Rn. 33 u. § 178 Rn. 23; Graf-Schlicker/*Graf-Schlicker*, § 176 Rn. 21.

346 K/P/B/*Pape/Schaltke*, 67. Egl. InsO, § 176 Rn. 27; MünchKomm-*Riedel*, 3. Aufl. InsO; Uhlenbruck/*Sinz*, 14. Aufl. InsO, § 176 Rn. 33.

347 BGH, Urt. v. 25.6.1957 – VIII ZR 251/56 – WM 1957, 1225, 1226; K/P/B-*Pape/Schaltke*, 67. Egl. InsO, § 176 Rn. 27; Uhlenbruck/*Sinz*, 14. Aufl. InsO, § 176 Rn. 33; MünchKomm-*Schumacher*, 3. Aufl. InsO, § 178 Rn. 43; Braun/*Specovius*, 6. Aufl. InsO, § 178 Rn. 10 f.

348 RG, Urt. v. 26.11.1935 – VIII 427/34 – RGZ 149, 257, 264; Braun/*Specovius*, 6. Aufl. InsO, § 178 Rn. 11; MünchKomm-*Schumacher*, 3. Aufl. InsO, § 178 Rn. 43; K/P/B-*Pape/Schaltke*, 67. Egl. InsO, § 176 Rn. 27; Uhlenbruck/*Sinz*, 14. Aufl. InsO, § 178 Rn. 23.

die Rücknahme seines Widerspruchs nicht die Wirkung des Widerspruchs des Schuldners aufheben.[349]

6. Bedingter Widerspruch

a) Bedingungsfeindlichkeit. Grund und Grenzen

Grundsätzlich ist der Widerspruch als Verfahrenshandlung bedingungsfeindlich.[350] 1.220
Der BFH[351] hat dies in einem Fall entschieden, in dem das Finanzamt in dem über das Vermögen der Insolvenzschuldnerin eröffneten Insolvenzverfahren Forderungen wegen Umsatzsteuer zur Tabelle angemeldet hatte, gegen die von der Insolvenzschuldnerin vor Verfahrenseröffnung Einspruch eingelegt worden war. Der Insolvenzverwalter stellte die Forderung als „auflösend bedingt" zur Tabelle fest. Das Einspruchsverfahren nahm er nicht auf. Daraufhin erließ das Finanzamt eine Einspruchsentscheidung, mit der es den Widerspruch gegen die Forderung zurückwies, wogegen sich die Klage des Insolvenzverwalters richtet. Der BFH hat die Revision gegen das klagabweisende finanzgerichtliche Urteil nicht zugelassen, da sie nicht von grundsätzlicher Bedeutung gem. § 115 Abs. 2 Nr. 1 FGO war. Denn bedingte Forderungen können nicht als solche festgestellt werden, da mit Eröffnung des Insolvenzverfahrens nach § 42 InsO bedingte als unbedingte anzumelden und festzustellen sind. Wird eine Forderung bestritten ist dies keine Frage ihrer „Bedingtheit". Da den Insolvenzverwalter die Amtspflicht trifft, angemeldete Forderungen zu prüfen, darf er das Ergebnis nicht dadurch offen lassen, dass er die Forderung als „auflösend bedingt" feststellt. Der Widerspruch kann aber unter innerprozessuale Bedingungen gestellt werden.[352] Die einschlägige Verwaltersoftware trifft diese Unterscheidung nicht immer. Der Bestreitende kann daher seinen Widerspruch unter die Bedingung des Eintritts einer bestimmten Lage im Insolvenzverfahren stellen. Dies hat das Reichsgericht[353] obiter dictum entschieden:

b) Wechselakzeptfall des Reichsgerichts

Fall: Im Konkurs, der über das Vermögen des Mühlenbesitzers E eröffnet worden 1.221
war, hatte der S eine Forderung aus drei vom Schuldner E akzeptierten Wechseln angemeldet. Diese Forderung wurde anerkannt und festgestellt. Die Wechsel hatte S

349 Vgl. OLG Celle, Beschl. v. 9.4.1963 – 8 W 47/63, KTS 1964, 118, 119; vgl. MünchKomm-*Schumacher*, 3. Aufl. InsO, § 178 Rn. 44.
350 Braun/*Specovius*, 6. Aufl. InsO, § 178 Rn. 10.
351 BFH, B. v. 16.3.2016 – V B 41/15, ZIP 2016, 1393.
352 RG, Urt. v. 14. Dezember 1895 – Rep. I. 364/95, RGZ 37, 1.
353 RG, Urt. v. 14. Dezember 1895 – Rep. I. 364/95, RGZ 37, 1.

aber deshalb nicht vorgelegt, weil er sie vor der Eröffnung des Konkurses an den späteren Kläger mit Indossament übergeben hatte. Nach dem Tode des S wurde über den Nachlass der Nachlasskonkurs eröffnet. Daher meldete der Kläger seine Forderung aus den Wechselakzepten unter Vorlegung der Wechsel ebenfalls in dem über das Vermögen des E eröffneten Konkurs an. Der Konkursverwalter bestritt, wogegen sich der Kläger mit der Tabellenfeststellungsklage wandte.

1.222 Nun war die Wechselforderung bereits von S angemeldet. Es lag nach Anmeldung der Forderung aus den ihm übergebenen Wechselakzepten durch den Kläger daher eine Doppelanmeldung vor, die, wie das Reichsgericht ausführte, dem konkursrechtlichen Gleichbehandlungsgrundsatz zuwiderläuft. Denn es dürfe nicht die auf eine Forderung entfallende Dividende zweimal ausgezahlt werden – was uneingeschränkt überzeugt. Das Landgericht hatte denn auch die Klage abgewiesen. Gleichwohl hielt das Reichsgericht die Berufungsentscheidung, die dem Begehren des Klägers stattgegeben hatte, obwohl die von S und die vom Kläger angemeldeten Forderungen „unstreitig identisch" waren – nämlich auf den Wechselakzepten gründeten. S war zum Zeitpunkt der Anmeldung aus den Wechseln nicht mehr legitimiert; die Feststellung seiner Forderung änderte daran nach Ansicht des Reichsgerichts nichts. Der Inhaber eines Wechsels hat nach Art. 38 Abs. 1 WechselG den Wechsel am Zahlungstag oder an einem der beiden folgenden Werktage zur Zahlung vorzulegen; dies gilt in Ermangelung abweichender Sondervorschriften auch im Insolvenzverfahren. Daraus folgt, dass der Titel, mit dem der Wechselschuldner zur Zahlung verurteilt wird, ausdrücklich oder stillschweigend den Zusatz enthält, dass die Zahlung gegen Aushändigung des quittierten Wechsels zu erfolgen habe, da nach Art. 39 Abs. 1 WechselG der Bezogene vom Inhaber gegen Zahlung die Aushändigung des quittierten Wechsels verlangen kann. Nicht anders konnte die Wechselforderung daher bei Nichtvorlage des Wechsels zur Tabelle festgestellt werden. Daher hätte die Anmeldung bedingt für den Fall des Erwerbs und der Vorlage der Wechsel erfolgen müssen. Nach der Entscheidung des Reichsgerichts verhält es sich daher wegen der materiell-rechtlichen Regelung der Art. 38 Abs. 1, 39 Abs. 1 WechselG wie im Erkenntnisverfahren: Es ist stillschweigend von der bedingten Anmeldung und Feststellung der Forderung aus dem Wechselakzept auszugehen (oben Rn. 1.220). Diese Entscheidung widerspricht nicht dem Urteil des Reichsgerichts vom 8.1.1926[354] (Rn. 1.115ff.), da hier keine „Umrechnung" der Wechsel erfolgte.

1.223 Die Bedingungsfeindlichkeit der Forderungsanmeldung schlägt dagegen durch, würde die dem Wechselakzept zugrundeliegende Kausalforderung unter einer Bedingung angemeldet.[355]

354 RG, Urt. v. 8.1.1926 – II 282/25, RGZ 11, 297.
355 *Gerhardt*, in: Jaeger/Henckel, InsO, § 176 Rn. 58.

7. Kein Verzug aufgrund Widerspruch des Insolvenzverwalters

Der Gläubiger kann nach Eröffnung des Insolvenzverfahrens über das Vermögen des Schuldners nur mehr quotale Befriedigung aus der Insolvenzmasse verlangen, worauf seine Forderungsanmeldung im Ergebnis zielt. Daher ist seine Befriedigung von der Durchführung des Insolvenzverfahrens und einer Abschlags- und der Schlussverteilung abhängig. Die Teilnahme am Feststellungsverfahren löst einen Verzug des Schuldners nicht aus; auch der Widerspruch des Verwalters führt nicht zum Verzug. Nach *Gerhardt*[356] „suspendieren" die §§ 174 ff. InsO die allgemeinen Verzugsregelungen. Der haftungsmäßige Umfang, aus dem sich die Befriedigung des anmeldenden Insolvenzgläubigers ergibt, wird nämlich erst auf der Grundlage der Feststellung der Schuldenmasse bestimmt, was die Durchführung des Feststellungsverfahrens voraussetzt.[357] 1.224

Ist dagegen der Schuldnerverzug vor Eröffnung des Insolvenzverfahrens über das Vermögen des Schuldners eingetreten, ist das Forderungsfeststellungserfahren und der Widerspruch des Insolvenzverwalters oder eines Gläubigers hierauf ohne Einfluss; Verzugszinsen werden bis zum Eröffnungstag als Insolvenzforderungen, von der Eröffnung an als nachrangige Insolvenzforderungen geschuldet.[358] 1.225

VII. Vorläufiges Bestreiten

1. Widerspruch unter ausdrücklicher Bekundung der Rücknahmebereitschaft

Auch der Insolvenzverwalter, der eine von einem Insolvenzgläubiger zur Insolvenztabelle angemeldete Forderung lediglich „vorläufig" bestreitet, löst nach höchstrichterlicher Judikatur[359] des die vom Gesetz an das Bestreiten geknüpften Rechtsfolgen aus. Ein eigenes Rechtsinstitut des „vorläufigen" im Gegensatz zu einem „endgültigen" Bestreiten kennt die InsO daher nicht. Gleichwohl ist die Möglichkeit eines faktischen „vorläufigen" Bestreitens für den Insolvenzverwalter geradezu zwingend erforderlich. Denn mit seinem „vorläufigen" Bestreiten reagiert der Insolvenzverwalter darauf, dass er in der – aus der Sicht einer substantiell abgesicherten Prüfung der angemeldeten Forderung – kurzen Frist des § 28 Abs. 1 InsO von zwei Wochen und höchstens drei Monaten nach Erlass des Eröffnungsbeschlusses und einer Woche und höchstens zwei Monaten nach Ablauf der Frist des § 28 Abs. 1 InsO gem. § 29 Abs. 1 Nr. 2 InsO, also drei Wochen bis höchstens fünf Monaten, sehr häufig noch keine ausreichende Grundlage zur abschließenden Beurteilung zur Verfügung hat. Das vom Insolvenzverwalter als „vorläufig" bezeichnete Bestreiten gibt 1.226

356 *Gerhardt*, in: Jaeger/Henckel, InsO, § 176 Rn. 76.
357 *Gerhardt*, in: Jaeger/Henckel, InsO, § 176 Rn. 77.
358 *Gerhardt*, in: Jaeger/Henckel, InsO, § 176 Rn. 76 a.E.
359 BGH, Beschl. v. 9.2.2006 – IX ZB 160/04, DZWIR 2006, 252; BAG, Urt. v. 10.8.1988 – 5 AZR 478/87, ZIP 1988, 1587, 1589.

aber die Bereitschaft des Insolvenzverwalters zu erkennen, dass er künftig den Widerspruch zurücknehmen werde, wenn die der Forderungsanmeldung zugrundeliegende Sach- und Rechtslage hinreichend hat prüfen können. Das vorläufige Bestreiten stellt also Widerspruch unter ausdrücklicher Bekundung der Rücknahmebereitschaft dar.

2. Zulässigkeit der Tabellenfeststellungsklage im Falle vorläufigen Bestreitens

a) Besonderes Feststellungsinteresse des Gläubigers der bestrittenen Forderung an einer Tabellenfeststellungsklage

1.227 Entgegen einer früher, vor Klärung der Rechtsnatur des vorläufigen Bestreitens durch den BGH,[360] vertretenen Meinung[361] fehlt es wegen der „Vorläufigkeit" des Widerspruchs des Insolvenzverwalters nicht an dem für die Zulässigkeit der Tabellenfeststellungsklage geforderten (Rn. 3.12ff.) besonderen Feststellungsinteresse des Gläubigers der bestrittenen Forderung an einer Tabellenfeststellungsklage.[362] Denn der Insolvenzverwalter erhebt wegen der Beschränkung seiner Erklärung auf die Kundgabefunktion der Rücknahmebereitschaft wie gezeigt auch mit einem als vorläufig bezeichneten Bestreiten einen Widerspruch gegen die angemeldete Forderung, der – zunächst – in die Tabelle einzutragen ist und die Titulierung der Forderung hindert.[363] Daher liegen die Voraussetzungen der Tabellenfeststellungsklage – formwirksame Forderungsanmeldung, Prüfung und Bestreiten – vor.[364] Dem Liquidanten ist das Zeugnis nach § 179 Abs. 3 InsO zu erteilen.

b) Allgemeines Rechtsschutzinteresse des Gläubigers der bestrittenen Forderung an einer Tabellenfeststellungsklage

1.228 Wegen der Kundgabe seiner Rücknahmebereitschaft durch Erklärung der „Vorläufigkeit" seines Bestreitens fehlt es aber der Tabellenfeststellungsklage des anmeldenden Gläubigers solange allgemein am Rechtsschutzbedürfnis,[365] wie sich das Bestreiten des Insolvenzverwalters nicht zu einem endgültigen Widerspruch verdichtet hat. Dies kann durch ausdrückliche Erklärung erfolgen – die der Insolvenzverwalter nur in seltenen Fällen von sich aus abgeben wird. Dabei ist zu berücksich-

---

360 BGH, Beschl. v. 9.2.2006 – IX ZB 160/04, NJW-RR 2006, 773.

361 OLG Düsseldorf, Beschl. v. 3.11.1981 – 16 W 46/81, ZIP 1982, 201; LG Koblenz Urt. v. 8.12.1966 – 3 S 158/66, KTS 1966, 254; *Künne*, KTS 1980, 297; *Robrecht*, KTS 1969, 67.

362 *Gerhardt*, in: Jaeger/Henckel, InsO, § 176 Rn. 69, 70; so auch OLG München, Beschl. v. 12.7. 2005 – 7 W 1447/05 – ZIP 2005, 2227; K/P/B/*Pape/Schaltke*, 67. Egl. InsO, § 176 Rn. 15; a.A. Mohrbutter/*Ernestus*, Handbuch Insolvenzverwaltung, 9. Aufl, Kap. 11 Rn. 42.

363 *Gerhardt*, in: Jaeger/Henckel, InsO, § 176 Rn. 71f.

364 Vgl. K/P/B/*Pape/Schaltke*, 67. Egl. InsO, § 176 Rn. 15.

365 *Gerhardt*, in: Jaeger/Henckel, InsO, § 176 Rn. 71f.

tigen, dass der Gläubiger mit der Klagerhebung nicht unter Zeitdruck steht, da er regelmäßig damit bis zum Schlusstermin zuwarten kann, ohne rechtliche Nachteile zu erleiden. Denn die Verjährung der angemeldeten Forderung ist jedenfalls durch deren Anmeldung gehemmt, soweit mit dem Widerspruch nicht allein deren Ordnungsgemäßheit gerügt wird (Rn. 1.212aE).

Ist die auf das vorläufige Bestreiten des Verwalters erhobene Tabellenfeststel- **1.229**
lungsklage wegen fehlenden Rechtsschutzbedürfnisses des klagenden Gläubigers daher *zunächst* unzulässig, kann sich dies im Verlauf des Rechtsstreits ändern.

3. Erledigung i.w.S. der Tabellenfeststellungsklage

a) Sofortiges Anerkenntnis

Wird die zunächst vorläufig bestrittene Forderung später zur Insolvenztabelle fest- **1.230**
gestellt, erhebt der anmeldende Gläubiger die Tabellenfeststellungsklage und erklärt der Insolvenzverwalter das Anerkenntnis wegen des Begehrens des Gläubigers auf (widerspruchslose) Feststellung der angemeldeten Forderung zur Tabelle,[366] ergeht gem. § 307 ZPO Anerkenntnisurteil. In diesem Fall ist grundsätzlich der anerkenntnisgemäß verurteilte Beklagte als unterliegende Partei zur Kostentragung verpflichtet, § 91 Abs. 1 ZPO. Freilich kann über die Kosten nach Maßgabe des § 93 ZPO zu entscheiden sein. Denn mit der Kundgabe seiner Rücknahmebereitschaft durch die Erklärung der Vorläufigkeit des Bestreitens hat der Insolvenzverwalter dem anmeldenden Gläubiger gegenüber klargestellt, dass er *derzeit* noch keinen Anlass zur Klage gibt.[367] Ob er *noch* keinen Anlass zur Klage gegeben hat, ist freilich danach zu beurteilen, ob das Bestreiten des Insolvenzverwalters noch als vorläufig anzusehen ist. Ob der Konkursverwalter durch Bestreiten der zur Tabelle angemeldeten Forderung im ersten Prüfungstermin dem Gläubiger Veranlassung zur Klageerhebung i.S.v. § 93 ZPO gibt, ist Frage des Einzelfalls.[368]

b) Fallgruppen der Judikatur

In dem vom BGH[369] zum „vorläufigen Bestreiten“ entschiedenen Fall hatte der In- **1.231**
solvenzverwalter die vom späteren Kläger zur Insolvenztabelle angemeldete Forderung im Prüfungstermin in voller Höhe bestritten. Das Insolvenzgericht erteilte dem Kläger unter dem 30. Juni 2003 einen beglaubigten Auszug aus der Tabelle. Ergän-

---

366 BGH, Beschl. v. 9.2.2006 – IX ZB 160/04 – DZWIR 2006, 252.

367 *Gerhardt*, in: Jaeger/Henckel, InsO, § 176 Rn. 75.

368 OLG Dresden, B. v. 3.2.1997 – 13 W 935/96, ZIP 1997, 327 m. Anm. *Voß*, EWiR 1997, 331 und *Voigt*, WiB 1997, 763.

369 BGH, B. v. 9.2.2006 – IX ZB 160/04, ZIP 2006, 576 = DZWIR 2006, 252 m. Anm. *Smid*, jurisPR-InsR 17/2006 Anm. 2; *Heinze*, DZWIR 2006, 253; *Pape*, WuB VI A § 178 InsO 2.06.

zend teilte ihm der Insolvenzverwalter mit Schriftsatz vom 2. Juli 2003 als Grund des Bestreitens mit: „Gegenforderung besteht noch". Weiter hieß es: „Sollte Ihre Forderung bestritten sein, gilt dies einstweilen als vorläufig. ... Wenn Sie eine weitere Prüfung der von Ihnen angemeldeten Forderung wünschen, teilen Sie dies bitte schriftlich mit. Sollte ich nach Prüfung der Unterlagen die Forderung ganz oder teilweise anerkennen, werden Sie unmittelbar benachrichtigt." Und der Insolvenzverwalter wies zudem noch auf die Vielzahl der zu prüfenden Unterlagen und Rechte hin. Der BGH hat überzeugend die prozessuale Lage in seine Beurteilung einbezogen: Denn bis zur übereinstimmenden Erledigungserklärung des Tabellenfeststellungsprozesses galt das Mündlichkeitsprinzip gem. § 128 Abs. 1 und 3 ZPO. Daraus folgert der IX. Zivilsenat, dass der beklagte Insolvenzverwalter die Wirkung des § 93 ZPO bis zur Stellung der Sachanträge herbeiführen konnte.[370]

1.232 Nach dem OLG München[371] ist nach allgemeinen Kriterien zu beurteilen, ob ein vorläufiges Bestreiten Anlass zur Klageerhebung oder zur Fortsetzung des Rechtsstreites gibt. Dort hatte, wie in dem vom BGH entschiedenen Fall, der Verwalter zunächst vorläufig bestritten. Der Verwalter trat der dagegen erhobenen Tabellenfeststellungsklage mit Klagerwiderungsschrift entgegen, hatte aber in einem weiteren terminsvorbereitenden Schriftsatz angekündigt, im Termin anerkennen zu wollen. Von einem Anlass zur Klagerhebung kann nach überzeugender Ansicht des OLG München dann nicht gesprochen werden, wenn der Konkursverwalter seine angemessene Überlegungsfrist nicht überschritten und auch seine endgültige Erklärung nicht übermäßig lange hinausgezögert hat.

Diese Frage danach, ob das vorläufige Bestreiten Anlass zur Klage gibt, ist nach Ansicht des OLG Dresden[372] zu verneinen, wenn der Gläubiger der Anmeldung die erforderlichen Unterlagen nicht beifügt. Zu Hinweisen insoweit ist der Konkursverwalter grundsätzlich nicht verpflichtet. § 139 ZPO findet im Verhältnis vom Konkursverwalter zum Anmeldenden keine (entsprechende) Anwendung.

So hat das OLG Celle[373] darauf erkannt, dass der Konkursverwalter keinen Anlaß zur Aufnahme eines unterbrochenen Rechtsstreits gegeben hat, wenn er einer angemeldeten Forderung nur deshalb widersprochen hat, weil der Anmelder keine Rechnungsabschrift beigefügt hatte. Anerkennt er den Anspruch unverzüglich nach Rechnungsvorlage, trägt der Anmelder gem. § 91a ZPO die Kosten des von ihm aufgenommenen Rechtsstreits.

---

370 OLG München, Beschl. v. 8.1.1987 – 7 W 2912/86, KTS 1987, 327, 328; OLG Hamm ZInsO 1999, 352.

371 OLG München, Beschl. v. 8.1.1987 – 7 W 2912/86, KTS 1987, 327.

372 OLG Dresden, Beschl. v. 3.2.1997 – 13 W 935/96, ZIP 1997, 327 m. Anm. *Voß*, EWiR 1997, 331 und *Voigt*, WiB 1997, 763.

373 OLG Celle, Beschl. v. 27.2.1985 –14 W 1/85, ZIP 1985, 823 m. Anm. *Eickmann* EWiR 1985, 209.

Das OLG Düsseldorf[374] hat entschieden, dass der Konkursverwalter nicht verpflichtet ist, die Kosten des Rechtsstreits zu tragen, wenn er eine rechtshängige Forderung vorläufig bestritten, sie nach Wiederaufnahme des durch die Konkurseröffnung unterbrochenen Rechtsstreits durch den Gläubiger aber anerkannt hat, wenn der Gläubiger den Rechtsstreit wieder aufgenommen hatte, ohne zuvor durch – gegebenenfalls mit Fristsetzung verbundene – Rückfrage ermittelt zu haben, ob der Konkursverwalter sein vorläufiges Bestreiten aufrecht erhalten werde.

Auch das OLG Karlsruhe[375] meint, in der Regel sei der Entschluss zur Aufnahme des Rechtsstreites von einer gegebenenfalls mit Fristsetzung verbundenen Rückfrage bei dem Beklagten (Konkursverwalter) abhängig zu machen.

c) Fall ausserprozessualer Rücknahme des Widerspruchs

Nimmt der Insolvenzverwalter seinen Widerspruch außerhalb des Prozesses nach §§ 179 ff. InsO zurück, erledigt sich die gegen ihn vom anmeldenden Gläubiger der bestrittenen Forderung erhobene Tabellenfeststellungsklage. Denn die Rücknahme des Widerspruchs führt zur Wirkung des § 178 Abs. 1 S. 1, 2. Halbs. InsO: Die Forderung ist zur Tabelle mit der Wirkung des § 178 Abs. 3 InsO festzustellen. Der klagende Gläubiger entgeht dann einer Klagabweisung (es kommt auf den Zeitpunkt der letzten mündlichen Verhandlung an!) nur durch Erklärung der Erledigung des Rechtsstreits in der Hauptsache. Schließt sich der beklagte Insolvenzverwalter der Erledigungserklärung an, ist nur mehr über die Kosten nach § 91a ZPO zu entscheiden. Maßstab des vom Prozessgericht auszuübenden billigen Ermessens ist dabei nicht die Frage, ob die Klage vor Eintritt des erledigenden Ereignisses begründet war – was der Fall war, da der klagende Gläubiger gegen den wirksamen Widerspruch des Insolvenzverwalters die angemeldete Forderung verfolgt hat. Hier ist aber weiter die Frage zu berücksichtigen, dass in das prozessgerichtliche Ermessen einzustellen ist, dass der Insolvenzverwalter wegen der Kundgabe seiner Rücknahmebereitschaft wegen der Erklärung der „Vorläufigkeit" seines Widerspruchs keinen Anlass zur Klage gegeben hat, § 93 ZPO. 1.233

VIII. Kosten des Prüfungstermins

Die in der Sphäre des Gerichts entstehenden Kosten des Prüfungstermins fallen als Massekosten unter § 54 Nr. 1 InsO, soweit sie nicht als Kosten eines von verspätet anmeldenden Gläubigern ausgelösten Nachprüfungstermins (§ 177 Abs. 1 S. 2 InsO) diesen zur Last fallen. 1.234

374 OLG Düsseldorf, Beschl. v. 3.11.1981 – 16 W 46/81, ZIP 1982, 201.

375 OLG Karlsruhe, Beschl. v. 10.5.1989 – 11 W 63/8, Justiz 1989, 324.

Kapitel 3. Widerspruch des Schuldners

A) Bestreiten durch Schuldner im „Regelinsolvenz"verfahren

I. Funktion und Reichweite des Schuldnerwiderspruchs

1.235 Der Schuldner ist im Prüfungstermin zur Erklärung des Widerspruchs befugt; dies hindert gem. § 178 **Abs. 1 S. 2** InsO die Feststellung der Forderung aber nicht. Denn durch die Eröffnung des Insolvenzverfahrens verliert der Schuldner seine Verwaltungs- und Verfügungsbefugnis über sein Vermögen, § 80 InsO. Seine Erklärungen im Prüfungstermin dienen daher vorrangig der tatsächlichen Klärung des Sachverhalts, während ihnen keine unmittelbare materiellrechtliche Wirkung innewohnt. Bestreitet der Schuldner im Prüfungstermin, so hindert dies die Anerkennung der Forderung und ihre Aufnahme in die Tabelle nicht,[376] führt aber dazu, dass der Gläubiger in seiner nachkonkurslichen Rechtsstellung Einbußen erleidet: § 201 Abs. 2 S. 1 InsO bestimmt, dass dem Gläubiger nach Abschluss des Insolvenzverfahrens nur dann eine vollstreckbare auszugsweise Ausfertigung der Tabelle zu erteilen ist, wenn der Schuldner die angemeldete Forderung nicht bestritten hat. Andernfalls würden diese Gläubiger einen Titel erhalten, gegen den sich der Schuldner nach Rückerlangung seiner diesbezüglichen Prozessführungsbefugnis wehren müsste, ohne dass der Schuldner im Hinblick auf diesen Titel rechtliches Gehör (Art. 103 Abs. 1 GG) erhalten hätte. Insofern hat der Schuldner aber nur die Möglichkeit, die Forderung nach **Grund und Betrag** zu bestreiten oder unbestritten zu lassen, während ein gegebenenfalls angemeldeter Rang nicht isoliert Gegenstand seines Bestreitens sein kann.[377] Der Gläubiger seinerseits kann wegen des Widerspruchs bereits während des laufenden Insolvenzverfahrens gegen den Schuldner gem. § 184 InsO Feststellungsklage erheben bzw. einen zur Zeit der Eröffnung bereits anhängigen Prozess über diese Forderung aufnehmen.

II. Sonderregelungen der Wirkungen des Schuldnerwiderspruchs

1.236 § 115 Abs. 2 GenG[378] bestimmt, dass außer den Anteilen auf die in §§ 189 bis 191 InsO bezeichneten Forderungen die Anteile auf Forderungen, welche im Prüfungstermin von dem Vorstand ausdrücklich bestritten wurden, zurückzubehalten sind. Dem Gläubiger bleibt überlassen, den Widerspruch des Vorstands durch Klage zu besei-

376 K/P/B/*Pape/Schaltke*, 67. Egl. InsO, § 176 Rn. 29; *Häsemeyer*, Insolvenzrecht, 4. Aufl., Rn. 22.26; MünchKomm-*Schumacher*, 3. Aufl. InsO, § 178 Rn. 23; Braun/*Specovius*, 6. Aufl InsO, § 178 Rn. 2; Uhlenbruck/*Sinz*, 14. Aufl. InsO, § 178 Rn. 7.

377 MünchKomm-*Schumacher*, 3. Aufl. InsO, § 178 Rn. 25; KS-*Eckardt*, 743 f.

378 Henssler/Strohn/Geibel, 3. Aufl. 2016, GenG S. 115 Rn. 1.

tigen. Soweit der Widerspruch rechtskräftig für begründet erklärt wird, werden die Anteile zur Verteilung unter die übrigen Gläubiger frei.

B) Wiedereinsetzung des Schuldners

I. Gesetzliche Regelung

Hat der Schuldner ohne sein Verschulden den Prüfungstermin versäumt, gewährt ihm der Gesetzgeber die Möglichkeit, angemeldete Forderungen nachträglich zu bestreiten.[379] Dass der Schuldner hierzu ein Recht haben muss, folgt aus seiner Stellung als Verfahrensbeteiligter und damit aus Art. 103 Abs. 1 GG. § 184 InsO gewährleistet dies in inhaltlicher Übereinstimmung mit § 165 KO. **Zuständig** für die Entscheidung ist das Insolvenzgericht, dort der Rechtspfleger. 1.237

II. Wiedereinsetzung in den vorigen Stand

1. Verweis auf die ZPO

Die **Wiedereinsetzung in den vorigen Stand** betrifft im Rahmen des Zivilprozesses die Frage, ob der Partei die Möglichkeit zu eröffnen ist, weiterhin Einfluss auf den Prozess zu nehmen. Dabei kommt es darauf an, dass die Partei ordnungsgemäß geladen sein muss: Voraus. für die Wiedereinsetzung in den vorigen Stand ist daher eine den Anforderungen des § 177 Abs. 3 S. 2 i.V.m. § 8 genügende Ladung des Schuldners zum Prüfungstermin. 1.238

Das Gesetz verweist wegen der Gründe für das Fehlen eines Verschuldens bei der Versäumnis des Prüfungstermins auf die Wiedereinsetzungsgründe gem. § 233 ZPO. Danach liegt keine verschuldete Säumnis vor, wenn die Versäumung des Prüfungstermins unter den gegebenen Umständen auch durch die vom säumigen Schuldner unter Berücksichtigung seiner Lage, Erfahrung und Bildung zu erwartende Sorgfalt nicht abgewendet werden konnte.[380] 1.239

2. Einzelheiten

Im Einzelnen folgt daraus, dass im – nicht seltenen – Falle des Tätigwerdens eines Anwalts für den Schuldner dieser die allgemeinen anwaltlichen Sorgfaltsanforderungen zu beachten hat,[381] indem er durch Vermerk des Fristablaufs und Vorlagean- 1.240

---

379 Vgl. amtl. Begr. zu § 214 RegEInsO, BT-Drs. 12/2443, 185.

380 MünchKomm-*Schumacher*, 3. Aufl. InsO, § 186 Rn. 4; Musielak/Voit/*Grandel*, 13. Aufl. ZPO, § 233 Rn. 3f.

381 MünchKomm-*Stackmann*, 5. Aufl. ZPO, § 233 Rn. 31; *Rosenberg/Schwab/Gottwald*, Zivilprozessrecht, § 69 IRn. 10f.

ordnungen sowie durch Überwachung des Postausgangs und der Tätigkeit seines Büropersonals für die Fristwahrung zu sorgen hat.[382] Das Verhalten Dritter, das für die Fristversäumnis ursächlich geworden ist, wird dem Anwalt dagegen grundsätzlich nicht zugerechnet. Als solche Dritte sind auch die Mitarbeiter des Büropersonals des Anwalts anzusehen, sofern der Anwalt die sorgfältige Beaufsichtigung des im Übrigen zuverlässigen Personals versichert.[383] Verzögerungen im Postlauf sind nur dann verschuldet, wenn sie vorhersehbar waren.[384] Wenn in der Literatur[385] gefordert wird, der Verfahrensbeteiligte habe sich auf überlange Postlaufzeiten einzustellen, ist dies zwar im Allgemeinen zutreffend. Es wird aber verkannt, dass angesichts eines starken Schwankens in der Leistungsfähigkeit der Postzustelldienste deren sinnvoller Berechenbarkeit durch die Verfahrensbeteiligten keine allzu hohen Anforderungen abverlangt werden sollten.[386] Verzögerungen im Postlauf sind freilich immer dann verschuldet, wenn sie auf einer falschen Adressierung des Schriftstücks beruhen. Unverschuldet ist die Fristversäumung, die auf Fehlern in der Empfangsorganisation des Verwalters beruht. Unverschuldet ist die Fristversäumnis ferner, wenn sie auf einem Liegenbleiben wegen unvorhersehbarer Verkehrsstaus[387] usf. beruht. Die vorstehend umrissenen Wiedereinsetzungsgründe gelten grundsätzlich auch für den nicht anwaltlich vertretenen Schuldner.[388]

III. Verfahren

1. Zuständigkeit

1.241 Die Wiedereinsetzung wird auf Antrag des Schuldners gewährt, § 233 ZPO. Zuständig ist das Insolvenzgericht, in dem die funktionelle Zuständigkeit vorbehaltlich der Ausübung seines Eintrittsrechts durch den Richter beim Rechtspfleger liegt, § 18 RPflG i.d.F. des Art. 14 Nr. 5 EGInsO. Der Antrag auf Wiedereinsetzung in den vorigen Stand kann mit der Vornahme des Widerspruchs verbunden sein.[389]

---

382 Zöller/*Greger*, 31. Aufl. ZPO, § 233 Rn. 23.

383 Thomas/Putzo/*Hüßtege*, ZPO, § 233 Rn. 15.

384 Vgl. LG Dresden, Urt. v. 3.3.1993 – 45 O 200/92, ZIP 1993, 1123 m. Anm. *Smid* EWiR § 14 GesO 2/93, 779; Thomas/Putzo/*Hüßtege*, ZPO, § 233 Rn. 28.

385 Vgl. Wieczorek/Schütze/*Gerken*, ZPO, § 233 Rn. 37; Musielak/Voit/*Grandel*, ZPO, 13. Aufl. ZPO. § 233 Rn. 39 f.

386 Baumbach/Lauterbach/*Albers*/*Hartmann*, ZPO, § 233 Rn. 39; Wieczorek/Schütze/*Gerken*, ZPO, § 233 Rn. 37.

387 *Thomas*/*Putzo*, ZPO, § 233 Anm. 5i.

388 Vgl. MünchKomm-*Stackmann*, 5. Aufl. ZPO § 233 Rn. 4, 18.

389 NR/*Becker*, 29. Egl. InsO, § 186 Rn. 13; K/P/B/*Pape*/*Schaltke*, 67. Egl. InsO, § 186 Rn. 5; MünchKomm-*Schumacher*, 3. Aufl. InsO, § 186 Rn. 6 f.; Braun/*Specovius*/, § 186 Rn. 5.

2. Form u. Inhalt der Antragsschrift

Der Schuldner muss seinen Antrag binnen 2 Wochen seit Beseitigung des Hindernisses und innerhalb 1 Jahres nach dem Prüfungstermin (§ 234 ZPO) schriftlich oder zu Protokoll der Geschäftsstelle des Insolvenzgerichts stellen (§ 236 Abs. 1 ZPO). In dem Antrag sind die Wiedereinsetzungsgründe und die zu ihrer Glaubhaftmachung anzuführenden Tatsachen anzugeben (§ 236 Abs. 2 S. 1 ZPO); unter genauer Bezeichnung des Gläubigers ist der Widerspruch gegen dessen Forderungsanmeldung zu erklären (Nachholung der versäumten Handlung, § 236 Abs. 2 S. 2 ZPO). Nach Abs. 2 S. 1 ist diesem Gläubiger der den Antrag auf Wiedereinsetzung betreffende Schriftsatz bzw. das von der Geschäftsstelle zu fertigende Protokoll zuzuleiten. 1.242

IV. Wirkung des Bestreitens im Wiedereinsetzungsantrag, § 184 Abs. 2 S. 2 InsO

1. Maßgeblichkeit des Vorbringens im Wiedereinsetzungsanstrag

§ 184 Abs. 2 S. 2 InsO trägt dem Umstand Rechnung, dass es unter Gesichtspunkten der Wirtschaftlichkeit des Insolvenzverfahrens unsinnig wäre, im Falle der Wiedereinsetzung des Schuldners einen eigenen Prüfungstermin zu veranstalten, der nur die Funktion hätte, ein mündliches Bestreiten zu ermöglichen.[390] Das Mündlichkeitsprinzip ist aber im Feststellungsverfahren – besonders durch § 177 Abs. 1 S. 2 – durchbrochen. Daher misst § 184 Abs. 2 S. 2 InsO dem im Wiedereinsetzungsantrag vorgetragenen Bestreiten der angemeldeten Forderung dieselbe Wirkung bei, die ihr Bestreiten durch den Schuldner im Prüfungstermin hätte. 1.243

2. Wirkung

Der Widerspruch führt nicht ohne weiteres zur Eintragung in die Tabelle, sondern zu ihrer (erneuten) **Prüfung** in einem besonderen Prüfungstermin oder im schriftlichen Verfahren. Denn durch die InsO wird das Einzelprüfungsprinzip statuiert, § 178 Abs. 2 S. 2 InsO, das die Eintragung des Widerspruchs erst dann zulässt, wenn keine Seite – anmeldender Gläubiger, widersprechender Schuldner – von seiner Position abrückt.[391] 1.244

Die **Kosten** des Wiedereinsetzungsverfahrens fallen nach § 238 Abs. 4 ZPO dem betreibenden Schuldner zur Last (§ 4 InsO). Allerdings führt diese zivilprozessuale Regel zu unterschiedlichen Konsequenzen in den unterschiedlichen Verfahrensarten: Im **Verbraucherinsolvenzverfahren** und in dem über das Vermögen der natürlichen Person eröffneten Regelinsolvenzverfahren hat der Schuldner die Kosten 1.245

---

390 K/P/B/*Pape/Schaltke*, 67. Egl. InsO, § 186 Rn. 15; MünchKomm-*Schumacher*, 3. Aufl. InsO, § 186 Rn. 9; a.A. NR/*Becker*, 29. Egl. InsO, § 186 Rn. 21.

391 NR/*Becker*, 29. Egl. InsO, § 186 Rn. 20; a.A. MünchKomm-*Schumacher*, 3. Aufl. InsO, § 186 Rn. 9;

des Nachprüfungstermins aus seinem beschlagfreien Vermögen gem. § 36 InsO zu tragen. Im Verfahren der Unternehmensinsolvenz scheidet dies regelmäßig mangels werthaltigen beschlagfreien Vermögens aus. Gleichwohl kommt es nicht in Betracht, dass die organschaftlichen Vertreter der Schuldnerin die Masse verpflichten können,[392] wenn nicht der Insolvenzverwalter sich den Wiedereinsetzungsantrag zu eigen macht. Daher sind primäre Kostenschuldner nach § 89 ZPO die antragstellenden organschaftlichen Vertreter.

---

392 Vgl. NR/*Becker*, 29. Egl. InsO, § 186 Rn. 30; allg. MünchKomm-*Schumacher*, 3. Aufl. InsO, § 186 Rn. 8; Braun/*Specovius*, 6. Aufl. InsO, § 186 Rn. 11.

Kapitel 4. Forderungsanmeldung und Versäumung der gerichtlich gesetzten Anmeldefrist

A) Überblick

Die im Eröffnungsbeschluss zur Anmeldung der Forderungen gesetzte Frist (§ 28 Abs. 1 S. 1 InsO) ist keine Ausschlussfrist, was sich bereits zwanglos daraus ergibt, dass gem. § 177 Abs. 1 S. 2 InsO Nachprüfungstermine anberaumt werden können. Da eine Präklusion nach Ablauf der im Eröffnungsbeschluss hierfür gem. § 29 Abs. 1 Nr. 2 InsO gesetzten Frist angemeldeter Forderungen nicht normiert ist (sogleich Rn. 1.247), bestimmt § 177 Abs. 1 S. 1 InsO, dass im Prüfungstermin auch die Forderungen zu prüfen, die nach dem Ablauf der Anmeldefrist angemeldet worden sind.[393] **1.246**

Übersicht 3	Nachmeldung von Forderungen	
§ 177 Abs. 1 S. 1 InsO	Im Prüfungstermin sind auch die Forderungen zu prüfen, die nach dem Ablauf der Anmeldefrist angemeldet worden sind.	Keine Präklusion von Forderungen, die nach Ablauf der Anmeldefrist gem. § 29 Abs. 1 Nr. 2 InsO angemeldet werden
§ 177 Abs. 1 S. 2 InsO	Widerspricht jedoch der Insolvenzverwalter oder ein Insolvenzgläubiger dieser Prüfung oder wird eine Forderung erst nach dem Prüfungstermin angemeldet, so hat das Insolvenzgericht auf Kosten des Säumigen entweder einen besonderen Prüfungstermin zu bestimmen oder die Prüfung im schriftlichen Verfahren anzuordnen.	
§ 177 Abs. 1 S. 3 InsO	Für nachträgliche Änderungen der Anmeldung gelten die Sätze 1 und 2 entsprechend.	Fälle: Änderungen des Grundes (z.B. statt Vertrag – Bereicherung) Änderung der Höhe des Betrages
§ 177 Abs. 2 InsO	Hat das Gericht nachrangige Gläubiger nach § 174 Abs. 3 zur Anmeldung ihrer Forderungen aufgefordert und läuft die für diese Anmeldung gesetzte Frist später als eine Woche vor dem Prüfungs-	

393 Uhlenbruck/*Sinz*, 14. Aufl. InsO, § 177 Rn. 12; NR/*Becker*, 29. Egl. InsO, § 177 Rn. 1, 3; MünchKomm-*Riedel*, 3. Aufl. InsO, § 177 Rn. 2; Braun/*Specovius*, 6. Aufl. InsO, § 177 Rn. 5.

Übersicht 3	Nachmeldung von Forderungen	
	termin ab, so ist auf Kosten der Insolvenzmasse entweder ein besonderer Prüfungstermin zu bestimmen oder die Prüfung im schriftlichen Verfahren anzuordnen.	
§ 177 Abs. 3 InsO	Der besondere Prüfungstermin ist öffentlich bekanntzumachen. Zu dem Termin sind die Insolvenzgläubiger, die eine Forderung angemeldet haben, der Verwalter und der Schuldner besonders zu laden. § 74 Abs. 2 Satz 2 gilt entsprechend.	Die öffentliche Bekanntmachung kann unterbleiben, wenn in einer Gläubigerversammlung die Verhandlung vertagt wird.

B) Nachprüfung im Prüfungstermin

I. Gesetzliche Regelung

1. Keine Präklusion

1.247 Da der Gesetzgeber der InsO es ebenso wie derjenige der Konkursordnung[394] abgelehnt hat, eine Präklusionsvorschrift wie in § 14 Abs. 1 GesO[395] zu schaffen, werden auch solche Forderungsanmeldungen, die nach Ablauf der in § 29 Abs. 1 Nr. 2 InsO gesetzten Frist beim Verwalter eingegangen sind, geprüft und berücksichtigt, § 177 Abs. 1 S. 1 InsO.[396] Die Vorschrift regelt die näheren Verfahrensmodalitäten, unter denen die Prüfung nachträglich angemeldeter Forderungen geschieht.

2. Gleichbehandlungsgrundsatz

1.248 Umgekehrt folgt positiv aus dem Ausschluss der Präklusion nachgemeldeter Forderungen, dass die nachträglich angemeldeten und die in der Frist des § 29 Abs. 1 Nr. 2 InsO angemeldeten Forderungen im Insolvenzverfahren gleich zu behandeln sind.[397]

---

394 Motive zum Entwurf einer Konkursordnung, S. 244, abgedruckt bei *Hahn*, Die gesamten Materialien, Band IV, S. 231.

395 Vgl. zu dessen Kritik *Smid*, DZWir 1995, 387.

396 Kreft/*Depré*, 7. Aufl. InsO, § 177 Rn. 1.

397 *Gerhardt*, in: Jaeger/Henckel, InsO, § 177 Rn. 11.

3. Umfang nachträglicher Anmeldung

Die nachträgliche Anmeldung kann sich auf die Forderung, ihren Rang, ihren Grund – namentlich der vorsätzlich begangenen unerlaubten Handlung des Schuldners – und (auch nach Abschaffung des § 61 KO) außerhalb der Insolvenzordnung noch gesetzlich anerkannten Vorrechts (oben Rn. 1.82) beziehen. 1.249

II. Widerspruch gegen die Nachprüfung im Prüfungstermin gem. § 177 Abs. 1 S. 2 InsO

Der **Verwalter** und jeder der **Insolvenzgläubiger** (§ 38 InsO) sind **berechtigt**, der Prüfung nachträglich angemeldeter Forderungen in dem nach § 29 Abs. 1 Nr. 2 InsO einberufenen Prüfungstermin zu widersprechen, § 177 S. 2 InsO. Sie brauchen den Widerspruch nicht zu begründen;[398] das Gesetz geht davon aus, dass die Versäumung der vom Insolvenzgericht zur Anmeldung gesetzten Frist dazu führt, dass ihnen keine hinreichende Vorbereitungszeit verbleibt.[399] Der Widerspruch richtet sich nur gegen die Prüfung der angemeldeten Forderung im Termin, nicht aber gegen die Forderung. Nachrangige Insolvenzgläubiger (§ 39 Abs. 1 InsO) sind dagegen nicht widerspruchsberechtigt, da sie auch kein Stimmrecht genießen (§ 77 Abs. 1 S. 2 InsO) und daher keinen Einfluss auf den Prüfungsvorgang nehmen können. Für die **Form des Verfahrens** ist auf die Erläuterungen zu § 176 InsO zu verweisen. 1.250

III. Widerspruchsbefugnis der Nachprüfung im Prüfungstermin bei nachträglicher Änderung der Anmeldung

Die Widerspruchsbefugnis von Verwalter und jedem Insolvenzgläubiger besteht gem. § 177 Absatz 1 S. 3 InsO auch, wenn fristgerecht eingegangene **Anmeldungen nachträglich geändert** werden; dann ist ebenfalls ein bes. Prüfungstermin abzuhalten oder schriftlich zu prüfen. **§ 177 Absatz 1 S. 3 InsO** gilt allerdings nicht für die Fälle, in denen eine angemeldete Forderung lediglich gemindert, gegebenenfalls auf einen bestimmten Rang verzichtet oder eine Rechtsnachfolge nachgewiesen wird;[400] ist die Rechtsnachfolge streitig, greift § 177 Abs. 1 S. 1 InsO[401] und ein entsprechender Vermerk ist in die Tabelle aufzunehmen.[402] 1.251

---

398 Uhlenbruck/*Sinz*, 14. Aufl. InsO, § 177 Rn. 5; Braun/*Specovius*, 6. Aufl. InsO, § 177 Rn. 6; Graf-Schlicker/*Graf-Schlicker*, 4. Aufl InsO, § 176 Rn. 12; K/P/B-*Pape/Schaltke*, § 177 Rn. 13; MünchKomm-*Riedel*, 3. Aufl. InsO, § 176 Rn. 27.

399 So auch *Häsemeyer*, Insolvenzrecht, 4. Aufl., Rn. 22.12; NR/*Becker*, § 177 Rn. 6.

400 KS-*Eckardt*, 743, 759 Rn. 30; Uhlenbruck/*Sinz*, 14. Aufl. InsO, § 177 Rn. 20; *Hess*, § 177 Rn. 12 ff.

401 Vgl. L/S/Z/*Smid*, 3. Aufl. § 177 Rn. 7.

402 Vgl. L/S/Z/*Smid*, 3. Aufl. § 177 Rn. 7; a.A. Braun/*Specovius*, 6. Aufl. InsO, § 177 Rn. 29; K/P/B-*Pape/Schaltke*, § 177 Rn. 3; FK/*Kießner*, 8. Aufl. InsO, § 177 Rn. 33.

C) Anberaumung eines Nachprüfungstermins

I. Gesetzliche Regelung

1.252 **§ 177 Abs. 1 S. 2, 1. Var. InsO bestimmt, dass** das Insolvenzgericht einen **Nachprüfungstermin** anberaumen kann. Das ist nach dem oben (Rn. 1.163 ff.) dargestellten Verlauf des Prüfungstermins nur dann sinnvoll, wenn eine erhebliche Anzahl nachträglich angemeldeter Forderungen zu prüfen ist oder wenn erwartet wird, dass dieser Termin auch zur allgemeineren Information der versammelten Gläubiger durch den Verwalter genutzt werden kann.

1.253 Die Nachprüfung kann nach § 177 Abs. 1 S. 2 InsO im schriftlichen Verfahren erfolgen (oben 1.177, 1.178).

II. Kosten

1. Nicht-nachrangige Insolvenzforderungen

a) Gerichtskosten

1.254 Die **Kosten des besonderen Nachprüfungstermins** gehen zu Lasten des nachträglich anmeldenden Gläubigers. Dabei handelt es sich zunächst um die wegen der Nachprüfung anfallenden Gerichtskosten: Gem. Nr. 2340 der Anlage 1 zum GKG (Kostenverzeichnis) betragen die Gerichtskosten für einen besonderen Prüfungstermin für jeden Gläubiger einer nachträglich angemeldeten Forderung € 15,–. Jeder Gläubiger hat diese auf ihn selbst entfallenden Kosten zu tragen.[403] Dies und die nachfolgenden Ausführungen gelten auch für Finanzbehörden und Sozialversicherungsträger. Da die Forderungsanmeldung nicht in einem Rechts- oder Amtshilfeverfahren erfolgt, sondern allgemeine Rechtsverfolgung des Sozialversicherungsträgers wegen seiner Ansprüche gegen den Schuldner ist, kommen die Sondervorschriften der §§ 3 und 7 SGB X nicht zum Zuge, wonach grundsätzlich die ersuchende Behörde der ersuchten Behörde für die Amtshilfe keine Verwaltungsgebühr zu entrichten hat.[404] Entsprechendes gilt für Finanzbehörden.

b) Mehraufwand der anderen Gläubiger

1.255 Daneben haften säumige Gläubiger auf den dem Verwalter und anderen Gläubigern entstehenden Aufwand, wobei mehrere säumige Gläubiger als Gesamtschuldner haften. Dies gilt nach zutreffender Ansicht[405] zunächst für die anderen Gläubiger, die durch die Säumnis zur Teilnahme an einem weiteren Prüfungstermin gezwun-

---

403 K/P/B-*Pape/Schaltke*, § 177 Rn. 20; Uhlenbruck/*Sinz*, 14. Aufl. InsO, § 177 Rn. 30;

404 *Gerhardt*, in: Jaeger/Henckel, InsO, § 177 Rn. 22.

405 *Gerhardt*, in: Jaeger/Henckel, InsO, § 177 Rn. 17; *Gundlach/Frenzel/Schirrmeister* DZWIR 2003, 62 ff.; Gottwald/*Eikmann*, Insolvenzrechts-Handbuch, § 63 Rn. 56.

gen werden. Die Gegenmeinung[406] verkennt, dass der Wortlaut des § 177 Abs. 1 S. 2, 2. Halbs. InsO nicht ergibt, dass der Gesetzgeber damit die anderen Gläubiger nicht auf im allgemeinen Prozess mit Leistungsklagen geltend zu machende Erstattungsansprüche verweisen wollte.

c) Mehraufwand des Insolvenzverwalters

Die Prüfungstätigkeit des Insolvenzverwalters ist von den aus seinem Amt folgen- **1.256**
den Pflichten erfasst. Sie wird nicht besonders vergütet. Denn die durch Nachmeldung entstehende arbeitsmäßige Mehrbelastung wird von der Verwalterregelvergütung (§ 2 InsVV) erfasst,[407] was sich bereits aus der Gleichbehandlung von nachgemeldeten mit fristgerecht angemeldeten Forderungen (Rn. 1.248) ergibt. Mehraufwand des Insolvenzverwalters durch Auslagen wird dagegen nicht durch die Regelvergütung mitabgegolten. So bestimmt § 4 Abs. 2 InsVV, dass besondere Kosten, die dem Verwalter im Einzelfall, zum Beispiel durch Reisen, tatsächlich entstehen, als Auslagen zu erstatten sind.[408] Diese Mehraufwendungen würden, käme eine Kostentragung des oder der säumigen Gläubiger nicht in Betracht, vorab (§ 53, 54 Nr. 2 InsO) aus der Teilungsmasse zu zahlen sein, also zu Lasten der anderen Gläubiger gehen. Dies würde der Funktion des § 177 Abs. 1 InsO aber widersprechen.

2. Nachrangige Insolvenzforderungen

§ 177 Abs. 2 InsO trifft für den Fall, dass die nachrangigen Gläubiger nach § 174 **1.257**
Abs. 3 InsO insolvenzgerichtlich zur Anmeldung ihrer Forderungen aufgefordert worden sind und die für die Anmeldung gesetzte Frist später als eine Woche vor dem Prüfungstermin abläuft, eine verfahrensrechtliche Sonderregel, die kostenrechtliche Auswirkungen hat. Danach ist entweder auf Kosten der Insolvenzmasse ein besonderer Prüfungstermin zu bestimmen. Andernfalls ist anzuordnen, dass die Prüfung der nachrangigen Insolvenzforderungen im schriftlichen Verfahren stattfindet.

3. Anspruchsgrundlage

Die Bestimmung der Anspruchsgrundlage des Auslagen- bzw. Kostenerstattungsan- **1.258**
spruchs i.w.S. gegen den nachträglich anmeldenden Gläubiger ist nicht wirklich

---

406 FK/*Kießner*, 8. Aufl. InsO, § 177 Rn. 32; Uhlenbruck/*Sinz*, 14. Aufl. InsO, § 177 Rn. 32.
407 Insoweit verdient *Pape/Schaltke*, in: K/P/B § 177 Rn. 23. Zustimmung; so auch Braun/*Specovius*, 6. Aufl. InsO, § 177 Rn. 16.
408 Vgl. allein *Amberger*, in: Leonhardt/Smid/Zeuner, InsVV, § 4 Rn. 1ff. und Rn. 38.

einfach. Da wegen des Verzichts auf Präklusionsregelungen (Rn. 1.246, 1.247) die nachträgliche Anmeldung ein vom Gesetz ausdrücklich erlaubtes Verhalten darstellt verbietet sich ein Rückgriff auf deliktsrechtliche Schadensersatzansprüche. In Betracht kommt eine entsprechende Anwendung des § 670 BGB.[409]

4. Kostenfestsetzung

1.259 Die Kostenpflichtigkeit des nachträglich anmeldenden Gläubigers spricht das Insolvenzgericht durch besonderen Kostengrundbeschluss aus.[410] Die Festsetzung erfolgt nach § 4 InsO i.V.m. den §§ 103ff. ZPO im Kostenfestsetzungsverfahren.[411]

III. § 177 Abs. 1 S. 2, 2. Var. InsO: Schriftliche Prüfung

1.260 Liegen die Rn. 1.178, 1.253 beschriebenen Voraussetzungen nicht vor, empfiehlt es sich, auf die Anberaumung eines besonderen Nachprüfungstermins zu verzichten und die vom Gesetzgeber für den Fall der nachträglichen Anmeldung vorgesehene Alternative einer schriftlichen Forderungsprüfung zu nutzen;[412] deren Kosten fallen dem nachträglich anmeldenden Gläubiger zur Last. Zwar wird sich im Vergleich zur Abhaltung eines besonderen Prüfungstermins keine Verfahrensverkürzung ergeben, aber doch eine (legitime) Minimierung der Terminbelastung von Verwalter und Justizpersonal.[413] Bei der Anordnung der schriftlichen Prüfung ist allerdings deren hoher Aufwand zu bedenken.

D) Nachprüfung bei später Anmeldung von Forderungen nachrangiger Gläubiger

1.261 Der Grundsatz, dass der nachträglich anmeldende Gläubiger die Kosten des besonderen Prüfungstermins zu tragen hat, passt nicht für den Fall, dass dieser Termin erforderlich wird, weil das Gericht die nachrangigen Gläubiger gem. § 39 Abs. 1 InsO erst während des Verfahrens zur Anmeldung aufgefordert hat, was nach § 174 Abs. 3 InsO geschehen kann. In diesem Fall trägt nach § 177 Abs. 2 InsO die Insolvenzmasse die Kosten des besonderen Prüfungstermins[414] oder der Prüfung im schriftlichen Verfahren.[415]

---

409 *Pape/Schaltke*, in: K/P/B § 177 Rn. 20ff.

410 *Gerhardt*, in: Jaeger/Henckel, InsO, § 177 Rn. 16ff.

411 *Gerhardt*, in: Jaeger/Henckel, InsO, § 177 Rn. 23.

412 Dazu KS-*Eckardt*, 743, 760 Rn. 33; K/P/B-*Pape/Schaltke*, § 177 Rn. 15ff.

413 Beschl.-Empf. des RechtsA zu § 204 RegEInsO, BT-Drs. 12/7302, 178 f.

414 Amtl. Begr. zu § 204 RegEInsO BT-Drs. 12/2443, 182.

415 Beschl.-Empf. des RechtsA zu § 204 RegEInsO, BT-Drs. 12/7302, 178f.

E) Vorbereitung des bes. Prüfungstermins gem. § 177 Abs. 3 InsO

I. Öffentliche Bekanntmachung

Auch der besondere Prüfungstermin ist **öffentlich bekanntzumachen**. Hierfür 1.262
greift § 9 InsO ein (oben Rn. 1.165). Soweit die Nachprüfung im schriftlichen Verfahren erfolgen soll, ist eine besondere Bekanntmachung nicht erforderlich.[416]

II. Ladung

Gem. § 177 Abs. 3 S. 2 InsO sind zu dem besonderen Prüfungstermin nach § 177 1.263
Abs. 1 S. 2 InsO gem. § 8 InsO im Wege der Zustellung durch Aufgabe zur Post besonders zu laden

- der Verwalter,
- der Schuldner (wegen seiner Erklärungspflicht, vgl. §§ 97 Abs. 1, 176) und
- die verspätet anmeldenden Insolvenzgläubiger,[417] deren Forderungen geprüft werden sollen.

§ 177 Absatz 3 S. 3 InsO verweist ausdrücklich auf die Regelung des § 74 Abs. 2 S. 1 1.264
InsO, die anordnet, dass es einer öffentlichen Bekanntmachung bei Vertagung der Gläubigerversammlung nicht bedarf, da die Gläubiger von der Terminfestsetzung haben Kenntnis erlangen können; Gleiches gilt daher auch für den vertagten Prüfungstermin.

---

416 NR/*Becker*, § 177 Rn. 40; a.A. Braun/*Specovius*, 6. Aufl. InsO, § 177 Rn. 31 f.

417 KS-*Eckardt*, 760 Rn. 33; a.A. *Hess*, 4. Aufl. InsO, § 177 Rn. 27; NR/*Becker*, § 177 Rn. 39 (abhängig von der Forderungsanmeldung).

Kapitel 5. Materielle Wirkungen der Forderungsanmeldung

A) Verjährung

I. Zusammenhang von förmlich ordnungsgemäßer Forderungsanmeldung und Verjährung

1. Fragestellung

1.265 Mit der **rechtswirksamen zulässigen** Anmeldung wird die Verjährung der Forderung unterbrochen, § 204 Abs. 1 Nr. 10 BGB,[418] allerdings nur wegen der Ansprüche, die angemeldet werden. Eine Erstreckung auf andere Anspruchsgrundlagen nach § 213 BGB kommt nicht in Betracht, da eine Klageumstellung im Feststellungsprozess ausgeschlossen ist.[419] Damit die Verjährungshemmung nach § 204 Abs. 1 Nr. 10 BGB eintritt, müssen die Anforderungen erfüllt sein, die § 174 Abs. 1 und 2 InsO an die Anmeldung der Forderung stellt.[420] Was daraus im Einzelnen folgt, ist trotz eines Urteils des BGH aus dem Jahr 2013[421] nicht zuletzt wegen eines Ende des Jahres 2015 ergangenen Nichtzulassungsbeschlusses des BGH[422] nicht völlig geklärt (zum Ganzen eingehend unten Rn. 3.209 ff.).

1.266 Vielfach[423] tritt der Fall auf, in dem der Gläubiger eine – vermeintliche – vertragliche Forderung anmeldet, es sich aber herausstellt, dass der Vertrag unwirksam ist und der Gläubiger seine Forderung dann aus Bereicherung begründet.

1.267 Nach dem Gesetz greift die Verjährungshemmung allein ein wegen konkurrierender oder alternierender Anspruchsgrundlagen. Das wäre zwar wegen § 812 BGB der Fall. Gleichwohl liegen die Dinge hier anders, wenn, wie im SKL-M-Fall,[424] der „Grund" der Forderung überhaupt nicht mit der Anmeldung vom Liquidanten benannt worden ist.

2. Hemmung der Verjährung durch Erhebung unzulässiger Klagen

1.268 Allerdings wird im Schrifttum[425] einhellig darauf hingewiesen, dass auch eine unzulässige *Klage*, solange sie überhaupt als Klage gewertet werden kann, geeignet sei, den Lauf der Verjährungsfrist des geltend gemachten Anspruchs zu hemmen. Dies

---

418 Uhlenbruck/*Sinz*, 14. Aufl. InsO, § 174 Rn. 56; K/P/B-*Pape/Schaltke*, § 174 Rn. 75; MünchKomm-*Riedel*, 3. Aufl. InsO, § 174 Rn. 3.

419 Arg. aus BGH, Urt. v. 5.7.2007 – IX ZR 221/05, ZIP 2007, 1760.

420 K/P/B-*Pape/Schaltke*, § 174 Rn. 75.

421 BGH, Urt. v. 21.2.2013 – IX ZR 92/12, ZInsO 2013, 602.

422 BGH, Beschl. v. 12.11.2015 – IX ZR 313/14, ZInsO 2016, 93.

423 Vgl. „SKL-M-Fall": BGH Urt. v. 5.7.2007 – IX ZR 221/05, DZWIR 2008, 103.

424 Entscheidung vom 9.4.2002 – 2002/989/EG, ABl. (EG) L 314 v. 18.11.2002, S. 75 ff.

425 Vgl. hier allein statt aller *Peters/Zimmermann*, Verjährungsfristen. Gutachten und Vorschläge zur Überarbeitung des Schuldrechts, Bd. I (Hrsg. BMJ), 1981, 77 ff., 257 m.w.N.

kann an dieser Stelle vorerst dahingestellt bleiben. Denn in Ansehung der Forderungsanmeldung haben die Gesichtspunkte Geltung, die der BGH in seinem Urteil vom 5.7.2007[426] zur Forderungs*anmeldung* und zur Tabellenfeststellungsklage ausgeführt hat. Die Forderungsanmeldung betrifft – im Unterschied zu einer außerhalb des Insolvenzverfahrens erhobenen – Leistungsklage nicht allein die Parteien, sondern den anmeldenden Gläubiger auf der einen und den Insolvenzverwalter und die übrigen Gläubiger auf der anderen Seite. Daher sind die Anforderungen an die Forderungsanmeldung keine „Förmelei", sondern gehören gleichsam zur Substanz der Verfahrensteilnahme im Insolvenzverfahren. Nur die wirksame Anmeldung vermag daher die Verjährungshemmung auszulösen.[427] Diese freilich liegt auch dann vor, wenn der Gläubiger eine „falsche" Anspruchsgrundlage – Vertrag statt Bereicherung – angibt. Da es allein in der Hand des Gläubigers liegt, die Forderungsanmeldung formgerecht vorzunehmen,[428] ist es auch sachgerecht, sowohl insolvenzverfahrensrechtlich als auch verjährungsrechtlich an einem Gleichlauf festzuhalten.

Nach dem oben (Rn. 1.94 ff.) Ausgeführten hat sich allerdings der Gläubiger mit 1.269
der Anmeldung seiner Forderung aus Vertrag (Rückzahlungsanspruch eines gewährten Darlehens etc.) wirksam am Insolvenzverfahren beteiligt. Im allgemeinen Leistungsprozess wird insofern aber vertreten, dass auch die unzulässige Klage den Eintritt der Verjährung hemmt.[429]

II. Verjährungshemmung gemäß § 213 BGB wegen elektiver Anspruchskonkurrenz?

1. Gesetzliche Regelung

a) Bestimmung des Gegenstandes der Verjährungshemmung nach §§ 204 Abs. 1 Nr. 10, 213 BGB?

Grundsätzlich betreffen Maßnahmen des Gläubigers zur Hemmung der Verjährung 1.270
nur den einzelnen, konkret geltend gemachten Anspruch.

Auf die vorangegangenen Überlegungen käme es aber nicht an, wenn § 213 BGB 1.271
eingreifen würde. Danach gilt die Ablaufhemmung auch für Ansprüche, die aus demselben Grunde wahlweise neben dem Anspruch oder an seiner Stelle gegeben sind. Diese Regelung ist im Rahmen der Reform 2002/2003 in das Gesetz eingefügt worden. § 213 BGB bestimmt, dass die Hemmung, die Ablaufhemmung und der erneute Beginn der Verjährung auch für Ansprüche gelten, die aus demselben Grunde wahlweise neben dem Anspruch oder an seiner Stelle gegeben sind.

---

426 BGH Urt. v. 5.7.2007 – I ZR 221/05, BGHZ 173, 103.
427 *Peters/Zimmermann*, a.a.O. ((Fn. 425), 133 m.w.N.
428 Zu diesem Gesichtspunkt im Rahmen der Sachurteilsvoraussetzungen *Peters/Zimmermann*, a.a.O. ((Fn. 425), 256.
429 MünchKomm-*Grothe*, § 204 BGB Rn. 25.

1.272 § 213 BGB greift nach durchweg hL für alle Fälle des § 204 Abs. 1 BGB.[430] Allerdings wird dies in der Literatur apodiktisch behauptet, ohne bislang im Hinblick auf die einzelnen Fälle erörtert und begründet zu werden; an die Stelle einer rechtsdogmatischen Begründung tritt die Behauptung, der Gesetzgeber habe eine entsprechende Ausweitung der Verjährungstatbestände gewollt.[431] Die vorliegende Lehrbuchliteratur ist unergiebig.

b) Argumentation Manfred Wolfs

1.273 Sachlicher Grund der Verjährungserstreckung gemäß § 213 BGB soll nach einer von *Manfred Wolf*[432] vertretenen Auffassung die Befreiung des Verjährungsrechts aus dem „Streitgegenstandsdenken" sein. *Wolfs* in einem Festschriftbeitrag ausgearbeitete Darstellung ist – legt man die Übersichten der neuesten Groß-Kommentarliteratur zugrunde – nach wie vor die einzige grundlegende Darstellung der Fragestellungen. *Wolf* leitet dies aus einem von ihm angenommenen, mit der Verjährung intendierten Schutz des Schuldners her,[433] in Beweisnot zu geraten, wenn er nach längerer Zeit vom Gläubiger in Anspruch genommen wird. Daneben tritt der Schutz der Orientierungs- und Dispositionsfreiheit des Schuldners. Schließlich soll der Schuldner davor geschützt werden, Regressansprüche gegen Dritte nicht durchsetzen zu können.

1.274 Dabei ist zu berücksichtigen, dass für den Fall, dass der Gläubiger überhaupt eine Anspruchsverfolgung nicht unternommen hat, die Passivität des Gläubigers ihn nicht schutzwürdig erscheinen lässt.[434] Die Verjährungshemmung beruht dagegen auf dem Gedanken, dass dem Gläubiger *zumutbare* Mittel zur Verfügung gestellt werden müssen, um den Verjährungseintritt durch Verfolgung seiner Rechte zu hemmen.[435]

1.275 *Manfred Wolf* hat am alten Recht vor Inkrafttreten des neuen § 213 BGB kritisiert, dass die Rechtsprechung sich zu stark an den Erfordernissen einer zur Erlangung eines rechtskräftigen Titels erforderlichen Individualisierung und Bestimmtheit des fraglichen Rechts (Anspruchs) habe leiten lassen.[436] Daher sei es geboten, Vertrauensschutzgesichtspunkte dadurch stärker in den Blick treten zu lassen, dass auf die

430 Staudinger/*Peters*/*Jacoby*, BGB, § 213 Rn. 8 Nr. 1.

431 Hierzu jetzt eingehend *Kiesbye*, Die Hemmung der Verjährung durch Anmeldung der Forderung im Insolvenzverfahren, 2012, besonders 199–222.

432 *Manfred Wolf*, in: FS Schumann, a.a.O. (Fn. 457), 579, 580.

433 AaO (Fn. 425).

434 *M. Wolf*, in: FS Schumann, a.a.O. (Fn. 425), 581.

435 *M. Wolf*, in: FS Schumann, a.a.O. (Fn. 425), 582.

436 *M. Wolf*, in: FS Schumann, a.a.O. (Fn. 425).

Erkennbarkeit ernsthafter Rechtsverfolgung abgestellt werde.[437] Dabei soll auf die dem Schuldner erkennbare Interessenlage abzustellen sein.[438]

Demgegenüber würden die Interessenlagen verkannt, wenn man mit der frühe- 1.276 ren Judikatur des BGH bis zum Inkrafttreten des § 213 BGB n.F. die an einen rechtskräftigen Titel zu stellenden Anforderungen mit der Erkennbarkeit des Schuldners vermenge, welchen Anspruch der Gläubiger ernsthaft verfolge.[439]

Wenn daher der Gläubiger den Erfüllungsanspruch einklagt, wird dadurch der 1.277 Schadensersatzanspruch wegen Nichterfüllung in seiner Verjährung gehemmt oder umgekehrt.[440]

Dabei kann sich *M. Wolf* darauf stützen, dass das BGB nicht der gemeinrechtli- 1.278 chen Konzeption der Klagenverjährung gefolgt ist; diese ist mit der actio durch das *Windscheidsche* Anspruchssystem[441] abgelöst worden.[442] Über diese Fälle der Erstreckung der Verjährungshemmung, die bereits in § 477 Abs. 3 BGB a.F. vorgesehen waren und die durch § 213 BGB allgemein gefasst worden sind, hinaus wird unter Gesichtspunkten des Vertrauensschutzes erörtert, welche weiteren Ansprüche als kumulativ oder alternativ anzusehen seien.[443] *M. Wolf* konzediert, dass die begriffliche Unterscheidung von kumulativ oder alternativ nebeneinander tretenden Ansprüchen durch Wertungen zu konkretisieren sei, worauf der Schuldner sich einzustellen habe.[444] Dass hieße aber im Ergebnis, die Funktion des Verjährungsrechts, allein durch Zeitablauf eindeutige Einredelagen zu schaffen, in einem wesentlichen Punkt aufzulösen. Das nachvollziehbare geltend gemachte materielle Gerechtigkeitsinteresse, das der Ablösung des Rechts der Verjährungshemmung von prozessualen Erwägungen zugrunde liegt, wird damit selbst in Frage gestellt – weil es materiellem Gerechtigkeitsdenken widerstreitet, wenn die Parteien sich nicht an allgemeinen rechtlichen Regelungen orientieren können, sondern nicht näher ausweisbaren Einzelfallentscheidungen ausgesetzt sind.

c) Problematik einer Orientierung am zivilprozessualen „Streitgegenstandsdenken“

Daher mag die Orientierung am zivilprozessualen „Streitgegenstandsdenken“ die 1.279 Begründung von Verjährungslagen bzw. deren Hemmung nicht hinreichend syste-

---

437 *M. Wolf*, in: FS Schumann, a.a.O. ((Fn. 425), 583.
438 *M. Wolf*, in: FS Schumann, a.a.O. ((Fn. 425).
439 *M. Wolf*, in: FS Schumann, a.a.O. ((Fn. 425), 584.
440 *M. Wolf*, in: FS Schumann, a.a.O. ((Fn. 425), 587 m.w.N.
441 *Windscheid/Kipp*, Pandekten I, § 106.
442 Vgl. allein *Heinz Hübner*, Allgemeiner Teil des BGB, Rn. 1374.
443 *M. Wolf*, in: FS Schumann, a.a.O. ((Fn. 425).
444 *M. Wolf*, in: FS Schumann, a.a.O. ((Fn. 425), 593.

matisierbar werden zu lassen und sogar zu Widersprüchen zu führen – legt man die Judikatur zum Verhältnis von Erfüllungsansprüchen und Schadensersatzansprüchen wegen Nichterfüllung zugrunde. Für die Auslegung des § 213 BGB als sedes materiae dieser Lösung vom zivilprozessualen „Streitgegenstandsdenken“ würde daraus folgen, dass grundsätzlich stets bei kumulativ oder alternativ möglichen Ansprüchen die Verjährungshemmung grundsätzlich eintrete, aber im Einzelfall durch eine Vertrauensschutzabwägung zu begrenzen wäre.

1.280 Argumentiert man dabei wie *M. Wolf*[445] mit dem Schutz der Rechtsposition des Gläubigers aus Art. 14 Abs. 1 GG, ist einer weiteren Überlegung scheinbar Tür und Tor verwehrt. Es ist aber nicht zu übersehen, dass die Verjährung nach völlig einheitlicher (im Übrigen auch von *M. Wolf* geteilter) Meinung nicht eine Ausnahmelage von zweifelhaftem Gerechtigkeitswert ist, sondern einem jeden Recht innewohnt. Die Gefahr der Verjährung ist also dem – verfassungsrechtlich als Eigentum im Sinne von Art. 14 Abs. 1 GG qualifizierten – Anspruch eigen, so dass die Verjährung das verfassungsrechtliche Eigentum nicht beeinträchtigen kann, sondern Teil seines Begriffs und Inhalts ausmacht.

1.281 Der Versuch einer verfassungsrechtlichen Unterlegung einer nur durch Einzelfallabwägungen ausnahmsweise zu begrenzenden weiten Auslegung des § 213 BGB verfängt unabhängig davon daher nicht, ob man eine Drittwirkung von Grundrechten rechtsdogmatisch für richtig erachtet. Hier sind die Ansprüche aus § 488 BGB und § 812 BGB allerdings nicht nebeneinander, sondern alternierend gegeben, so dass „eigentlich“ eine Anwendbarkeit des § 213 BGB gegeben wäre; die Bundesregierung hat aber ausdrücklich darauf abgestellt, dass „das *Gesetz dem Gläubiger es ermöglicht*, von einem Anspruch zum anderen überzugehen“.[446] Dies lässt aber das Verfahren der Forderungsanmeldung ausdrücklich nicht zu. Fraglich ist, ob der Fall der Forderungsanmeldung im Insolvenzverfahren gemäß § 204 Abs. 1 Nr. 10 BGB *sub specie* § 213 BGB in eine der dieser Vorschrift zugrunde liegenden Vertrauensschutzabwägung unterstellt werden darf.

2. Voraussetzung einer Verjährungshemmung nach § 213 BGB im Einzelnen

1.282 Voraussetzung der Erstreckung der Verjährungshemmung ist im Falle der Forderungsanmeldung in dem über das Vermögen des Schuldners eröffneten Insolvenzverfahren zunächst die Identität des Schuldners,[447] die hier völlig unproblematisch vorliegt. Fraglich ist dagegen die „Identität des Grundes“. Darunter ist zu verstehen, dass sich die Ansprüche aus demselben Lebenssachverhalt ergeben. Gegenstand

445 *M. Wolf*, in: FS Schumann, a.a.O. ((Fn. 425).
446 Siehe BGB-E, BT-Drs. Nr. 14/6040, S. 121 f.
447 Staudinger/*Peters*/*Jacoby*, BGB, § 213 Rn. 2.

der Verjährung ist nicht „die Klage". Denn diese, noch im gemeinen Recht angenommene Klagenverjährung knüpfte daran an, dass mit der Klage das „verletzte Recht" des Klägers geltend gemacht wurde.[448] Mit der Ablösung des actionenrechtlichen Denkens durch ein die Klage (den Prozess) vom materiellen Recht unterscheidenden *Anspruch* ablösendes System wurde die Verjährung an den Anspruch geknüpft.[449] Der Anspruch als Recht, von einem Schuldner ein Tun oder Unterlassen zu fordern (§ 194 BGB), kann aber auf verschiedenen Gründen (Anspruchsgrundlagen) beruhen, was erst die Frage nach der Erstreckung einer Hemmungswirkung der Klageerhebung aufwirft. So hat *W. Henckel* bereits 1962 darauf aufmerksam gemacht, dass der Anspruch im Sinne des (früheren) § 209 BGB der prozessuale (behauptete) Anspruch sei, so dass die Verjährung eines Anspruchs gehemmt sein kann, obwohl er in einem Prozess nicht betrieben werden durfte oder wurde.[450]

3. Bedingte Rechtshängigkeit

Nach der Rechtsprechung des BGH[451] soll auch ohne Aufgliederung oder ohne ein Eventualverhältnis durch die Klageerhebung eine „bedingte Rechtshängigkeit" bewirkt und damit die Verjährung unterbrochen (heute: der Ablauf der Verjährungsfrist gehemmt) worden sein, wie *P. Arens*[452]ausgeführt hat. An diese Judikatur hat *Henckels* Kritik der Verjährung nicht eingeklagter Ansprüche angesetzt. *P. Arens*[453] hat darauf hingewiesen, dass die Verjährungserstreckung durch Klagerhebung im Kontext des § 263 ZPO zu lesen sein könne – und weist darauf hin, dass die Auflösung der Bindung der Verjährung an den Streitgegenstand, wie sie von *M. Wolf* gefordert wird, erheblichen Nachteilen ausgesetzt ist.[454] 1.283

Die Einzelheiten erscheinen – legt man die Kommentarliteratur zugrunde – zunächst unklar. Grundgedanke des § 213 BGB ist, dass bei der Geltendmachung von Erfüllungsansprüchen die nicht geltend gemachten Schadensersatzansprüche wegen Nichterfüllung nicht sollen der Verjährung anheimgegeben sein; beide Ansprüche mögen einander ausschließen, beruhen aber auf dem einheitlichen Lebensvorgang des an Leistungsstörungen (heute: Pflichtverletzungen einer Partei) leidenden Vertrages. 1.284

448 *v. Savigny*, System des heutigen römischen Rechts, Bd. V, §§ 239 ff.
449 *H. Hübner*, Allgemeiner Teil des BGB, Rn. 1374.
450 *W. Henckel*, Die Grenzen der Verjährungsunterbrechung, JZ 1962, 335.
451 BGH, NJW 1984, 2346; BGH, NJW 1967, 2210.
452 *P. Arens*, Verjährungsunterbrechung durch Klageerhebung, FS Henckel, 1990, 17, 18.
453 *P. Arens*, in: FS Henckel, a.a.O. ((Fn.452), 28, 29.
454 *P. Arens*, in: FS Henckel, a.a.O. ((Fn. 452), 32.

4. Ausschluss des § 213 BGB in Fällen des § 204 Abs. 1 Nr. 10 BGB

a) Übersicht

1.285 Davon unterscheidet sich die Lage, die bei der Anmeldung einer auf einen „falschen“ Grund gestützte Forderung in dem über das Vermögen des Forderungsschuldners eröffneten Insolvenzverfahren eintritt. Im diesem Fall greift § 213 BGB jedenfalls nicht ein: Denn ein Anspruch z.B. aus § 488 BGB[455] beruht auf dem Lebenssachverhalt eines wirksam geschlossenen Darlehensvertrages. Ein Anspruch aus § 812 BGB setzt demgegenüber voraus, dass das Schuldverhältnis nicht zustande gekommen ist, was auf einen anderen Lebenssachverhalt als Ansprüche aus wirksam geschlossenem Vertrag verweist.

b) Lage im SKL-M-Fall

1.286 Die Beurteilung der Sachprobleme wird noch komplizierter, wenn man bedenkt, dass in dem vom BGH entschiedenen SKL-M-Fall[456] der Verwalter den Rang der von der Gläubigerin angemeldeten Darlehensforderung bestritten hat – da er davon ausgegangen war, dass das in diesem Fall von der Treuhandanstalt/BvS als Gläubigerin und Alleingesellschafterin der schuldnerischen SKL-M gewährte Darlehen nach damaligen Recht als eigenkapitalersetzendes Darlehen als nachrangig zu behandeln gewesen sei. Das Bestreiten des Ranges führt nun über die Frage des Bestandes der angemeldeten Forderung hinaus. Denn Forderungsanmeldung und der gegen sie gerichtete Widerspruch betreffen im allgemeinen das „Haftungsrecht“ – also Feststellung, dass der anmeldende Gläubiger zu denjenigen Gläubigern zählt, denen die Masse (das vom Insolvenzbeschlag erfasste Vermögen) haftet und er daher bei der Verteilung des aus der Verwertung der zu dieser Masse gehörenden Gegenstände zu befriedigen ist. Im Falle des Bestreitens des Ranges des Gläubigers ist, wenn der Gläubiger eine Insolvenzforderung gem. § 38 InsO angemeldet hat, der Bestreitende aber die Rechtsauffassung vertritt, die angemeldete Forderung habe den Rang des § 39 Abs. 1 InsO, § 174 Abs. 3 InsO (oben 1.12ff.) anzuwenden. Wenn nicht das Insolvenzgericht die Gläubiger nachrangiger Insolvenzforderungen aufgefordert hat war bereits deren Anmeldung unwirksam. Aber mit dem im Falle SKL-M vorliegenden Streit zwischen Verwalter und anmeldender Gläubigerin über die Qualifikation der angemeldeten Forderung als nachrangige Eigenkapitalersatzforderung nach § 39 Abs. 1 Nr. 5 InsO a.F. oder als nicht nachrangige Insolvenzforderung nach § 38 InsO – hat die Forderungsanmeldung eine Verfahrensteilnahme des anmeldenden Gläubigers begründen können (oben 1.94ff.). In diesem Fall geht es daher nicht allein darum, ob eine Darlehensforderung des anmeldenden Gläubi-

---

455 Wie im Fall BGH Urt. v. 5.7.2007 – I ZR 221/05, BGHZ 173, 103.
456 BGH, Urt. v. 5.7.2007 – IX ZR 221/05 – ZIP 2007, 1760.

gers besteht. Vielmehr ist damit immer auch unklar, ob er überhaupt am Insolvenzverfahren zur Teilnahme befugt ist. Wird später im Tabellenfeststellungsprozess gem. §§ 181, 183 InsO darauf erkannt, dass es sich bei der angemeldeten um eine nachrangige Insolvenzforderung handelt, liegt daher überhaupt keine Forderungsanmeldung vor – an die eine Verjährungsunterbrechung geknüpft werden könnte.

Lässt man den aus § 174 Abs. 3 InsO folgenden Gedanken zunächst beiseite, ist **1.287**
folgendes zu berücksichtigen: Dass im Übrigen mit den gegen deren Qualifikation nach § 39 Abs. 1 Nr. 5 InsO ins Feld geführten europarechtlich-beihilferechtlichen Gesichtspunkten einer Qualifikation des Darlehens an die Insolvenzschuldnerin zwar ein Sachverhalt erörtert wurde, aus dem auf die Nichtigkeit des Darlehensvertrages nach § 134 BGB geschlossen werden konnte, spricht nicht gegen die hier vertretene Auffassung. Denn es kommt nicht darauf an, ob insofern alle anderen Beteiligten (die anderen, am Verfahren der Forderungsprüfung beteiligten Gläubiger) von einem wirksam geschlossenen Darlehensvertrag als Gegenstand der Forderungsanmeldung ausgehen oder aufgrund des mit der Forderungsanmeldung vom anmeldenden Gläubiger vorgebrachten Sachverhalts den Eindruck gewinnen mussten, dass der Vertrag u.E. nichtig sein konnte. Die gründliche rechtsdogmatische Analyse des § 213 BGB durch *M. Wolf*[457] erörtert den Fall der Geltendmachung von Ansprüchen aus (wirksam geschlossenem) Vertrag und Bereicherungsansprüchen wegen der Unwirksamkeit des Vertrages nicht, was aufgrund des Grundansatzes *M. Wolfs* die hier vertretene Auffassung bestärkt. Allerdings wird – einer Entscheidung des BGH[458] folgend – in der Kommentarliteratur[459] eine elektive Konkurrenz aufgrund Alternativität der Geltendmachung von Ansprüchen aus (wirksam geschlossenem) Vertrag und Bereicherungsansprüchen wegen der Unwirksamkeit des Vertrages bejaht.

Die in der Kommentarliteratur zitierte Entscheidung trägt diese Auffassung aber **1.288**
nicht. In dieser Entscheidung des BGH[460] ging es um folgenden Fall:

Die Klägerin hatte die Beklagte auf Zahlung von offenen Rechnungen aus Tä- **1.289**
tigwerden eigener Arbeitnehmer für die Beklagte in Anspruch genommen. Zunächst hatte sie ihre Ansprüche auf ungerechtfertigte Bereicherung gestützt, da der zugrunde liegende Werkvertrag nach § 134 BGB nichtig gewesen sei; die Voraussetzungen der Nichtigkeit – einen möglichen Verstoß gegen § 10 AÜG – hatte die Klägerin in der Klageschrift vorgetragen. Erst nach Ablauf der werkvertraglichen Verjährungsfrist hatte die Klägerin mit weiterem Schriftsatz sich auf die Wirksamkeit des Werkvertrages berufen und ihren Anspruch hierauf gestützt.

---

457 *M. Wolf*, in: FS Schumann, S. 579 ff.
458 BGH, Urt. v. 18.7.2000 – X ZR 62/98, NJW 2000, 3492 ff.
459 MünchKomm-*Grothe*, § 213 BGB Rn. 4.
460 BGH (Fußn. 458), NJW 2000, 3492 ff.

1.290 Der BGH hat in der hier zitierten Entscheidung NJW 2000, 3492ff. gegen das Berufungsgericht den Eintritt der Verjährung verneint. Denn der Kläger habe sich zwar zunächst aufgrund der von ihm angenommenen Nichtigkeit des Werkvertrages auf ungerechtfertigte Bereicherung berufen, nach seinem Sachverhaltsvortrag sei aber alternativ entweder ein Anspruch aus § 812 BGB oder aus § 631 BGB gegeben gewesen. Dabei stellt der BGH darauf ab, von der Verjährungsunterbrechung (heute: Hemmung) würden unabhängig von der rechtlichen Begründung der Klage alle Ansprüche erfasst, die sich im Rahmen des gestellten Antrags aus dem dem Gericht zur Entscheidung vorgetragenen Lebenssachverhalt herleiten lassen.[461] Hätte sich im umgekehrten Fall der Kläger daher in einer Lage illegaler Arbeitskräfteüberlassung allein auf die Wirksamkeit des Werkvertrages berufen, ohne den entsprechenden Sachverhalt vorzutragen, aus dem sich ein Bereicherungsanspruch ergeben kann, wäre der Bereicherungsanspruch von der Verjährungshemmung nicht erfasst worden.

5. Unterschied zwischen den Tatbeständen der § 204 Abs. 1 Nrn. 1–9 BGB und § 204 Abs. 1 Nr. 10 BGB

1.291 Die Tatbestände des § 204 Abs. 1 Nr. 1 bis 9 BGB unterscheiden sich nachdrücklich von der Verjährungshemmung durch die Anmeldung der Forderung in dem über das Vermögen des Schuldners eröffneten Insolvenzverfahren.

1.292 Hier treten die Gesichtspunkte hervor, auf die der BGH in seiner Entscheidung vom 5.7.2007 abgestellt hat. Denn wegen der Vertrauensschutzaspekte kann in dem über das Vermögen des Schuldners eröffneten Insolvenzverfahren nicht auf die Person des Schuldners abgestellt werden, der schließlich die Verwaltungs- und Verfügungsbefugnis über sein Vermögen verloren hat (§ 80 Abs. 1 InsO). Es kommt aber auch nicht allein oder primär auf die Person des Insolvenzverwalters an, da dieser zwar als Amtsträger für die zügige Verfahrensabwicklung verantwortlich ist, dabei aber vom Eintritt oder Nichteintritt der Verjährung nur insoweit betroffen ist, als er angemeldete, wegen rechtshindernder Einreden nicht durchsetzbare Ansprüche durch Widerspruch abzuwehren hat.

1.293 Ausschlaggebend ist die Lage der Insolvenzgläubiger. Den Insolvenzgläubigern ist das Schuldnervermögen mit dem Insolvenzbeschlag haftungsrechtlich zugewiesen. Die Forderungsanmeldung richtet sich daher auch an die Gläubigergemeinschaft – die „anderen" Insolvenzgläubiger, die ihr ebenfalls widersprechen können.

1.294 Durch eine Erstreckung der Hemmungswirkung durch die Anmeldung eines nicht bei der Verteilung der Masse zu berücksichtigenden Anspruchs auf eine später

461 BGH (Fußn. 458), NJW 2000, 3492, 3493.

erfolgende Anmeldung, die sich auf einen bestehenden Anspruch stützt, würden Dispositions- und Planungsinteresse der anderen Insolvenzgläubiger in einem Maße beeinträchtigt, das nicht von § 213 BGB gedeckt ist. Zwar könnte man sich dabei auf den Standpunkt stellen, die anderen Insolvenzgläubiger müssten wegen der Möglichkeit nachträglicher Anmeldungen gemäß § 177 Abs. 1 InsO immer auch mit nachträglichen Anmeldungen rechnen. Sind aber die Ansprüche, aus denen die angemeldeten Forderungen hergeleitet sind, verjährt, wird das nicht beeinträchtigt, da diese Forderungen ohnedies bestritten werden können. Es macht nämlich den entscheidenden, die Verjährung als Rechtsinstitut tragenden Unterschied aus, ob die anderen Gläubiger sich bei der Prüfung einer späteren Forderungsanmeldung einfach auf Zeitablauf – den Eintritt der Verjährung – berufen können oder ob sie erneut in eine materielle Prüfung des Anspruchs eintreten müssen. Die Erstreckung der Verjährungshemmung auf nicht bei der Forderungsanmeldung ordnungsgemäß vorgebrachte Ansprüche würde aber die Gläubiger dazu nötigen, wegen einer Forderung, an deren Prüfung sie bereits teilgenommen haben, erneut einen über die Verjährungseinrede hinausgehenden erheblichen Prüfungsaufwand zu betreiben. Die Teilnahmekosten der anderen Insolvenzgläubiger würden m.a.W. ungerechtfertigt erhöht.

Die Prüfung eines Bereicherungsanspruchs setzt erheblich anderen Vortrag des Gläubigers voraus als bloß der Tatsachen – des Lebenssachverhalts –, aus denen bzw. aus dem sich die Nichtigkeit des zugrundeliegenden Vertrages ergibt. So kann der Fall des § 814 Variante 1 BGB vorliegen, so dass das zum Zwecke der Erfüllung der unwirksam eingegangenen Verbindlichkeit Geleistete nicht zurückgefordert werden kann, wenn der Leistende – im SKL-M-Fall: die Treuhandanstalt/BvS – gewusst haben sollte, dass er zur Leistung nicht verpflichtet war, es kann Entreicherung vorliegen gem. § 818 Abs. 3 BGB, um nur zwei Fragenkreise anzusprechen, deren Prüfung nicht ohne weiteres aus dem Lebenssachverhalt „Nichtigkeit eines Vertrages" geschlossen werden kann. Im Prozess (im streitigen Erkenntnisverfahren) könnte dies durch die Parteien auf Nachfragen des Prozessgerichts gem. § 139 Abs. 1 S. 2 ZPO aufgeklärt werden; im Prüfungstermin ist für all dies aber kein Raum. 1.295

Grundsätzlich gilt daher, dass, da der Anspruch der Gläubigerin aus § 812 Abs. 1 Satz 1, 1. Var. BGB nicht zur Tabelle angemeldet worden ist, eine Verjährungsunterbrechung gemäß § 204 Abs. 1 Nr. 10 BGB nicht eingetreten ist.[462] 1.296

462 Vgl. zuerst LG Magdeburg, Urt. v. 1.11.2011 – 9 0 112/10, 9 O 112/10 – 031 u. entspr. BGH, Urt. v. 21.2.2013 – IX ZR 92/12, ZInsO 2013.

B) Keine ipso iure Kündigung noch nicht fälliger Insolvenzforderungen durch deren Anmeldung zur Insolvenztabelle

1.297 Nicht fällige Forderungen werden durch § 41 Abs. 1 InsO als fällig gestellt behandelt. Grundlage ist der Insolvenzzweck – nämlich eine Gleichbehandlung der Insolvenzgläubiger zu schaffen. Wie § 39 Abs. 1 Nr. 1 InsO zeigt, wird damit keine „automatische“ *Kündigung* namentlich eines Darlehensvertrages bewirkt. Dies wird durch den Zweck der Herstellung von Gläubigergleichbehandlung nicht gerechtfertigt. Die Entscheidung über eine Kündigung eines Darlehens liegt daher beim Gläubiger.[463]

1.298 Die Anmeldung der Forderung ist daher nicht ohne weiteres als konkludente Kündigung zu qualifizieren.[464] Besonders in Fällen der Anmeldung einer z.B. gut verzinsten und durch Bürgschaft gesicherten Forderung will sich der anmeldende Gläubiger seiner hieraus erwachsenden Vorteile nicht begeben.

463 Überzeugend *Gerhardt*, in: Jaeger/Henckel § 174 Rn. 90.
464 Zutr. *Gerhardt*, in: Jaeger/Henckel § 174 Rn. 90.

Kapitel 6. Zession der Forderung nach deren Anmeldung und Feststellung

A) Zession der Forderung nach ihrer Anmeldung zur Tabelle

I. Wirksamkeit

Zessionen zur Tabelle angemeldeter Forderungen kommen ständig vor. Kreditinstitute werden auf neue Institute unter Zession der von dem bisherigen Rechtsinhaber gehaltenen Forderungen verschmolzen, Fonds erwerben Forderungen usf. Neben diesen Fällen der rechtsgeschäftlich vereinbarten Zession aufgrund Forderungskaufs sind Fälle der cessio legis zu berücksichtigen: klassischer Fall ist die Befriedigung des Gläubigers durch den Bürgen, § 774 BGB[465] oder des Gesamtschuldnerausgleichs gem. § 426 BGB. Für all diese Fallgestaltungen besteht Einigkeit darüber, dass die Zession einer zur Tabelle angemeldeten Forderung rechtswirksam erfolgen kann. Das folgt bereits daraus, dass die Zession selbst nach Rechtshängigkeit der Forderung im streitigen Zivilprozess nicht ausgeschlossen wäre. Denn nach § 265 Abs. 1 ZPO schließt die Rechtshängigkeit das Recht der einen oder der anderen Partei nicht aus, die in Streit befangene Sache zu veräußern oder den geltend gemachten Anspruch abzutreten.[466] Ob dies auch unter der Voraussetzung gelten kann, dass der (spätere) Zedent durch die Anmeldung seiner Forderung an dem über das Vermögen des Forderungsschuldners eröffneten Insolvenzverfahren teilnimmt, ist im Schrifttum freilich umstritten. 1.299

II. AG Köln, Beschluss vom 8. Januar 2016 – 71 IN 20/13, ZIP 2016, 688

1. Fragestellung

Eine Entscheidung des AG Köln[467] gibt dazu Anlass, die Rechtswirkungen der Zession einer Insolvenzforderung näher zu betrachten, in der die nach Anmeldung zur Tabelle vom Insolvenzgläubiger zediert worden ist. Das AG Köln hat über die Wirksamkeit der Rücknahme einer Forderungsanmeldung durch den Zedenten nach Feststellung der Forderung zur Tabelle zu entscheiden gehabt. Dabei ging es um folgenden Sachverhalt: 1.300

Die vom Gläubiger A (im Folgenden: Zedentin) in dem über das Vermögen des Schuldners S eröffneten Insolvenzverfahren angemeldete Forderung war nach ihrer Anmeldung zur Tabelle durch die Zedentin vom Verwalter festgestellt worden. Einen Monat darauf hat die Zedentin beim Insolvenzverwalter die Forderungsanmeldung zurückgenommen. Dies teilte der Insolvenzverwalter dem Gericht mit. Zuvor 1.301

---

465 MünchKomm-*Habersack*, BGB, § 774 Rn. 4, 5.

466 MünchKomm-*Becker-Eberhard*, 5. Aufl. ZPO, § 265 Rn. 34 f.

467 AG Köln, Beschluss vom 8. Januar 2016 – 71 IN 20/13, ZIP 2016, 688.

hatte die Zessionarin von der Zedentin die festgestellte Forderung nach § 398 BGB erworben. Fünf Wochen nach Rücknahme der Forderungsanmeldung hat das Insolvenzgericht eine Tabellenberichtigung auf Null vorgenommen und entsprechend in die Tabelle eingetragen. Mit ihrer Erinnerung begehrte die Zessionarin die erneute Tabellenberichtigung. Im Prozesskostenhilfeverfahren war die Zessionarin, die eine Feststellungsklage nach § 179 InsO erheben wollte, gescheitert.

2. Anwendbarkeit des § 265 ZPO gem. § 4 InsO

1.302 Das AG Köln[468] meint, auf die Rechtsnachfolge, wie sie durch die Zession herbeigeführt wird, kämen gemäß § 4 InsO die Vorschriften der §§ 265, 325, 727 ZPO zur Anwendung. Ungeachtet des materiellrechtlichen Übergangs der Inhaberschaft an der Forderung bleibe der ursprünglich anmeldende Gläubiger verfahrensbeteiligt, was sich aus § 265 Abs. 2 ZPO ergebe. Daher sei die Zedentin befugt geblieben, wirksam die Anmeldung der Forderung zurückzunehmen. Im Übrigen soll § 178 Abs. 3 InsO, der an die Feststellung der Forderung und ihrer Beurkundung in der Tabelle durch das Insolvenzgericht Rechtskraftwirkungen knüpft, nach Auffassung des AG Köln deshalb der Befugnis des Gläubigers zur Rücknahme der festgestellten Forderung nicht entgegenstehen, weil sogar bis zur formellen Rechtskraft des Urteils die Klagerücknahme möglich ist.

1.303 Zunächst: Solche Sachverhalte, wie sie der Entscheidung des AG Köln zugrundeliegen, sind alles anderes als ein Ausnahmefall. Sie bedürfen daher einer ebenso rechtlich tragfähigen wie im Insolvenzverfahren sinnvoll handhabbaren Behandlung.

3. HL: Unanwendbarkeit der §§ 261ff. ZPO im Insolvenzverfahren

1.304 Wäre dieser Sachverhalt in der Tat so zu beurteilen, wie es der Beschluss des AG Köln nahezulegen scheint, würde sich die Anmeldung der Forderung zur Tabelle gemäß § 174 InsO als auch in verfahrensrechtlicher Hinsicht funktionales Äquivalent einer Klageerhebung im streitigen Prozess darstellen. Dem steht indes eine bislang hL[469] entgegen, nach der die Anmeldung nicht die Rechtshängigkeit der angemeldeten Forderung i.S.d. §§ 261ff. ZPO begründe. Und *Gerhardt*[470] hat *ausdrücklich* aus der allgemeinen Unanwendbarkeit der §§ 261ff. InsO im Insolvenzverfahren darauf geschlossen, dass § 265 ZPO unanwendbar sei; sachliche, aus der Struktur

---

468 AG Köln (Fn. 467).

469 *Gerhardt*, in: Jaeger/Henckel, InsO, § 174 Rn. 85; *Häsemeyer*, Insolvenzrecht Rn. 22.11, 1. Absatz.

470 *Gerhardt* (Fn. 469) Rn. 27 a.E.

des Verfahrens abgeleitete Gründe nennt *Gerhardt* hier freilich nicht.[471] Diese Unanwendbarkeit der §§ 261 ff. InsO begründet *Häsemeyer* damit, es sei zwischen den materiellrechtlichen und den prozessualen Wirkungen der Forderungsanmeldung nach § 174 InsO zu unterscheiden.[472] *Häsemeyer* meint, wegen der Klage-und Vollstreckungssperre im Insolvenzverfahren gemäß §§ 87, 89 Abs. 1 InsO werde mit der Forderungsanmeldung im Hinblick auf ihre materiell rechtlichen Wirkungen ein Zweck verfolgt, der der Klageerhebung vergleichbar sei. Daraus ergebe sich, dass mit der Anmeldung die Verjährung der Forderung gemäß § 204 Abs. 1 Nr. 10, § 209 BGB gehemmt werde.[473] Teile der Kommentarliteratur[474] beschränken sich in der Behandlung der Wirkungen der Forderungsanmeldung hierauf. Zu den materiellrechtlichen Wirkungen der Forderungsanmeldung – und nicht ihren verfahrensrechtlichen Wirkungen – zählt im Übrigen die von *Gerhardt*[475] befürwortete „Analogie" zu § 852 Abs. 1 ZPO: Denn die Anmeldung des Pflichtteilsanspruchs im über das Vermögen des verpflichteten Erben eröffneten Insolvenzverfahren steht funktional seiner Rechtshängigkeit durch Klageerhebung insofern gleich, als der Anspruch dann von Gläubigern des Pflichtteilsberechtigten gepfändet werden kann.[476]

Es wird allerdings noch darauf zurückzukommen sein (unten Rn. 1.306, 1.309), **1.305**
dass sich die strikte Trennung von materiellrechtlichen und verfahrensrechtlichen Wirkungen der Forderungsanmeldung, die den Prämissen der hL unterlegt zu sein scheint, nicht wirklich unterschiedslos durchhalten lässt. Für die materiellrechtliche Wirkung der Verjährungshemmung ist diese Trennung insofern unproblematisch, als sie in § 204 Abs. 1 Nr. 10 BGB ja ausdrücklich im bürgerlichen Recht als Wirkung der Forderungsanmeldung normiert ist. Aber *Gerhardts*[477] Vorschlag, eine „Analogie" zu § 852 Abs. 1 ZPO sei zulässig, macht vielmehr deutlich, dass sich entgegen der von der hL vertretenen Konstruktion die Frage nach der Anwendbarkeit zivilprozessualer Regelungen der §§ 261 ff. ZPO vor dem Hintergrund der Funktionsweise des Insolvenzverfahrens stellt. Dies folgt bereits zwanglos aus § 4 InsO, der bekanntlich anordnet, dass die Vorschriften der ZPO auf das Insolvenzverfahren entsprechend anzuwenden sind. Ihre Reichweite im Insolvenzverfahren ergibt sich aus dessen Funktion und Struktur. Das Insolvenzverfahren ist kein streitiger Zwei-Parteien-Prozess,[478] sondern ein nichtstreitiges Verfahren der rechtsfürsorgerischen

---

471 *Gerhardt* (Fn. 469) Rn. 27 a.E.
472 *Häsemeyer*, Insolvenzrecht, 4. Aufl., Rn. 22.11.
473 *Häsemeyer* (Fn. 469); vgl. auch *Gerhardt* (Fn. 469) Rn. 86.
474 MünchKomm-*Riedel*, InsO, § 174 Rn. 26; Kreft/*Depré*, InsO, 7. Aufl. § 174 Rn. 19;
475 *Gerhardt* (Fn. 469) Rn. 89.
476 Vgl. allein MünchKomm-*Smid*, ZPO, § 852 Rn. 4.
477 *Gerhardt* (Fn. 469).
478 Vgl. zum Zwei-Parteien-Prozess *Smid*, Rechtsprechung, § 5 I 1 (314 ff.) u. zum rechtsfürsorgerischen Verfahren, § 7 (397 ff.).

Beaufsichtigung der gleichmäßigen Gläubigerbefriedigung. Daher ist die ZPO soweit anwendbar, wie sie nicht spezifisch auf die streitige Zwei-Parteien-Struktur zugeschnitten ist.[479] Wegen dieses Unterschiedes zwischen streitigem Zwei-Personen-Prozess und nichtstreitigem Verfahren der Gesamtvollstreckung[480] lässt sich – anders als der Beschluss des AG Köln vordergründig nahezulegen scheint – nicht *positivistisch* auf § 4 InsO zurückgreifen, um die Anwendbarkeit *bestimmter* Vorschriften der ZPO zu begründen; vielmehr ist die besondere *insolvenzverfahrensrechtliche Lage* der Beurteilung der Anwendbarkeit von Regelungen der ZPO zur Ergänzung verfahrensrechtlich möglicherweise lückenhafter Regelungen der InsO zugrundezulegen.

4. Methodische Folgerungen aus der Verweisung des § 4 InsO auf die ZPO und die hL

1.306 § 4 InsO und die aus seinem Regelungsgehalt zu folgernde Methode der abwägenden Betrachtung der Strukturunterschiede von nichtstreitigem Insolvenzverfahren und streitigem Zivilprozess als Maßstab der Beurteilung der analogen Anwendbarkeit von ZPO-Regelungen im Insolvenzrecht bleibt aber im Übrigen von der hL *durchaus in der Sache* nicht ausgeblendet, auch wenn in den Kommentierungen zu § 174 InsO auf § 4 InsO nicht ausdrücklich verwiesen wird. So wird im Übrigen aber von der hL die Meinung vertreten, namentlich eine Anwendung der Regelung des § 263 ZPO komme im Forderungsanmeldungsverfahren nicht in Betracht.[481] Die Zulässigkeit der Antragsänderung (Klageänderung) im streitigen Zivilprozess hängt aus Gründen der Wahrung der Waffengleichheit der Parteien von der Einwilligung des Beklagten oder der gerichtlichen Zulassung wegen Sachdienlichkeit ab. Letzteres ist – nicht zuletzt auch vor dem Hintergrund des § 4 InsO – freilich unmittelbar überzeugend, da das Anmelde- und Feststellungsverfahren der §§ 174 ff. InsO ein nichtstreitiges summarisches Verfahren darstellt; *Gerhardt*[482] weist denn auch überzeugend darauf hin, dass auch mit der Feststellung der angemeldeten Forderung zur Tabelle das Insolvenzgericht nicht etwa über „die Forderung" eine „Entscheidung" treffe – was bereits zwanglos daraus folgt, dass es sich dabei um eine zum Bereich materieller Rechtsprechung gehörende Urteilstätigkeit[483] han-

479 Smid/Leonhardt/Zeuner-*Smid*, InsO, 3. Aufl. 2010, § 4 Rn. 1.

480 Smid/Leonhardt/Zeuner-*Smid*, InsO, 3. Aufl. 2010, § 4 Rn. 3 ff.

481 *Gerhardt* (Fn. 469) Rn. 87. Für das Auswechseln von Forderungen im Fremdantrag im Eröffnungsverfahren dagegen HambKomm-*Rüther* § 4 Rn. 58.

482 *Gerhardt* (Fn. 469) Rn. 86.

483 Vgl. insgesamt *Smid*, Rechtsprechung. Zur Unterscheidung von Rechtsfürsorge und Prozeß, 1990.

deln würde, die gem. Art. 92 GG[484] funktional den Richtern i.S.d. DRiG vorbehalten ist.[485] Und *Gerhardt*[486] führt überzeugend aus, dass sich etwas anderes auch nicht aus § 178 Abs. 3 InsO ergibt: Denn die Rechtskraft als Feststellungswirkung, die das Gesetz in § 178 Abs. 3 InsO der Beurkundung der Tabelle durch das Insolvenzgericht (den Rechtspfleger) beimißt, erstreckt sich auf das konkursliche Beteiligungsrecht des anmeldenden Insolvenzgläubigers an der Teilungsmasse – also sein Haftungsrecht.[487]

5. Differenzierte Beurteilung der Anwendbarkeit des § 265 Abs. 2 ZPO im Insolvenzverfahren

a) Forderungsanmeldung als Grundtatbestand der Verfahrensteilnahme des anmeldenden Gläubigers

Diese Vorüberlegungen machen deutlich, dass die vom AG Köln aufgeworfene Frage nach der Anwendbarkeit des § 265 Abs. 2 ZPO im insolvenzrechtlichen Forderungsanmeldeverfahren jedenfalls nicht schematisch dadurch beantwortet werden kann, dass in Bausch und Bogen eine Anwendbarkeit „der §§ 261 ff. ZPO“ verworfen wird. **1.307**

Um sich der Fragestellung nähern zu können ist es hilfreich, danach zu fragen, welche verfahrensrechtlichen Wirkungen die Forderungsanmeldung zeitigt. In diesem Zusammenhang wird darauf hingewiesen, dass durch die Anmeldung der Insolvenzforderung nach § 174 InsO deren Inhaber als „Insolvenzgläubiger“ überhaupt am Verfahren teilnimmt.[488] Dies findet seinen Ausdruck in § 77 InsO. Die Anmeldung der Forderung gewährt dem Insolvenzgläubiger grundsätzlich mit dem Stimmrecht seine selbstverwaltungsrechtliche Mitwirkungsbefugnis in der Gläubigerversammlung.[489] So bezeichnet *Gerhardt*[490] die Forderungsanmeldung als „Grundvoraussetzung“ der Stimmrechtsgewährung und damit der Teilnahme an der Gläubigerselbstverwaltung, unabhängig davon, ob die Forderung (später) geprüft, festgestellt oder bestritten wird. **1.308**

---

484 Maunz/Dürig-*Hillgruber*, GG, Art. 92 Rn. 35.
485 Vgl. MünchKomm-*Zimmermann*, 4. Aufl. ZPO, § 1 GVG Rn. 2.
486 *Gerhardt* (Fn. 469).
487 *Spellenberg*, Zum Gegenstand des Konkursfeststellungsverfahrens, 1973, 9 f.; *Gerhardt*, in: Jaeger/Henckel, InsO, § 178 Rn. 29; *Smid*, in: Festschrift für Beck, 2016, 483, 487. *Eckardt*, in: Kölner Schrift zur Insolvenzordnung, Kap.17 Rn. 2 ff. spricht von einem „Insolvenzgläubigerrecht“ als verselbständigten subjektiven Haftungsrecht.
488 So wörtlich HambKomm-*Preß/Henningsmeier*, InsO, § 174 Rn. 29; vgl. auch Braun-*Specovius*, InsO § 174 Rn. 35.
489 *Häsemeyer* (Fn. 469) Rn. 22.11, 2. Absatz; MünchKomm-*Riedel*, InsO, § 174 Rn. 2; Kreft/*Riedel* § 77 Rn. 3.
490 *Gerhardt* (Fn. 469) § 77 Rn. 5.

b) Veränderung der verfahrensrechtlichen Lage des anmeldenden Gläubigers

aa) Anforderungen an eine zulässige Forderungsanmeldung nach § 174 InsO

1.309 Um eine trotz der entgegengesetzten hL[491] denkbare „analoge“ Anwendbarkeit des § 265 Abs. 2 InsO gem. § 4 InsO auf das Insolvenzverfahren beurteilen zu können, empfiehlt es sich, zunächst eine „Parallellage“ zu untersuchen. Das legt die Frage nahe, wie die Lage bei Anmeldung der Forderung durch den *Zessionar*, also bei Abtretung vor Forderungsanmeldung, zu beurteilen ist. Die Zession ist in diesem Fall nicht etwa insolvenzrechtlich neutral, sondern ist nach § 174 Abs. 2 InsO offenzulegen. Denn diese Vorschrift sieht vor, dass die Insolvenzforderung unter Angabe ihres *Grundes* anzumelden ist, worunter – die im SKL-M-Urteil des IX. Zivilsenats des BGH[492] formulierten Anforderungen hier dahingestellt – *unstreitig* der Sachverhalt zu verstehen ist, aus dem die Forderung hergeleitet wird.[493]

bb) Vor Anmeldung erfolgter Inhaberwechsel der Forderung ist anzugeben

1.310 Zu dieser Substantialisierung des Rechtsgrundes der Forderung gehört nach zutreffender Auffassung die Angabe der Rechtszuständigkeit des anmeldenden Gläubigers als, wie *Gerhardt*[494] es bezeichnet hat, „subjektiver Seite“ des Grundes der Forderung. Die Zession und ihr Rechtsgrund müssen daher in der Forderungsanmeldung bezeichnet werden, um die Inhaberschaft des Anmeldenden darzutun. Daher gehört „die Tatsache des Übergangs zum unerlässlichen Inhalt der Anmeldung“.[495]

1.311 Im Rahmen der Forderungsprüfung gem. § 176 S. 1 InsO ist damit der rechtliche Bestand der Zession notwendig zu prüfen und der Anmeldung durch Bestreiten zu widersprechen, wenn sich Bedenken gegen die Wirksamkeit der Zession ergeben – da die Inhaberschaft der Forderung, damit seine Rechtszuständigkeit des Anmeldenden und seine haftungsrechtliche Teilhabe an der Masse dann zweifelhaft sind.

III. Folgen der Zession

1. Notwendige Tabellenberichtigung nach Zession der angemeldeten Forderung?

1.312 Problematisch ist dagegen der Fall, wenn der Wechsel der Inhaberschaft der Forderung *nach* deren Anmeldung zur Tabelle durch den Zedenten erfolgt. Es stellt sich

---

491 Vgl. nur oben *Gerhardt* (Fn. 469).

492 BGH, Urt. v. 5.7.2007 – IX ZR 221/05.

493 BGH, Urt. v. 27.9.2001 – IX ZR 71/00, ZIP 2001, 2099; BGH, Urt. v. 23.10.2003 – IX ZR 165/02, ZIP 2003, 2379; BGH, Urt. v. 21.2.2013 – IX ZR 92/12, ZInsO 2013, 602; BFH, Urt. v. 26.2.1987 – V R 114/79, ZIP 1987, 583, 584; *Gerhardt* (Fn. 469) § 174 Rn. 24; Kreft/*Depré*, InsO § 174 Rn. 11; *Preß/Henningsmeier*, InsO § 174 Rn. 14; MünchKomm-*Riedel*, InsO, § 174 Rn. 26.

494 *Gerhardt* (Fn. 469) § 174 Rn. 27.

495 So wörtlich *Gerhardt* (Fn. 469).

dann nämlich die Frage, was verfahrensrechtlich aus der von der hL[496] aufgestellten Behauptung folgt, § 265 Abs. 2 ZPO komme nicht zur Anwendung. Wollte man aus dieser Prämisse konsequent weiter schließen, dass die Zession die Tabellen*berichtigung* nach sich ziehen würde: Denn es wird schließlich, den Grund der angemeldeten Forderung unberührt lassend, durch die Zession allein der rechtszuständige Gläubiger ausgewechselt. Dies lässt sich aber nicht durchhalten. Denn bereits die Änderung von Forderungsbetrag und die Angabe eines neuen Schuldgrundes sind als neue Anmeldungen zu behandeln.[497] Im Übrigen kann der außerhalb des Insolvenzverfahrens verwirklichte Tatbestand der Zession überhaupt nur unter der Voraussetzung auf die durch Forderungsanmeldung erworbene Stellung des Zedenten im Insolvenzverfahren von Einfluss sein, dass die Zession dem Schuldner – also nach § 80 Abs. 1 InsO: dem Insolvenzverwalter – offengelegt wird, was aber nicht zwingend der Fall sein wird.

Umso mehr ist der „Austausch" des Gläubigers – des Zessionars „gegen" den **1.313** Zedenten, als neue Forderungsanmeldung anzusehen. Das ergibt sich bereits daraus, dass zwischen dem Zedenten und dem Zessionar Uneinigkeit über die Rechtszuständigkeit an der Forderung bestehen kann. Dies führt regelmäßig zu einer im Schrifttum als solchen bezeichneten „Doppelanmeldung".[498] Die ältere hM[499] behandelte nun solche Doppelanmeldungen als unzulässig – was dem Umstand nicht gerecht wurde, dass auch angelegentlich der Teilnahme am Insolvenzverfahren ein Prätendentenstreit auftreten kann, worunter insbesondere der Fall des Streits zwischen Zedenten und Zessionar über die Wirksamkeit der Zession zu zählen ist.[500] Ob dem jeweils Anmeldenden die (eine) Forderung zusteht ist nicht Zulässigkeitsvoraussetzung der Anmeldung nach § 174 InsO, sondern Frage des Grundes der Forderung und damit Gegenstand des Prüfungsverfahrens gem. § 176 InsO.[501]

2. Prätendentenstreit

a) Bestreiten der angemeldeten Forderungen bei Doppelanmeldung und Hinterlegung durch den Insolvenzverwalter

In der Kommentarliteratur hat *Gerhardt*[502] entwickelt, wie in solchen Fällen des Prä- **1.314** tendentenstreits im Verfahren der Forderungsanmeldung vorzugehen ist. Danach

496 *Gerhardt* (Fn. 469).
497 RG, Urt. v. 12. April 1897 – Rep. VI 260/96, RGZ 39, 37; *Gerhardt* (Fn. 469) Rn. 95; MünchKomm-*Riedel*, InsO, § 174 Rn. 26 a.E.; HambKomm-*Preß/Henningsmeier*, InsO, § 174 Rn. 28.
498 *Gerhardt* (Fn. 469) § 174 Rn. 51.
499 Bereits überholt, vgl. VerfGH Thüringen – VerfGH 19/08, ZInsO 2009, 1487 f.
500 *Gerhardt* (Fn. 469).
501 Überzeugend *Gerhardt* (Fn. 469).
502 *Gerhardt* (Fn. 469).

müssen die zum Bestreiten Berechtigten – also der Insolvenzverwalter und die anderen Gläubiger, § 176 S. 2 InsO – zur Vermeidung des Unterliegens in einem der drohenden Forderungsfeststellungsprozesse beide angemeldete Forderungen unter dem Vorbehalt bestreiten, dass das Bestreiten bis zum Obsiegen desjenigem im Prätendentenstreit aufrechterhalten bleibt, dem die Forderung zusteht.[503] Dies trägt der materiellrechtlichen Regelung des § 372 S. 2 BGB Rechnung, wonach der Schuldner Geld bei einer dazu bestimmten öffentlichen Stelle für den Gläubiger hinterlegen kann, wenn der Schuldner aus einem anderen in der Person des Gläubigers liegenden Grund oder infolge einer nicht auf Fahrlässigkeit beruhenden Ungewissheit über die Person des Gläubigers seine Verbindlichkeit nicht oder nicht mit Sicherheit erfüllen kann.

b) Bestreiten der vom Zessionar angemeldeten Forderungen bei Feststellung der vom Zedenten angemeldeten Forderung zur Tabelle

1.315 Anders verhält es sich dagegen, wenn die vom Zedenten angemeldete Forderung bereits zur Tabelle festgestellt worden ist, bevor die Doppelanmeldung des Zessionars erfolgt.

c) Kein vorläufiges Bestreiten

1.316 Wie oben (Rn. 1.226 ff.) gezeigt hat der BGH[504] freilich in einem anderen Zusammenhang darauf erkannt, dass ein vorläufiges Bestreiten von der InsO nicht vorgesehen sei. Um ein derartiges vorläufiges Bestreiten,[505] dass die Feststellung der Forderung vom noch ausstehenden Ergebnis der Prüfung durch den Insolvenzverwalter abhängig gemacht werde, handelt es sich hier aber nicht. Denn der Insolvenzverwalter – oder ein bestreitensbefugter Insolvenzgläubiger – *kann* im Falle des Prätendentenstreits deshalb noch keine abschließende Entscheidung über Bestreiten oder Feststellung der Forderung fällen, weil diese von einem *außerhalb* der Forderungsprüfung liegendem Prozeßergebnis zwischen den Prätendenten abhängt. Der Unterschied zum unbeachtlichen, weil unzulässigen vorläufigen Bestreiten liegt hier darin, dass der Insolvenzverwalter die Dividende zugunsten des Prätendenten unter Rücknahmeverzicht nach §§ 372 S. 2, 378 BGB hinterlegt.[506]

---

503 Diese Formulierung folgt den Formulierungsvorschlägen *Gerhardts* (Fn. 469).

504 BGH, B. v. 9.2.2006 – IX ZB 160/04, ZIP 2006, 576 = DZWIR 2006, 252 m. Anm. *Smid*, jurisPR-InsR 17/2006 Anm. 2; Heinze DZWIR 2006, 253; Pape WuB VI A § 178 InsO 2.06 im Anschluss an Anschluss an BAG 10. August 1988, 5 AZR 478/87, ZIP 1988, 1587, 1589.

505 Zum Begriff und der Umsetzung in der Praxis bis zur entgegengesetzten Judikatur des BGH (Fn.421): *Ringstmeier*, in: Beck/Depré, Praxis in der Insolvenz, 2. Aufl. InsO, § 11 Rn. 153 f.

506 *Gerhardt* (Fn. 469).

Zu dieser Hinterlegung ist der Insolvenzverwalter zur Vermeidung des zwangsläufigen Unterliegens in einem der mit den Prätendenten zu führenden Feststellungsprozessen berechtigt; er ist dazu aber auch *verpflichtet*. Denn der Insolvenzverwalter darf dem Ausgang des Prätendentenstreits nicht vorgreifen. 1.317

d) Zwischenergebnis: Reichweite der entsprechenden Anwendung des § 265 Abs. 2 ZPO

Aus der Zulassung einer Doppelanmeldung durch den Zessionar durch die hL[507] 1.318
ergeben sich daher Folgerungen für eine entsprechende Anwendung des § 265 Abs. 2 ZPO im Insolvenzverfahren – die jedenfalls nicht uneingeschränkt greifen kann. Folgt man den im Vorangegangenen angestellten Überlegungen wird nämlich deutlicher, dass die Ablehnung der analogen Anwendung des § 265 ZPO auf das Insolvenzverfahren jedenfalls nicht aus sich selbst heraus nachvollziehbar ist. Das wird deutlicher, wenn man die in Betracht kommenden Fallkonstellationen im Grundfall der Zession nach Forderungsanmeldung durch den Zedenten weiter aufschlüsselt.

Gibt der Zedent gegenüber dem tabellenführenden Insolvenzverwalter (§ 175 1.319
Abs. 1 S. 1 InsO) unter Angabe der Person des Zessionars die Erklärung ab, er habe die Forderung zediert, stellt sich dies als Abtretungsanzeige gem. § 409 Abs. 1 BGB dar.[508] Diese *Anzeige* der Abtretung gegenüber dem Forderungsschuldner bzw. der an seiner Stelle handelnden Partei kraft Amtes kann der Zedent nach § 409 Abs. 2 BGB[509] nicht zurücknehmen; seine aus seiner eigenen Rechtsposition folgenden verfahrensrechtlichen Befugnisse werden damit aber nicht berührt.

---

507 Vgl. *Gerhardt* (Fn. 469) § 174 Rn. 51; bestätigend VerfGH Thüringen – VerfGH 19/08, ZInsO 2009, 1487 f.

508 Vgl. zur Abtretungsanzeige ausführlicher MünchKomm-BGB/*Roth*/*Kieninger*, § 409 Rn. 5 ff.

509 Hierzu MünchKomm-BGB/*Roth*/*Kieninger*, § 409 Rn. 16 ff.

Teil 2
Feststellung der Forderung zur Tabelle

Kapitel 1. Die positiv-rechtliche Regelung

A) Übersicht

I. „Feststellung" nicht bestrittener Forderungen

Das Verfahren der Prüfung der angemeldeten Forderungen im Prüfungstermin dient der „Feststellung" der Forderungen – der Fixierung der Schuldenmasse (oben 1.1., 1.2 et passim). Eine Forderung gilt als festgestellt, soweit gegen sie im Prüfungstermin oder im schriftlichen Verfahren gem. § 177 InsO weder vom Insolvenzverwalter noch von einem Insolvenzgläubiger ein Widerspruch durch Bestreiten der Forderung erhoben wird.[1] Gleiches gilt, soweit ein erhobener Widerspruch beseitigt ist – was insbesondere im Wege der Tabellenfeststellungsklage erfolgt (unten Teil 3). 2.1

Das Gesetz hat die damit zusammenhängenden Fragen der Voraussetzungen und Wirkungen der Feststellung in der Vorschrift des § 178 InsO geregelt: Nach § 178 Abs. 1 S. 1 InsO gilt eine Forderung als festgestellt, soweit gegen sie im Prüfungstermin oder im schriftlichen Verfahren gem. § 177 InsO ein Widerspruch weder vom Insolvenzverwalter noch von einem Insolvenzgläubiger erhoben wird oder soweit ein erhobener Widerspruch – etwa durch seine Rücknahme oder aufgrund eines Insolvenzfeststellungsurteils gem. §§ 181, 183 InsO – beseitigt ist. Die Eintragung der angemeldeten Forderung in die Tabelle durch das Insolvenzgericht, das den Prüfungstermin leitet, in dem nach § 176 S. 1 InsO die angemeldeten Forderungen ihrem Betrag und ihrem Rang nach geprüft werden, beurkundet (eingehend unten Rn. 2.5 ff.) das Ergebnis der Prüfung: § 178 Abs. 2 S. 1 InsO bestimmt nämlich, dass das Insolvenzgericht für jede angemeldete Forderung in die Tabelle einträgt, inwieweit die Forderung ihrem Betrag und ihrem Rang nach festgestellt ist oder wer der Feststellung widersprochen hat. Und nach § 178 Abs. 2 S. 3 InsO ist gegebenenfalls auch auf Wechseln und sonstigen Schuldurkunden vom Urkundsbeamten der Geschäftsstelle die Feststellung zu vermerken. Die Tabellenführung durch das Insolvenzgericht bescheinigt darüber hinaus aber auch durch eine entsprechende Eintragung eines Widerspruchs des Schuldners, der nach § 178 Abs. 2 S. 2 InsO einzutragen ist, obwohl nach § 178 Abs. S 2 InsO der Feststellung der Forderung ein Widerspruch des Schuldners nicht entgegensteht. Dies alles ist seit der Aufgabe des 2.2

---

1 FK/*Kießner*, § 178 Rn. 3; Uhlenbruck/*Sinz*, § 178 Rn. 6; MünchKomm-*Schumacher*, § 178 Rn. 9; Braun/*Specovius*, § 178 Rn. 2 ff.; Graf-Schlicker/*Graf-Schlicker*, § 178 Rn. 2.

gemeinrechtlichen Konkursprozesses[2] für das Modell von Forderungsanmeldung und –prüfung mit der preußischen Konkursordnung von 1855/1856[3] so selbstverständlich, dass die Wiederholung der gesetzlichen Regelung banal anmutet.

II. Beurkundung der „Feststellung" durch insolvenzgerichtliche Eintragung in die Tabelle

1. Vor Eröffnung des Insolvenzverfahrens nicht titulierte Forderungen

a) Grundsatz

2.3 Die Beurkundung des Ergebnisses des Prüfungstermins durch das Insolvenzgericht tritt an die Stelle des Leistungsurteils, das mit einer Leistungsklage zu Erstreiten der anmeldende Gläubiger durch § 87 InsO gehindert ist. Denn § 178 Abs. 3 InsO bestimmt, dass die Eintragung in die Tabelle für die festgestellten Forderungen ihrem Betrag und ihrem Rang nach wie ein rechtskräftiges Urteil gegenüber dem Insolvenzverwalter und allen Insolvenzgläubigern wirkt. Auf die Reichweite dieser „entsprechenden" Wirkung der Tabelleneintragung wird noch unten (Rn. 2.67 ff.) näher einzugehen sein. Hier kommt es aber darauf an, dass die Tabelleneintragung nicht den Charakter einer insolvenzgerichtlichen Entscheidung über zwischen den Parteien bestehende Rechte hat. Sie ist allein beurkundender Natur;[4] ihr fehlt jedweder rechtserkennender Charakter.

2.4 Um den Zusammenhang deutlicher zu machen muss hier noch einmal betont werden: Das Insolvenzverfahren hat eine nichtstreitige Struktur; es streiten nicht zwei Parteien über das zwischen ihnen ungewisse Recht, sondern es geht um die quotale, gleichmäßige Gläubigerbefriedigung. § 178 InsO behandelt daher allein die Voraussetzungen, unter denen diese quotale Gläubigerbefriedigung stattfindet: Die angemeldete Forderung wird zur Tabelle aufgenommen und gilt mit der Wirkung als festgestellt, dass der Tabelleneintrag für das Insolvenzverfahren einem Titel gleichsteht, der die haftungsrechtliche Beteiligungsbefugnis des Liquidanten betrifft. Widerspricht der Verwalter oder ein Insolvenzgläubiger, kann der auftretende Streit nicht im Insolvenzverfahren ausgetragen werden. Der Inhaber der bestrittenen Forderung muss sie nach den §§ 180 ff. InsO im allgemeinen Zivilprozess ausprozessieren. § 178 Abs. 1 S. 2 InsO, nach dem ein Widerspruch des Schuldners der Feststellung nicht entgegensteht,[5] ist zur Klarstellung hinzugefügt.[6]

---

2 Vgl. dazu *Vollmershausen*, Vom Konkursprozess zum Marktbereinigungsverfahren, 2007, S. 23 ff.

3 Vgl. dazu *Vollmershausen* (Fußn. 2), S. 98 ff.

4 So ausdrücklich *Gerhardt*, in: Jaeger/Henckel § 178 Rn. 18.

5 Amtl. Begr. zu § 205 RegEInsO, BT-Drs. 12/2443, 185.

6 Amtl. Begr. zu § 205 RegEInsO (Fn. 1), vgl. Beschl.-Empf. des RechtsA zu § 205 RegEInsO, BT-Drs. 12/7302, 179.

Die hM[7] geht aufgrund des § 178 Abs. 3 InsO als einer *„ganz eigenartigen Vorschrift des Gesetzes“* (sic! – so wörtlich *Gerhardt*)[8] davon aus, dass der Eintragung in die Tabelle eine konstitutive und nicht etwa nur, wie bei einer bloßen Beurkundung, deklaratorischen Wirkung zukomme. 2.5

Dagegen spricht aber, dass mit dem Tabelleneintrag allein das Ergebnis der Gläubigerselbstverwaltung durch Forderungsprüfung gewonnene Entscheidung ohne eigene, weil dem System der §§ 174 ff. InsO fremde insolvenzgerichtliche Kognition, beurkundet wird.[9] In Ermangelung seiner Entscheidungsbefugnis hat das Insolvenzgericht zur Vorbereitung der Tabelleneintragung nicht etwa amtswegige Ermittlungen anzustellen; § 5 Abs. 1 InsO kommt nicht zur Anwendung. Grund, Betrag und Rang der Forderung, die einzutragen ist, sind daher nicht etwa amtswegig nachzuprüfen. Das Insolvenzgericht muss vielmehr allein das Ergebnis des Prüfungsverfahrens in der Weise dokumentieren, die durch die Tabelleneinträge vorgegeben ist. 2.6

Daraus folgt: Wird vom Insolvenzgericht in die Tabelle ein Vermerk über die Feststellung, einen Widerspruch gegen eine angemeldete Forderung oder dessen Rücknahme eingetragen, wird damit nur das Ergebnis der von den Beteiligten vorgenommenen Prüfung beurkundet und nicht etwa eine Entscheidung über die Forderung gefällt.[10] Wird daher eine Forderung dadurch festgestellt, dass Insolvenzverwalter und die anderen Gläubiger sie nicht durch Widerspruch bestreiten, hat das Insolvenzgericht dieses Ergebnis auch dann zu beurkunden, wenn es meint, die Forderung sei z.B. nichtig (Darlehensforderung in Beihilfefällen) oder bei Fehlens der Aufforderung nach § 174 Abs. 3 InsO wegen Nachrangs (nach Eröffnung anfallende Zinsen), als wucherischer Ratenkredit[11] oder anderweit wegen Sittenwidrigkeit[12] nicht zu berücksichtigen.[13] 2.7

b) Keine Feststellung der Forderung zur Tabelle als „auflösend bedingt“

Der BFH hatte zu folgendem Fall zu entscheiden: Das Finanzamt hatte in dem über das Vermögen der Insolvenzschuldnerin eröffneten Insolvenzverfahren Forderungen wegen Umsatzsteuer zur Tabelle angemeldet, gegen die von der Insolvenzschuldnerin vor Verfahrenseröffnung Einspruch eingelegt worden war. Der Insol- 2.8

---

7 RGZ 22, 153; BGH NJW 2006, 3068; OLG Hamm BeckRS 2009, 24213; HK/*Irschlinger*, § 178 Rn. 4; *Kilger*/*K. Schmidt*, § 145 Rn. 3; Kübler/Prütting/Bork/*Pape*/*Schaltke*, § 178 Rn. 12 f.; Uhlenbruck/*Sinz*, InsO, § 178 Rn. 9; MünchKomm-InsO/*Schumacher*, § 178 Rn. 56 ff.

8 *Gerhardt*, in: Jaeger/Henckel § 178 Rn. 20.

9 *Gerhardt*, in: Jaeger/Henckel § 178 Rn. 21.

10 *Gerhardt*, in: Jaeger/Henckel § 178 Rn. 18 a.E.

11 BGH, Urt. v. 13.6.2001 – XII ZR 49/99, NJW 2002, 55.

12 A.A *Bender* JZ 1987, 503 f.

13 So zutr. *Gerhardt*, in: Jaeger/Henckel § 178 Rn. 19.

venzverwalter stellte die Forderung als „auflösend bedingt" zur Tabelle fest. Das Einspruchsverfahren nahm er nicht auf. Daraufhin erließ das Finanzamt eine Einspruchsentscheidung, mit der es den Widerspruch gegen die Forderung zurückwies, wogegen sich die Klage des Insolvenzverwalters richtet.

2.9 Der BFH[14] hat die Revision gegen das klagabweisende finanzgerichtliche Urteil nicht zugelassen, da sie nicht von grundsätzlicher Bedeutung gem. § 115 Abs. 2 Nr. 1 FGO war. Denn bedingte Forderungen können nicht als solche festgestellt werden, da mit Eröffnung des Insolvenzverfahrens nach § 42 InsO bedingte als unbedingte anzumelden und festzustellen sind. Wird eine Forderung bestritten ist dies keine Frage ihrer „Bedingtheit". Da den Insolvenzverwalter die Amtspflicht trifft, angemeldete Forderungen zu prüfen, darf er das Ergebnis nicht dadurch offen lassen, dass er die Forderung als „auflösend bedingt" feststellt.

2. Vor Eröffnung des Insolvenzverfahrens titulierte Forderungen

2.10 Bei titulierten Forderungen tritt an die Stelle des bisherigen Titels dessen Eintragung in die Tabelle (§ 201 InsO); wegen dieser Titulierungsfunktion des Tabelleneintrags muss dafür Sorge getragen werden, dass der Gläubiger nach Beendigung des Insolvenzverfahrens neben dem Tabellenauszug gem. § 201 Abs. 1 InsO keine weiteren Urkunden in den Händen hält, aufgrund derer er gegen den Schuldner vorgehen kann. Deshalb ordnet § 178 Abs. 2 S. 3 InsO an, dass der Urkundsbeamte des Insolvenzgerichts die Feststellung der verbrieften Forderung zur Tabelle auf den Schuldurkunden zu vermerken hat.[15] Durch die Feststellung zur Tabelle wird der Titel der Forderung – wurde er vom anmeldenden Gläubiger im Original vorgelegt oder auch nicht – verbraucht (Rn. 1.121).

Übersicht 4	**Prüfungstermin**		
§ 179 Abs. 3 S. 2 InsO	Die Gläubiger, deren Forderungen festgestellt worden sind, werden nicht benachrichtigt; **hierauf sollen die Gläubiger vor dem Prüfungstermin hingewiesen werden.**	Hinweis, lex specialis zu § 139 Abs. 1 ZPO	
§ 176 S. 1 InsO	Im Prüfungstermin werden die angemeldeten Forderungen ihrem Betrag und ihrem Rang nach geprüft.	Der Prüfungstermin ist öffentlich bekanntzumachen. Zu dem Termin sind die Insolvenzgläubiger, die eine Forderung angemeldet	Zwingende Teilnahme des Insolvenzverwalters in Person Keine Vertretung des Insolvenzverwalter

14 BFH, B. v. 16.3.2016 – V B 41/15, ZIP 2016, 1393.

15 A.M.: K/P/B-*Pape/Schaltke*, § 178 Rn. 7; NR/*Becker*, § 178 Rn. 18 ff.; *Hess*, § 178 Rn. 24.

Übersicht 4 Prüfungstermin

		haben, der Verwalter und der Schuldner besonders zu laden.	Teilnahmebefugnis aller Gläubiger Möglichkeit, sich vertreten zu lassen
§ 176 S. 2 InsO	Die Forderungen, die vom Insolvenzverwalter, vom Schuldner oder von einem Insolvenzgläubiger bestritten werden, sind einzeln zu erörtern.	Nur Erörterung bestrittener Forderungen	
§ 178 Abs. 1 S. 1 InsO	Eine Forderung gilt als festgestellt, soweit gegen sie im Prüfungstermin oder im schriftlichen Verfahren (§ 177) ein Widerspruch weder vom Insolvenzverwalter noch von einem Insolvenzgläubiger erhoben wird oder soweit ein erhobener Widerspruch beseitigt ist.		
§ 178 Abs. 1 S. 2 InsO	Ein Widerspruch des Schuldners steht der Feststellung der Forderung nicht entgegen.		Sonderregelung: Bestreiten des eigenverwaltenden Schuldners: § 283 Abs. 1 S. 2 InsO „Eine Forderung, die ein Insolvenzgläubiger, der Schuldner oder der Sachwalter bestritten hat, gilt nicht als festgestellt.“

3. Vollstreckungsfunktion

Dem Gläubiger ist gem. § 201 Abs. 2 InsO bei Abschluss des Insolvenzverfahrens eine **beglaubigte auszugsweise Ausfertigung der Tabelle** zu erteilen, soweit sie seine Forderung betrifft. Soweit im Insolvenzverfahren Forderungen dadurch eine **Inhaltsänderung** erfahren, dass gem. § 41 Abs. 1 InsO fällige Forderungen abgezinst anzumelden sind und auf ausländische Währung lautende bzw. nicht auf Geld gerichtete Forderungen umzurechnen sind, haftet der Schuldner nachkonkurslich nicht mehr nach Maßgabe der vorinsolvenzlich getroffenen Vereinbarungen.[16] Mit 2.11

16 So aber *Häsemeyer*, Insolvenzrecht, Rn. 25.11 ff.; NR/*Westphal*, §§ 201, 202 Rn. 13, 14; vgl. auch Kreft/*Depré*, 7. Aufl. 2014, § 201 Rn. 5.

Teilnahme am Insolvenzverfahren müssen die förmliche Voraussetzungen der §§ 41ff. InsO erfüllt werden. Vielmehr bestimmt sich Umfang und Reichweite der Haftung des Schuldners nach dem Tabellenauszug als Titel. Denn die Forderung erlangt durch Teilnahme am Insolvenzverfahren einen „Gestaltwechsel" (oben Rn. 1.116). Dadurch erlangt der Insolvenzgläubiger nach Verfahrensabschluss keine weiteren Rechte als er vor dem Verfahren innehatte.[17]

17 *Häsemeyer*, Insolvenzrecht, Rn. 25.18 2. Abs.

Kapitel 2. Verfahren der Feststellung angemeldeter Insolvenzforderungen und der Eintragung in die Tabelle

A) Eintragungen des Ergebnisses des Prüfungstermins

I. Reichweite der Aufgaben des Insolvenzgerichts bei der Tabelleneintragung

1. Tabelleneintragung als Beurkundungstätigkeit

Die Tabellenführungsaufgabe geht nicht nach § 178 Abs. 2 InsO auf das Insolvenzgericht über; sie bleibt beim Insolvenzverwalter. § 178 **Abs. 2 S. 1** InsO statuiert aber eine durch Protokollierung des Ergebnisses des Prüfungstermins und Eintragungen aufgrund Prüfung bzw. evtl. ergehendem Feststellungsurteils wahrzunehmende Beurkundungsaufgabe des Insolvenzgerichts. **2.12**

2. Funktionelle Zuständigkeit

Wem die funktionelle Zuständigkeit für die insolvenzgerichtliche beurkundende Tabellenführung zufällt, folgt nicht ohne weiteres aus § 178 InsO. Abstrakt in Betracht kommt der Insolvenzrichter, regelmäßig der Rechtspfleger, aber auch der Urkundsbeamte der Geschäftsstelle des Insolvenzgerichts. Die Kommentarliteratur[18] zu § 175 InsO ebenso wie diejenige zu § 178 InsO ist unergiebig. § 178 Abs. 2 S. 3 InsO besagt allein, dass der **Urkundsbeamte der Geschäftsstelle** auf Wechseln und sonstigen Schuldurkunden einen Widerspruch zu vermerken hat. Hieraus kann indes entgegen der z.T. nicht hinreichend differenzierenden Kommentarliteratur[19] nicht gefolgert werden, dass der Urkundsbeamte der Geschäftsstelle für die Beurkundung im Rahmen der Tabellenführung funktionell zuständig sei. Vielmehr liegt die Zuständigkeit für die Beurkundung des Ergebnisses des Prüfungstermins beim Rechtspfleger, was schon daraus folgt, dass er für dessen Leitung zuständig ist (§ 3 Nr. 2e RPflG; bei ihm liegt die Sitzungspolizei), während die beurkundende Tätigkeit auch im Übrigen beim Urkundsbeamten der Geschäftsstelle liegt. **2.13**

II. Prüfungs- und Belehrungspflichten

1. Keine materielle Prüfungsaufgabe

Aus der rechtlichen Einordnung als Beurkundungstätigkeit ebenso wie aus der funktionellen Zuständigkeit des Urkundsbeamten der Geschäftsstelle folgt zwanglos, dass dem „Insolvenzgericht" im Rahmen der Tabelleneintragungen nach § 178 **2.14**

---

18 MünchKomm-*Riedel*, § 175 Rn. 14 ff.; Braun/*Specovius*, § 175 Rn. 4, 5.
19 Auch *Gerhardt*, in: Jaeger-Henckel § 175 Rn. 19, 20.

Abs. 2 InsO nur eingeschränkte eigene Prüfungspflichten wegen der Forderung auferlegt sind: Der Rechtspfleger kann in dem Prüfungstermin die Beurkundung in eigener Person wahrnehmen, ohne dass dies an dem hier vertretenen Ergebnis etwas ändert. Eine materielle Prüfung der angemeldeten Forderung liegt nach alledem nicht im Zuständigkeitsbereich des Gerichts. Sie ist, wie § 176 InsO zeigt, allein Sache von Insolvenzverwalter und anderen Gläubigern.

2. Prüfung der verfahrensrechtlichen Ordnungsgemäßheit der Anmeldung

a) Vorprüfungspflicht des Insolvenzverwalters

2.15 Die verfahrensrechtliche Ordnungsgemäßheit der Anmeldung ist mit deren Aufnahme zur vom Insolvenzverwalter geführten Tabelle bereits von diesem geprüft worden. Diese eigene Prüfung durch den Insolvenzverwalter stellt sich als Vor-Prüfung dar.[20] Eine materielle Prüfung der Forderung nach Bestand, Betrag, Vorrecht (Rang) und Anmeldbarkeit (Verfahrensteilnahmefähigkeit) durch das Insolvenzgericht findet nicht statt (oben Rn. 1.188). Die Vorprüfung durch den Insolvenzverwalter enthebt das Insolvenzgericht dabei freilich nicht der Pflicht zur amtswegigen Prüfung, ob die *formellen* Voraussetzungen der Forderungsanmeldung eingehalten worden sind.[21]

b) Eigene Aufgaben des Insolvenzgerichts

2.16 Grundsätzlich hat „das Insolvenzgericht" im Falle unvollständiger Anmeldungen zu verfügen, dass der Anmeldende „nachzubessern" habe. Dabei kommen verschiedene Gestaltungen in Betracht. Fehlen Urkunden *in corpore* oder in Abschriften ist zu verfügen, dass dem Anmeldenden unter kurzer (§ 174 Abs. 4 S. 2 InsO: „unverzüglich") Fristsetzung auferlegt wird, die Urkunden oder Urkundsabschriften nachzureichen. Im Falle einer im Übrigen mangelhaften Anmeldung (vgl. den Fall der Bezugnahme auf Kenntnisse des Insolvenzverwalters oder unverständlicher Anlagen: „Orwo"-Fall oben Rn. 1.67) wird unter Hinweis auf die Möglichkeit der Nachmeldung verfügt, dass die Eintragung nicht vorgenommen wird. Nehmen der Rechtspfleger oder der Richter – namentlich in ESUG/Insolvenzplan-Verfahren (§ 8 Abs. 1 Nr. 2 RPflG)[22] – die beurkundende Tätigkeit der Eintragung in die Tabelle in diesem Fall bzw. bei Nichtvorlage der fehlenden Urkunden in der gesetzten Frist daher nicht vor, wenn nach seiner/ihrer Ansicht deren verfahrensrechtliche Voraussetzungen nicht erfüllt sind, findet gegen die Versagung in die Tabelle der Eintragung durch den Rechtspfleger die

---

20 *Gerhardt*, in: Jaeger-Henckel § 175 Rn. 26.

21 *Gerhardt*, in: Jaeger-Henckel § 175 Rn. 25; a.A. K/P/B-*Pape/Schaltke*, § 175 Rn. 18, 19.

22 Vgl. *Smid/Rattunde/Martini*, Insolvenzplan Rn. 2.44.

Erinnerung gem. § 11 Abs. 2 RPflG statt.[23] Wenn – ausnahmsweise – der Richter in einem Insolvenzplanverfahren in eigener Person, nicht aber der Rechtspfleger, bei der Tabellenführung tätig wird, und die Eintragung verweigert, kann dies nicht dazu führen, dass der anmeldende Gläubiger des Rechtsmittels beraubt wird. Es kommt in Betracht, ihm mit Blick auf die besondere, durch das ESUG herbeigeführte Lage die sofortige Beschwerde zu gewähren, Art. 19 Abs. 4 GG.[24]

B) Inhalt der Tabelleneintragungen

I. Übersicht

Das Insolvenzgericht trägt gem. § 178 Abs. 2 S. 1 und 2 InsO für jede angemeldete Forderung das Prüfungsergebnis in die Tabelle ein; d.h. im Einzelnen: 2.17

- **die Feststellung** der Forderung **nach ihrem Betrag**;
- die Feststellung der Forderung **nach ihrem Rang** – dabei handelt es sich z.B. um die Eintragung des Vorrangs nach den § 32 Abs. 1 DepotG, ferner der Eintrag des Ranges nachrangiger Forderungen, wenn deren Anmeldungen nach § 174 Abs. 3 S. 1 durch das Insolvenzgericht zugelassen worden ist;
- wenn der Verwalter oder ein Insolvenzgläubiger der Feststellung widersprochen hat, den **Widerspruch und den Namen des Widersprechenden**;
- einen **Widerspruch des Schuldners, § 178** Abs. 2 S. 2 InsO.

II. Ausfallforderungen

1. Fragestellung

Besondere Fragen ergeben sich, wenn Ausfallforderungen i.S.d. § 52 InsO festgestellt werden (zur Rechtskraft weiter unten Rn. 2.67 ff.). Soweit es das Verfahrensteilnahmerecht absonderungsberechtigter Gläubiger angeht, stellt § 52 S. 1 InsO fest, dass diese mit dem **vollen Betrag der gesicherten Forderung** am Insolvenzverfahren **teilnehmen**, vgl. auch §§ 74 Abs. 1, 76 Abs. 2 InsO (oben 1.96 ff.). Da das Stimmrecht als Kern des Verfahrensteilnahmerechts nach § 77 Abs. 1 InsO die Forderungen gewähren, die angemeldet und weder vom Insolvenzverwalter noch von einem stimmberechtigten Gläubiger bestritten worden sind,[25] ist auch die Ausfallforderung mit ihrem vollen Betrag nach Maßgabe des § 52 S. 1 InsO festzustellen – wenn kein Fall des § 76 Abs. 2, 2. Var. InsO vorliegt (dazu oben Rn. 1.42). Bei der Feststellung der persönlichen (schuldrechtlichen) Forderung kommt m.a.W. § 52 S. 2 InsO nicht zur Anwendung.[26] 2.18

---

23 K/P/B-*Pape/Schaltke*, § 175 Rn. 22.

24 Vgl. Andres/Leithaus/*Andres*, § 6 Rn. 3 1. Abs.

25 *Wolff*, Stimmrechte im Insolvenzverfahren, S. 66 ff.

26 *Gerhardt*, in: Jaeger/Henckel § 178 Rn. 65.

2. Nachweis des Ausfalls im Verteilungsverfahren

2.19 Der Nachweis des Ausfalls[27] oder des Verzichts auf abgesonderte Befriedigung[28] ist vom anmeldenden Absonderungsberechtigten daher nicht im Feststellungsverfahren zu erbringen. Der Insolvenzverwalter (oder ein anderer Gläubiger) kann daher die Forderung nicht deshalb bestreiten, weil sie nur bedingt „auf den Ausfall" festgestellt werden könnte. Vielmehr ist auch der durch das Absonderungsrecht (den durch die Verwertung des Sicherungsgegenstands erzielten Erlös) gedeckte Teil der Forderung in der Tabelle voll festzustellen, wie der BGH[29] ausdrücklich erkannt hat. Umgekehrt: Der absonderungsberechtigte Gläubiger muss und – um den Preis seiner Nichtberücksichtigung![30] – darf also nicht die Anmeldung seiner Forderung in der irrigen Annahme unterlassen, er werde einen Ausfall nicht erleiden.[31] Die Anmeldung der gesicherten persönlichen Forderung zum vollen Betrag ist dabei grundsätzlich nicht als Verzicht auf das Absonderungsrecht gem. § 52 S. 2 InsO auszulegen,[32] da diese Auslegung an der Struktur des § 52 InsO vorbeigehen und die Feststellbarkeit der Forderung zum vollen Betrag verkennen würde, die im Feststellungverfahren die Anmeldung zum vollen Betrag und erst für das Verteilungsverfahren einen (ausdrücklichen) Verzicht auf das Absonderungsrecht vorsieht.[33] Das ergibt sich zwanglos daraus, dass die Forderung unbedingt festzustellen ist. § 52 S. 2 InsO betrifft die Berücksichtigung der unbedingt festgestellten Forderung im Verteilungsverfahren. Dagegen wird allerdings der „pragmatische" Einwand erhoben, es fehle ohne den Vermerk „Festgestellt auf den Ausfall" an einem Merkposten, an dem sich die Insolvenzverwaltung im Verteilungsverfahren orientieren könne – und der Verwalter laufe Gefahr, dass § 190 InsO im Verteilungsverfahren unberücksichtigt und an den Absonderungsberechtigten „mehr" ausgeschüttet werde, als dieser verlangen könne.

2.20 Der „Ausfall" des absonderungsberechtigten Gläubigers ist nach alledem kein Problem des Feststellungsverfahrens, sondern des Verteilungsverfahrens. Die Befriedigung des absonderungsberechtigten Gläubigers aus dem Erlös, der bei der Verwertung des Absonderungsgutes erzielt wird, ist seiner gegen den Insolvenzschuldner bestehenden und von ihm zur Tabelle angemeldeten Forderung gutzuschreiben. Er erleidet nur insofern einen bei der Verteilung zu berücksichtigenden Ausfall, als der Erlös seine Forderung nicht deckt. Die verfahrenstechnische Umset-

---

27 RG, Urt. v. 5.7.1890 – Rep. I. 124/90, RGZ 26, 110 (Fall des Absonderungsrechts nach dem heutigen § 84 InsO).

28 RG, Urt. v. 25.5.1937 – VII 301/36, RGZ 95, 99, 101.

29 BGH, Urt. v. 13.10.1954 – VI ZR 49/54, KTS 1955, 139.

30 RG, Urt. v. 5. Dezember 1932 – IV 32/32, RGZ 83, 85/86.

31 BGH, Urt. v. 17.11.1959 – VIII ZR 198/58, BGHZ 31, 174, 178.

32 So bereits früh RG, Urt. v. 6. April 1886 – Rep. II. 586/85, RGZ 16, 32, 36.

33 Vgl. aber den Fall RG, Urt. v. 7.12.1906 – Rep. VII. 91/06, RGZ 425, 428.

zung regelt § 190 Abs. 1 InsO:[34] Der absonderungsberechtigte Gläubiger hat danach spätestens innerhalb der in § 189 Abs. 1 InsO[35] vorgesehenen Ausschlussfrist dem Insolvenzverwalter nachzuweisen, dass und für welchen Betrag er auf abgesonderte Befriedigung verzichtet hat oder bei ihr ausgefallen ist. Und Abs. 3 der Vorschrift bestimmt, dass die Forderung bei der Verteilung nicht berücksichtigt wird, wenn der Gläubiger den Nachweis nicht rechtzeitig geführt hat.[36]

3. Bedeutung des Vermerks „festgestellt unter Beschränkung auf den Ausfall"

Der bei der Feststellung von persönlichen Forderungen, deren Inhaber ein Absonde- 2.21
rungsrecht in der Insolvenz des Schuldners genießt, in der Praxis verbreitet anzutreffende Vermerk „festgestellt unter Beschränkung auf den Ausfall" ist irreführend, da er nicht der Rechtslage des § 52 InsO entspricht. Er ist aber unschädlich, sofern die Forderung als Ganze festgestellt wird.[37] Der Insolvenzverwalter kann daher bei der Verteilung nicht ohne weiteres darauf vertrauen, dass der Absonderungsberechtigte mit seiner persönlichen Forderung nicht zu berücksichtigen sei. Es ist das Verfahren nach § 190 InsO maßgeblich.

Folgt man der überkommenen Lehre[38] und Rechtsprechung,[39] dass die Forde- 2.22
rung in ihrem Bestand mit der Wirkung des § 178 Abs. 3 InsO rechtskräftig festgestellt werde, würde damit der Tabelleneintrag der Forderung mit ihrem gesamten Betrag, also auch, soweit sie vom Erlös einer Verwertung des Absonderungsgutes gedeckt ist, in Rechtskraft erwachsen. Wird dann später ein Erlös erzielt, würde es sich nach diesen Prämissen um eine nach § 767 Abs. 2 ZPO zu berücksichtigende Tatsache handeln.

C) Eintragungen auf Schuldurkunden

I. Funktion

Bei titulierten Forderungen tritt an die Stelle des bisherigen Titels dessen Eintra- 2.23
gung in die Tabelle; wegen dieser Titulierungsfunktion des Tabelleneintrags muss dafür Sorge getragen werden, dass der Gläubiger nach Beendigung des Insolvenz-

---

34 MünchKomm-*Füchsl/Weishäupl/Kebekus/Schwarzer*, § 190 Rn. 3, 6; Braun/*Pehl*, § 190 Rn. 7 ff.
35 MünchKomm-*Füchsl/Weishäupl/Kebekus/Schwarzer*, § 189 Rn. 6; NR/*Westphal*, § 189 Rn. 10.
36 MünchKomm-*Füchsl/Weishäupl/Kebekus/Schwarzer*, § 189 Rn. 12; Uhlenbruck/*Wegener*, § 189 Rn. 17.
37 *Gerhardt*, in: Jaeger/Henckel § 178 Rn. 70 ff., 73.
38 *Eckardt*, ZIP 1993, 1765 ff.
39 RG, Urt. v. 1. Juli 1903 – Rep. V. 78/03: „Gegenstand dieser Feststellung ist ... nicht etwa bloß das Teilnahmerecht am Konkurse, sondern die Forderung selbst"; RG (Fußn. 28) RGZ 83, 85/86.

verfahrens neben dem Tabellenauszug gem. § 201 Abs. 1 InsO keine weiteren Urkunden in den Händen hält, aufgrund derer er gegen den Schuldner vorgehen kann (vgl. oben Rn. 1.93). Deshalb ordnet § 178 Abs. 2 S. 3 InsO an, dass der Urkundsbeamte des Insolvenzgerichts die Feststellung der verbrieften Forderung zur Tabelle auf den Schuldurkunden zu vermerken hat.[40]

II. Probleme

2.24 Dabei können in praxi Probleme auftreten, da nach der Judikatur des BGH[41] der Gläubiger die Originale der Urkunden nicht mit der Forderungsanmeldung vorzulegen verpflichtet ist (oben Rn. 1.91). Zwar sieht § 178 Abs. 2 S. 3 InsO vor, dass vom Urkundsbeamten der Geschäftsstelle des Insolvenzgerichts für den Fall der Feststellung der zugrunde liegenden Forderung dies auf Wechseln und sonstigen Schuldurkunden zu vermerken ist, da deren Indossamentfunktion ansonsten einen Missbrauch durch den Gläubiger ermöglichen würde. Der BGH[42] meint, dass für den Fall einer bereits titulierten Forderung, wie im vorliegenden Fall, eine Doppeltitulierung im Verlauf des Insolvenzverfahrens dadurch vermieden werden kann, dass das Insolvenzgericht die spätere Erteilung des vollstreckbaren Auszugs von der Vorlage des Originaltitels zum Zwecke von dessen Entwertung abhängig macht.

40 A.M.: K/P/B-*Pape/Schaltke*, § 175 Rn. 18, 19; NR/*Becker*, § 178 Rn. 18 ff.; *Hess*, § 178 Rn. 24.

41 BGH, Urt. v. 1.12.2005 – IX ZR 95/04 – DZWIR 2006, 125 = ZIP 2006, 192.

42 BGH, Urt. v. 1.12.2005 – IX ZR 95/04 – DZWIR 2006, 125 = ZIP 2006, 192.

Kapitel 3. Korrektur der „fehlerhaften“ Tabelle und Feststellung des Inhalts der „unklaren“ Tabelle

A) Gesetzliche Regelung von Berichtigungsinstrumentarien

I. Kein Verweis auf §§ 319–321 ZPO

Die Eintragung in die Tabelle kann „fehlerhaft“ sein, was die Frage danach aufwirft, ob deren Korrektur – gegebenenfalls von Amts wegen – durch das Insolvenzgericht möglich ist. 2.25

Im Zivilprozess ist das erlassende Gericht nach § 318 ZPO mit dem Erlass an seine Entscheidung gebunden. Ist eine Entscheidung einmal erlassen, so kann sie nur von der nächsten Instanz geändert werden. Ausnahmen von diesem Grundsatz regeln die §§ 319 – 321 ZPO. Offenbare Unrichtigkeiten (§ 319 ZPO), Unklarheiten oder Widersprüche des Tatbestandes (§ 320 ZPO) können vom Gericht berichtigt oder Nebenentscheidungen nachgeholt werden (§ 321 ZPO). Die §§ 319 – 321 ZPO verweisen aber auf Besonderheiten des streitigen Verfahrens; ihre Anwendung auf das insolvenzgerichtliche Tabellenfeststellungsverfahren nach § 4 InsO kommt daher nicht in Betracht, denn § 320 ZPO sieht die Korrektur eines unrichtigen *Urteils*tatbestandes vor – bei der insolvenzgerichtlich geführten Tabelle gem. § 178 Abs. 2 InsO handelt es sich aber nicht um einen Tatbestand, da sie nach §§ 178 Abs. 3, 201 InsO die Funktion eines Tenors hat.[43] 2.26

II. Protokollberichtigung

Daher wird heute als angemessenes Mittel der Korrektur der Tabelle die Protokollberichtigung nach § 164 ZPO angesehen[44] – was plausibel ist, da die Tabelle Anlage des Protokolls des Prüfungstermins ist (Rn. 1.172).[45] § 164 Abs. 1 ZPO lässt die nachträgliche Berichtigung von Unrichtigkeiten des Protokolls jederzeit zu, d.h. selbst nach Einlegung eines Rechtsmittels oder nach Ablauf der Frist zum Vergleichswiderruf. Selbst in dem Zeitpunkt, in dem das Rechtsmittelgericht auf der Grundlage des noch nicht berichtigten Protokolls entschieden hat und diese Entscheidung nicht rechtskräftig ist, soll eine Berichtigung zulässig sein. Eine Berichtigung setzt indes voraus, dass sich die beteiligten Urkundspersonen an die Sitzung erinnern. Unrichtig ist das Protokoll bereits dann, wenn es den Vorschriften über die inhaltlichen bzw. formellen Anforderungen eines Verhandlungsprotokolls nicht genügt. Inwieweit ein Fehler für die Entscheidung erheblich ist, ist unbedeutend. Auch ein 2.27

43 So OLG Celle, B. v. 9.4.1963 – 8 W 47/63, KTS 1964, 118.
44 Gerhardt, in: Jaeger/Henckel § 178 Rn. 95.
45 *Gerhardt*, in: Jaeger/Henckel § 178 Rn. 95.

lückenhaftes Protokoll fällt daher in den Anwendungsbereich des § 164 ZPO. Eine offenbare Unrichtigkeit nach § 319 Abs. 1 ZPO ist nicht erforderlich.[46] Die Berichtigung des Protokolls kann sowohl auf Antrag sowie von Gerichts wegen erfolgen. Eine Parteierklärung ist daraufhin auszulegen, ob sie als Berichtigungsantrag gilt. So liegt ein solcher Antrag z.B. vor, wenn eine rechtsunkundige Partei erklärt, sie sei zwar bei der Verhandlung anwesend gewesen, wurde aber nicht aufgerufen. Der Berichtigungsantrag kann dabei auch von jedem Richter des Kollegialgerichts gestellt werden, nicht jedoch von dem Urkundsbeamten.

2.28 Die Berichtigung hat von Amts wegen zu erfolgen; die Beteiligten sind aber zur Stellung formlosen Antrags berechtigt.[47]

2.29 Die Berichtigung des Protokolls wird gem. § 164 Abs. 3 S. 1 ZPO dadurch vollzogen, dass dem Protokoll ein unterschriebener Berichtigungsvermerk beigefügt wird, der indes stets der richterlichen Vollziehung bedarf. Ein auf die Berichtigung gerichteter Beschluss ist nicht erforderlich. Die Berichtigung ist auf dem Protokoll zu vermerken, ausreichend ist es dabei, auf eine mit dem Protokoll verbundene Anlage zu verweisen. Erforderlich ist in jedem Fall ein entsprechender Berichtigungshinweis am Protokollrand selbst oder Protokollende. Dieser Vermerk oder Hinweis ist daher stets im Protokoll zu unterschreiben. Allein eine Unterschrift als solche genügt den Anforderungen des § 164 Abs. 3 S. 1 ZPO nicht. Der berichtigte Inhalt des Protokolls muss ermöglichen, die Veränderung nachzuvollziehen. Daher darf die Berichtigung nicht dazu führen, dass der ursprüngliche Inhalt unleserlich wird oder wegfällt. Die Berichtigung des Protokolls sollte aus ihrer Vornahme selbst hinreichend erkennbar werden, zumindest aber durch den Berichtigungsvermerk. Sofern das Protokoll den Beteiligten schon mitgeteilt worden ist, ist diesen der Berichtigungsvermerk formlos zu übersenden.

2.30 Problematisch ist aber die Gewährung rechtlichen Gehörs bei der Protokollberichtigung im Rahmen des insolvenzgerichtlichen Tabellenfeststellungsverfahrens. Während im Zivilprozess dies anhand der Parteirollen vorzunehmen ist, stellt sich die Frage der entsprechenden (§ 4 InsO) Anwendung des § 164 Abs. 2 InsO im Tabellenfeststellungsverfahrens. Daneben hat der zur Berichtigung nach § 164 Abs. 3 S. 2 ZPO zuständige Urkundsbeamte das Recht, angehört zu werden. Vergleichsweise einfach scheint die Behandlung des Falles zu sein, in dem die Unrichtigkeit erkennbar auf der bloßen fehlerhaften Herstellung des Protokolls beruht. Hier wird vertreten, dass es keiner Anhörung bedürfe.[48] Dies wäre der Fall, wenn der Rechtspfleger zwar auf Widerspruch eines Gläubigers erklärt, einen entsprechenden Tabelleneintrag vorzunehmen, dies aber unterlässt, weil er abgelenkt wird. Da aber die Anhörung Ausfluss des rechtlichen Gehörs gem. Art. 103 Abs. 1 GG ist stellt sich auch in diesem einfachen Fall die Frage, wie denn den anderen Verfahrensbeteiligten Gehör

46 MünchKomm-*Fritsche*, ZPO, § 164 Rn. 1.
47 *Gerhardt*, in: Jaeger/Henckel § 178 Rn. 96.
48 *Smid*, in: Wieczorek/Schütze–ZPO, § 164 Rn. 12 a.E.

zu geben ist: Da im Feststellungsverfahren Gläubigerautonomie herrscht (Rn. 1.163, 1.171, 1.194) kann nicht darauf verwiesen werden, die Protokoll- und Tabellenberichtigung sei nur Sache zwischen Anmeldendem und Bestreitendem, da das Ergebnis der Eintragungen die Handlungsweise der anderen Beteiligten mitbestimmen kann. Es wäre unpraktisch, wollte man mündlich verfahren wollen – da dies der Sache nach einen Prüfungstermin voraussetzen würde. Ist ohnedies noch nach § 177 Abs. 1 S. 2 InsO ein Nachprüfungstermin abzuhalten kann die Gehörsgewährung nach § 164 Abs. 2 ZPO dort erfolgen. Dies würde voraussetzen, dass dies als entsprechender Tagesordnungspunkt in die Ladung aufgenommen wird.[49] Die Gehörsgewährung nach § 164 Abs. 2 ZPO kann aber auch schriftlich erfolgen,[50] was mit §§ 5 Abs. 2, 177 Abs. 1 S. 2 InsO vereinbar wäre, wohl aber nur dann in Betracht zu ziehen ist, wenn die Zahl der beteiligten Gläubiger gering ist.

III. Tabellenberichtigung nach Aufhebung des Insolvenzverfahrens?

1. Ansatz der herrschenden Lehre

Das OLG Celle[51] hat eine Tabellen- durch Protokollberichtigung auch noch nach Auf- **2.31**
hebung des Insolvenzverfahrens zugelassen. Dem ist das Schrifttum[52] nicht nur mit Blick darauf gefolgt, dass wegen der über das Insolvenzverfahren hinausreichenden Wirkungen fehlerhafter Tabelleneintragungen ein „Bedürfnis" für eine solche Korrektur auch nach Aufhebung des Insolvenzverfahrens bestehe, sondern dass § 189 Abs. 1 InsO von dieser Möglichkeit ausgehe. Die von *Gerhardt*[53] in diesem Zusammenhang zitierte Vorschrift des § 203 Abs. 1 InsO trägt freilich nicht. Denn ein Freiwerden von zurückbehaltenen Beträgen nach § 203 Abs. 1 Nr. 1 InsO liegt vor, wenn nach § 198 InsO hinterlegte Beträge zugunsten der Insolvenzmasse freikommen. Dies ist ebenfalls der Fall, wenn Erlöse aus Gegenständen, deren Verteilung sich die Gläubigerversammlung nach § 197 Abs. 1 Nr. 3 S. 2 InsO vorbehalten hat, erzielt werden. Das setzt aber voraus, dass die Voraussetzungen des § 189 Abs. 1 InsO erfüllt sind.

2. Judikatur des Reichsgerichts

Das Reichsgericht[54] ist diesem Ansatz einer nach Aufhebung des Verfahrens erfol- **2.32**
genden Tabellenkorrektur entgegengetreten.

---

49 MünchKomm-*Riedel*, § 177 Rn. 2ff.; Braun/*Specovius*, § 177 Rn. 35.
50 *Smid*, in: Wieczorek/Schütze ZPO § 164, Rn. 12.
51 OLG Celle, B. v. 9.4.1963 – 8 W 47/63, KTS 1964, 118; vgl. auch BGH, Urt. v. 17.5.1984 – VII ZR 333/83, BGHZ 91, 198, 201 (obiter dictum).
52 *Gerhardt*, in: Jaeger/Henckel § 178 Rn. 101.
53 *Gerhardt*, in: Jaeger/Henckel § 178 Rn. 101.
54 RG, Urt. v. 20.10.1888 – Rep. I. 214/88, RGZ 22, 153, 155.

2.33 Aus den Gründen seines Urteils ist zu schließen, dass die vom Konkursgläubiger zur Tabelle aufgenommene Forderung „zu Unrecht“ nicht eingetragen worden sei. Der Konkurs wurde durch einen Zwangsvergleich beendet. Der Konkursgläubiger wollte dann nach Aufhebung des Verfahrens aus dem Zwangsvergleich die Zwangsvollstreckung gegen den Gemeinschuldner betreiben.

2.34 Die Forderung des Gläubigers war in dem vom Reichsgericht entschiedenen Fall nicht tituliert. Es war auch, anders als nach geltendem Recht in § 189 Abs. 1 InsO geregelt und in der Literatur zur Rechtfertigung nach Aufhebung des Verfahrens vorzunehmender Tabellenkorrekturen angeführt, keine Tabellenfeststellungsklage durch den Gläubiger erhoben worden. Hat der Insolvenzgläubiger aber mit seiner Forderung nicht durch Anmeldung am Verfahren teilgenommen wird er von dessen Wirkungen im Allgemeinen zwar insoweit berührt, als ihm § 87 InsO die Verfolgung seines Rechts außerhalb des Insolvenzverfahrens durch Erhebung der Leistungsklage verwehrt.[55] Werden mit der Aufhebung des Insolvenzverfahrens aber die Beschlagswirkungen des § 35 Abs. 1 InsO gegen das Vermögen des Insolvenzschuldners beseitigt ändert sich dies:

2.35 Das Reichsgericht hat seine Ablehnung einer nach Aufhebung des Konkurses erfolgenden Tabellenkorrektur damit begründet, es stehe dem Gläubiger in einem derartigen Falle nach Aufhebung des Insolvenzverfahrens (und damit der Beendigung der Wirkung des § 87 InsO!) die Geltendmachung seiner Forderung mit der allgemeinen Leistungsklage zur Verfügung. Umgekehrt stellt sich die Frage, ob das Insolvenzgericht nach Verfahrensaufhebung den betroffenen Gläubigern wegen einer Tabellenberichtigung Gehör zu gewähren hat. Etwas anderes würde sich nach heute geltendem Recht auch nicht etwa dann ergeben, wenn das Insolvenzverfahren aufgrund eines insolvenzgerichtlich bestätigtem Insolvenzplan (§ 248 InsO) aufgehoben worden wäre. Der Gläubiger, der nicht beteiligt war, wird den Beschränkungen des §§ 259a, 259b InsO unterworfen.[56] Die Leistungsklage gegen den Schuldner ist aber nicht ausgeschlossen.

B) Nachbesserung der – richtigen – Tabelle

I. Fallgestaltung

2.36 Findet eine Rechtsnachfolge nach Feststellung der Forderung gem. § 178 Abs. 2 InsO des anmeldenden Insolvenzgläubigers zur Tabelle statt stellt sich die Frage, wie zu verfahren ist. Erfolgt die Rechtsnachfolge nach Beendigung des Insolvenzverfahrens oder wird sie danach durch den Rechtsnachfolger des in die Tabelle und das Vertei-

55 MünchKomm-*Breuer*, § 87 Rn. 15.

56 *Smid/Rattunde/Martini*, Insolvenzplan, Rn. 21.13 f.

lungsverzeichnis eingetragenen Liquidanten bekanntgegeben, kommt es nur mehr auf die Nachhaftung des Schuldners nach § 201 InsO an. Unter Geltung der Konkursordnung hat deren § 164 noch ausdrücklich auf das Klauselerteilungsverfahren der §§ 724 ff. ZPO verwiesen. Diesen Verweis hat der Gesetzgeber der InsO in § 201 InsO nicht mehr aufgenommen. Daraus lässt sich aber nicht schließen, dass damit von § 164 KO abgewichen werden sollte.[57] Daher entspricht es hM,[58] dass die §§ 724 ff. ZPO auch unter Geltung der InsO auf das Verfahren der Erteilung der vollstreckbaren Ausfertigung des dem Gläubiger wegen der Nachhaftung des Schuldners zu erteilenden Tabellenauszugs Anwendung finden. Da die §§ 724 ff. ZPO auf die Klauselerteilung für den Tabellenauszug zur Anwendung gelangen, kann nach den §§ 726 bis 729 ZPO eine qualifizierte Klausel erteilt werden, wofür nach § 20 Nr. 12 RPflG der Rechtspfleger zuständig ist. Daher kann auf § 727 Abs. 1 ZPO verwiesen werden. Danach kann eine vollstreckbare Ausfertigung für den Rechtsnachfolger des in dem Urteil bezeichneten Gläubigers erteilt werden, sofern die Rechtsnachfolge oder das Besitzverhältnis durch öffentliche oder öffentlich beglaubigte Urkunden nachgewiesen wird.

Die Lagen können aber komplizierter sein. Das OLG Bremen[59] hat über folgen- 2.37
den – hier vereinfacht wiedergegebenen – Sachverhalt zu entscheiden gehabt: Das Finanzamt hatte Forderungen aus Steuerbescheiden, die teilweise vor Eröffnung des Konkurses über das Vermögen des Steuerschuldners rechtskräftig geworden waren, dort zur Tabelle angemeldet. Der Konkursverwalter hat seinen Widerspruch durch Anerkenntnis von zwei Teilbeträgen beseitigt; der Widerspruch blieb aber in der Tabelle eingetragen. Das Finanzamt hat die Feststellung der Forderungen nicht „betrieben“. Das Finanzamt hat beantragt, den Widerspruch zu beseitigen.

II. Rechtsverfolgung mit der Feststellungsklage

1. Nicht titulierte Forderungen

Das OLG Bremen hält an dem Grundsatz fest, wonach der Streit über das Bestehen 2.38
oder Nichtbestehen von Forderungen nicht vom Insolvenzgericht entschieden, sondern vor den Prozessgerichten ausgetragen werden muss. Im Falle titulierter Forderungen wäre die Betreibungslast nicht mehr beim Finanzamt als anmeldenden Gläubiger gewesen; und dies gilt auch für die nicht-titulierten Forderungen, wegen derer ein rechtskräftiger Bescheid nicht vorlag. Denn der Konkursverwalter hatte nachträglich die Forderungen „anerkannt“ – was gegenüber seinem Bestreiten ei-

57 Vgl. statt aller *Eller-Hannich*, in: Jaeger/Henckel § 201 Rn. 11.

58 Statt aller *Eller-Hannich* (Fußn. 57); *Smid*, in: LSZ § 201 Rn. 7; *Holzer*, in: Kübler/Prütting/Bork § 201 Rn. 9.

59 OLG Bremen, B. v. 4. Dezember 1975 – 2 W 85/75, KTS 1976, 240.

nen actus contrarius darstellt. Darauf kommt es aber nach Ansicht des OLG Bremen nicht an: Ist gegen nichttitulierte Forderungen ein Widerspruch eingetragen, muss der Gläubiger auch dann Tabellenfeststellungsklage erheben, wenn der Bestreitende die Forderung „anerkennt", dies aber nicht beurkundet wird, § 179 Abs. 1 InsO. Ob nämlich eine Forderung bestritten worden ist oder nicht folgt nicht aus außerhalb des Insolvenzverfahrens abgegebenen Erklärungen der Beteiligten, sondern ist nach dem Ergebnis des Prüfungstermins zu beurteilen. Dieses Ergebnis wird durch das vom Insolvenzgericht zu errichtende Protokoll bewiesen, § 4 InsO i.V.m. § 165 ZPO.[60] Bei alledem kommt der Grundsatz des deklaratorischen Charakters des insolvenzgerichtlichen Beurkundungsaktes zum Tragen. Denn das Insolvenzgericht trifft auch im Rahmen der Berichtigung der Tabelle keine eigenen Rechtsfeststellungen. Daher kann es eine Berichtigung nicht etwa deshalb vornehmen, weil wegen des Anerkenntnisses des Verwalters wegen des eingetragenen Widerspruchs die Tabelle „falsch" sei – denn dem Insolvenzgericht fehlt die verfahrensrechtliche Kompetenz, dies festzustellen.

2. Titulierte Forderungen

a) Sachgrund der Besserstellung

2.39 Grund der Besserstellung titulierter Forderungen ist, dass der Gläubiger bereits die Forderung ausprozessiert oder in anderer Weise vor Eröffnung des Insolvenzverfahrens darüber einen Titel erstritten oder erlangt hat, ihm deshalb ein weiterer Prozess als Forderungsfeststellungsprozess nicht zumutbar ist.[61] Ausschlaggebend ist, dass der Titel vollstreckbar ist. Da die Feststellung nichttitulierter Forderungen zur Tabelle deren Beteiligung an der im Insolvenzverfahren Verteilung bewirkt und damit haftungsrechtlich wie ein Leistungsurteil wirkt, ist es Aufgabe des § 179 Abs. 2 InsO, die vor Eröffnung des Insolvenzverfahrens erlangte, die Vollstreckbarkeit der Forderung gewährleistende Rechtsposition anzuerkennen. Anders als nichttitulierte Forderungen werden daher titulierte Forderungen ohne weiteres zur Teilnahme an der Verteilung zugelassen; die Betreibungslast bei dagegen gerichtetem Widerspruch liegt daher beim Bestreitenden.

2.40 Voraussetzung ist, dass eine öffentliche Urkunde, aus der die Zwangsvollstreckung betrieben werden kann, und die sich mit der angemeldeten Forderung deckt, vorliegt.[62] Dies ist der Fall, wenn das Urteil vor der Eröffnung des Insolvenzverfahrens über das Vermögen des Titelschuldners erlassen worden ist. Verkündete Urteile müssen nicht zugestellt sein; im Übrigen muss Zustellung gem. § 310 Abs. 3 ZPO

---

60 MünchKomm-*Wagner*, § 13 ZPO Rn. 13ff.

61 *Gerhardt*, in: Jaeger/Henckel § 179 Rn. 25–27.

62 RG, Urt. v. 23.4.1903 – Rep. VI. 449/02, RGZ 54, 311, 314; *Gerhardt*, in: Jaeger/Henckel § 179 Rn. 28.

vorliegen.[63] Ein vom erkennenden Gericht in Unkenntnis der Unterbrechung wegen Verfahrenseröffnung nach § 240 ZPO verkündetes Urteil ist jedenfalls nicht Titel i.S.v. § 179 Abs. 2 InsO.[64]

b) Arten von Titeln

Es muss aber die angemeldete *Forderung* tituliert sein – also Identität von angemeldeter Forderung als Gegenstand des Prüfungsverfahrens und Titelforderung vorliegen.[65] Der BGH[66] hat dies für den Schadensersatzanspruch in der Lage des § 103 Abs. 2 InsO bejaht: 2.41

Über die streitig gebliebene Forderung des anmeldenden Gläubigers aus dem gegenseitigen, beiderseits nicht erfüllten Vertrag lag ein, noch nicht rechtskräftiges, aber für vorläufig vollstreckbar erklärtes Urteil des Landgerichts vor. Der Konkursverwalter hat die Erfüllung des Vertrages abgelehnt und den Prozess aufgenommen. Nach den Feststellungen des angefochtenen Urteils hat die Gläubigerin eine Schadensersatzforderung von 6.000 DM, deren Feststellung zur Konkurstabelle sie in Hohe von 4.500 DM mit der Anschlussberufung begehrt, im Konkursverfahren angemeldet. Ihre Anmeldung ist geprüft und vom Konkursverwalter bestritten worden. Damit war nach Ansicht des BGH den Erfordernissen, die einer Aufnahme des Verfahrens notwendig vorangehen müssen, Genüge getan und verwirft die Gegenmeinung, der über einen Erfüllungsanspruch anhängige Rechtsstreit könne, wenn der Gläubiger zu einem Schadensersatzanspruch übergeht, und diesen zur Konkurstabelle anmeldet, nicht mit dem Ziel aufgenommen werden, über diesen Anspruch eine Entscheidung zu erlangen. Unter den Voraussetzungen des § 268 ZPO muss nach Ansicht des BGH die Forderung, die der Gläubiger angemeldet hat und im Feststellungsrechtsstreit verfolgt, nicht mit der ursprünglichen Klageforderung übereinzustimmen, sofern die Anmeldung der schließlich verfolgten Forderung erfolgt ist. Und er führt aus, dass dies auch bei einer titulierten Forderung gelten müsse. 2.42

Dem ist aus verschiedenen Gründen zu widersprechen. Der mit der vor Eröffnung erhobenen Klage geltend gemachte und durch das vorläufig vollstreckbare Urteil titulierte Erfüllungsanspruch ist mit dem Schadensersatzanspruch nicht identisch.[67] 2.43

63 *Gerhardt*, in: Jaeger/Henckel § 179 Rn. 47.
64 OLG Köln, Urt. v. 9.3.1988 – 13 U 230/87, NJW-RR 1988, 701; *Gerhardt*, in: Jaeger/Henckel § 179 Rn. 48, 49.
65 *Gerhardt*, in: Jaeger/Henckel § 179 Rn. 65 f.
66 BGH, Urt. v. 8.11.1961 – VIII ZR 149/60, NJW 1962, 153.
67 So überzeugend *Gerhardt*, in: Jaeger/Henckel § 179 Rn. 65 a.E.

aa) Nicht Arrestbefehle

2.44 Arrestbefehle verweisen zwar auf die zugrundeliegende Forderung als Arrestanspruch, sie titulieren aber nicht die Forderung, da sie nicht auf Befriedigung, sondern dem Arrestgrunde gemäß auf Sicherung der Befriedigung gerichtet sind. Im über das Vermögen des Arrestschuldners eröffneten Insolvenzverfahren ist aber die Vollstreckung des Arrests ebenso gem. § 89 InsO ausgeschlossen wie eine Aufnahme eines unterbrochenen Arrestverfahrens.[68] Denn ein Übergang zur Hauptsache (§ 926 ZPO)[69] ist dann wegen des Verbots des § 87 InsO nicht mehr möglich.[70] Auf die Entscheidungsform als Beschluss oder Urteil (§ 922 ZPO) kommt es in diesem Zusammenhang nicht an, da jedenfalls auch im Arresturteil auf mündliche Verhandlung nicht in vollstreckbarer Weise über die Forderung entschieden wird.

bb) In Frage kommende zivilistische Titel

2.45 Dazu zählen Leistungsurteile gem. §704 ZPO, und zwar auch solche, die wegen der Kosten, nicht aber in der Hauptsache für vollstreckbar erklärt sind.[71] Nach §722 Abs. 1 ZPO für vollstreckbar erklärte ausländische Urteile genügen den Anforderungen des §179 Abs. 2 ZPO. Zwischenurteile gem. §303 ZPO genügen nicht. §303 ZPO bestimmt, dass, wenn ein Zwischenstreit – der regelmäßig über prozessuale Vorfragen des zu fällenden Endurteils geführt wird, zur Entscheidung reif ist, die Entscheidung durch Zwischenurteil ergehen kann. Ein Zwischenurteil ist daher ein Urteil in einem Zivilprozess, dass über prozessuale Vorfragen und nicht den eigentlichen Streitgegenstand gefällt wird.[72] Auch Grundurteile gem. §304 ZPO kommen für §179 Abs. 2 ZPO nicht in Betracht. Grundurteile sind Zwischenurteile, die aber in Ansehung der Rechtsmittel als Endurteil anzusehen sind. Mit dem Grundurteil wird aber allein über den (rechtlichen) Grund des geltend gemachten Anspruchs entschieden (§ 304 ZPO).[73] Es entscheidet bei einer Zahlungsforderung darüber, ob überhaupt ein Anspruch besteht. Die Höhe des Anspruchs ist dem darauf folgenden Betragsverfahren vorbehalten; es wird also nicht über die Höhe – den Betrag – der Forderung entschieden.

2.46 Vollstreckbare Urteile sind auch das Teilurteil gem. § 301 ZPO, das Versäumnisurteil gem. § 331 ZPO,[74] das Anerkenntnisurteil gem. § 307 ZPO,[75] sowie das Vorbehaltsurteil gem. § 302 ZPO.[76]

---

68 BGH, Beschl. v. 28.3.2007 – VII ZB 25/05 – BGHZ 172, 16f.
69 MünchKomm-*Drescher*, § 926 ZPO Rn. 1ff.
70 BGH, Urt. v. 15.1.1962 – VIII ZR 189/60, KTS 1962, 51, 53.
71 BGH, Urt. v. 26.6.1953 – V ZR 71/52, LM KO § 146 Nr. 1.
72 *Kremper*, in: Saenger, ZPO, § 303 Rn. 1ff.
73 MünchKomm-*Musielak*, § 304 ZPO Rn. 5ff.
74 Saenger/*Pukall*, § 331 ZPO Rn. 7a.
75 Saenger/*Saenger*, § 307 ZPO Rn. 13.
76 Saenger/*Saenger*, § 302 ZPO Rn. 7.

Versäumnisurteile stellen sich als Endurteile dar. Ist ein Einspruch vor Eröffnung des Insolvenzverfahrens eingelegt kommt § 719 ZPO zum Tragen; er ändert zunächst nichts an der Vollstreckbarkeit.[77] 2.47

Titel i.S.v. § 179 Abs. 2 InsO sind weiter die Eintragung in die Insolvenztabelle gem. § 201 Abs. 2 InsO in einem Vorverfahren und der rechtskräftig bestätigte Insolvenzplan gem. § 257 InsO. Weiter zählen dazu vollstreckbare Entscheidungen gem. § 95 FamFG mit Vollstreckungsklausel versehene Ausfertigungen von Kostenrechnungen des Notars gem. § 155 KostO. 2.48

cc) Arbeitsgerichtsbarkeit

Arbeitsgerichtliche Beschlüsse und die vor den Arbeitsgerichten geschlossenen Vergleiche gem. § 85 ArbGG, vor Schiedsgerichten gem. §§ 108, 109 ArbGG geschlossene Vergleiche. 2.49

c) Vollstreckungsklausel

aa) Grundsatz

Soweit es sich nicht um Endurteile handelt, macht § 179 Abs. 2 InsO die Bevorzugung des Titelgläubigers davon abhängig, dass eine Vollstreckungsklausel nach den §§ 724ff. ZPO erteilt ist. Im Einzelnen handelt es sich um folgende Titel: Titel gem. § 794 Abs. 1 Nr. 1 bis 3, 5 ZPO fallen unter § 179 Abs. 2 InsO. Der Vollstreckungsbescheid steht nach § 700 Abs. 1 ZPO einem für vorläufig vollstreckbar erklärten Versäumnisurteil gleich. 2.50

Schiedssprüche gem. § 794 Abs. 1 Nr. 4a i.V.m. § 1064 Abs. 2 ZPO, Schiedssprüche mit vereinbartem Inhalt gem. § 794 Abs. 1 Nr. 4b i.V.m. §§ 1053, 1055, 1064 Abs. 2 ZPO fallen unter § 179 Abs. 2 InsO. Dies gilt auch für vollstreckbar erklärte ausländische Schiedssprüche gem. § 1060 Abs. 1 ZPO. 2.51

Mit der Klausel wird bezeugt, dass die Zwangsvollstreckung wegen der titulierten Forderung betrieben werden kann und damit die oben (Rn. 2.39) als ratio des § 179 Abs. 2 InsO beschriebene Lage gegeben ist. Die Vollstreckungsklausel muss nicht bei Eröffnung des Insolvenzverfahrens und auch nicht bei Anmeldung, sondern spätestens im Prüfungstermin vorliegen, um Insolvenzverwalter und anderen Gläubigern die Prüfung zu ermöglichen. Die Klauselerteilung bleibt auch nach Eröffnung des Insolvenzverfahrens über das Vermögen des Schuldners möglich, weil sie nicht nach den §§ 81, 89 InsO ausgeschlossen ist.[78] 2.52

Bei Eintritt von materiellen Voraussetzungen der Erteilung einer qualifizierten, titelumschreibenden Klausel gem. §§ 726ff. ZPO nach Eröffnung des Insolvenzver- 2.53

77 *Gerhardt*, in: Jaeger/Henckel § 179 Rn. 42.
78 *Gerhardt*, in: Jaeger/Henckel § 179 Rn. 36.

fahrens über das Vermögen des Titelschuldners kann diese nicht mehr vom anmeldenden Gläubiger erlangt und damit die Bevorzugung nach § 179 Abs. 2 InsO erreicht werden, weil §§ 81, 91 Abs. 1 InsO entgegenstehen.[79]

bb) Endurteile

2.54 Endurteile bedürfen, damit der anmeldende Titelgläubiger nach § 179 Abs. 2 InsO bevorzugt wird, keiner Klausel, sofern sie gegen den Schuldner ergangen sind, andernfalls eine titelergänzende oder titelübertragende Klausel erforderlich ist, auf die zur Erlangung des Vorteils nach § 179 Abs. 2 InsO nicht verzichtet werden kann.[80]

cc) Sonderfall Feststellungsurteile

2.55 Feststellungsurteile gem. § 256 Abs. 1 ZPO enthalten zwar kein vollstreckbares Leistungsgebot und können daher auch keine Vollstreckungsklausel erteilt bekommen. Geht man vom Wortlaut des § 179 Abs. 2 InsO aus, wäre damit ein Feststellungsurteil von der Bevorzugung ausgeschlossen. Wird Grund und Höhe der Forderung festgestellt leistet das Feststellungsurteil nach § 256 Abs. 1 InsO ebenso wie das an die Stelle des nach § 87 InsO ausgeschlossenen Leistungsurteil Tabellenfeststellungsurteils jedenfalls die Klärung der Vorfrage des Bestandes der Forderung.[81]

d) Steuerbescheide und andere öffentlich-rechtliche Titel

2.56 § 179 Abs. 2 InsO nennt Titel, die von der Verwaltung selbst geschaffen werden, nicht ausdrücklich. Da der Fiskus oder andere, mit Leistungsbescheid Forderungen geltend machende Verwaltungen[82] sich aber mit dem Erlass des Steuerbescheides in eine rechtliche Stellung versetzen kann, die in Ansehung der oben (Rn. 2.39) für die Bevorzugung genannten Gründe derjenigen des privaten Titelgläubigers entspricht, ist anerkannt,[83] dass auf zum Zeitpunkt der Verfahrenseröffnung titulierte Steuerforderungen § 179 Abs. 2 InsO zur Anwendung gelangt. Dabei gilt für Steuerbescheide und andere öffentlich-rechtliche Titel das zu zivilistischen Titeln Ausgeführte entsprechend: Die Verwaltung genießt keine Bevorzugung gegenüber anderen Gläubigern.

---

79 MünchKomm-*Schumacher*, § 179 Rn. 23 ff.
80 Uhlenbruck/*Sinz*, 14. Aufl. InsO, § 179 Rn. 21 f.
81 *Gerhardt*, in: Jaeger/Henckel § 179 Rn. 43.
82 BGH, Urt. v. 1.10.1953 – III ZR 351/52, BGHZ 10, 312.
83 Seit RG, Urt. v. 18.3.1927 – VI 540/26, RGZ 116, 368 ff.

Die Bescheide müssen bei Eröffnung des Insolvenzverfahrens nicht bestandskräftig sein.[84] 2.57

e) Betreibungslast

Soweit gegen die titulierte Forderung ein Widerspruch des Verwalters eingetragen ist, der – aus welchen Gründen auch immer seinen Widerspruch nicht verfolgt hat, § 179 Abs. 2 InsO – verhält es sich, wie das OLG Bremen[85] überzeugend ausführt, nicht anders. Denn § 179 Abs. 2 InsO verlagert die Betreibungslast zwar auf den Bestreitenden, entzieht dem anmeldenden Gläubiger aber nicht die Befugnis, die bestrittene Forderung zu betreiben. Ihm steht daher die Möglichkeit offen, eine – in diesem Falle: negative – Tabellenfeststellungsklage zu betreiben. Hierfür hat er auch ein Rechtsschutzbedürfnis, da zum einen mit der Eintragung des Widerspruchs in die Tabelle die besonderen Voraussetzungen der Tabellenfeststellungsklage vorliegen, zum anderen § 183 Abs. 2 InsO vorsieht, dass der klagende Gläubiger nur auf diesem Wege die Berichtigung der Tabelle erreichen kann. 2.58

C) Streit über die Auslegung des Inhalts der Tabelle

I. Zulässigkeit einer allgemeinen Feststellungsklage

Herrscht Streit über den Inhalt der Tabelle – insbesondere wenn der Tabelleneintrag unklar ist und der Auslegung bedarf – lässt die Rechtsprechung eine allgemeine Feststellungsklage zu.[86] 2.59

In dem vom BGH[87] entschiedenen Fall hatte der später vom klagenden Konkursverwalter in Anspruch genommene Beklagte an die Gemeinschuldnerin Räume in Düsseldorf mit der vertraglichen Vereinbarung vermietet, dass die Gemeinschuldnerin nach Beendigung des Mietverhältnisses die Räume in ordnungsgemäß renoviertem Zustand zu übergeben habe. Im eröffneten Konkursverfahren kündigte der Verwalter den Mietvertrag, worauf der Beklagte das Vermieterpfandrecht geltend machte und Forderungen aus dem Mietvertrag von insgesamt 30.071,63 DM, darunter 8.000 DM „voraussichtliche Renovierungskosten gemäß ... Mietvertrag“ zur Tabelle anmeldete. Im Prüfungstermin erkannte der Konkursverwalter die Gesamtforderung unter Beschränkung auf den Ausfall an. Sie wurde in die Konkurstabelle eingetragen. Der Kläger meint, dem Beklagten ständen die Renovierungskosten in 2.60

84 *Gerhardt*, in: Jaeger/Henckel § 179 Rn. 55.
85 OLG Bremen, B. v. 4.12.1975 – 2 W 85/75, KTS 1976, 240.
86 *Gerhardt*, in: Jaeger/Henckel § 178 Rn. 89.
87 BGH, Urt. v. 4.10.1984 – IX ZR 159/83, ZIP 1984, 1509 m. Anm. *Gerhardt*, EWiR 1987, 1011.

Höhe von 8.000 DM nicht zu. Er habe daher auf seine Gesamtforderung 2.135,30 DM zu viel erhalten. Er hat vor dem Prozessgericht Klage erhoben und beantragt festzustellen, dass dem Beklagten aus dem vom Kläger zur Konkurstabelle im Konkursverfahren abgegebenen Anerkenntnis keine Rechte mehr zustehen. Die Vorinstanzen haben Klage und Berufung abgewiesen; auch die Revision des Konkursverwalters blieb erfolglos.

2.61 Berufungsgericht und BGH haben den ersten Antrag als Feststellungsklage nach § 256 Abs. 1 ZPO ausgelegt. Das Berufungsgericht hat sie für unzulässig erachtet, da, soweit Gegenstand die Renovierungskosten von 8.000 DM seien, der Klage der Einwand der Rechtskraft entgegen stehe (heute § 178 Abs. 3 InsO, § 322 Abs. 1 ZPO), wobei zudem das rechtliche Interesse an einer alsbaldigen richterlichen Entscheidung fehle, da der klagende Insolvenzverwalter „zur Zeit" nicht verlangen könne, dass ihm der Beklagte vor Festsetzung einer Ausschlussfrist für die Schlussverteilung gem. § 190 Abs. 1 InsO den tatsächlichen Ausfall nachweise.

2.62 Der BGH hat dagegen die Feststellungsklage für zulässig gehalten. Der BGH führt dazu aus, dass in dem von ihm entschiedenen Fall die vom klagenden Insolvenzverwalter erhobenen Einwände gegen die Forderung wegen der Renovierungskosten das rechtliche Verständnis ihrer Feststellung und Eintragung in die Tabelle betreffen: „Es geht somit um die nähere Bestimmung des Inhalts der Konkurstabelle". Soweit darüber Ungewissheit und Streit herrsche, könne dieser mit einer Feststellungsklage entschieden werden.[88] Der Feststellungsantrag sei daher zulässig gewesen. Denn er sei geeignet gewesen, den Streit über den Inhalt der Feststellung der Forderung des Gläubigers (im Fall des BGH: die Umwandlung des Räumungsanspruchs in eine Geldforderung) zu klären.

II. Abgrenzung

2.63 Die Abgrenzung zwischen der Tabellenfeststellungsklage und der allgemeinen Feststellungsklage ist dabei nicht immer klar, wie folgender vom BGH[89] entschiedener Fall zeigt:

2.64 Wenn der Gläubiger im Feststellungsverfahren nach § 179 InsO von dem angemeldeten Rückzahlungsanspruch aus Wandelung auf die Geltendmachung eines Nichterfüllungsschadens übergeht ist die Klage dagegen unzulässig, wenn die neue Forderung nicht zur Tabelle angemeldet wurde.

2.65 Der Gläubiger hatte vom Insolvenzverwalter die Feststellung eines Anspruchs „aus Rückgewährschuldverhältnis" auf Wandelung eines Kaufvertrages geltend gemacht. Der Verwalter hatte allerdings die Erfüllung abgelehnt.

88 BGH, Urt. v. 25. Juni 1957 – VIII ZR 251/56, WM 1957, 1225.
89 BGH, Urt. v. 4.10.1984 – IX ZR 159/83.

Dem Kläger verblieb als Insolvenzforderung damit allenfalls ein aus § 103 Abs. 2 S. 2 InsO herrührender Schadensersatzanspruch mit dem Wert seines Rechts auf Wandelung. Diese Forderung hätte der Gläubiger in bezifferbarer Höhe im Insolvenzverfahren anmelden „können und müssen“. Der klagende Gläubiger, der als Grund für die angemeldete Forderung lediglich das Rückgewährschuldverhältnis, also keinen Schadensersatzanspruch, angegeben hatte, konnte die Feststellung zur Tabelle nicht mit der Insolvenzfeststellungsklage betreiben (unten Rn. 3.196ff.). Einer allgemeinen Feststellungsklage ist dies nicht zugänglich. 2.66

Kapitel 4. Rechtskraftwirkung der Eintragung der Forderung in die Tabelle

A) Grundlegung: Übersicht über die gesetzliche Regelung

2.67 Die vermeintliche Selbstverständlichkeit des § 178 Abs. 3 InsO löst sich in eine Vielzahl von Fragen auf, sobald konkrete Fragestellungen ihre Problematik deutlich werden lassen:

I. Ausgangsfall

2.68 Die schuldnerische GmbH hat im Jahr 2007 von der Gläubigerin G eine hochmoderne Maschinenanlage geliefert bekommen, mit der nach den zwischen den Vertragsparteien geschlossenen vertraglichen Abreden eine bestimmte Quantität Zellstoffbahnen in einem bestimmten Zeitumfang (62 m/sec) sollen produziert werden können. Probeläufe der Anlage schlagen zunächst fehl. Im Jahr 2009 wurde über das Vermögen der Schuldnerin das Insolvenzverfahren eröffnet. Seit 2008 wird von der Lieferantin – erfolglos – nachgebessert, um die vertragsgemäße Leistung der Anlage zu erreichen. Im Jahr 2014 konzediert die Lieferantin, eine Leistung von 15–30 m/sec sei zu erreichen, nicht dagegen mehr.

2.69 Die Lieferantin hatte unter erweitertem Eigentumsvorbehalt geliefert, aber die zur Errichtung der Anlage gelieferten Sachen vorbehaltlos übereignet, damit die schuldnerische Abnehmerin Anfang 2008 in den Genuss einer Investitionszulage in Höhe von 7,5 Mio geraten konnte, die dann auch tatsächlich an die Schuldnerin ausgezahlt und von dieser zur Deckung von Verbindlichkeiten gegenüber anderen Gläubigern eingesetzt wurde. Die Lieferantin hat sich dann zur Sicherung ihrer Forderung aus der Lieferung in Höhe von 20 Mio eine Grundschuld am Betriebsgrundstück der Schuldnerin von dieser bestellen lassen.

2.70 Im Insolvenzverfahren hat die Lieferantin ihre Forderung über 20 Mio zur Tabelle angemeldet. Im Prüfungstermin hat der Insolvenzverwalter keine Erklärung abgegeben – und damit insbesondere der Forderung nicht widersprochen. Folglich ist es im Prüfungstermin auch nicht zu der von § 176 S. 2 InsO geforderten „Einzelerörterung" solcher Forderungen, die vom Insolvenzverwalter, vom Schuldner oder von einem Insolvenzgläubiger bestritten werden, gekommen, da es zu einer entsprechenden Äußerung, die dies hätte auslösen können, nicht gekommen ist. Später klagt er gegen die Lieferantin auf Erteilung der Bewilligung zur Löschung der Grundschuld. Diese Klage gründet er – alternativ – auf Insolvenzanfechtungstatbestände sowie auf Bereicherung: Da die Maschine die vertragsgemäß vereinbarte Leistung nicht erbringe, könne – je nachdem, wie der Vertrag typologisch zu qualifizieren sei – der Kaufpreis oder der Werklohn nicht geschuldet sein, § 434 Abs. 1 BGB bzw. § 640 BGB. In diesem Prozess stellt sich die Frage, ob der Insolvenzverwalter mit dem Vorbringen, dass die aus der Mangelhaftigkeit der Leistung folgende Einrede gegen die Fälligkeit der Kaufpreisforderung wegen § 178 Abs. 1 InsO wegen der Rechtskraftwirkungen der Feststellung ausgeschlossen ist, durchdringen kann.

II. Nachforderungsrecht der Insolvenzgläubiger und Titelfunktion des Tabellenauszugs

Die damit aufgeworfenen Fragen lassen sich nicht einfach durch einen Verweis auf die Regelungen des § 201 InsO beantworten: Denn diese Vorschrift betrifft mit der Anordnung, dass die Insolvenzgläubiger nach der Aufhebung des Insolvenzverfahrens ihre restlichen Forderungen gegen den Schuldner unbeschränkt geltend machen können, die Wirkung des Insolvenzverfahrens auf angemeldete und nicht angemeldete Insolvenzforderungen.[90] Und für die Insolvenzgläubiger, die sich am Insolvenzverfahren durch Anmeldung ihrer Forderungen beteiligt haben, führt dies nach § 201 Abs. 2 S. 1 InsO zur Titulierung der angemeldeten Forderung, soweit diese nicht vom Schuldner im Prüfungstermin bestritten worden sind.[91] Denn die Insolvenzgläubiger, deren Forderungen festgestellt worden sind, können aus der Eintragung in die Tabelle wie aus einem vollstreckbaren Urteil die Zwangsvollstreckung gegen den Schuldner betreiben.[92] Diese Vorschrift zielt damit auf die Voraussetzungen der nachkonkurslichen Rechtsdurchsetzung des Gläubigers,[93] wie § 201 Abs. 2 S. 3 InsO zeigt, wonach der Antrag auf Erteilung einer vollstreckbaren Ausfertigung aus der Tabelle erst nach Aufhebung des Insolvenzverfahrens gestellt werden kann.[94] Sie betrifft aber nicht (jedenfalls nicht zunächst) die Voraussetzungen einer Rechtskraftwirkung des Tabelleneintrags gegen Insolvenzverwalter und Gläubiger. 2.71

III. Funktion und Wirkung der insolvenzverfahrensrechtlichen Forderungsfeststellung

1. Positiv-rechtliche Regelung der Rechtskraftwirkung der Forderungsfeststellung

In der jüngeren Literatur zur Insolvenzordnung hat insbesondere *Gerhard* im Kommentar von Jaeger/Henckel darauf hingewiesen, dass die Rechtskraftregelung des 2.72

---

90 *Hintzen*, in: MünchKomm-InsO, 3. Aufl. 2013, § 201 Rn. 1; *Wegener*, in: Uhlenbruck, InsO, 14. Aufl. 2015, § 201 Rn. 3.

91 *Pehl*, in: Braun, InsO, 6. Aufl. 2014, § 201 Rn. 9; *Wegener*, in: Uhlenbruck, InsO, 14. Aufl. 2015, § 201 Rn. 19 f.

92 Nach § 201 Abs. 2 S. 2 InsO steht einer nicht bestrittenen Forderung eine Forderung gleich, bei der ein erhobener Widerspruch beseitigt ist, vgl. *Smid*, in: Leonhardt/Smid/Zeuner, InsO, 3. Aufl. 2010, § 201 Rn. 8.

93 *Holzer*, in: Kübler/Prütting/Bork, InsO, § 201 Rn. 1.

94 *Smid*, in: Leonhardt/Smid/Zeuner, InsO, 3. Aufl. 2010, § 201 Rn. 10; *Hintzen*, in: MünchKomm-InsO, 3. Aufl. 2013, § 201 Rn. 26.

§ 178 Abs. 3 InsO entgegen der Vorgängerregelung des § 145 Abs. 2 KO ausdrücklich neben den Konkurs- bzw. heute den Insolvenzgläubigern auch den Verwalter nennt.[95] *Gerhardt*[96] führt aus, dass bereits das bloße Unterlassen eines Widerspruchs in Ansehung der Insolvenzverfahrensteilnahme des Anmelders zur Feststellung der Forderung führe, die wie ein rechtskräftiges Urteil wirkt. *Gerhardt*[97] nennt ausdrücklich die *Insolvenzverfahrensteilnahme*, indem er auf das Recht des Anmelders zur Abstimmung in der Gläubigerversammlung nach § 78 InsO sowie zum Bestreiten im Prüfungsverfahren nach § 178 Abs. 1 InsO abstellt und darauf, dass der Anmelder bei der Verteilung nach §§ 187 ff. InsO zu berücksichtigen sei.[98] Nun ist die Frage der Berechtigung der Verfahrensteilnahme etwas anderes als die Berücksichtigung bei den Verteilungen, die die materielle Berechtigung des Gläubigers, der seine Forderung anmeldet, betrifft.

2.73 Bevor dieser Frage nachgegangen werden kann, ist es doch bemerkenswert, dass das bloße Unterlassen eines Widerspruchs die Wirkung zeitigen soll, dass die damit erfolgte Feststellung wie ein im Feststellungsstreit vom anmeldenden Gläubiger zur Beseitigung des Widerspruchs gegen die Forderung erstrittenen rechtskräftigen Urteil wirke (Rn. 1.98). Die Feststellung zur Insolvenztabelle nach § 178 Abs. 1 S. 1 InsO soll danach die „gleiche Kraft" haben wie sie nach § 183 Abs. 1 InsO einer durch Einspruch oder Rechtsmittel nicht oder nicht mehr anfechtbaren Widerspruchsverwerfung zukommt, soweit diese vom Prozessgericht auf die Insolvenzfeststellungsklage im Urteil erkannt worden ist.[99]

2.74 Bereits an dieser Stelle ist darauf hinzuweisen, dass es erstaunt, dass *Spellenberg*[100] und *Gerhardt* in ihren Darstellungen nicht danach fragen, ob denn die streitige Rechtserkenntnis, auf die hin das Insolvenzverstellungsurteil nach § 183 InsO ergeht, in der Tat die gleichen Wirkungen zeitigen kann wie das Verschweigen des Verwalters im Prüfungstermin.[101] Insbesondere stellt sich dann nämlich die Frage, ob dieses bloße Unterlassen des Widerspruchs der schlüssige Abschluss eines entsprechenden rechtsfeststellend-klärenden Vergleichs im Sinne von § 779 BGB[102] sei oder ob in dem Unterlassen des Widerspruchs durch den Verwalter so etwas zu se-

---

95 *Gerhardt*, in: Jaeger/Henckel, Insolvenzordnung, § 178 Rn. 23.

96 *Gerhardt* (Fußn. 95) § 178 Rn. 24.

97 *Gerhardt* (Fußn. 95, 96).

98 *Hess*, in: Hess, InsO, 2007, § 178 Rn. 24; zum Verteilungsverfahren *Smid/Rattunde/Lambrecht*, Verwertung und Verteilung der Masse, 2. Aufl. 2014.

99 *Schumacher*, *in:* MünchKomm-InsO, 3. Aufl. 2013, § 178 Rn. 55; *Sinz*, in: Uhlenbruck, InsO, 14. Aufl. 2015, § 178 Rn. 25 ff.

100 *Spellenberg*, Zum Gegenstand des Konkursfeststellungsverfahrens, 1973.

101 Und dies gilt auch für die Kommentarliteratur im Übrigen, vgl. *Schumacher*, in: MünchKomm-InsO, 3. Aufl. 2013, § 183 Rn. 1 ff.; *Specovius*, in: Braun, InsO, 6. Aufl. 2014, § 183 Rn. 1 ff.; *Sinz*, in: Uhlenbruck, InsO, 14. Aufl. 2015, § 183 Rn. 1 ff.

102 Dies wird überwiegend abgelehnt: *Gerhardt* (Fußn. 95).

hen sei wie eine Säumnis im Prozess mit der Folge, dass die Feststellung so etwas wie ein solches Urteil funktional ersetze.

2. Ausschluss der „Widerspruchsnachholung"

Gerhard meint nun, dass die Möglichkeit freier „Widerspruchsnachholung" durch die Rechtskraftwirkung der Feststellung abgeschnitten sei und beruft sich insoweit auf *Häsemeyer*.[103] Dies sei selbst dann der Fall, wenn das Gericht vor der Eintragung der angemeldeten Forderung gegen die ein Widerspruch zu erheben der Verwalter unterlassen hat, die Prüfung einer Anmeldung wieder eröffnet, wogegen sich *Spellenberg*[104]gewandt hat. Damit ist der Widerspruchsberechtigte – also der Insolvenzverwalter oder andere Insolvenzgläubiger – darauf verwiesen, gegen die Eintragung die Instrumentarien anzuwenden, die der Prozesspartei gegen rechtskräftige Urteile zustehen, nämlich die der Vollstreckungsgegenklage gemäß §§ 767 ZPO ff. (unten Rn. 2.157 ff.) 2.75

3. Sachlicher Umfang der Rechtskraftwirkung gem. § 178 Abs. 3 InsO

a) Teilnahmerecht des anmeldenden Gläubigers

Das Reichsgericht hat sich in einer frühen Entscheidung[105] mit der Frage auseinanderzusetzen gehabt, wie denn die Rechtskraftwirkung des früheren § 133 KO konstruktiv zu verstehen sei. *Gerhardt* fragt freilich nach dem sachlichen Umfang der Rechtskraftwirkung der Feststellung der Forderung zur Tabelle, die auf das Insolvenzteilnahmerecht oder auf das Haftungsrecht gerichtet sein kann. Dabei setzt er bei der Funktion des Insolvenzverfahrens als Ganzem an, dass auf die Herbeiführung einer zumindest teilweisen Befriedigung des Gläubigers gerichtet ist.[106] Das Feststellungsverfahren der §§ 174 ff. InsO diene nicht primär einer deklaratorischen Forderungsfeststellung, sondern eben dieser Befriedigung des Gläubigers.[107] 2.76

b) Haftungsrecht des anmeldenden Gläubigers

In der Kommentarliteratur folgt namentlich *Gerhardt* insoweit der von *Spellenberg* entwickelten Analyse des Gegenstands des Forderungsfeststellungsverfah- 2.77

103 *Häsemeyer*, Insolvenzrecht, 4. Aufl. 2007, Rn. 22.18; *Gerhardt* (Fußn. 94) § 178 Rn. 25.
104 *Spellenberg*, (Fußn. 100) S. 7.
105 RG, Urt. v. 17.4.1896 – III 3/96 – RGZ 37, 386.
106 Insoweit *Spellenberg* (Fußn. 100) S. 9 f.
107 *Gerhardt* (Fußn. 94) Rn. 29; *Spellenberg* (Fußn. 100) S. 9 f.

rens.[108] Danach ist neben der Befugnis zur Insolvenzteilnahme das materielle Haftungsrecht des Gläubigers Gegenstand des Feststellungsverfahrens. Vorherrschend war lange Zeit allerdings die Auffassung, dass das Feststellungsverfahren die Forderung „als Ganze" zum Gegenstand habe, die angemeldet wird. Hierfür scheint der Gesetzeswortlaut in § 178 Abs. 3 InsO zu sprechen, in dem davon die Rede ist, die Eintragung wirke für „die festgestellten Forderungen". So hat das Reichsgericht[109] darin in der Tat die Vorstellung zu Grunde gelegt gesehen, dass die materielle Forderung Gegenstand der Feststellung sei. Denn es sei mit dem Begriff des rechtskräftigen Urteils nicht vereinbar, dass allein das Insolvenzteilnahmerecht, nicht aber die Feststellung der Forderung selbst Gegenstand der Forderungsfeststellung sei, da allein die Feststellung der Forderung zwischen den Beteiligten – also dem anmeldenden Gläubiger auf der einen Seite, dem Insolvenzverwalter und den anderen Insolvenzgläubigern auf der anderen Seite – ein unabänderliches Recht darstelle, das, wie es in der Entscheidung des Reichsgerichts[110] heißt, „für spätere Rechtstreitigkeiten eine unverrückbare Grundlage bildet".[111]

2.78 Folgt man dagegen mit *Gerhardt* der Ansicht *Spellenbergs*, nach der das materielle Haftungsrecht des Gläubigers Gegenstand des Feststellungsverfahrens sei, erscheint die persönliche Forderung, die angemeldet wird, wie *Gerhardt*[112] es ausdrückt, „von Relevanz", jedoch nur als Vorfrage. Dann – folgt man *Gerhardt*[113] – wird die persönliche Forderung nicht unmittelbar Gegenstand der Feststellung. Das hat zur Folge, dass die persönliche Forderung von der Rechtskraftwirkung des § 178 Abs. 3 InsO entgegen dem – insoweit nur vordergründigen – Wortlaut der Vorschrift nicht umfasst wird. Daraus zieht *Gerhardt* in seiner Kommentierung im Jaeger-Henckel´schen Kommentar zur Insolvenzordnung Konsequenzen: Die insolvenzrechtlichen Befugnisse der Insolvenzgläubiger als solche, das Stimmrecht in der Gläubigerversammlung und die Teilnahme an Abstimmungsgruppen im Insolvenzplanverfahren und dergleichen mehr sind damit nicht Gegenstand der Rechtskraftwirkung des § 178 Abs. 3 InsO, setzen indes aber als Vorfrage die Feststellung der Haftung voraus. Da aber die Haftung festgestellt ist, kann weder das Stimmrecht in der Gläubigerversammlung noch in Abstimmungsgruppen „praktisch ... in Frage gestellt werden".[114]

---

108 *Spellenberg* (Fußn. 100) S. 81ff.; vergleiche auch *Henckel*, in: Festschrift für Michaelis, 1972, S. 148ff.)

109 RG, Beschl. v. 27.5.1903 – V 127/03 – RGZ 55, 57, 59f.; RG, Urt. v. 9.2.1934 – III 277/33 – RGZ 143, 355, 357ff.; RG, Urt. v. 26.11.1935 – VII 427/34 – RGZ 149, 257, 265ff.

110 RG, Urt. v. 4.4.1921 – VI 513/20 – JW 1921, 1363 Nr. 6.

111 *Gerhardt* (Fußn. 95) § 178 Rn. 30.

112 *Gerhardt* (Fußn. 95) § 178 Rn. 31.

113 *Gerhardt* (Fußn. 95) § 178 Rn. 31.

114 *Gerhardt* (Fußn. 95) § 178 Rn. 32.

4. Judikatur des Reichsgerichts

a) § 145 Abs. 2 KO/§ 178 Abs. 3 InsO und Amtshaftungsansprüche

Dieses vom Wortlaut des § 145 Abs. 2 KO und dem des heutigen § 178 Abs. 3 InsO 2.79
getragene Verständnis ist in einer Reihe von Urteilen des Reichsgerichts geprägt worden, die freilich die Nachholung des Bestreitens des Konkurs- bzw. des Insolvenzverwalters überhaupt nicht zum Gegenstand hatten.

In einem vom Reichsgericht[115] entschiedenen Fall ging es um die *Amtshaftung* 2.80
eines Konkursrichters, der versehentlich eine angemeldete Forderung nicht erörtert und nicht geprüft und folglich auch nicht ein Verzeichnis in die Tabelle eingetragen hat. Daraufhin wurde der anmeldende Gläubiger bei der Verteilung der Insolvenzmasse nicht berücksichtigt. Das Reichsgericht führte dazu aus, es würde gegen die Zwecke der Konkursordnung verstoßen, wenn das Resultat des Verfahrens nicht als ein „Unumstößliches erachtet würde" und die Gläubiger in die Lage versetzt werden könnten, nach Beendigung des Verfahrens durch Verteilung der Masse (sic! – hierzu unten Rn. 2.148 ff.) noch mit einzelnen Gläubigern, welche durch eigenes oder fremdes Versehen nicht berücksichtigt worden sind, sich in „einen Streit um ihre Percipienda" einzulassen.[116]

Für das Reichsgericht stellte sich in der Tat die Frage, ob die verfassungsrechtli- 2.81
chen Rahmenbedingungen für eine der Wirkung eines Urteils entsprechende Rechtskraftwirkung der Feststellung einer Forderung zur Tabelle gegeben sind noch nicht. Und auch in der Judikatur des BGH ist diese Frage ebenso wenig wie in der Literatur erörtert worden. Das erstaunt deshalb, weil in anderen Zusammenhängen, wie insbesondere der Privilegierung der Zwangsvollstreckung von Forderungen aus vorsätzlich begangenen unerlaubten Handlungen, die Frage erörtert worden ist.

Man hat zu bedenken, dass die Konkursordnung seit der preußischen Konkurs- 2.82
ordnung mit dem alten überkommenen Konkursprozess gebrochen hat. In diesem Konkursprozess wurden die angemeldeten Forderungen, wenn auch summarisch, ausprozessiert – was die Langwierigkeit dieses Verfahrens verursachte. Der Konkursprozess allerdings mündete in einer Reihe von Urteilen, so dass in der Tat die Feststellung der Forderungen gegenüber dem Schuldner, aber auch gegenüber den anderen Gläubigern Rechtskraft wirken konnte, gegenüber denen die Berechtigung des Klägers, an der Masse zu partizipieren, festgestellt wurde. Dies gab dem Verfahren neben seiner Langwierigkeit zugleich „Rechtssicherheit", auf die in der heutigen Literatur als Funktion des § 178 Abs. 3 InsO immer wieder abgestellt wird.[117]

---

115 RG, Urt. v. 20.10.1885, Seufferts Archiv 41 Nr. 272.

116 Vgl. aber auch RG, Urt. v. 7.4.1937 – V 290/36 – RGZ 154, 291.

117 *Schumacher*, in: MünchKomm-InsO, 3. Auf. 2013, § 178 Rn. 58; *Sinz*, in: Uhlenbruck, InsO, 14. Aufl. 2015, § 178 Rn. 27.

b) § 145 Abs. 2 KO/§ 178 Abs. 3 InsO und Absonderungsprozess

2.83 Die Frage, ob die Eintragung einer festgestellten Konkursforderung in die Tabelle wie ein rechtskräftiges Urteil gegenüber den Konkursgläubigern auch außerhalb des Konkursverfahrens insbesondere bei Verteilung des Erlöses eines zur abgesonderten Befriedigung dienenden Gegenstandes diene, war bereits Gegenstand des Urteils des Reichsgerichts vom 1. Juli 1903.[118]

2.84 Diesem Urteil lag ein Fall zu Grunde, in dem es um einen Nachlasskonkurs ging, der zum Zeitpunkt des Urteils des Reichsgerichts damit beendet worden war, dass die nichtbevorrechtigten Gläubiger eine Quote von 1,451% ihrer Forderungen erhielten. Für den späteren Kläger, der die Alleinerbin der Erblasserin klagweise in Anspruch genommen hatte, waren in das nachlasszugehörige Grundstück Vordere Vorstadt Nr. 35 verschiedene Hypotheken eingetragen. Um die Zinsen dieser Hypotheken zu zahlen, hatte die beklagte Erbin nach eigenen bestrittenen Behauptungen eigene Mittel, nämlich Geld, das sie zu diesem Zweck geliehen hatte, aufgewendet. Die Beklagte machte im Konkursverfahren die von ihr bezahlten Zinsen mit dem Anspruch auf abgesonderte Befriedigung geltend. Die Beklagte hatte eine Forderung in Höhe von 1907,50 M verauslagte Zinsen angemeldet, die auch entsprechend in die Tabelle aufgenommen worden war und im Prüfungsergebnis des Prüfungstermins mit dem Vermerk „anerkannt" eingetragen wurde. Der Kläger hatte seine Grundschuld in Höhe des entstehenden Ausfalls zum Konkurs angemeldet. In der Tat kam es später zur Zwangsversteigerung des Grundstücks mit folgendem Ergebnis: Die beklagte Erbin machte die Zinsforderung, die sie im Konkurs angemeldet hatte geltend und wurde im Rang der von ihr beglichenen Hypothekenzinsen vollständig befriedigt. Der Grundschuldgläubiger und spätere Kläger fiel mit dem großen Teil seiner Grundschuld aus.

2.85 Das Reichsgericht hielt es zunächst für zutreffend, dass von der Vorinstanz die Forderung, die seitens der späteren Beklagten zur Tabelle im Nachlasskonkursverfahren angemeldet worden war, die zwischen den späteren Parteien streitige Frage erledigt habe, ob sie die Hypothekenzinsen aus eigenem Recht, wenn auch aus ererbten Mitteln oder aus Mitteln des Nachlasses, bezahlt habe. Denn, so führte das Reichsgericht aus, die Eintragung ihrer Forderung zur Insolvenztabelle mit dem Vermerk „anerkannt" bewirke den Konkursgläubigern gegenüber und damit auch dem Kläger, dass rechtskräftig festgestellt sei, dass eine Forderung der Beklagten gegen den Nachlass aus dem Grunde verauslagter Zinsen bestand. Wäre die Zahlung der Zinsen aus Mitteln des Nachlasses berichtigt worden, hätte diese Forderung nicht bestanden. Dem hat der Kläger mit seiner erfolglosen Revision und der erfolglosen Berufung entgegengehalten, aus der Eintragung der Forderung in die Tabelle gegen die gegenüber allen Konkursgläubigern wie ein rechtskräftiges Urteil wirkt,

---

118 RG, Urt. v. 1.7.1903 – V 78/03 – RGZ 55, 157.

folge nicht, dass auch ein Absonderungsrecht, das von der Beklagten beansprucht werde, gegenüber den sonstigen Abstimmungsberechtigten als festgestellt wirke.

Das Reichsgericht hat demgegenüber ausgeführt, dass die Eintragung in die Tabelle nicht die Funktion habe, Absonderungsrechte der Konkursgläubiger festzustellen. Zwar werde die Forderung selbst rechtskräftig festgestellt. Soweit der Kläger des zu Grunde liegenden Prozesses sich dagegen wende, dass die Beklagte behauptet, aus eigenen Mitteln nicht etwa aus Mitteln des Nachlasses die Zinsen bezahlt zu haben, wirke die Feststellung der Forderung rechtskräftig. Denn der Kläger in dem zu Grunde liegenden Prozess sei nicht mehr berechtigt, dies zu bezweifeln und die Forderung als bestehend festgestellt anzugreifen. Das Reichsgericht führt insofern ausdrücklich aus, nicht etwa bloß das Teilnahmerecht am Konkurse über die Forderung selbst sei rechtskräftig festgestellt. Worauf die Forderung beruhe, sei insoweit unerheblich (hierzu näher unten Rn. 3.92ff.). 2.86

c) Präklusion der Insolvenzanfechtung der festgestellten Forderung

Gerhardt vertritt die Meinung, dass die Unterlassung des Widerspruchs gegen die Forderungsanmeldung dazu führe, dass der Insolvenzverwalter gegenüber einer anfechtbar begründeten Forderung seine Anfechtungsbefugnis nach § 129 InsO nicht mehr ausüben könne. Denn der Verwalter sei gezwungen, die anfechtbar begründete Forderung nach ihrer Feststellung und Eintragung zu berücksichtigen. Deckt er hinterher einen Anfechtungstatbestand auf, ist zwar nicht davon auszugehen, dass er auf seinen Anfechtungsanspruch verzichtet hat.[119] Er würde aber auch mit einer Insolvenzanfechtungsklage nicht etwa deshalb scheitern, weil der Feststellungsvermerk gegenüber der Insolvenzmasse selbst wirkt,[120] wie das Reichsgericht erkannt hat: 2.87

In seiner Entscheidung im 27. Bd. S. 91 hat das Reichsgericht[121] über die Frage zu entscheiden gehabt, ob der Anfechtungsklage des Konkursverwalters gegenüber die Einrede erhoben werden kann, dass der Saldo des Kontokorrents, in welchem dem Gemeinschuldner die angefochtene Leistung gutgeschrieben war, nach Anerkennung im Prüfungstermin in die Konkurstabelle eingetragen sei. 2.88

Der Gemeinschuldner hatte nach Behauptung des Insolvenzverwalters nach seiner Zahlungseinstellung, die dem Beklagten im Bankhaus bekannt gewesen sei, mehrere Kundenwechsel auf laufende Rechnung eingereicht. Der Konkursverwalter nahm wegen des Erlöses auf die Kundenwechsel das Bankhaus mit der Anfechtungsklage in Anspruch. Dagegen wandte das Bankhaus ein, der Konkursverwalter 2.89

---

119 Dazu *Smid*, in: Leonhardt/Smid/Zeuner, 3. Aufl. 2010, InsO, § 178 Rn. 9; vgl. auch *Schumacher*, in: MünchKomm-InsO, 3. Aufl. 2013, § 178 Rn. 18.

120 RG, Urt. v. 13.3.1891 – II 6/91 – RGZ 27, 91, 92; *Gerhardt* (Fußn. 95) § 178 Rn. 47.

121 RG, Urt. 13.3.1891 – II 6/91 – RGZ 27, 91, 94.

habe im Prüfungstermin den Saldo des eingereichten Rechnungsauszugs anerkannt mit der Folge, dass der Saldo als Konkursforderung in die Tabelle eingetragen worden sei und damit rechtskräftig wäre.

2.90 Das Reichsgericht trat der Auffassung entgegen, dem Konkursverwalter sei das Anfechtungsrecht wegen solcher Rechtshandlungen des Schuldners durch die rechtskräftige Feststellung in der Saldoforderung zur Tabelle entzogen, deren Ergebnis als Rechnungsposten zu Gunsten des Schuldners zur Feststellung des anerkannten Saldos geführt habe. Denn die Anfechtungsklage des Konkursverwalters lasse die mit der Forderungsfeststellung in Rechtskraft erwachsenen Feststellungen über Betrag und Vorrecht der Konkursforderung unberührt. Denn auch wenn die Anfechtungsklage durchdringe, verschlechtere sie die Lage der Gläubigerin deshalb nicht, weil sie das Wiederaufleben der ursprünglichen Forderung zur Folge habe (damals § 29 KO, heute § 144 Abs. 1 InsO).[122] Die rechtskräftige Feststellung der Konkursforderung werde in ihrem Betrag dadurch nicht verändert. Und der Anfechtungsgegner sei zur Anmeldung der wiederaufgelebten Forderung berechtigt.

2.91 Persönlich wirkt die Rechtskraft gegenüber dem Insolvenzverwalter als dem Träger der Verfügungsmacht und Prozessführungsbefugnis in Ansehung der Masse[123] sowie gegenüber den anderen Insolvenzgläubigern.[124] Im vorliegenden Fall ist die Forderung in voller Höhe angemeldet worden. Ihre Feststellung war also nicht auf den Ausfall beschränkt.[125]

IV. Keine Rechtskraft der Feststellung der Forderung „als solcher“

1. Feststellung der Forderung in ihrer durch Anmeldung „umgewandelten Form“

2.92 *Gerhardt* führt in diesem Zusammenhang ausdrücklich aus, dass die Forderung als solche nicht Gegenstand der Rechtskraft sein könne.[126] Er schränkt dies freilich dadurch ein, dass er ausführt, dass bei angemeldeten und rechtsgültig festgestellten Forderungen der Tabelleneintrag grundsätzlich auch nach Verfahrensaufhebung gegen den Schuldner gilt und daher die ursprünglich angemeldete Forderung nunmehr in der durch die mit Eintragung in die Tabelle „umgewandelten Gestalt“, nämlich der eines Anspruchs auf Geldzahlung nach den insolvenzrechtlichen Befriedigungsgrundsätzen verfolgt werden könne, wie *Meller-Hannich*[127] in ihrer Kom-

---

122 *Zeuner*, in: Leonhardt/Smid/Zeuner, 3. Aufl. 2010, InsO, § 144 Rn. 1; *Hirte/Ede*, in: Uhlenbruck, InsO, 14. Aufl. 2015, § 144 Rn. 1.

123 *Gerhardt* (Fußn. 95) § 178 Rn. 51.

124 *Gerhardt* (Fußn. 95) § 178 Rn. 49; *Sinz*, in: Uhlenbruck, InsO, 4. Aufl. 2015, § 178 Rn. 67.

125 *Gerhardt* (Fußn. 95) § 178 Rn. 70 m.w.N.; vgl. auch *Schumacher*, in: MünchKomm-InsO, 3. Aufl. 2013, § 178 Rn. 64.

126 *Gerhardt* (Fußn. 95) § 178 Rn. 33.

127 *Meller-Hannich*, in: Jaeger/Henckel, Insolvenzordnung, § 201 Rn. 9.

mentierung zu § 201 InsO im Kommentar von Jaeger-Henckel angemerkt hat. Der Grund der Rechtskrafterstreckung ist, worauf *Gerhardt* unter Verweis auf die Motive zur KO hinweist, die Gewährleistung einer abschließenden Prüfung der Insolvenzforderung im Prüfungstermin, womit die Unzuträglichkeiten nachträglicher Widersprüche verhindert werden soll.[128] Die Rechtskraftwirkung bezieht sich also von vornherein auf die Haftung der Masse, nicht auf die Feststellung der Forderung als solcher. Dem widerspricht es nicht, dass die Urteilswirkung auf die angemeldete Forderung beschränkt wird, wie sich aus dem Wortlaut des § 178 Abs. 3 InsO ergibt – was im Übrigen § 183 Abs. 1 InsO entspricht.[129] Dies macht eine Kontrollüberlegung deutlich, die *Gerhardt*[130] angestellt hat. Die Feststellung seiner Forderung wirkt nämlich nicht gegen den Anmelder in dem Sinne, dass er nicht später den Forderungsbetrag durch Neuanmeldung erhöhen könne. Wenn dies so ist, dann kann sich die Rechtskraftwirkung der Forderungsfeststellung nach § 178 Abs. 3 InsO nicht auf Pfand- oder andere Sicherungsrechte erstrecken, die zur Besicherung der Insolvenzforderung als solcher bestellt worden sind. Die Eigenschaft dieser Pfand-oder andere Sicherungsrechte als Rechtspositionen, die dem Gläubiger der angemeldeten Forderung für diese Forderung in dem über das Vermögen des Sicherungsgebers eröffneten Insolvenzverfahren ein Absonderungsrecht gewähren, werden dann von der Rechtskraftwirkung nicht erfasst. Denn es geht bei der Rechtskraftwirkung nur um die haftungsrechtliche Teilnahme der Forderung im über das Vermögen des Sicherungsgebers eröffneten Insolvenzverfahren.[131]

Für die Gegenmeinung[132] scheint indes die „Rechtsnatur" der Insolvenzfeststel- 2.93
lungsklage zu sprechen: Heute herrscht die Meinung vor, die Feststellungsklage nach § 179 InsO „sei" eine Feststellungsklage i.S.v. § 256 ZPO.[133] Daraus könnte man für den vorliegenden Fall den vom Reichsgericht im 16. Band seiner Amtlichen Sammlung vertretenen Schluss zu ziehen geneigt sein. Dies aber erscheint nicht richtig zu sein. Denn: „Das Reichsgericht hat wiederholt ausgesprochen, dass Zweck und Charakter der Feststellungsklage aus § 146 KO ein wesentlich anderer sei, als der einer Feststellungsklage aus § 256 ZPO, die eine rein grundsätzliche Entscheidung bezwecke.[134] Wenn die Feststellungsklage aus § 146 KO auch nicht auf eine

---

128 *Gerhardt* (Fußn. 95).

129 *Gerhardt* (Fußn. 95) § 178 Rn. 34; vgl. auch *Smid*, in: Leonhardt/Smid/Zeuner, InsO, 3. Aufl. 2010, § 178 Rn. 17.

130 *Gerhardt* (Fußn. 95) § 178 Rn. 35.

131 *Gerhardt* (Fußn. 95) § 178 Rn. 36; vgl. dazu auch *Schumacher*, in: MünchKomm-InsO, 3. Aufl. 2013, § 178 Rn. 55ff.

132 *Sinz*, in: Uhlenbruck, 14. Aufl. 2015, InsO, § 179 Rn. 10ff.; *Schumacher*, in: MünchKomm, 3. Aufl. 2013, InsO, § 183 Rn. 5.

133 Vgl. zum Meinungsstand (krit.) *Gerhardt* (Fußn. 95) § 179 Rn. 12, 13.

134 RG v. 22.3.1900 – IV Nr. 10/1900 – JW 1900 S. 393 Nr. 13; RG, Urt. v. 26.6.1903 – II 6/03 – JW 1903 S. 315 Nr. 12; RG, Urt. v. 23.3.1889 – I 33/89 – RGZ 24, 405.

Leistung geht, so hat die Forderung feststellende Erkenntnis doch in Verbindung mit dem daraufhin erfolgten Tabelleneintrag neben der Wirkung, dass die Forderung am Konkurs teilnehmen kann, noch die gleiche Wirkung wie eine Leistungsklage, nämlich die Wirkung der Vollstreckbarkeit über den Konkurs hinaus, falls der Gemeinschuldner im Prüfungstermin nicht widersprochen hat."[135] Die Klage nach § 179 Abs. 1 InsO richtet sich auf Feststellung der Forderung zur Tabelle, nicht auf Feststellung der Forderung schlechthin – und selbstredend nicht „schlicht" auf Leistung aus dem haftenden Vermögen des Schuldners. Entgegen einer vorherrschenden Meinung ist daher davon auszugehen, dass es sich bei der Klage nach § 179 Abs. 1 InsO um eine Feststellungsklage besonderer, nämlich insolvenzrechtlicher Art handelt, mit der die haftungsrechtliche Partizipation des Klägers verfolgt wird.[136] Dafür spricht, dass nach § 183 Abs. 1 InsO die Feststellung (unmittelbar) gegenüber dem Insolvenzgericht, dem Insolvenzverwalter und den Insolvenzgläubigern wirkt,[137] das zu erwirkende Urteil mithin einen haftungsrechtlichen Charakter trägt. Streitgegenstand ist nach alledem das Teilnahmerecht des Gläubigers an dem der Gläubigergemeinschaft haftungsrechtlich zugewiesenen Vermögen des Schuldners.[138]

2. Feststellungsinteresse der Klage nach § 180 InsO

2.94 Dass die „Forderung als solche" nicht rechtskräftig durch Eintragung in die Tabelle festgestellt wird, ist allerdings in der Judikatur des BGH[139] zum Streit über den Rechtsgrund deutlich geworden, auf dem die Forderung beruht – und der mit Blick auf § 302 Nr. 1 InsO an Bedeutung gewonnen hat:

2.95 Der Schuldner hatte als Notar Amtspflichtverletzungen begangen, wegen derer er 1998 wegen Betruges rechtskräftig zu einer Freiheitsstrafe verurteilt worden war. Im Amtshaftungsprozess der späteren Klägerin ist die Frage einer vorsätzlichen Tatbegehung des Schuldners offen geblieben, da sie nicht entscheidungserheblich war. In dem über das Vermögen des Schuldners im Juni 2002 eröffneten Insolvenzverfahren meldete die Klägerin Forderung aus Schadensersatz aus Notarhaftung „Rechtsstreit Landgericht Dortmund" und „Kostenfestsetzung von ..." unter Beifügung der Titel zur Insolvenztabelle an. Diese Forderungen wurden in voller Höhe im November 2002 zur Tabelle festgestellt. Im Februar 2004 schob die Klägerin nach, dass ih-

135 RG, Urt. v. 18.3.1927 – VI 540/26, RGZ 116, 368, 372.

136 *Spellenberg*, (Fußn. 100) S. 15ff.

137 *Sinz*, in: Uhlenbruck, 14. Aufl. 2015, InsO, § 183 Rn. 2ff.; *Eckardt*, in: Kölner Schrift, 3. Aufl. 2009, S. 565, Rn. 54; *Schumacher*, in: MünchKomm, 3. Aufl. 2013, InsO, § 183 Rn. 3ff.

138 *Spellenberg*, (Fußn. 100) S. 81ff.; *Eckardt*, in: Kölner Schrift, 3. Aufl. 2009, S. 534, Rn. 1f., S. 555, Rn. 39.

139 BGH, Urt. v. 17.1.2008 – IX ZR 220/06 – ZIP 2008, 566.

rer Forderungsanmeldung die verurteilte Betrugstat zu ihrem Nachteil zugrunde liege. Sie überreichte eine Abschrift des Strafurteils gegen den Schuldner. Der Insolvenzverwalter lehnte eine entsprechende Ergänzung der Tabelle ab. Er vertritt die Rechtsauffassung, dass nach Feststellung der Forderung der Gläubigerin diese damit ausgeschlossen sei, weitere Tatsachen vorzubringen, aus denen sich ihrer Ansicht nach ergab, dass den angemeldeten Forderungen eine vorsätzliche unerlaubte Handlung zugrunde lag. Dagegen versuchte die Gläubigerin zunächst, das Insolvenzgericht zu Aufsichtsmaßnahmen zu veranlassen, reichte dann aber im Juni 2005 Klage mit dem Antrag ein, gegenüber dem Insolvenzverwalter des Beklagten darauf zu erkennen, dass ihre angemeldete Forderung mit dem Rechtsgrund der vorsätzlich begangenen unerlaubten Handlung zur Insolvenztabelle festgestellt sei. Am 30.6.2005 stand der Schlusstermin an, in dem die Klägerin ihr Begehren auf Tabellenergänzung wiederholte. Sie wollte dies nicht als Fall einer bisher unberücksichtigt gebliebenen Neuanmeldung an Rücknahme der Erstanmeldung verstanden wissen.

Das Berufungsgericht hatte die Feststellungsklage gegen den Verwalter als Partei kraft Amtes für unzulässig gehalten, da es der Auffassung war, die klagende Gläubigerin hätte die unterbliebene Tabellenergänzung mit der Beschwerde gegen das Schlussverzeichnis bewirken können. Mit der Feststellungsklage werde das Widerspruchsrecht des Schuldners gem. § 175 Abs. 2 InsO unterlaufen. Die Verzeichnisbeschwerde sollte nach Auffassung des Berufungsgerichts in „gesetzesanaloger Lückenfüllung" auch zur Verfolgung von Einwendungen gegen die Insolvenztabelle eröffnet sein. Jedenfalls sollte, so meinte das Berufungsgericht, dies soweit gelten, wie die Richtigkeit der Tabelle in Bezug auf eine erweiterte Anmeldung nach § 174 Abs. 2 InsO zum Rechtsgrund des Vorsatzdeliktes angegriffen werde. 2.96

Dem ist der BGH mit dem einfachen Argument entgegengetreten, dass ein solches Rechtsmittel nach § 6 Abs. 1 InsO unstatthaft wäre.[140] Bei unrechtmäßig unterlassener Aufnahme des Rechtsgrundes Vorsatzdelikt gem. § 174 Abs. 2 InsO zur Tabelle durch den Insolvenzverwalter besteht daher nach Meinung des *BGH* jedenfalls der Weg einer zulässigen Insolvenzfeststellungsklage des betroffenen Gläubigers. Die Feststellung des Vorsatzdelikts wird nicht durch die rechtskräftige Feststellung der Forderung ohne den Rechtsgrund „Vorsatzdelikt" gem. § 178 Abs. 3 InsO ausgeschlossen. Materiell rechtskräftig kann nämlich, wie der IX. Zivilsenat des BGH zutreffend feststellt, nicht über das Vorsatzdelikt entschieden worden sein, da diese Frage im Insolvenzverfahren zuvor nicht „rechtshängig" war. Dies gilt auch für eine insoweit erweiterte Anmeldung zur Tabelle gem. § 174 Abs. 2 InsO. Das „Nachschieben" von Gründen einer vorsätzlich begangenen unerlaubten Handlung wird daher nicht aufgrund einer materiell rechtskräftigen Forderungsfeststellung präkludiert. 2.97

140 BGH, Urt. v. 17.1.2008 – IX ZR 220/06 – ZInsO 2008, 325.

Denn der Gläubiger wäre selbst bei einer rechtskräftigen Verurteilung des Schuldners zur Zahlung wie im vorliegenden Fall nicht daran gehindert, eine titelergänzende Feststellungsklage mit dem Ziel zu erheben, das Vorsatzdelikt festzustellen um beispielsweise in den Genuss des Vollstreckungsprivileg des § 850f Abs. 2 ZPO[141] zu gelangen. Im Insolvenzverfahren und dort dem Forderungsanmeldungsverfahren kann nichts anderes gelten. Daher durfte der Insolvenzverwalter sich im vorliegenden Fall nicht darauf berufen, dass der Gläubiger mit der nachgeschobenen Begründung eines Vorsatzdelikts ausgeschlossen sei. Nimmt er die erforderliche Feststellung insoweit nicht vor, verletzt er grundsätzlich seine Rechtspflichten.[142]

2.98 Für eine Feststellungsklage der klagenden Gläubigerin *gegen den beklagten Insolvenzverwalter* fehlt es nach überzeugender Ansicht des BGH aber an dem erforderlichen Feststellungsinteresse nach § 256 Abs. 1 InsO. Da der Insolvenzverwalter nicht befugt ist, außerhalb seiner eigenen Forderungsprüfung den angemeldeten Rechtsgrund des Vorsatzdelikts zu bestreiten – weil seine Rechtsphäre als Partei kraft Amtes nicht eingreift – ist der Insolvenzverwalter die falsche Partei für eine derartige Klage. Die Feststellung des Anspruchsgrundes Vorsatzdelikt betrifft wegen § 201 Abs. 2 InsO und § 302 InsO allein die Rechtsposition des *Schuldners*. Hierauf ist die besondere Feststellungsklage des § 184 InsO zugeschnitten.[143] Damit wird außerhalb des Insolvenzverfahrens gegenüber dem Schuldner eine rechtskräftige Feststellung erstritten. Gegen den Schuldner erstreckt sich nämlich die Rechtskraft eines gegen den Insolvenzverwalters gemäß § 183 Abs. 1 InsO erstrittenen Urteil nicht.

V. Ausfallforderung; keine „Feststellung" des Absonderungsrechts

1. Fallgestaltung

2.99 Würde die Forderung derart angemeldet werden, dass sie auf den Ausfall bestimmt wird und erfolgte eine Eintragung ausdrücklich unter der Beschränkung, dass die Forderung nur insoweit festgestellt werde, wie der Gläubiger bei der abgesonderten Befriedigung ausfällt, wird dies von der herrschenden Meinung als unschädlich angesehen.[144]

2.100 Mit seiner Entscheidung vom 5. Dezember 1932[145] hat das Reichsgericht darüber zu entscheiden gehabt, ob der Gläubiger, nachdem er abgesonderte Befriedigung

141 *Smid*, Zivilgerichtliche Verfahren, 2014, § 17 Rn. 15f.; *ders.* JZ 2006, 393.

142 Zum Ganzen *Smid/Rechel*, Struktur des Insolvenzrechts in der BGH-Rechtsprechung, S. 273ff.

143 *Schumacher*, in: MünchKomm-InsO, 3. Aufl. 2013, § 184 Rn. 3f.; vgl. auch *Specovius*, in: Braun, InsO, 6. Aufl. 2014, § 184 Rn. 1.

144 RG, Urt. v. 5.12.1932 – IV 317/32 – RGZ 139, 83, 86; BGH, Urt. v. 25.6.1957 – VIII ZR 251/56 – WM 1957, 1225, 1226.

145 RG Urt. v. 5.12.1932 – IV 317/32 – RGZ 139, 83.

beansprucht und seine Forderung zur Tabelle nur für den Ausfall festgestellt worden ist, im Konkursverfahren aus der Masse für die ganze Forderung unter der Voraussetzung Befriedigung verlangen kann, dass ihm das behauptete Absonderungsrechte nicht zusteht. Dabei ging es um einen Fall, in dem die spätere Klägerin einem Kaufmann zwischen 1929 und 1930 mehrere Darlehen über eine Valuta von insgesamt 30.000 RM gewährt hatte. Zur Sicherung dieser Darlehen hatte sie drei Lebensversicherungspolicen „erhalten". Zwei Versicherungspolicen waren auf die Ehefrau des Versicherungsnehmers als Bezugsberechtigten ausgestellt. Die Dritte benannte den Inhaber als Berechtigten. In dem über das Vermögen des zwischenzeitlich verstorbenen B eröffneten Nachlasskonkursverfahren war der spätere Beklagte zum Konkursverwalter bestellt worden. In diesem Verfahren meldete die spätere Klägerin ihre Darlehensforderung nebst Zinsen als Ausfallforderung an und verwies auf das von ihr beanspruchte Absonderungsrecht. Der beklagte Verwalter beantragte, die angemeldete Forderung mit dem Zusatz vorläufig als Ausfallforderung festzustellen. Später machte die Klägerin ihr Absonderungsrecht nicht mehr geltend, gleichwohl hat der Beklagte sie bei einer zwischenzeitlich vorgenommenen Abschlagsverteilung nicht mehr berücksichtigt.

2. Kein Ausschluss der Feststellung der Forderung mit ihrem vollen Betrag

In dieser Entscheidung des Reichsgerichts ging es nun allerdings weniger um die Frage der Präjudizialität der Forderungsfeststellung für das Bestehen eines Absonderungsrechts, wenn dieser auf den Ausfall erfolgt, als vielmehr darum, dass das Reichsgericht überzeugend ausgeführt hat, dass eine Anmeldung auf den Ausfall nicht ausschließt, dass die gesamte Forderung zur Feststellung durch Tabelleneintrag gebracht worden sei. Da nach der von *Spellenberg*[146] und *Gerhardt* vertretenen Auffassung, dass mit der Feststellung allein das Haftungsrecht an der Insolvenzmasse und nicht etwa die Forderung als solche festgestellt wird, erfasst die Rechtskraftwirkung des § 178 Abs. 3 InsO die angemeldete Forderung zum vollen Betrag, ohne dass auf den möglichen Ausfall Rücksicht zu nehmen wäre.[147] *Gerhardt*[148] führt aus, dass eine Eintragung von Absonderungsrechten in die Tabelle nicht möglich sei. Sie werden daher von Feststellungswirkungen nicht erfasst. Daher wird das Absonderungsrecht als solches in keinem Fall rechtskräftig festgestellt.[149] 2.101

146 *Spellenberg*, (Fußn. 100) S. 81 ff.
147 *Gerhardt* (Fußn. 95) § 178 Rn. 71.
148 *Gerhardt* (Fußn. 95) § 178 Rn. 74.
149 RG, Urt. v. 1.7.1903 – V 78/03 – RGZ 55, 157, 159; BGH, Urt. v. 30.10.1974 – VIII ZR 81/73 – NJW 1975, 122.

3. Keine rechtskraftfähige Feststellung eines Absonderungsrechts durch Feststellung der gesicherten Forderung

a) Zusammenhang mit § 52 InsO

aa) Keine (förmliche) Anmeldung eines Absonderungsrechts

2.102 Wollte man dem Reichsgericht folgen, dann wäre die für die Beurteilung des Ausgangsfalles (oben Rn. 2.68 ff.) interessierende Frage einer Präklusion der Berufung im Absonderungsprozess darauf, ein Absonderungsrecht valutiere nicht, entschieden: Die unabänderliche Rechtserkenntnis durch die Feststellung der Forderung, die für spätere Rechtstreitigkeiten unverrückbar maßgeblich sei, würde alle Einwendungen gegen die Forderung präkludieren. *Gerhardt*[150] weist darauf hin, dass die spätere Judikatur des BGH diesen Judikaten gefolgt sei.[151] Denn es fehlt bereits an dem Verfahren der §§ 174 ff. InsO, auf dessen Grundlage die Rechtskraftfähigkeit einer Feststellung zur Tabelle eintreten könnte: Zugleich ist die Ansicht des Reichsgerichts, das Absonderungsrecht nehme nicht an der Rechtskraft der Forderungsfeststellung teil, unter dem Regime der InsO nachvollziehbar.

2.103 Die dinglich gesicherten Gläubiger sind nicht nur als Insolvenzgläubiger einer aus dem Ausfall resultierenden bedingten Insolvenzforderung (§ 52 InsO) Teilnehmer des Verfahrens. Vielmehr sind sie aufgrund ihres Rechts zur abgesonderten Befriedigung unabhängig von einer ihnen zustehenden bedingten (Ausfall-)Forderung als Sicherheitengläubiger in das Verfahren eingebunden. § 28 Abs. 2 InsO trifft hierfür Regelungen über eine Mitteilung des Bestehens von zur abgesonderten Befriedigung berechtigenden dinglichen Sicherheiten an den Insolvenzverwalter.[152]

bb) Frage der Teilnahmerechte im Verfahren

2.104 Wie die Wahrnehmung der Teilnahmerechte der §§ 75 ff. InsO setzen die Befugnisse und Rechte der §§ 167, 168 InsO die förmliche Beteiligung des betreffenden Gläubigers am Verfahren voraus.[153] Erst die Verfahrensteilnahme begründet die entsprechenden Befugnisse und Rechte. Wie im Falle der Verfahrensteilnahme nicht-nachrangiger Insolvenzforderungen nimmt der absonderungsberechtigte Gläubiger aber nicht etwa deshalb ipso iure an dem Insolvenzverfahren teil, weil es dem Verwalter möglich wäre, sich aus den beim Schuldner vorgefundenen Unterlagen ein Bild über die Rechte des Gläubigers zu machen. Die förmliche Verfahrensteilnahme des nicht-nachrangigen Insolvenzgläubigers setzt die formgerechte Anmeldung seiner Forderung beim Insolvenzverwalter nach § 174 Abs. 1 und 2 InsO voraus, wozu er im

---

150 *Gerhardt* (Fußn. 95) Rn. 30 a.E.

151 BGH, Beschl. v. 12.4.1984 – III ZR 113/83 – KTS 1984, 427.

152 *Smid*, Kreditsicherheiten in der Insolvenz, 3. Aufl. 2015, § 16 Rn. 1.

153 In dem Sinne auch MünchKomm-*Tetzlaff*, § 167 Rn. 1, § 168 Rn. 1.

Eröffnungsbeschluss gem. § 28 Abs. 1 InsO aufgefordert wird. Die Mitteilung von Absonderungsrechten dient der Begründung des Stimmrechts in der Gläubigerversammlung nach § 77 InsO;[154] sie entspricht der Anmeldung von Insolvenzforderungen.[155]

b) Kritik *Häsemeyers*

Häsemeyer[156] kritisiert an dieser Regelung, dass die Allseitigkeit der Absonderungsrechte keinen verfahrensrechtlichen Ausdruck gefunden habe, weil für Absonderungsrechte ein „förmliches" Anmeldeverfahren nicht statuiert sei. Nun fällt es zunächst schwer zu erkennen, welche Funktionen ein „förmliches" Anmeldeverfahren in diesen Fällen haben könnte. Denn die Teilnahme am Insolvenzverfahren wird durch die Anmeldung der einfachen *Insolvenzforderung* (§ 174 Abs. 1 InsO, § 52 InsO) gewährleistet. Im Übrigen scheint die *Mitteilung* des Bestehens von Absonderungsrechten nur einen informatorischen Charakter zu haben. Denn als „Anmeldung" ist diese Mitteilung nur insoweit zu verstehen, wie der Insolvenzverwalter nicht ohne weiteres von der Existenz des Absonderungsrechts Kenntnis erlangt. Das ist bei Grundpfandrechten immer der Fall, da sie regelmäßig ohne Eintrag ins Grundbuch nicht zur Entstehung gelangen, in das der Insolvenzverwalter Einsicht zu nehmen hat und hierzu gem. § 12 GBO[157] berechtigt ist.[158] 2.105

4. Keine Präklusion des Insolvenzverwalters aufgrund der Feststellung der Forderung im Absonderungsprozess

Nach alledem bewirkt die Forderungsfeststellung zur Tabelle keine Präklusion des Insolvenzverwalters aufgrund der Feststellung der Forderung im Absonderungsprozess. Es fragt sich indes, ob die Feststellung der Forderung Präjudizwirkungen im Absonderungsprozess gegen die Behauptung des z.B. auf Erteilung der Löschungsbewilligung klagenden Insolvenzverwalters hat. Dabei ist zu beachten, dass Gegenstand des Absonderungsprozesses nicht die Forderung ist, sondern der rechtliche Bestand des Absonderungsrechts. Dessen „Valutieren" mag – bereicherungsrechtlich – relevant sein; der Bestand der gesicherten Forderung als solcher stellt sich dabei als Vorfrage dar. 2.106

154 *Smid*, in: Leonhardt/Smid/Zeuner, 3. Aufl. 2010, InsO, § 28 Rn. 3.
155 *Smid*, Kreditsicherheiten in der Insolvenz, 3. Aufl. 2015, § 16 Rn. 2.
156 *Häsemeyer*, Insolvenzecht, 4. Aufl. 2007, Rn. 18.73.
157 Zum berechtigten Interesse bei § 12 GBO: *Horber/Demharter*, GBO, § 12 Rn. 7 ff.
158 *Smid*, Kreditsicherheiten in der Insolvenz, 3. Aufl. 2015, § 16 Rn. 4.

VI. Feststellung von Masseforderungen als nicht-nachrangige Insolvenzforderungen

1. Anmeldungsgemäße Feststellung von Masseforderungen als Insolvenzforderungen zur Tabelle

2.107 Wird eine Masseforderung vom Gläubiger in Verkennung der §§ 53, 55 InsO zu Tabelle angemeldet ist nach den oben angestellten Überlegungen diese Anmeldung unzulässig. Nicht selten wird aber die Frage der Qualifikation einer Forderung als Masse- oder als nicht-nachrangige Insolvenzforderung unklar sein – man denke an die Fragen, ob für Räumungskosten nach Beendigung eines Mietverhältnisses im eröffneten Insolvenzverfahren die Masse nach § 55 Abs. 1 Nr. 1 InsO haftet[159] oder ob diese als zum Zeitpunkt des Vertragsschlusses vor Verfahrenseröffnung „angelegt" anzusehen und damit als Insolvenzforderungen i.S.v. § 38 InsO einzuordnen sind.[160] Derartige Fälle stellen keine Ausnahme dar. Denn die Frage der Qualifikation einer Forderung als Masseforderung oder Insolvenzforderung kann dunkel sein, etwa dann, wenn im Eröffnungsverfahren nach Beantragung der Eröffnung des Insolvenzverfahrens als Eigenverwaltungsverfahren unklar ist, ob und mit welcher Reichweite das Insolvenzgericht den Schuldner zur Eingehung von Masseverbindlichkeiten ermächtigt hat, im Nachlassinsolvenzverfahren gem. § 324 Abs. 1 InsO oder ganz einfach bei Aussonderungsstreitigkeiten die Reichweite der von der Masse zutragenden Herausgabekosten, um nur zur Illustration des Problems einige Beispiele anzuführen.

2.108 Wird eine solche Forderung als Insolvenzforderung i.S.v. § 38 InsO zur Tabelle festgestellt stellt sich die Frage, ob die Rechtskraftwirkung des § 178 Abs. 3 InsO deren spätere Geltendmachung als Masseforderung ausschließt, die nicht quotal im Verteilungsverfahren nach den §§ 187ff. InsO, sondern vorab aus der Masse zu befriedigen ist.

2. Frühere Judikatur bis 2006

2.109 Eine Entscheidung des SG Köln,[161] das die Meinung vertreten hat, die Rechtskraftwirkung des § 178 Abs. 3 InsO erfasse mit der Folge die Qualifikation einer (angemeldeten) Forderung als nicht-nachrangige Insolvenzforderung, dass diese nicht mehr als Masseforderung „vorab" geltend gemacht werden könne, verkennt die Reichweite des § 178 Abs. 3 InsO.[162] Sie ist wegen der Judikatur des BGH obsolet:

---

159 Zumindest bei nachträglicher Freigabe von Grundstücken löst der Verwalter trotzdem eine Masseverbindlichkeit in Höhe der Räumungskosten aus: Graf-Schlicker-*Bremen/Paul*, § 55 Rn. 16.

160 BGH, Urt. v. 2.2.2006 – IX ZR 46/05, ZInsO 2006, 326.

161 SG Köln, Urt. v. 30.5.1979 – S 9 Ar 153/77, ZIP 1980, 35f.

162 So bereits mit zutr. Arg. *Gerhardt*, in: Jaeger/Henckel § 178 Rn. 78, 81.

3. Judikatur des BGH

Der IX Zivilsenat des BGH hat darauf erkannt, dass der Feststellung zur Insolvenztabelle für die Masseforderung keine Bindungswirkung zukommt. Daraus folgert er, dass ein Anspruch, der aufgrund eines rechtskräftigen Feststellungsurteils nach § 180 InsO als Insolvenzforderung zur Tabelle festgestellt worden ist, gleichwohl unter Berufung auf § 55 InsO gegen die Masse eingeklagt werden kann. Dem vom BGH[163] entschiedenen Fall lag folgender Sachverhalt zugrunde, der hier vereinfacht wiedergegeben wird. 2.110

Der spätere Kläger, der Eigentümer eines Gewerbeobjektes war, das er an die insolvenzschuldnerische Gesellschaft vermietete, verfolgte mit seiner Klage Zahlung von Mietzins für die Monate Februar bis September 1999. Am 1. April 1999 war über das Vermögen der Insolvenzschuldnerin das Insolvenzverfahren eröffnet und der spätere Beklagte zum Insolvenzverwalter bestellt worden. Mit Schreiben vom 1. April 1999 kündigte er das mit dem Kläger bestehende Mietverhältnis zum 30. September 1999. Daraufhin meldete der Vermieter und spätere Kläger die verfahrensgegenständlichen Mietzinsforderungen sowie weitere Forderungen zur Insolvenztabelle an. Bereits damals war er anwaltlich vertreten. Nachdem der Beklagte die angemeldeten Forderungen im Prüfungstermin bestritten hatte, erhob der Kläger Feststellungsklage gem. § 180 InsO, woraufhin das Landgericht[164] der Feststellungsklage mit rechtskräftigem Urteil stattgegeben und in der Urteilsformel ausgesprochen hat, dem klagenden Vermieter stehe in dem angeführten Insolvenzverfahren eine nicht nachrangige Insolvenzforderung zu. Daraufhin erkannte der beklagte Insolvenzverwalter die angemeldete Forderung an, worauf der Kläger die Anmeldung zur Tabelle hinsichtlich der Mietzinsforderungen zurücknahm. Die Tabelle wurde um diesen Betrag berichtigt. Mit seiner Zahlungsklage auf 114.026,84 DM begehrte der Kläger den vor Eröffnung des Insolvenzverfahrens von der Schuldnerin nicht entrichteten Mietzins für die Monate Februar und März 1999 in Höhe von 28.750 DM sowie den Mietzins für die anschließenden Monate April bis September 1999. Wegen des Mietzinses für Februar und März 1999 berief er sich auf ein Absonderungsrecht an Gegenständen, die der Beklagte zwischenzeitlich verwertet hat. Im Übrigen machte er eine Masseforderung nach § 55 Abs. 1 Nr. 2 InsO geltend. Dagegen verteidigte der Beklagte sich damit, der Kläger könne wegen des rechtskräftigen Insolvenzfeststellungsurteils die Forderung nicht mehr als Masseschuld beanspruchen. 2.111

Das OLG Schleswig[165] hat als Berufungsgericht ausgeführt, die rechtskräftige Entscheidung des Vorprozesses stehe, soweit der Kläger Mietzins für die Monate 2.112

---

163 BGH Urt. v. 13. Juni 2006 – Az. IX ZR 15/04, BGHZ 168, 112 = ZIP 2006, 1410 = DZWIR 2006, 510 m. Anm. *Smid* jurisPR-InsR 19/2006 Anm. 4; *Gruber* DZWIR 2006, 513; *Kirchhof* WuB VI A § 55 InsO 1.06.

164 LG Kiel, Urt. v. 28. Februar 2001 – 17 O 193/00.

165 OLG Schleswig, Urt. v. 19.12.2003 – 4 U 181/01, ZInsO 2004, 687 ff.

Februar und März 1999 in Höhe von 28.750 DM geltend mache, der Zulässigkeit der Klage nicht entgegen, weil dort über die Höhe des zu Grunde liegenden Mietzinsanspruchs nur als Vorfrage entschieden worden sei. Das rechtskräftige Urteil habe auch nicht zur Folge, dass die Masseforderung des Klägers betreffend den Mietzins von April bis September 1999 als Insolvenzforderung anzusehen sei. Gegenstand des Vorprozesses sei nicht die Qualifikation der Forderung als Insolvenzforderung, sondern allein das Bestehen der Mietforderungen und Schadensersatzansprüche des Klägers gewesen, gegenüber denen der Beklagte die Aufrechnung mit streitigen Forderungen erklärt habe.

2.113 Der BGH hat die Entscheidung des Berufungsgerichts gehalten. Er hat ausgeführt, dass, soweit die Klage auf ein Absonderungsrecht des Klägers wegen des Mietzinses für Februar und März 1999 in Höhe von 28.750 DM gestützt wird, es sich um einen abgrenzbaren Teil der Klageforderung handelt, der auch in einem gesonderten Verfahren hätte geltend gemacht werden können.

2.114 Der erkennende Senat hat dies darauf gestützt, dass das OLG Schleswig als Berufungsgericht im Ergebnis zu Recht die Klage als zulässig angesehen hat, da der Klage die Rechtskraft des Feststellungsurteils im Vorprozess nicht entgegen stand. Denn an der Geltendmachung der Klageforderung war nach überzeugender Ansicht der Kläger nicht auf Grund der nach dem rechtskräftigen Feststellungsurteil im Vorprozess erfolgten Eintragung in die Insolvenztabelle gehindert. Nach ganz herrschender Auffassung in Rechtsprechung und Schrifttum werden Masseforderungen auch durch Anmeldung, Anerkennung und Feststellung nicht zu Insolvenzforderungen. Die Rechtskraftwirkung gemäß § 178 Abs. 3, § 183 InsO schließt die spätere Geltendmachung desselben Anspruchs als Masseforderung nicht aus.[166]

2.115 Dabei lehnt der erkennende IX. Zivilsenat eine andere Auffassung ab, die danach für die Rechtskraftwirkung der Eintragung von Masseforderungen unterscheidet, ob der unanmeldbare Anspruch als solcher oder als gewöhnliche Insolvenzforderung zur Tabelle festgestellt wurde. Nur für den Fall, dass der unanmeldbare Anspruch als solcher eingetragen worden ist, soll nach dieser Meinung keine Urteilswirkung eintreten. Bei Eintragung der unanmeldbaren Forderung als gewöhnliche Insolvenzforderung soll danach aber kein Unterschied zu machen sein, ob die ordnungsgemäß angemeldete und festgestellte Forderung gar nicht bestehe oder ob

---

166 BAG, Urt. v. 13.6.1989 – 1 AZR 819/87, BAGE 62, 88, 92f.; BAG, Urt. v. 4.12.2002 – 10 AZR 16/02, BAGE 104, 94, 97; BAG, Urt. v. 25.3.2003 – 9 AZR 174/02, BAGE 105, 345, 349; BAG, Urt. v. 15.5.1987 – 8 AZR 506/85, ZIP 1987, 1266, 1267; BSG Urt. v. 29.10.1981 – 10 Rar 5/81, ZIP 1982, 191, 192, KG LZ 1907, 679, 680; OLGE 19 (1909), 214, 215; OLG München OLGE 21 (1910), 170, 172; OLG Düsseldorf, Urt. v. 2.4.1974 – 20 U 98/73, BB 1974, 528; Kuhn/Uhlenbruck, KO 11. Aufl., § 145 Rn. 3c, 7a; Uhlenbruck/*Sinz*, 14. Aufl. InsO, § 178 Rn. 35; Kreft/*Depré*, 7. Aufl. InsO, § 178 Rn. 9; K/P/B/*Pape*/*Schaltke*, InsO, § 178 Rn. 20f.; *Hess*, 2. Aufl. InsO, § 178 Rn. 42; FK-InsO/*Kießner*, 8. Aufl., § 174 Rn. 64f.

sie zwar bestehe, aber nicht als Insolvenzforderung zu qualifizieren sei. Aber auch diese Meinung versagt dem Massegläubiger nicht die Verfolgung seines Rechts „vorab“ i.S.v. §§ 53ff. InsO. Denn die Feststellung einer Forderung als Insolvenzforderung hindert nach den Prämissen dieser Meinung einen Massegläubiger nicht daran, von dem Insolvenzverwalter Erfüllung der Forderung aus der Masse zu verlangen und notfalls in die Masse zu vollstrecken.[167] Treu und Glauben (§ 242 BGB) setze dafür aber voraus, dass der Gläubiger allerdings vor der Durchsetzung seiner Forderung auf seine Rechte aus der Feststellung verzichten müsse.[168] Dieser von ihm als herrschend qualifizierten Auffassung hat sich der BGH angeschlossen und dies damit begründet, dass die Bestimmungen der §§ 174ff. InsO über die Feststellung der Forderungen sich nach Wortlaut und der Systematik des Gesetzes nur auf Insolvenzforderungen beziehen. § 174 Abs. 1 InsO bestimmt, dass die Insolvenzgläubiger ihre Forderungen schriftlich beim Insolvenzverwalter anzumelden haben. Daraus folgert der BGH, das besondere Feststellungsverfahren diene nicht zur Klärung der rechtlichen Einordnung eines Anspruchs als Insolvenzforderung, sondern setze die Anmeldung einer Insolvenzforderung voraus. Dabei beruft sich der erkennende Senat auf die Gesetzesbegründung: Danach betreffen die Vorschriften lediglich Insolvenzgläubiger.[169]

4. Bedenken

Die Argumentation des BGH ist an dieser Stelle freilich nicht sehr überzeugend. Sie 2.116
ist auf eine Überlegung gegründet, der Insolvenzverwalter könne die fehlerhafte rechtliche Qualifikation einer Masseverbindlichkeit als nicht-nachrangige Insolvenzforderung arglistig herbeiführen. „Führte die Feststellung einer Forderung zur Tabelle als Insolvenzforderung allgemein zum Ausschluss als Masseforderung, so könnte ein Insolvenzverwalter unter Umständen durch entsprechendes Verhalten gegenüber rechtsunkundigen Massegläubigern deren Forderungen gleichsam in Insolvenzforderungen umwandeln.“ Und der IX. Zivilsenat stützt darauf seinen Schluss, es sei kein „anerkennenswertes Interesse“ anzuerkennen, den Gläubiger an einer irrtümlichen Feststellung als Insolvenzforderung zur Tabelle festzuhalten. Denn eine fehlerhafte Eintragung in die Tabelle könne berichtigt werden und auf Grund der Feststellung zur Tabelle bereits erfolgte Zahlungen könnten gegebenenfalls nach § 812 BGB kondiziert werden; der BGH hat es in diesem Zusammenhang dahingestellt bleiben lassen, ob der Gläubiger der fehlerhaft festgestellten Forderung unter dem Gesichtspunkt der ungerechtfertigten Bereicherung auch verpflich-

---

167 *Eckardt* ZIP 1993, 1765, 1768ff., *ders.* in Kölner Schrift, 3. Aufl., Kap. 17 Rn. 57f.; zustimmend *Kilger/K. Schmidt*, KO 17. Aufl., § 145 Anm. 4.

168 *Eckardt*, a.a.O. 1773f., 1774 Fn. 66; MünchKomm-InsO/*Schumacher*, 3. Aufl., § 178 Rn. 66.

169 BT-Drucks. 12/2443, S. 183f.

tet sei, auf die Feststellung als Insolvenzforderung zu verzichten – wofür par condicio creditorum viel spricht. Überzeugend führt der BGH dazu aus, dass der Verwalter gegenüber einem Gläubiger, der nach irrtümlicher Anmeldung und Eintragung seines unanmeldbaren Anspruchs kraft seines besseren Rechts von dem Verwalter Erfüllung begehrt, ohne die Löschung der Eintragung zu bewilligen, die Erfüllung wegen widersprüchlichen Verhaltens verweigern kann.[170]

2.117 Wie der IX. Zivilsenat des BGH überzeugend ausgeführt hat, ergibt sich nichts anderes bei Feststellung der Masseforderung im Verfahren der Feststellungsklage nach § 179, § 181, § 183 Abs. 1 InsO durch rechtskräftiges Urteil und Eintragung in die Tabelle gemäß § 183 Abs. 2 InsO. Dabei beruft sich der BGH auf die verfahrensrechtliche Zuständigkeitsordnung: Er führt aus, die Forderungen der Massegläubiger unterlägen „von vorneherein nicht den Vorschriften über Geltendmachung und Prüfung von Insolvenzforderungen". Denn die Masseforderungen sind „außerhalb des [insolvenzrechtlichen] Feststellungsverfahrens gegen den Insolvenzverwalter zu verfolgen und von diesem zu befriedigen".[171] Daraus schließt der BGH weiter, dass nur Insolvenzforderungen, nicht dagegen als Masseforderungen zu qualifizierende Forderungen der Rechtskraft nach § 178 Abs. 3 InsO fähig seien.[172]

5. Folgerungen für die Reichweite der Tabelleneintragung

2.118 Für die Rechtskraftfähigkeit und den Rechtskraftumfang macht es nach Ansicht des BGH daher keinen Unterschied, ob die Forderung widerspruchslos eingetragen worden ist oder ob der Insolvenzverwalter oder ein anderer Insolvenzgläubiger sie bestritten und der anmeldende Gläubiger gegen den Bestreitenden die Feststellung gemäß § 179 Abs. 1 InsO betrieben hat. Der IX. Zivilsenat führt aus, dass, während im ersten Fall die Forderung nach § 178 Abs. 1 Satz 1 InsO kraft Gesetzes als festgestellt gelte, bei der zweiten Fallgruppe nach § 180 Abs. 1 InsO die Feststellung durch das Urteil im ordentlichen Verfahren und die anschließende Berichtigung der Tabelle gemäß § 183 Abs. 2 InsO erfolge. Die Wirkung des Feststellungsurteils liege mithin in der Beseitigung des Widerspruchs. Die Sachlage ist dann dieselbe geworden, als wäre im Prüfungstermin gar kein Widerspruch erhoben und die Forderung als unstreitig festgestellt worden.[173] In beiden Fallgruppen wirke erst die Eintragung durch

170 BGH Urt. v. 13. Juni 2006 – IX ZR 15/04, BGHZ 168, 112, ZIP 2006, 1410.

171 Der IX. Zivilsenat beruft sich auf RG Urt. v. 1.7.1903 – V 78/03, JW 1905, 389, 390, RGZ 55. 157; BSG Urt. v. 30.10.1980 – 8a RU 96/79, BSGE 50, 262, 264.

172 BAG, Urt. v. 13.6.1989 – 1 AZR 819/87, BAGE 62, 89, 92 zur gleichlautenden Bestimmung des § 145 Abs. 2 KO; BAG, Urt. v. 4.12.2002 – 10 AZR 16/02, BAGE 104, 94, 97; BAG, Urt. v. 25.3.2003 – 9 AZR 174/02, BAGE 105, 345, 349.

173 Hahn, Die gesamten Materialien zu den Reichs-Justizgesetzen, 4. Bd., Motive II 368 [zu § 135 KO-E]

das Insolvenzgericht in die Tabelle gemäß § 178 Abs. 3 InsO für die festgestellte Forderung nach Betrag und Rang wie ein rechtskräftiges Urteil gegenüber dem Insolvenzverwalter und allen Insolvenzgläubigern.

Bemerkenswerter Weise führt der IX. Zivilsenat hier ausdrücklich aus, dass es sich bei dieser Wirkung „einer an sich rein beurkundenden Tätigkeit des Insolvenzgerichts" um „eine durch Zweckmäßigkeitserwägungen gerechtfertigte, auf § 178 Abs. 3 InsO beruhende Besonderheit" handele. Die Rechtskraftwirkung von Feststellung und Eintragung sei wegen dieser Besonderheit auf Insolvenzforderungen zu begrenzen,[174] was durch den Bezug auf alle Insolvenzgläubiger in § 178 Abs. 3 InsO zum Ausdruck kommt. Gegenüber Massegläubigern setzt das Gesetz den Feststellungseintrag nicht einem rechtskräftigen Urteil gleich, weil sich diese nicht in einer Konkurrenzsituation mit den Insolvenzgläubigern befinden, sondern gemäß § 53 InsO vorweg Befriedigung erfahren. 2.119

Wird mit dem den Tabellenfeststellungsstreit beendenden und entscheidenden Urteil eine Forderung gem. § 183 Abs. 1, § 181, § 179 Abs. 1 InsO rechtskräftig festgestellt, umfasst diese Feststellung nach Ansicht des BGH auch nicht nach allgemeinen zivilprozessualen Grundsätzen deren Einordnung als Insolvenzforderung. Der IX. Zivilsenat des BGH distanziert sich damit von der Rechtsprechung des Reichsgerichts, deren Ausdruck in RGZ 55, 157, 159 f. er als „ungenau" bezeichnet. 2.120

Der BGH hat in seiner Entscheidung Abschied von der überkommenen Judikatur zum Gegenstand der Tabellenfeststellungsklage genommen: Dabei hat er den für den allgemeinen Zivilprozess in der Rechtsprechung anerkannten zweigliedrigen Streitgegenstandsbegriff[175] zugrundegelegt. Danach ist der Gegenstand auch der Tabellenfeststellungsklage nach Antrag und Grund zu bestimmen, wobei der Antrag auf Feststellung der angemeldeten Forderung zur Insolvenztabelle gem. § 181 InsO nach Grund, Betrag und Rang lautet.[176] Der BGH führt insofern überzeugend aus, dass Gegenstand der Insolvenzfeststellungsklage nach §§ 179 ff InsO jedenfalls nicht die rechtliche Qualifikation der angemeldeten Forderung als Insolvenzforderung ist. 2.121

Ist nach alledem die rechtliche Qualifikation einer Forderung als Masse- oder als nicht-nachrangige Insolvenzforderung im Streit, kann dieser, wie der IX. Zivilsenat mit Recht ausführt, durch eine allgemeine Feststellungsklage gemäß § 256 ZPO einer Entscheidung zugeführt werden.[177] Eine solche *allgemeine* Feststellungsklage hat einen anderen Gegenstand als eine *Tabellen*feststellungsklage. Dies hat das 2.122

---

174 W. Lüke, Anm. AP BetrVG 1972 § 113 Nr. 19 unter 1.

175 BGHZ 117, 1, 5; 153, 173, 175.

176 BGH, Urt. v. 21. November 1953 – VI ZR 203/52, LM Nr. 4 zu § 146 KO; v. 19. September 1957 – II ZR 1/56, WM 1957, 1334, 1335.

177 BGH, Urt. v. 25. Juni 1957 – VIII ZR 251/56, WM 1957, 1225, 1226.

Reichsgericht in ständiger Rechtsprechung z.B. in einem Fall erkannt, in dem der Konkursverwalter gegen das von der Finanzverwaltung behauptete Vorrecht gem. § 61 KO mit allgemeiner negativer Feststellungsklage (hierzu im Übrigen R) vorging.[178] Letztere ist auf das Haftungsrecht, erstere auf die Art der Rechtsdurchsetzung gerichtet. Daher ist die Ansicht des BGH zutreffend, wonach eine allgemeine Feststellungsklage über die insolvenzrechtliche Qualifikation einer Forderung nach §§ 53ff. InsO oder nach § 38 InsO durch §§ 179 ff InsO nicht ausgeschlossen wird.[179]

2.123 Da der Antrag der Tabellenfeststellungsklage auf Feststellung zur Tabelle gerichtet ist, folgert der BGH hieraus, dass ein Feststellungsurteil keine Rechtskraftwirkung für die auf Zahlung als Masseschuld gerichtete Klage zu entfalten vermag. Dies greift auch, wenn die Entscheidungsformel im Verfahren nach § 179ff. InsO wie im Vorprozess des vom BGH zu entscheidenden Falles nicht die Feststellung der angemeldeten Forderung zur Insolvenztabelle, sondern die Feststellung, dass dem Kläger eine nicht nachrangige Insolvenzforderung und ein Zinsanspruch in bestimmter Höhe zustehen. Denn dann darf nach überzeugender Ansicht des BGH nicht an dem buchstäblichen Sinne des Ausdrucks gehaftet werden. Vielmehr ist der Urteilsausspruch durch die Urteilsgründe auszulegen.[180] Wurde im Vorprozess nur über das Bestehen der Forderung als Voraussetzung der Beteiligung des Gläubigers an der Verteilung der haftenden Masse gestritten, nicht aber um die Eigenschaft der Forderung als Masseschuldanspruch, ist von einer rechtskraftsfähige Qualifikation der streitgegenständlichen Forderung als Insolvenzforderung nicht auszugehen.

2.124 Die Gründe, die gegen eine aus dem Tabelleneintrag folgende Rechtskraftbindung des seine Masseforderung fälschlich als Insolvenzforderung anmeldenden Gläubigers sprechen, sind auch zu berücksichtigen, soweit es um den Schutz der Masse geht: Denn wegen einer im Nichtbestreiten liegende Anerkennung der angemeldeten und wegen fehlenden Widerspruchs festgestellten Forderung als Insolvenzforderung führt zwar zu deren Feststellung mit der Wirkung des § 178 Abs. 3 InsO auch „gegen den Verwalter“. Gleichwohl bleibt aber der Insolvenzverwalter berechtigt, den als Masseforderung weiterverfolgten Anspruch nach Grund und Höhe zu bestreiten. Der BGH sei wörtlich zitiert:

2.125 „Haben der Insolvenzverwalter und die übrigen Insolvenzgläubiger als weitere Beteiligte mangels eines hinreichenden wirtschaftlichen Interesses die Forderung nicht bestritten, so können sie nicht an deren Feststellung zur Tabelle gebunden werden, wenn der Gläubiger die Forderung nachträglich als Masseschuld geltend

178 RG, Urt. v. 18.3.1927 – VI 540/26, RGZ 116, 368, 372.

179 Der IX. Zivilsenat beruft sich hierbei auf die zu § 146 KO ergangene soeben zitierte Entscheidung; 139, 83, 87; RG JW 1900, 393, 394.

180 BGH, Urt. v. 10. Juni 1963 – II ZR 137/62, WM 1963, 749, 750.

macht und damit der Masse einen Wert entziehen würde, welcher den der Insolvenzforderung bei weitem überstiege[181] ... oder sogar zur Masseunzulänglichkeit (§ 208 Abs. 1 InsO) führte. Die Feststellung und Eintragung entbehrt aber auch dann einer Bindungswirkung, wenn die Forderung – wie in der Klageschrift im Vorprozess – von vorneherein als Masseforderung bezeichnet worden ist. Wenn die Feststellung nach Grund und Betrag für die Geltendmachung der Masseschuld als verbindlich angesehen werden müsste, so würde das Feststellungsverfahren mit allen denkbaren Einwendungen von Insolvenzverwalter und den Insolvenzgläubigern – die übrigen Massegläubiger sind kraft Gesetzes an dem Verfahren nach § 178 ff InsO nicht beteiligt – zu Grund und Höhe ohne Rücksicht auf die hinsichtlich der angemeldeten Forderung zu erwartende Quote belastet".

VII. Anfechtung der Feststellung einer angemeldeten Forderung zur Tabelle

1. Rechtsnatur des Bestreitens gem. § 178 Abs. 1 InsO

Wenn durch § 178 Abs. 3 InsO an das „Versäumen" des Bestreitens durch den Insolvenzverwalter oder andere Insolvenzgläubiger Rechtsfolgen geknüpft werden, bedarf es der Klärung, wie „Bestreiten" (und darauf gründend das Unterlassen des Bestreitens) rechtlich zu qualifizieren ist. **2.126**

Dabei ist zunächst fraglich, ob und wie die Feststellung einer Forderung zur Tabelle angefochten werden kann. Dabei kann in Betracht kommen, dass der Inhalt einer Feststellung zur Insolvenztabelle unklar ist, was durch Anfechtungsklage mit dem Ziel eines Feststellungsurteils behoben werden kann.[182] Gegenstand einer solchen Klage kann nur der Inhalt und die Reichweite der Tabelleneintragung sein. Das Bestreiten – die Erhebung des Widerspruchs – durch Insolvenzverwalter oder andere Gläubiger gegen die Anmeldung einer Forderung im Prüfungstermin im Insolvenzverfahren stellt sich nicht als Rechtsgeschäft dar. Es kann daher also nicht als Vergleichsschluss nach § 779 BGB[183] zwischen dem Widerspruchsberechtigten und dem Anmeldenden interpretiert werden. Vielmehr handelt es sich um eine Verfahrenshandlung, auf die die Grundsätze einer Prozesshandlung anzuwenden sind, wie § 4 InsO deutlich macht, der nicht allein auf positiviertes zivilprozessuales Recht, sondern auch auf zivilprozessuale Grundsätze verweist.[184] Daher kann der Verwalter (oder ein „anderer", zum Widerspruch gegen eine angemeldete Forderung berechtigter Insolvenzgläubiger), der im Prüfungstermin die Erhebung des **2.127**

---

181 *Henckel*, in: Festschrift für K. Michaelis 1972, 151, 160.

182 BGH, Urt. v. 4.10.1984 – IX ZR 159/83 – ZIP 1984, 1509, 1510; BGH, Urt. v. 29.5.2008 – IX ZR 45/07 – ZIP 2008, 1441.

183 Zur Rechtserkenntnisfunktion des (außergerichtlichen) Vergleichs *Smid*, Zivilgerichtliche Verfahren, § 16 Rn. 12.

184 *Smid/Leonhardt*, in: Leonhardt/Smid/Zeuner, 3. Aufl. 2010, InsO, § 5 Rn. 1 ff.

Widerspruchs irrtümlich unterlassen hat, dagegen nicht etwa mit der Anfechtung wegen Willensmängeln nach § 119 BGB vorgehen.[185] Da es sich insoweit beim Bestreiten durch Erhebung des Widerspruchs gegen eine angemeldete Forderung nicht um eine allgemein-zivilrechtliche *Rechtshandlung* handelt, sondern um eine *Prozesshandlung*, kommt auch eine Klage nach den §§ 129 ff. InsO keinesfalls in Betracht.[186] Denn diese bezieht sich nur auf *vorkonkursliche Rechtshandlungen*,[187] wenn man von der Regelung des § 147 InsO absieht, die hier nicht einschlägig ist.

2.128 Nach *Gerhardts* Auffassung kommt nun aber eine Nachholung des Widerspruchs in einem späteren Prüfungstermin nicht in Betracht.[188] Weder der Verwalter noch der Gläubiger können also in einem später anberaumten Prüfungstermin etwa zur Nachprüfung noch widersprechen, was sich schon daraus ergibt, dass für den Schuldnerwiderspruch vom Gesetz in § 186 InsO eine andere Regelung getroffen worden ist, aus der sich ergibt, dass der Schuldner unter den Voraussetzungen einer Wiedereinsetzung seinen Widerspruch nachholen kann. Nun fragt sich, was unter einem späteren Termin zu verstehen ist. Dauert der Prüfungstermin noch und ist der laufende Prüfungstermin etwa vertagt, dann handelt es sich bei dem zu einem späteren Zeitpunkt fortgesetzten Termin immer noch um den Prüfungstermin, so dass der Verwalter seinen Widerspruch noch erklären könnte – denn aufgrund des noch andauernden Prüfungstermins könnte eine Tabelle noch nicht durch das Insolvenzgericht errichtet werden. Dies kann indes hier dahingestellt bleiben, denn die „interessierenden“ Fälle sind die, in denen der Prüfungstermin abgeschlossen ist.

2. Anbringung des Prüfungsvermerks als beurkundende Tätigkeit des Insolvenzgerichts

a) Nichtbeurkundung

2.129 *Spellenberg*[189] zufolge soll es „der Natur der Sache“ entsprechen, Rechtskraftwirkungen an förmliche Akte des Gerichts zu knüpfen. Daher sieht er die Entscheidung des Reichsgerichts,[190] dass die Rechtskraftwirkungen der Insolvenzfeststellung geleugnet hat, sofern das Prüfungsergebnis nicht in die Tabelle eingetragen ist, als „nur konsequent“ an. Damit ist allerdings eine negative Aussage zur Abgrenzung der möglichen Bindungswirkungen des Tabelleneintrags getroffen.

---

185 *Gerhardt* (Fußn. 95) § 178 Rn. 103.

186 Vgl. *Schumacher*, in: MünchKomm-InsO, 3. Aufl. 2013, § 178 Rn. 39; *Zeuner*, in: Leonhardt/Smid/Zeuner, InsO, 3. Aufl. 2010, § 129 Rn. 30 ff.

187 BGH, Urt. v. 4.3.1999 – IX ZR 63/98 – BGHZ 141, 96; *Kayser*, in: MünchKomm-InsO, 3. Aufl. 2013, § 129 Rn. 74.

188 *Gerhardt* (Fußn. 89) § 178 Rn. 104.

189 *Spellenberg* (Fußn. 100) S. 6.

190 RG, Urt. v. 20.10.1888 – I 214/88 – RGZ 22, 153.

In einem vom BGH[191] entschiedenen Fall hatte der Konkursverwalter die von der späteren Klägerin angemeldete Forderung über ca. 106.000 DM zunächst bestritten, nachträglich aber anerkannt. Versehentlich war dann die Beseitigung des Widerspruchs nicht in der Tabelle vermerkt worden. Daher fand sich die Eintragung der Klägerin in dem auf der Geschäftsstelle ordnungsgemäß darin niedergelegten und bekannt gemachten Schlussverzeichnis nur mit einem Betrag von ca. 2.000 DM. In dem Schlusstermin war sie nicht erschienen und hat folglich dort auch keine Einwendungen erhoben. Die Klägerin war neben einer weiteren Gläubigerin bevorrechtigt nach § 63 Abs. 1 Nr. 1 KO. Die andere bevorrechtigte Gläubigerin erhielt wegen der Eintragung der Klägerin mit dem geringfügigeren Betrage anstelle von 34% eine Quote von 40% auf ihre Forderung. Sie hätte eine um ca. 20.000 DM reduzierte Dividende erhalten. Die Klägerin meinte, dass die Beklagte als andere Gläubigerin um diesen Betrag ungerechtfertigt bereichert sei. 2.130

Der BGH führt aus, dass die Klägerin bei der Schlussverteilung nicht berücksichtigt werden konnte mit dem vollen Betrag ihrer angemeldeten Forderung, da sie in die Tabelle nicht eingetragen worden sei. Der BGH führt aus „... das für das Konkursverfahren maßgebliche Schlussverzeichnis würde seinen auch vom Berufungsgericht erkannten Zweck verfehlen, wenn die Gläubiger nach rechtskräftiger Aufnahme der zu berücksichtigenden Forderungen... über die Bereicherungsklage die Auseinandersetzung über die Verteilung der Masse weiterbetreiben könnten.“ 2.131

b) „Rechtsbegründung“ durch Beurkundung?

Bei dem Prüfungsvermerk, den das Insolvenzgericht vornimmt, handelt es sich jedenfalls *nicht* um eine gerichtliche Entscheidung i.S.e. rechtsprechenden Urteilstätigkeit, sondern um rein beurkundende Tätigkeit.[192] Diese Beurkundung betrifft die Frage, ob die angemeldete Forderung unstreitig geblieben ist und damit nicht bestritten worden ist, was den anmeldenden Gläubiger zur Erhebung einer Insolvenzfeststellungsklage nach § 179 Abs. 1 InsO legitimieren würde.[193] In diesem Zusammenhang führt *Gerhardt*[194] bemerkenswerterweise aus, es sei „eine durch Zweckmäßigkeitserwägungen gerechtfertigt und auf einer ganz eigenartigen Vorschrift des Gesetzes (§ 178 Abs. 3 InsO) beruhende Besonderheit, dass die Eintragung des ausdrücklichen oder stillschweigenden Nichtbestreitens, so der Vermerk der alsbald oder nachträglich erfolgten freiwilligen Feststellung, wie ein Urteil und zwar sofort wie ein rechtskräftiges Urteil über Grundbetrag und Vorrecht der Forde- 2.132

191 BGH, Urt. v. 17.5.1984 – VII ZR 333/83 – BGHZ 91, 198.
192 *Gerhardt* (Fußn. 95) § 178 Rn. 18; *Sinz*, in: Uhlenbruck, InsO, 4. Aufl. 2015, § 178 Rn. 2.
193 *Hess* (Fußn. 98) § 178 Rn. 25.
194 *Gerhardt* (Fußn. 95) § 178 Rn. 20.

rung gegen über dem Masseträger und allen Insolvenz Gläubigerin wirken solle". Die Eintragung wirke „rechtsbegründend", wie *Gerhardt* unter Rückgriff auf RGZ 42,153,155[195] ausführt.

2.133 *Gerhardts*[196] Ausführung, die Feststellung wirke wie ein rechtskräftiges Urteil über Grund, Betrag und Vorrecht, deckt sich allerdings nicht mit dem Wortlaut des Gesetzes. Denn der § 178 Abs. 3 InsO spricht gerade nicht von dem Grund, sondern vom Betrag und Vorrecht der Forderung. Dieser Wortlaut wäre als Gesetzgebungsfehler anzusehen, wenn man der Auffassung folgen wollte, dass die Forderung selbst in ihrem Bestand durch die Feststellung zur Tabelle erfasst sei; die vorzugswürdige haftungsrechtliche Betrachtung kann demgegenüber nachvollziehen, dass das Gesetz in § 178 Abs. 3 InsO allein davon spricht, die Forderung werde nach Betrag und Vorrecht festgestellt – da dies auf die haftungsrechtliche Partizipation des Gläubigers an der Teilungsmasse verweist, die durch die Feststellung seiner Forderung zur Tabelle summenmäßig bestimmt wird.

VIII. Sachgründe für § 178 Abs. 3 InsO: „Besonderheiten" des Insolvenzverfahrens

1. Eröffnungsbeschluss als vollstreckbarer und vollstreckender Titel

2.134 Die Frage, um die es im SKL-Verfahren[197] ging, betraf den Spezialprozess der §§ 179ff. InsO – nämlich die Insolvenzfeststellungsklage und die Voraussetzungen und Wirkungen des Tabellenfeststellungsurteils. Fragt man dagegen nach der Wirkung des in Ermangelung eines Bestreitens unwidersprochen gebliebenen Anmeldens einer Insolvenzforderung, geht es um die Wirkungen, die das Insolvenzverfahren als solches Verfahren zeitigt, dass, wie *Spellenberg*[198] ausgeführt hat keine Parteien, sondern Beteiligte kennt. *Spellenberg*[199] führt aus, dass das Prüfungsverfahren in Gestalt des Prüfungstermins Rechtsklarheit ebenso wie ein Erkenntnisverfahren herbeiführen soll. Dabei sei der schwerfällige Weg des Liquidationsurteils nach gemeinem Recht aus praktischen Erwägungen dem Prüfungsverfahren unter Einbeziehung der anmeldenden Gläubiger und des Insolvenzverwalters gewichen. *Spellenberg*[200] behandelt dabei die Forderungsanmeldung als Rechtsschutzform. Das macht deutlich, dass die Anmeldung der Forderung durch die Insolvenzgläubiger– man ist versucht zu sagen: naturgemäß – nicht dazu erfolgt, dass die anmeldenden Gläubiger lediglich am Insolvenzverfahren teilnehmen, also Sitz und Stimme in der

195 RG, Urt. v. 23.11.1898 – I 291/98 – RGZ 42, 151, 153, 155.
196 *Gerhardt* (Fußn. 95) § 178 Rn. 20.
197 BGH, Urt. v. 5.7.2007 – IX ZR 221/05 – ZIP 2007, 1760.
198 *Spellenberg* (Fußn. 100) S. 1.
199 *Spellenberg* (Fußn. 100) S. 2.
200 *Spellenberg* (Fußn. 100) S. 5.

Gläubigersammlung wahrnehmen[201] können. Vielmehr streben sie (quotale) Befriedigung an. Eine bloße Feststellung ihres Rechts, wie es beispielsweise aus einer Feststellungsklage nach § 256 ZPO erreicht werden könnte, ist dagegen ebenfalls nicht Ziel der Anmeldung der Forderung durch Insolvenzgläubiger zur Tabelle.

Spellenberg[202] versteht mit *Kohler*[203] den Eröffnungsbeschluss als den sowohl vollstreckbaren als auch zugleich schon vollstreckenden Titel, mit dem der Zugriff auf das Schuldnervermögen eröffnet und zugleich durch den Insolvenzbeschlag (heute: § 35 Abs. 1 InsO)[204] die Vollstreckung eingeleitet wird; die Prüfung der angemeldeten Forderungen dient danach dazu, zu ermitteln, für wen und in welchem Umfang die Vollstreckung durchzuführen ist.[205] Der Eröffnungsbeschluss[206] übernimmt damit die Funktion des Leistungsbefehls, der die Vollstreckbarkeit des Leistungsurteils ausmacht. Die Leistungspflicht gegenüber den Gläubigern wird dann durch den Insolvenzverwalter als Partei kraft Amtes wahrgenommen.[207] Insofern hat die Feststellung einer angemeldeten Forderung zur Tabelle, sofern ein Widerspruch nicht erhoben wird, wie *Spellenberg*[208] überzeugend ausführt, „ihrem Namen entsprechend feststellenden Charakter". Diese Feststellungswirkung lässt das Gesetz genügen, da davon auszugehen ist, dass der Insolvenzverwalter als Amtsträger bei ihm pflichtgemäß ordnungsgemäß angemeldete und festgestellte Forderung bei den Verteilungen berücksichtigen wird.[209] 2.135

Welche „Besonderheiten" denn in der Tat den Gesetzgeber sowohl der Konkursordnung als auch der Insolvenzordnung zur Regelung der §§ 145 KO/178 Abs. 3 InsO bewogen haben wird deutlich, betrachtet man die *Fälle* näher, die von der höchstrichterlichen Rechtsprechung entschieden worden sind. Dabei tritt in den Blick, dass die Rechtskraftwirkung des Tabelleneintrags den Insolvenzverwalter bei der gesamtvollstreckungsrechtlichen Exekution der Tabelle als Titel für die Durchführung der Verteilung betrifft: Denn die Rechtskraftwirkung der Forderungsfeststellung durch unwidersprochenen Tabelleneintrag bezieht sich auf die Bindung des Insolvenzverwalters an die Tabelle *bei der Errichtung des Verteilungsverzeichnisses*, wie der Sachverhalt des folgenden, vom IX. Zivilsenat des BGH entschiedenen 2.136

201 Insbesondere zum Stimmrecht vgl. *Wolff*, Stimmrechte im Insolvenzverfahren, 2014, S. 39 ff.; im Übrigen krit. zur Stimmrechtsfeststellung *Wolff*, S. 118 ff.
202 *Spellenberg* (Fußn. 100) S. 12.
203 *Kohler* Konkursrecht S. 528.
204 *Spellenberg* (Fußn. 100) S. 9.
205 Vgl. *Kohler* Konkursrecht S. 371.
206 *Spellenberg* (Fußn. 100) S. 13.
207 *Spellenberg* (Fußn. 100) S. 13/14.
208 *Spellenberg* (Fußn. 100) S. 14.
209 *Spellenberg* (Fußn. 100) S. 14.

Falles deutlich macht: Damit wird aber klar, dass es bei der Frage der „Nachholung“ des Widerspruchs nicht um die „Durchbrechung“ der Rechtskraft einer rechtserkennenden gerichtlichen Entscheidung gehen kann, was folgender Fall zeigt:

2.137 Die klagende Sparkasse hatte eine Forderung von ca. 78.000 € zur Insolvenztabelle angemeldet, die in voller Höhe festgestellt wurde. Später wurde ein Betrag in Höhe von ca. 9.100 € durch den beklagten Insolvenzverwalter an die Gläubigerin gem. § 170 InsO nach Verwertung von Absonderungsgegenständen ausgekehrt. Der beklagte Insolvenzverwalter weigerte sich später, die Klägerin bei einer Abschlagsverteilung zu berücksichtigen, da ihr weitere Sicherheiten bestellt waren. Daraufhin hat die Sparkasse Klage mit dem Antrag erhoben, den Insolvenzverwalter zu verurteilen, ihre Forderung in Höhe von nunmehr 74.000 € zur Insolvenztabelle festzustellen. Mit dieser Klage hatte die Sparkasse vor dem LG und dem OLG München Erfolg. Auf Revision des beklagten Insolvenzverwalters hat der IX. Zivilsenat des *BGH* die Klage abgewiesen. Die Eintragung der festgestellten Forderung in die Tabelle entfaltet nach § 178 Abs. 3 InsO i.V.m. § 322 Abs. 1 ZPO Rechtskraftwirkung. Da im vorliegenden Fall die von der Klägerin angemeldete Forderung in die Tabelle eingetragen worden war, ohne dass der Insolvenzverwalter oder ein Gläubiger Widerspruch erhoben hätten, lag damit eine derartige Tabelleneintragung vor, die gegenüber Insolvenzverwalter und allen anderen Insolvenzgläubigern gem. § 178 Abs. 3 InsO wie ein rechtskräftiges Urteil wirkt.[210] Die Rechtskraftwirkung der Tabelleneintragung steht gem. § 322 ZPO der Zulässigkeit der Feststellungsklage, die von der Sparkasse erhoben wurde, entgegen.[211]

2.138 Der BGH konnte daher wegen Entscheidungsreife nach § 563 Abs. 3 ZPO die Klage als unzulässig abweisen, womit naturgemäß das Problem nicht ausgeräumt war. Deshalb hat sich der Senat mit gutem Grund zu einem Hinweis wegen des Verfahrens bei der vorzunehmenden Abschlagsverteilung veranlasst gesehen.

2.139 Da der Verwalter wegen der Rechtskraftwirkung des Tabelleneintrages ein Verteilungsverzeichnis für die Abschlagsverteilung zu erstellen hat, das mit der Tabelle identisch ist, hat er sämtliche festgestellten Forderungen aufzunehmen. Damit sind auch solche Forderungen erfasst, die zwischenzeitlich ganz oder teilweise etwa wegen der Auskehrung von Verwertungserlösen gem. § 170 InsO erloschen sind. Soweit daher die zur Tabelle festgestellte Forderung des Gläubigers teilweise durch Zahlungen gem. § 170 InsO erloschen sind, steht dem Insolvenzverwalter die Vollstreckungsgegenklage nach – wie BGH und überkommene Meinung denken – § 767 ZPO zu. Hat er die Vollstreckungsgegenklage erhoben, ist er bis zur rechtskräftigen Entscheidung hierüber

---

210 *BGH*, Urt. v. 21.2.1991 – IX ZR 133/90 – ZIP 1991, 456, 457.
211 *BGH*, Urt. v. 18.1.1985 – V ZR 233/83 – BGHZ 93, 287, 289.

entsprechend §§189 Abs. 2, 198 InsO dazu befugt (und verpflichtet), den betroffenen Betrag zurückzuhalten und zu hinterlegen. Steht die Sicherheitenverwertung dem Gläubiger zu, hat dieser dem Insolvenzverwalter auf entsprechendes Verlangen Auskunft über die Höhe der Erlöse aus der erfolgten Verwertung zu erteilen.

Wenn das aber so ist, dann wird doch deutlich, dass der Grund, den das Reichsgericht für die „Besonderheit" des § 145 KO bzw. heute des § 178 Abs. 3 InsO angegeben hat, die Klarheit der Kriterien für die Errichtung des Verteilungsverzeichnisses ist – was sich im Übrigen mit der Judikatur des Reichsgerichts[212] und des BGH deckt – liest man die entschiedenen Sachverhalte: 2.140

Etwas anderes ergibt sich auch nicht aus Entscheidungen, die auf die Rechtskraftwirkung nach § 178 Abs. 3 InsO hinweisen, aber in der Sache aus § 201 Abs. 2 InsO begründet werden: so hat in einem Urteil aus dem Herbst 2013[213] der BGH über folgenden Fall zu entscheiden gehabt: Der im Nachlassverfahren über den Nachlass nach W bestellte Nachlassinsolvenzverwalter nahm eine Miterbin aus § 1978 Abs. 1 InsO in Anspruch. Die andere Miterbin hatte Antrag auf Eröffnung des Verfahrens nach Festsetzung der Erbschaftssteuer in Höhe von ca. ½ Million Euro gestellt, die das Finanzamt später auch zu Tabelle anmeldete; weder die spätere Beklagte noch der Insolvenzverwalter hatten dies bestritten. Das Prozessgericht sei daran gebunden, dass die Steuerforderung zur Tabelle festgestellt sei – was auf Tatbestands, nicht aber Rechtskraftwirkungen verweist. 2.141

2. Zur Bedeutung des § 41 InsO

Fragt man kritisch danach, ob und wie ein Ausschluss nachholenden Bestreitens aus „Besonderheiten" des Insolvenzverfahrens begründet werden kann, tritt in der Tat die Vollstreckungsfunktion des Eröffnungsbeschlusses in den Blick, die durch Errichtung des Verteilungsverzeichnisses umgesetzt wird. Bis zur Errichtung des Verzeichnisses kann der Insolvenzverwalter allerdings mit sehr verschiedenartigen Fallgestaltungen konfrontiert werden, die ebenfalls mit der Besonderheit der Rechtsverfolgung im Insolvenzverfahren zu tun haben: 2.142

Eine Leistungsklage des Lieferanten im Ausgangsfall (oben Rn. 2.68 ff.) außerhalb des Insolvenzfalles wäre als derzeit unbegründet mangels Fälligkeit des Anspruchs abzuweisen gewesen. Für die Forderungsanmeldung im Insolvenzverfahren aber greift § 41 InsO: 2.143

Dem Insolvenzgläubiger bleibt es unbenommen, auch eine vor Eröffnung des Insolvenzverfahrens nicht fällige Forderung anzumelden. Denn § 41 InsO bestimmt, dass eine vor Eröffnung des Insolvenzverfahrens noch nicht fällige Forderung als 2.144

212 RG, Urt. v. 5.12.1932 – IV 317/32 – RGZ 139, 83.
213 BGH, Urt. v. 10.10.2013 – IX ZR 30/12 – NZI 2014, 73.

durch die Verfahrenseröffnung fällig anzusehen ist;[214] sie wird also für die Gleichbehandlung der Insolvenzgläubiger[215] von Gesetzes wegen fällig gestellt. Für betagte Forderungen, wie die im Beispielsfall genannte Forderung, deren Durchsetzbarkeit also von der erfolgreichen Nachbesserung bzw. Nachlieferung abhängt, bestimmt § 41 InsO somit die Fälligkeit. Wenn das aber so ist, stellt sich die Frage, ob der Insolvenzverwalter diese Forderung zum Zeitpunkt des Prüfungstermins hätte vorläufig bestreiten können – wobei die Vorläufigkeit eines Bestreitens darauf beruht, dass die Herstellung der Mangelfreiheit durch Nachbesserung von Lieferung bzw. Werkausführung noch offen war.

2.145 Handelt es sich bei der angemeldeten Rechtsposition um eine „künftige Forderung", dann ist sie als noch nicht entstanden mit der Folge anzusehen, dass sie in dem über das Schuldnervermögen eröffneten Insolvenzverfahren unberücksichtigt zu bleiben hat.[216] Denn zur Zeit der Eröffnung des Verfahrens ist sie noch nicht im Rechtssinne „begründet". Die Entstehung der Forderung nach Verfahrenseröffnung führt nämlich dazu, dass die Forderungsgläubigerin keine Insolvenzgläubigern im Sinne des § 38 InsO, sondern Massegläubigerin nach §§ 53, 55 InsO ist.[217] Hiervon sind aufschiebend bedingte Forderungen im Sinne von § 158 Abs. 1 BGB zu unterscheiden, die vom Eintritt einer Bedingung oder einer Befristung in ihrer Fälligkeit abhängig sind, während die künftige Forderung erst in Aussicht genommen oder versprochen ist, so dass die Entstehung der Obligation erst für die Zukunft zu erwarten wäre.[218]

2.146 In dem Ausgangsfall (oben Rn. 2.68 ff.) verhält es sich so: Ist der Vertrag zwischen den Parteien als Werkvertrag zu qualifizieren, wäre der Anspruch der anmeldenden Gläubigerin auf die Vergütung nach § 631 Abs. 1 BGB erst fällig mit Abnahme des Werkes gem. § 640 BGB; der Anspruch auf Vergütung entsteht indes mit Vertragsschluss.[219] Qualifiziert man den zwischen anmeldendem Gläubiger und Insolvenzschuldnerin vorkonkurslich geschlossenen Vertrag als Kaufvertrag so gilt entsprechendes: Der Kaufpreisanspruch des Verkäufers gem. § 433 Abs. 2 BGB entsteht (wird also rechtlich begründet) mit Abschluss des Kaufvertrages;[220] seine Fälligkeit tritt mit Erfüllung der Pflicht des Verkäufers zur Lieferung der mangelfreien

---

214 *Bitter*, in: MünchKomm-InsO, 3. Aufl. 2013, § 41 Rn. 1 ff.; *Knof*, in: Uhlenbruck, InsO, 14. Aufl. 2015, § 41 Rn. 1; *Bäuerle*, in: Braun, InsO, 6. Aufl. 2014, § 41 Rn. 1.

215 *Bitter* NZI 2000, 399 ff.

216 *Bitter*, in: MünchKomm-InsO, 3. Aufl. 2013, § 41 Rn. 4; *Knof*, in: Uhlenbruck, InsO, 14. Aufl. 2015, § 41 Rn. 2.

217 *Knof*, in: Uhlenbruck, InsO, 14. Aufl. 2015, § 41 Rn. 2; *Bitter*, in: MünchKomm-InsO, 3. Aufl. 2013, § 41 Rn. 5.

218 Eingehend dazu *Bitter*, in: MünchKomm-InsO, 3. Aufl. 2013, § 41 Rn. 8 ff.

219 Vgl. statt vieler allein *Busche*, in: MünchKomm-BGB, 6. Aufl. 2012, § 631 Rn. 86: „Der Vergütungsanspruch des Unternehmers entsteht mit dem Vertragsabschuss".

220 *Westermann H.P.*, in: MünchKomm-BGB, 6. Aufl. 2012, § 433 Rn. 1 ff. u. 72 ff.

(vertragsgemäßen arg. § 434 BGB)[221] Sache. Die Forderung der anmeldenden Gläubigerin im Ausgangsfall wird somit gem. § 41 InsO durch Verfahrenseröffnung als fällig fingiert.[222] Sie konnte also unter Abzinsung gem. § 42 Abs. 2 InsO zur Tabelle angemeldet werden. Die Forderungsanmeldung im Ausgangsfall war daher „falsch", weil sie die mangelnde Fälligkeit nicht berücksichtigte.

Das ist nachvollziehbar. Denn der Verwalter wird in dem sehr frühen Stadium der Verfahrenseröffnung von den Umständen der Nachbesserung eines komplexen Werk-, Kauf- oder Werklieferungsvertrages oder eines typengemischten Vertrages zum einen keine Kenntnis erlangt haben können; zum anderen wird er nicht selten durch aufwendige Streitigkeiten – die Folge eines „vorläufigen Bestreitens" sein werden – eine übertragende Sanierung gefährden. 2.147

IX. Ist ein Nachholen des Bestreitens nach dem Prüfungstermin von Voraussetzungen der §§ 580, 767 ZPO abhängig?

1. Reichsgericht zum Erfordernis des Vorliegens von Restitutionsgründen

In seinem Urteil vom 17. April 1896 hat das Reichsgericht[223] darüber zu entscheiden gehabt, ob gegen eine Eintragung in die Konkurstabelle die Restitutionsklage zulässig sei. 2.148

Die spätere Beklagte hatte im Konkursverfahren über das Vermögen eines Schuldners eine Forderung mit dem Vorrecht der Dotalforderungen in Höhe von 39.500 Mark angemeldet. Von keiner Seite wurde dagegen Widerspruch erhoben. Die Forderung wurde daraufhin in die Konkurstabelle eingetragen und zum Betrage 35.500 Mark mit dem beanspruchten Vorrecht festgestellt. Der Konkursverwalter griff die festgestellte Forderung, soweit sie einen Betrag von 15.000 Mark überstieg mit der Restitutionsklage nach dem damaligen § 543 (heute: § 580) Nr. 7b ZPO an. Er habe erst nach der Feststellung der Forderung von dem mit der Klage überreichten Schuld- und Zessionsurkunden Kenntnis erlangt. Hätte er diese Urkunden zuvor im Prüfungstermin gekannt, wäre er wegen der Forderungsanmeldung dem Widerspruch entgegengetreten. 2.149

Hier führte das Reichsgericht aus, die entsprechende Anwendung der zivilprozessualen Vorschriften über die Restitutionsklage gegen die Feststellung einer Forderung durch Eintragung in die Tabelle sei geboten, da die Eintragung mit einem rechtskräftigen Urteil von Gesetzes wegen gleichgestellt sei. 2.150

221 *Berger*, in: Jauernig, BGB, 16. Aufl. 2015, § 434 Rn. 1 ff.

222 *Bitter*, in: MünchKomm-InsO, 3. Aufl. 2013, § 41 Rn. 4; vgl. *Bäuerle*, in: Braun, InsO, 6. Aufl. 2014, § 41 Rn. 1 f.

223 RG, Urt. v. 17.4.1896 – III 3/96 – RGZ 37, 386, 388.

2. Restitution

a) § 826 BGB

2.151 Die Rechtsprechung hat dem Beklagten die Möglichkeit eingeräumt, gegen ein in formelle Rechtskraft erwachsenes Urteil eine Klage aus § 826 BGB zu erheben, wenn der Titel unrichtig, weil im Widerspruch zu den Tatsachen steht oder weil grundlegende Verfahrensvoraussetzungen verletzt sind. Diese Klage aus § 826 BGB setzt voraus, dass die Ausnutzung des Titels, der in Rechtskraft erwachsen ist, sich als „rechtsmissbräuchlich" erweisen würde. Ziel der Klage aus § 826 BGB ist es, eine Vollstreckung aus dem fehlerhaften Titel abzuwehren. Gegen einen Titel, aus dem die Zwangsvollstreckung noch nicht betrieben worden ist, gibt die Klage aus § 826 BGB einen Unterlassungsanspruch auf die Zwangsvollstreckung aus dem Titel und einen Anspruch auf dessen Herausgabe an den Deliktskläger. Soweit sich der Kläger mit der Klage aus § 826 BGB gegen ein doloses Prozessverhalten des Gegners oder anderer Verfahrensbeteiligter beruft, geht die Klage in die gleiche Richtung wie die Restitutionsklage nach § 580 Nr. 1–5 ZPO. Im Unterschied zu dieser Klage setzt die aus § 826 BGB aber keine strafrechtliche Verurteilung des Titelinhabers (§ 581 Abs. 1 ZPO) voraus. Daher hat sich die Dogmatik der Klage aus § 826 BGB vom Straf- und Strafprozessrecht unabhängig ausgebildet. Soweit es um die arglistige Ausnutzung eines Titels geht, der nicht bereits auf dolosem Prozessverhalten des Titelinhabers oder eines anderen Verfahrensbeteiligten beruht, zeigt die Betrachtung des Fallmaterials in der Judikatur, dass es sich hierbei im Wesentlichen um solche Fälle handelt, in denen die mit der Klage aus § 826 BGB angegriffenen Urteile „Dauerfolgen" haben – also im Wesentlichen solche Urteile betrifft, die auf Renten- und Unterhaltszahlungen gerichtet sind und deren Korrektur durch eine Abänderungsklage nach § 323 Abs. 1 ZPO (und heute § 48 Abs. 1 FamFG) wegen der Unklarheiten des dort normierten Wesentlichkeitserfordernisses nicht erreichbar sind. Der „Rechtsbehelf" der Klage aus § 826 BGB hat darüber hinaus eine weitere Funktion. Während mit den Wiederaufnahme- und Restitutionsklagen nach §§ 578 ff. ZPO der Fehler des rechtskräftigen Urteils nur durch eine besondere Klage geltend gemacht werden kann, bedarf es der expliziten Klageerhebung aus § 826 BGB nicht in allen Fällen. Vielmehr kann in einem Prozess der Fehler des ersten Urteils inzidenter durch Erhebung der Rüge, dieses sei sittenwidrig erlangt bzw. die Berufung auf das erste Urteil stelle sich als arglistige Urteilsausnutzung dar, einredeweise geltend gemacht werden.

2.152 In der Literatur ist der Rechtsbehelf aus § 826 BGB adäquate Aushöhlung der Rechtskraft kritisiert worden. Der Rechtsbehelf biete Anreize ohne Rücksicht auf die Frieden stiftende Funktion der Rechtskraft, den ausgeurteilten Gegenstand erneut zur Entscheidung zu stellen. Die Grenzen, die der Rechtskraftdurchbrechung durch die ausdrücklichen Regelungen der §§ 579 und 580 ZPO gezogen seien, würden damit in sachwidriger Weise ignoriert. Damit wird freilich der eigenen Aufgabe, die dem Rechtsbehelf aus § 826 BGB zukommt, nicht hinreichend Rechnung getragen.

b) § 580 ZPO

Das Zivilprozessrecht kennt zwei Konstellationen der Durchbrechung der Rechtskraft. In der einen geht es darum, dass in dem Verfahren auf das hin das Urteil ergangen ist, schwerwiegende Fehler vorgelegen haben. Diese Fehler können dazu führen, dass das Urteil sich als nichtig erweist. Da das Urteil aber in der Welt ist und somit Wirkungen entfaltet, stellt sich die Frage seiner Nichtigkeit als eine Rechtsfrage dar, über die zwischen dem Titelgläubiger und dem Titelschuldner regelmäßig Ungewissheit bestehen wird. Daher bedarf es eines Prozesses – eines Erkenntnisverfahrens – in dem die Nichtigkeit festgestellt wird. Dieses Erkenntnisverfahren wird mit der Nichtigkeitsklage nach § 579 ZPO eingeleitet. Andere Verfahrensfehler, auf denen das rechtskräftige Urteil beruht, haben nicht seine Nichtigkeit zur Folge. In den Fällen der Nr. 1–5 des § 580 ZPO kann der Titelschuldner vielmehr eine Wiederaufnahmeklage erheben und damit eine erneute Verhandlung der Sache herbeiführen. Anders als die Nichtigkeitsklage führt die Wiederaufnahme- oder Restitutionsklage entweder zu einem Zwischenurteil, in dem festgestellt wird, dass der Wiederaufnahmegrund – also der Verfahrensfehler – für die Entscheidung ursächlich war und ob die Beachtung der Verfahrensregeln zu einer dem Wiederaufnahmekläger günstigeren Entscheidung geführt hätte. Ist dies der Fall, wird das frühere Verfahren entweder durch das Gericht des Wiederaufnahmeprozesses fortgesetzt und ggfls. das frühere Urteil aufgehoben oder das frühere Urteil aufgehoben und mit gleichem Inhalt neu erlassen. 2.153

Von den Wiederaufnahmegründen des § 580 Nr. 1–5 unterscheidet sich der nach § 580 Nr. 7 BGB. Dort geht es nämlich nicht um Verfahrensfehler, sondern um die Korrektur eines Ergebnisfehlers. 2.154

Gemeinsam ist den Klagen nach §§ 578 ff. ZPO, dass diesen enge Grenzen gezogen sind. Die Wiederaufnahmeklage bedarf neben dem Vorliegen der allgemeinen Prozessvoraussetzungen der Wahrung der Wiederaufnahmefrist des § 586 Abs. 2 S. 2 ZPO. In den Fällen der Nrn. 1–5 des § 580 ZPO muss nach § 581 ZPO der Restitutionsbeklagte wegen der Straftat, die den Grund der Restitutionsklage bildet, rechtskräftig verurteilt worden sein oder die Durchführung eines Strafverfahrens aus anderen Gründen als wegen Mangels an Beweises nicht erfolgt sein. 2.155

Es hat sich gezeigt, dass die Nichtigkeitsklage und die Restitutionsklage nach den §§ 580 Nr. 1–5 ZPO eine gemeinsame Struktur in Ansehung der Korrektur von Verfahrensmängeln aufweisen. Der § 581 Abs. 1 ZPO stellt sich dann als besondere Form der Beweisregel für das Vorliegen eines Verfahrensfehlers im restitutionsrechtlichen Sinne dar, was mit der moderneren Form des § 286 ZPO nur schwer in Übereinstimmung zu bringen ist. *J. Braun* schlägt daher vor, § 581 Abs. 1 ZPO berichtigend auszulegen. Danach soll auch unabhängig von der Vorlage eines Strafurteils die Voraussetzung des restitutionsbegründenden Prozessdelikts durch beliebige andere Beweismittel geführt werden können. Die Ergebnisfehlerrestitution nach § 580 Nr. 7b ZPO leitet sich aus Fallgestaltungen her, bei denen es um die Korrektur 2.156

von Urteilen mit Dauerfolgen geht. Demgegenüber hat *J. Braun*[224] nachgewiesen, dass es sich bei der Restitutionsklage gem. § 580 Nr. 7a ZPO in der Sache um eine Nichtigkeitsklage handelt.

3. Herbeiführung der Widerspruchswirkung durch Vollstreckungsgegenklage in den Schranken des § 767 Abs. 2 ZPO?

2.157 Hier stellt sich die Frage, ob der Verwalter den Widerspruch noch mit einer Vollstreckungsgegenklage nach § 767 ZPO anbringen kann, indem er geltend macht, dass er Einwendungen gegen den Fortbestand der in der Anmeldung zugrunde gelegten Forderung erheben kann.

2.158 Selbst wenn man berücksichtigt, dass im Beispielsfall Rn. 2.68 ff. der Fehlschlag der Nachbesserung der von der anmeldenden Gläubigerin erstellten Maschine sich erst nach dem Prüfungstermin (endgültig) realisiert hat, kommt es doch für die Beurteilung der Voraussetzungen des § 767 ZPO darauf an, ob der Verwalter nicht gegenüber dem Unterlassen des Widerspruchs gleichsam ein mögliches Alternativverhalten zu Gebote gestellt bekommen hätte. Dabei ist daran zu denken, dass der Verwalter der Forderungsanmeldung deshalb hätte widersprechen können, weil zum Zeitpunkt der Forderungsanmeldung zwar das endgültige Scheitern der Nachbesserung nicht feststand, aber doch immerhin zweifelsfrei die vertragsgemäße Beschaffenheit der Maschine (noch) nicht gegeben war und damit unabhängig davon, ob man den Vertrag als Kaufvertrag oder Werklieferungsvertrag bestimmt, die Fälligkeit der Forderung noch nicht eingetreten war, die von dem Gläubiger geltend gemacht wird.

4. Vollstreckungsgegenklage nach § 797 Abs. 4 ZPO

2.159 Ausschlaggebend ist aber: Der Tabelleneintrag der nicht durch Widerspruch bestrittenen Forderung ist kein Urteil (§ 704 ZPO) im Sinne einer streitigen Rechtserkenntnis durch ein zur Rechtsprechung berufenes Gericht. Etwas anderes folgt auch nicht aus § 201 Abs. 2 InsO (oben Rn. 2.72 ff.). Da das Insolvenzgericht nicht prüfend-rechtserkennend, sondern beurkundend tätig wird, liegt es auf der Hand, dass wegen Einwendungen gegen den titulierten Anspruch die Schranken des § 767 Abs. 2 ZPO jedenfalls nicht dadurch gerechtfertigt sind, dass andernfalls die prozessgerichtliche Rechtserkenntnis ihrer Wirkung beraubt würde. Es liegt daher nahe, anstelle des § 767 ZPO auf § 797 ZPO abzustellen. Dabei kann im Übrigen der Streit[225] darüber, ob solche Einwendungen, die bereits bei Errichtung der Urkunde begrün-

224 *J. Braun*, in: Rechtskraft und Restitution, Teil 2, Die Grundlagen des geltenden Restitutionsrechts, S. 66 ff.

225 *Kindl*, in: Saenger, 6. Aufl. 2015 ZPO, § 767 Rn. 20 m.w.N.

det waren, mit der Vollstreckungsgegenklage nach § 797 ZPO verfolgt werden können, für die Behandlung des Ausgangsfalles dahingestellt bleiben.

Die Beschränkung der Rechtskraft der Feststellung der Forderung – nach dem **2.160** Wortlaut des Gesetzes – auf Betrag und Rang lässt sich allerdings verstehen, sieht man den Tabelleneintrag als „sonstigen“ Titel an – der „wie“ ein Urteil in der Zwangsvollstreckung wirkt, aber eben nicht die Feststellungswirkungen entfalten kann, die einem auf ein Verfahren streitiger Rechtserkenntnis hin ergangenem Urteil eigen sind. Denn unabhängig von der Frage, ob in dem hier interessierenden Ausgangsfall die – zunächst ja begründete – Kaufpreis- bzw. Werklohnforderungen fällig war (so wurde sie angemeldet) oder nach § 41 Abs. 2 InsO abgezinst anzumelden gewesen wäre[226] hat sich doch der Umstand, dass eine jede Nachbesserung definitiv nicht mehr erfolgreich durchgeführt und daher die Kaufsache/das Werk nicht vertragsgemäß geliefert werden kann, erst später ergeben.

X. Widerspruch des Schuldners und Rechtskraftwirkung des Tabelleneintrags

1. Argument der hM aus § 186 Abs. 1 InsO

Wird deutlich, dass der Insolvenzverwalter jedenfalls nicht nur in den Schranken **2.161** der Restitutionsgründe des § 580 ZPO oder des § 767 Abs. 2 ZPO sein Bestreiten nach dem Prüfungstermin nachholen kann, bleibt es doch notwendig, das Gegenargument der überkommenen herrschenden Meinung zu entkräften, das auf § 186 Abs. 1 InsO gegründet ist. § 186 InsO trifft Regelungen für den Fall der Versäumung des Prüfungstermins durch den Schuldner – der dann folglich daran gehindert war, angemeldete Forderungen zu bestreiten. Abs. 1 des § 186 InsO bestimmt bekanntlich, dass, wenn der Schuldner den Prüfungstermin versäumt hat, ihm auf Antrag vom Insolvenzgericht die Wiedereinsetzung in den vorigen Stand entsprechend §§ 233 bis 236 ZPO zu gewähren ist. Im Schrifttum[227] wird aus dieser Vorschrift abgeleitet, dass zwar ein Bestreiten vom Schuldner nachgeholt werden könne – da dies ausdrücklich gesetzlich vorgesehen sei – in Ermangelung einer entsprechenden ausdrücklichen gesetzlichen Regelung aber der Insolvenzverwalter ein einmal im Prüfungstermin unterlassenes Bestreiten nachzuholen nicht berechtigt sei.

2. Funktion des § 186 Abs. 1 InsO im Spiegel der Judikatur des BGH

Dagegen spricht aber bereits die Art der Bestimmung der Funktion des § 186 Abs. 1 **2.162** InsO, wie sie in Entscheidungen des BGH deutlich wird:

---

226 *Bitter*, in: MünchKomm, 3. Aufl. 2013, InsO, § 41 Rn. 1; vgl. *Bäuerle*, in: Braun, InsO, 6. Aufl. 2014, § 41 Rn. 1f.

227 *Specovius*, in: Braun, InsO, 6. Aufl. 2014, § 186 Rn. 2; *Sinz*, in: Uhlenbruck, InsO, 4. Aufl. 2015, § 186 Rn. 8.

2.163 Der Insolvenzverwalter, der in dem Insolvenzverfahren über den Nachlass des im September 2004 verstorbenen Erblassers eingesetzt worden ist, nahm die Miterbin auf Zahlung von 350.000 € in Anspruch. Diese war neben ihrem zwischenzeitlich verstorbenen und von ihr beerbten Ehemann sowie der Ehefrau des Erblassers Miterbin. Die damaligen Miterben hatten eine Teilerbauseinandersetzung vertraglich vereinbart. Die in Anspruch genommenen Erben verteidigten sich gegen die Klage damit, ein Insolvenzgläubiger existiere nicht und daher haftete sie nicht den Nachlassgläubigern für die bisherige Verwaltung des Nachlasses nach § 1978 Abs. 1 S. 1 BGB.

2.164 Der BGH[228] hat dagegen darauf bestanden, dass in dem von ihm zu entscheidenden Fall die Anmeldung einer Erbschaftssteuerforderung des Finanzamts zur Tabelle im Herausgabeverfahren des Nachlassinsolvenzverwalters gegen die Miterben nicht mehr infrage gestellt werden könne. Die Steuerverbindlichkeit sei im geführten Rechtsstreit wegen ihrer Eintragung zur Tabelle und damit ihre Feststellung zugrunde zu legen, da sie für den Insolvenzverwalter und die Gläubiger gemäß § 178 Abs. 3 InsO die Wirkung eines rechtskräftigen Urteils habe. Die Beklagte Miterbin hatte auch nicht etwa die angemeldete Forderung bestritten, wozu sie im Nachlassinsolvenzverfahren aufgrund ihrer Stellung als Schuldner[229] berechtigt gewesen wäre. Die Rechtskraftwirkung der Tabelleneintrag ergebe sich nun nicht aus § 178 Abs. 3 InsO, wohl aber aus § 201 Abs. 2 InsO, dass es am Widerspruch des Schuldners gefehlt habe.

2.165 In einer weiteren Entscheidung aus dem Jahr 2013 hat der BGH[230] darauf erkannt, dass der Schuldner seinen Widerspruch gegen den angemeldeten aber nicht titulierten Rechtsgrund der vorsätzlich begangenen unerlaubten Handlung bereits vor Aufhebung des Insolvenzverfahrens mit der negativen Feststellungsklage gegen den Gläubiger weiterverfolgen kann. Auch hier geht es um das Verhältnis zwischen dem Insolvenzgläubiger als nachforderndem Zwangsvollstreckungsgläubiger und Schuldner, nicht um eine Bindungswirkung der Tabelle gegenüber dem Insolvenzverwalter!

2.166 Mit seinem oben (Rn. 3.110) zitierten Urteil aus dem Jahr 2008[231] hat der BGH darauf erkannt, dass im Falle der Unrichtigkeit der Insolvenztabelle aufgrund der Anmeldung von Tatsachen, aus denen sich nach Einschätzung des Gläubigers ergibt, dass der Forderung eine vorsätzlich begangene unerlaubte Handlung des Schuldners zu Grunde liegt, zwar eine Tabellenbeschwerde unstatthaft sei, bei lückenhafter Eintragung in die Tabelle der Gläubiger aber außerhalb des Insolvenzverfahrens gegen den Schuldner im Klagewege eine entsprechende Feststellung

---

228 BGH, Urt. v. 10.10.2013 – IX ZR 30/12 – NZI 2014, 73.
229 BGH, Urt. v. 16.5.1969 – V ZR 86/68 – NJW 1969, 149.
230 BGH, Urt. v. 10.10.2013 – IX ZR 30/13 – ZIP 2013, 2265.
231 BGH, Urt. v. 17.1.2008 – IX ZR 220/06 – ZIP 2008, 566.

betreiben kann, wogegen eine Tabellenfeststellungsklage gegen den Insolvenzverwalter unzulässig ist.

3. Eingeschränkte Rechtskraftwirkung der Eintragung von Steuerforderungen zur Tabelle

Die hier vertretene Ansicht von einer eingeschränkten Rechtskraftwirkung des Tabelleneintrags der unbestrittenen angemeldeten Forderung wird durch die Judikatur des BFH flankiert: Einen aus dem Steuerverfahrensrecht abgeleiteten Sonderfall stellt die Rechtskraftwirkung der Eintragung von Steuerforderungen zur Tabelle dar: Der BFH[232] hat im Jahr 2011 darüber zu entscheiden gehabt, ob – nach wegen ausgebliebenen Bestreitens vorgenommenen Eintragung zur Tabelle einer vor Eröffnung des Insolvenzverfahrens angefallenen, im über das Vermögen des Schuldners eröffneten Insolvenzverfahren angemeldeten Umsatzsteuerforderung – bei einer späteren berichtigenden Umsatzsteuererklärung eine Rücknahme nach § 130 Abs. 1 AO zulässig und nicht durch die Rechtskraftwirkung der Tabellenfeststellung gem. § 178 Abs. 3 InsO gehindert sei. Der BFH führte aus, dass im Falle von Ansprüchen aus dem Steuerschuldverhältnis beim Bestreiten einer angemeldeten Forderung an die Stelle des Feststellungsurteils gem. § 185 InsO i.V.m. § 251 Abs. 3 AO der Erlass eines behördlichen Feststellungsbescheids trete, der nach § 130 Abs. 1 AO änderbar ist,[233] der vorsieht, dass ein rechtswidriger Verwaltungsakt, auch nachdem er unanfechtbar geworden ist, ganz oder teilweise mit Wirkung für die Zukunft oder für die Vergangenheit zurückgenommen werden kann. Hierauf stützt der BFH, dass die Urteilswirkung des § 178 Abs. 3 InsO bei der Eintragung von Ansprüchen aus dem Steuerschuldverhältnis (§ 37 Abs. 2 AO) wie beim Erlass eines Feststellungsbescheids nach Bestreiten gemäß § 185 InsO i.V.m. § 251 Abs. 3 AO unter den Voraussetzungen des § 130 AO entfällt. § 178 Abs. 3 InsO ist nach Ansicht des BFH daher bei der Eintragung von Ansprüchen aus dem Steuerschuldverhältnis zur Insolvenztabelle einschränkend auszulegen. Der Eintragung soll danach „lediglich die Wirkung einer behördlichen Feststellung nach Bestreiten gemäß § 185 InsO i.V.m. § 251 Abs. 3 AO“ zukommen, was dazu führt, dass die Eintragung einer Steuerforderung nach pflichtgemäßem Ermessen der Behörde unter den Voraussetzungen des § 130 AO geändert werden kann. 2.167

4. Folgerungen aus der Judikatur des BFH: Zum Versäumnisurteil

Der BFH argumentiert damit, die Tabelleneintragung könne keine weitreichendere Rechtskraftwirkung entfalten, als sie der bestandskräftige Verwaltungsakt habe. Für 2.168

232 BFH, Urt. v. 24.11.2011 – V R 13/11 – ZInsO 2012, 185.
233 *Intemann*, in: Koenig, 3. Aufl. 2014, AO, § 130 Rn. 1.

den Zivilprozess drängt sich insoweit der Vergleich zum Versäumnisurteil gegen den Beklagten nach § 331 ZPO auf: Kann der Tabelleneintrag aufgrund versäumten Bestreitens durch den Insolvenzverwalter weitere Wirkungen entfalten als ein Versäumnisurteil, gegen das der Beklagte schließlich nach § 338 ZPO der Einspruch zusteht, der, sofern er zulässig ist, in den Prozess überleitet, § 342 ZPO. Beim nachholenden Bestreiten durch den Insolvenzverwalter kommt im Unterschied zur Lage beim Versäumnisurteil hinzu, dass Fristen (§ 339 Abs. 1 ZPO) nicht normiert sind. Die überkommene Meinung geht davon aus, dass dies auch gar nicht erforderlich ist, da *hic et nunc* im Prüfungstermin zu bestreiten ist und diese Säumnis ohne Fristlauf zur Präklusion führt; dass ein Verhandeln in einem nichtstreitigen Verfahren[234] (nämlich außerhalb des Tabellenfeststellungsprozesses der §§ 179ff. InsO) aber zu weiterreichenden Folgen führen soll als im streitigen Prozess, wäre nicht systemgerecht. Eine „teleologische Reduktion" des § 178 Abs. 3 InsO ist daher über den Bereich der zitierten Judikatur des BFH hinaus geboten.

5. Verfahrensrechtliche Handlungsmöglichkeiten des Insolvenzverwalters

a) Versäumung des Bestreitens: § 178 Abs. 3 InsO als Regelung von Säumniswirkungen?

2.169 Es liegt nach den bisherigen Überlegungen freilich auf der Hand, dass diese Frage nichts mit einer Rechtskraftwirkung der Eintragung einer Forderung zur Tabelle ohne Eintrag eines Widerspruchs des Verwalters zu tun hat. Bereits *Spellenberg*[235] hat darauf hingewiesen, dass die Frage des Nachforderungsrechts der Gläubiger und der Titulierung ihrer Forderung aus der Tabelle gegen den Insolvenzschuldner von der Frage der materiellen Wirkungen der Feststellung im Insolvenzverfahren zu unterscheiden ist. Auch *Spellenberg* folgt dabei im Ergebnis (nicht seinem Begründungsansatz) dem Satz, wonach die Nachholung des unterlassenen Widerspruchs für den Insolvenzverwalter ausgeschlossen sei, wobei *Spellenberg*[236] darauf hinweist, dass es sich dabei nicht um eine Rechtskraftwirkung, sondern um eine Ausschlusswirkung handele, wie sie bei *Fristversäumung* „auch sonst" auftritt. Dies ist nun völlig überzeugend und es erklärt sich zugleich das Fehlen einer gesetzlichen, dem § 186 Abs. 1 InsO entsprechenden Regelung. Denn der Insolvenzverwalter kann den Prüfungstermin zwar tatsächlich, nicht aber im Rechtssinne versäumen. Denn es gehört nach völlig hM[237] zu den höchstpersönlichen Pflichten des Insolvenzver-

---

234 *Smid*, Handbuch Insolvenzrecht, § 1 Rn. 77f., insb. 82.

235 *Spellenberg* (Fußn. 100) S. 3.

236 *Spellenberg* (Fußn. 100) S. 7.

237 *Riedel*, in: MünchKomm-InsO, 3. Aufl. 2013, § 176 Rn. 11; vgl. *Sinz*, in: Uhlenbruck, InsO, 14. Aufl. 2015, § 176 Rn. 22.

walters, am Prüfungstermin teilzunehmen; es kann ihm ausnahmsweise[238] nachgelassen werden, sich vertreten zu lassen. Der Schuldner kann am Prüfungstermin, der Insolvenzverwalter muss an ihm kraft seiner Amtspflicht teilnehmen.

b) Beantragung eines neuen Prüfungstermins

Versäumt es der Insolvenzverwalter daher, eine angemeldete Forderung zu bestreiten, dann stellt sich nicht die Frage, ob ihm Wiedereinsetzung wegen der Versäumung des Prüfungstermins zu gewähren sei. Der Prüfungstermin ist eine zum Zweck der Forderungsprüfung durchzuführende Gläubigerversammlung[239] – und eine Gläubigerversammlung ist nach § 75 Abs. 1 Nr. 1 InsO auf Antrag des Insolvenzverwalters vom Insolvenzgericht einzuberufen.[240] Anders als der Schuldner, in dessen Rechtsmacht ausweislich der Tatbestände des § 75 Abs. 1 Nrn. 1 bis 4 InsO die Beantragung der Einberufung eines Prüfungstermins ausdrücklich nicht liegt,[241] kann der Verwalter eine Gläubigerversammlung mit dem Tagesordnungspunkt „Prüfung und Bestreiten der Forderung XY" herbeiführen; es bedarf also insofern in der Tat keiner Wiedereinsetzung, wenn er die Durchführung eines Prüfungstermins beantragt. Vergleichbares gilt übrigens für den nachmeldenden Gläubiger, wie sich zwanglos aus § 177 Abs. 1 S. 2 und S. 3 InsO, deren Nachanmeldung beim Insolvenzverwalter (§ 174 Abs. 1 S. 1 InsO) dazu führt, dass die Anberaumung eines Prüfungstermins vom Insolvenzverwalter beantragt werden muss.[242] Und es ist dabei darauf aufmerksam zu machen, dass der Gläubiger keinerlei Wiedereinsetzungsgründe geltend machen muss – sondern nur die Kosten des besonderen Prüfungstermin nach § 177 Abs. 1 S. 2 InsO tragen muss,[243] die gem. Nr. 2340 der Anlage 1 zum GKG (Kostenverzeichnis) die Gerichtskosten für einen besonderen Prüfungstermin je Gläubiger EUR 20 betragen.[244] Auch dies zeigt im Übrigen, dass eine „Herstellung eindeutiger Verhältnisse" *zunächst* durch eine Rechtskraftbindung aufgrund des Beurkundungsaktes des Insolvenzgerichts mit Tabelleneintragung weder gewollt sein noch erreicht werden kann. 2.170

238 Im Krankheitsfall, bei unvermeidbarer sonstiger Abhaltung, vgl. eingehend *Sinz*, in: Uhlenbruck, InsO, 14. Aufl. 2015, § 176 Rn. 22f.

239 *Riedel*, in: MünchKomm-InsO, 3. Aufl. 2013, § 174 Rn. 9.

240 *Smid*, in: Leonhardt/Smid/Zeuner, InsO, 3. Aufl. 2010, § 75 Rn. 2; *Knof*, in: Uhlenbruck, InsO, 14. Aufl. 2015, § 75 Rn. 2f.

241 *Knof*, in: Uhlenbruck, InsO, 14. Aufl. 2015, § 75 Rn. 6; vgl. *Ehricke*, in: MünchKomm-InsO, 3. Aufl. 2013, § 75 Rn. 6f.

242 *Smid*, in: Leonhardt/Smid/Zeuner, InsO, 3. Aufl. 2010, § 177 Rn. 4ff.

243 *Riedel*, in: MünchKomm-InsO, 3. Aufl. 2013, § 177 Rn. 18; *Sinz*, in: Uhlenbruck, InsO, 14. Aufl. 2015, § 177 Rn. 30.

244 *Specovius*, in: Braun, InsO, 6. Aufl. 2014, § 177 Rn. 11.

c) Schlussfolgerung

2.171 All dies erhellt, dass die Regelung des § 186 Abs. 1 InsO keine Argumentationsgrundlage für die Begründung des Dogmas vom Ausschluss der Nachholbarkeit des Bestreitens des Insolvenzverwalters bietet. Dann aber stellt sich die Frage, unter welchen Voraussetzungen ein Nachholen des Bestreitens durch den Insolvenzverwalters erfolgen kann. Nun könnte man sich auf den Standpunkt stellen, dass für den Insolvenzverwalter ebenso wie für den Schuldner das spätere Bestreiten von einer Wiedereinsetzung in den vorigen Stand abhängig zu machen wäre. Daran freilich zu zweifeln besteht durchaus Anlass. Denn anders als der Schuldner, der im Verhältnis zum anmeldenden Gläubiger als künftigem Zwangsvollstreckungsgläubiger spätestens nach Aufhebung des Insolvenzverfahrens in einer Parteilage sich befindet, ist dies bei der gleichsam neutralen Amtstätigkeit des Insolvenzverwalters anders.

6. Wiedereinsetzung?

2.172 Will man aber gleichwohl die Nachholung des Bestreitens durch den Verwalter Schranken unterwerfen, stellt sich die Frage, ob der Verwalter iS einer entsprechenden Anwendung des § 233 Abs. 1 ZPO ohne sein Verschulden verhindert war, die angemeldete Forderung zu bestreiten und ob und gegebenenfalls wie die Frist des § 234 Abs. 1 ZPO zu berücksichtigen ist.

2.173 Kämen die Regelungen über die Wiedereinsetzung in den vorigen Stand auf die hier zu behandelnden Fälle zur Anwendung, würde sich die Frage stellen, ob den Verwalter wegen seiner Säumnis beim Bestreiten der fraglichen Forderung ein Verschuldensvorwurf trifft. Das freilich verweist darauf, ob dem Verwalter ein „Alternativverhalten" zu Gebote gestanden hätte, mittels dessen er die Rechtskraftwirkung des § 178 Abs. 3 InsO auszuschließen imstande gewesen wäre – was auf die Frage verweist, ob neben einem „kategorischen" ein – wie auch immer – „relativiertes" Bestreiten möglich gewesen wäre. Diese Fragen sind im Zusammenhang des sogenannten „vorläufigen Bestreitens" diskutiert worden (vgl. Rn. 1.226, 2.174 ff.).

7. „Vorläufiges Bestreiten"

2.174 Der BGH[245] hat in einem Beschluss aus dem Jahr 2006 darauf erkannt, dass das – bis dahin zu dem Bestand des üblichen „taktischen Dispositiv" der Insolvenzverwalter[246] gehörende sogenannte „vorläufige Bestreiten" – rechtlich nicht anzuerkennen sei (oben Rn. 1.226 ff.). Der IX. Zivilsenat hat in dieser Entscheidung im Anschluss an

245 BGH, Beschl. v. 9.2.2006 – IX ZB 160/04 – ZIP 2006, 576.

246 *Sinz*, in: Uhlenbruck, InsO, 14. Aufl. 2015, § 178 Rn. 18 f.

eine Entscheidung des BAG[247] darauf erkannt, dass auch der Insolvenzverwalter, der eine von einem Insolvenzgläubiger zur Insolvenztabelle angemeldete Forderung lediglich „vorläufig" bestreitet, die vom Gesetz an das Bestreiten geknüpften Rechtsfolgen auslöst. Das sogenannte „vorläufige Bestreiten" sei allein kostenrechtlich wegen § 93 ZPO relevant.

Der IX Zivilsenat ist in seinem Beschluss aus dem Jahr 2006[248] davon ausgegangen, das Gesetz sehe nicht vor, dass der Insolvenzverwalter im Prüfungstermin (§ 176 InsO) eine angemeldete Forderung lediglich vorläufig zu bestreiten die Rechtsmacht habe. Auch ein solches „vorläufiges Bestreiten" sei daher als ein Bestreiten i.S.d. § 179 Abs. 1 InsO anzusehen. Allerdings greife § 93 ZPO in Fällen, in denen die Parteien den Rechtsstreit in der Hauptsache übereinstimmend für erledigt erklären, nachdem der Verwalter sein vorläufiges Bestreiten nicht mehr aufrecht erhalten und das Insolvenzgericht die Forderung gemäß § 178 Abs. 2 Satz 1 InsO zur Tabelle festgestellt hat, da in derartigen Fällen der Grundgedanke des § 93 ZPO auch im Rahmen der Kostenentscheidung nach § 91a ZPO herangezogen werden könne.[249] In dem hier interessierenden Zusammenhang kommt es darauf an, dass der IX. Zivilsenat ausgeführt hat, dass, auch wenn der Verwalter sein Bestreiten in dem Prüfungstermin nicht wirksam als „vorläufig" bezeichnen könne, er durch eine solche Erklärung doch deutlich zu machen imstande sei, er bestreite die Forderung nur deshalb, weil er sich zu ihr noch nicht abschließend erklären könne.

Bei alledem kommt es aber darauf an, dass der Verwalter nicht gezwungen ist, 2.175 in dem vom IX. Zivilsenat behandelten Sinne „vorläufig" zu Bestreiten. Wie die Auslegung des § 178 Abs. 3 InsO gezeigt hat, besteht für den Insolvenzverwalter die Möglichkeit, bis zur Errichtung eines Verzeichnisses gem. § 188 InsO – also bis zur *Durchführung* der Gesamtvollstreckung – sein Bestreiten nachzuholen.

XI. Folgerungen

Aus der Betrachtung der Auslegung des § 178 Abs. 3 InsO in der Judikatur von 2.176 Reichsgericht und BGH lässt sich folgendes, in Thesen gefasstes Bild gewinnen:

Die Feststellungen von Forderungen durch Eintragung in die Tabelle wirken ge- 2.177 gen den Schuldner wie ein rechtskräftiges Urteil; aus dem Tabellenauszug kann

247 BAG, Urt. v. 10.8.1988 – 5 AZR 478/87 – ZIP 1988, 1587, 1589.

248 BGH (Fußn. 163).

249 OLG Düsseldorf, Beschl. v. 11.3.1994 – 17 W 1/94 – ZIP 1994, 638; OLG München, Beschl. v. 8.1.1987 – 7 W 2912/86 – KTS 1987, 327, 329 f; OLG München, Beschl. v. 12.7.2005 – 7 W 1447/05 – WM 2005, 1859, 1860; OLG Karlsruhe, Beschl. v. 10.5.1989 – 11 W 63/89 – ZIP 1989, 791, 792; OLG Dresden, Beschl. v. 3.2.1997 – 13 W 935/96 – ZIP 1997, 327, 328; LG Bonn, Beschl. v. 18.5.2000 – 1 O 38/00 – ZIP 2000, 1310 f; LG Aachen, Beschl. v. 12.3.2002 – 2 T 35/02 – NZI 2002, 389, 390; *Pape/Schaltke*, in: Kübler/Prütting/Bork, InsO, 65. Lfg. 2015, § 179 Rn. 7; *Schumacher*, in: MünchKomm-InsO, 3. Aufl. 2013, § 178 Rn. 37; *Sinz*, in: Uhlenbruck, InsO, 14. Aufl. 2015, § 179 Rn. 3.

gegen ihn nachkonkurslich vollstreckt werden, § 201 Abs. 2 InsO. Unterlässt er es, der Forderungsanmeldung im Prüfungstermin oder (nachholend) nach § 186 Abs. 1 InsO zu widersprechen, muss er einem Gläubiger oder dem Insolvenzverwalter gegenüber in einem Folgeprozess die Titulierung durch Feststellung der Forderung zur Tabelle gelten lassen.

2.178 Der Insolvenzverwalter ist bei der Errichtung von Verzeichnissen (§ 188 InsO) an die zur Tabelle festgestellten Forderungen bei der Ermittlung von Berücksichtigung, Quote und Dividende gebunden; bei der Vollziehung der Gesamtvollstreckung ist der Verwalter daher an die Tabelle wie an ein rechtskräftiges Urteil gebunden. Bis zur Errichtung des Verzeichnisses gem. § 188 InsO ist der Verwalter befugt, angemeldeten Forderungen zu widersprechen und, wenn dies nicht im Prüfungstermin geschehen ist, die Anberaumung eines weiteren Prüfungstermins zu beantragen (§ 75 Abs. 1 Nr. 1 InsO), in dem er dann die angemeldete Forderung bestreiten kann. Er kann aber auch unter Berücksichtigung des Verfahrens entsprechend § 186 Abs. 1 InsO durch Einreichung eines an den anmeldenden Gläubiger zuzustellenden Schriftsatzes sein Bestreiten nachholen.

2.179 Die systematische Stellung des § 178 Abs. 3 InsO gebietet insoweit seine, an der Funktion der Vorschrift orientierte einschränkende Auslegung (teleologische Reduktion).

2.180 Errichtet der Insolvenzverwalter das Verzeichnis nach § 188 InsO gibt er damit zu erkennen, dass er Einwendungen gegen die angemeldeten Forderungen nicht mehr zu erheben gedenkt.

2.181 Die Nachholung des Bestreitens nach dem Termin, in dem die angemeldete Forderung erstmals geprüft und nicht bestritten worden ist, wird entgegen der überkommenen herrschenden Meinung nicht durch die Voraussetzungen des § 767 Abs. 2 ZPO, oder der §§ 579, 580 ZPO beschränkt; und es kommt auch schließlich auf den Rechtsgedanken des § 797 Abs. 4 ZPO an, der aber jedenfalls zeigt, dass der Verwalter nicht an die Schranken des § 767 Abs. 2 InsO bei einer Nachholung seines Bestreitens gebunden ist.

Teil 3
Der Prozess um die Feststellung der bestrittenen Forderung zur Tabelle

Kapitel 1. Positiv-rechtliche Regelung

A) „Betreiben“ der Feststellung der angemeldeten Forderung

I. Verfahrensrechtliche Lage

3.1 Der Widerspruch, mit dem Insolvenzverwalter, andere Gläubiger oder im Verfahren unter Anordnung der Eigenverwaltung der Schuldner als Amtswalter in eigenen Angelegenheiten die angemeldete Forderung bestreiten, hindert die Feststellung dieser Forderung zur Tabelle (oben Rn. 1.1). Ist eine Forderung vom Insolvenzverwalter oder von einem Insolvenzgläubiger bestritten worden, so bleibt es dem Gläubiger überlassen, die Feststellung gegen den Bestreitenden „zu betreiben“.

3.2 § 180 Abs. 1 S. 1 InsO zieht die Konsequenz daraus, dass es sich beim Insolvenzverfahren um ein eigentümliches Verfahren handelt, in dem Elemente der administrativen gerichtlichen Rechtsfürsorge (der nichtstreitigen freiwilligen Gerichtsbarkeit) und solche der Vollstreckung zusammentreffen.[1] Die Beurkundung der Tabelle und ihre Ausfertigung durch das Insolvenzgericht können daher nur dann den anmeldenden Gläubigern Titel verschaffen, wenn das geltend gemachte Recht zwischen den Beteiligten unstreitig ist. Das Insolvenzverfahren, also: das Prüfungsverfahren nach § 176 InsO, ersetzt aber keinen Prozess als Verfahren streitiger Rechtserkenntnis des Richters als unparteiischen Dritten (arg. Art. 92, 19 Abs. 4 GG).[2]

II. Die Tabellenfeststellungsklage

1. Klageerhebung „im ordentlichen Verfahren“

3.3 Das „Betreiben“ der Feststellung geschieht nach § 180 Abs. 1 S. 1 InsO durch Erhebung einer Klage im „ordentlichen Verfahren“, also im streitigen Zivilprozess bzw. vor dem zuständigen Fachgericht. Diese Klage ist auf die Feststellung des Haftungsrechts des betreibenden Gläubigers durch Aufnahme der Forderung zur Tabelle gerichtet.[3]

---

1 *Oetker*, Konkursrechtliche Grundbegriffe, 13 ff.

2 Vgl. *Smid*, Rechtsprechung, § 7 I (S. 397 ff.), § 8 II (S. 481 ff.).

3 *Pape/Schaltke*, in: Kübler/Prütting/Bork, InsO, § 180 Rn. 4 ff.; *Schumacher*, in: MünchKomm, InsO, § 180 Rn. 5 ff.; *Smid*, in: Leonhardt/Smid/Zeuner, InsO, § 180 Rn. 4 ff.

3.4 Der BGH hat darauf erkannt, dass die Zulässigkeit einer Klage, mit der ein Insolvenzgläubiger die Feststellung einer Forderung zur Insolvenztabelle betreibt, nicht von der vorherigen Durchführung eines Verfahrens der obligatorischen außergerichtlichen Streitschlichtung abhängig ist.[4] Das überzeugt.

2. Ableitung des Streitgegenstandes aus der Funktion der Tabellenfeststellungsklage

a) Übersicht

3.5 Die Klage nach § 179 Abs. 1 InsO richtet sich auf Feststellung der Forderung zur Tabelle, nicht auf Feststellung der Forderung schlechthin. Es geht nicht um die Verurteilung des Schuldners zur Leistung – denn ein derartiger Antrag wäre nach § 87 ZPO unzulässig. Vielmehr hat die Tabellenfeststellungsklage die insolvenzrechtliche Haftung der Masse für die Forderung des anmeldenden Gläubigers zum Gegenstand (dazu im Zusammenhang des Gegenstandes der Forderungsanmeldung und der Reichweite der Rechtskraft der Tabelleneintragung bereits oben Rn. 2.72ff., 2.92ff.). Entgegen einer vorherrschenden Meinung ist daher davon auszugehen, dass es sich bei der Klage nach § 179 Abs. 1 InsO um eine Feststellungsklage besonderer, nämlich insolvenzrechtlicher Art handelt, mit der die haftungsrechtliche Partizipation des Klägers verfolgt wird.[5] Dafür spricht, dass nach § 183 Abs. 1 InsO die Feststellung (unmittelbar) gegenüber dem Insolvenzgericht, dem Insolvenzverwalter und den Insolvenzgläubigern wirkt, das zu erwirkende Urteil mithin einen haftungsrechtlichen Charakter trägt. Streitgegenstand ist nach alledem das Teilnahmerecht des Gläubigers an dem der Gläubigergemeinschaft haftungsrechtlich zugewiesenen Vermögen des Schuldners.

b) Systematik

3.6 Die Einordnung der Tabellenfeststellungsklage in das System von Klagearten – die Frage nach ihrer „Rechtsnatur“[6] – ist keine Frage, die von nur „akademischen Interesse“ wäre. Sie verweist auf zentrale systematische Zusammenhänge, aus denen sich die Stimmigkeit von Lösungen ergeben. Es überrascht nicht, dass der Streit um diese Qualifikation bereits zur Zeit nach Inkrafttreten der Reichskonkursordnung geführt wurde.[7] Die Positionen, die sich in diesem historischen Streit herausgebildet

---

4 BGH, VUrt. v. 9.6.2011 – IX ZR 213/10, ZIP 2011, 1687 = DZWIR 2011, 476; a.A. LG Heilbronn, Urt. v. 2.12.2010 – 6 S 26/10 Hg, KTS 2011, 245.

5 Vgl. zum Meinungsstand *Gerhardt* in Jaeger/Henckel, § 179 Rn. 12, 13.

6 *Jonas*, Die Konkursfeststellung in ihrer prozessualen Durchführung, 1907, 3 et passim.

7 *Oetker*, Konkursrechtliche Grundbegriffe, 1891, Bd. 1, S. 309; *Jonas* Die Konkursfeststellung in ihrer prozessualen Durchführung, 1907, S. 16ff.; *Bley*, Die Feststellung des Konkursgläubigerrechts, Kleine Konkurrsrechtliche Schriften, Bd. 2, 1914, S. 1f.

haben, sollen hier nur soweit rekonstruiert werden, wie sie für das Verständnis des geltenden Rechts wesentlich sind.[8] Ansätze wie die Bezeichnung der Tabellenfeststellungsklage als „Konfliktsklage“[9] oder als „Rechtsgestaltungsklage“[10] sind mit sehr guten Gründen bald nicht mehr vertreten worden. Die Tabellenfeststellungsklage als Fall der Feststellungsklage i.S.d. § 256 Abs. 1 ZPO zu begreifen, wie es heute verbreitet ist,[11] scheint zwingend nahezuliegen, wenn man als Gegenstand des nach § 179 InsO zu führenden Prozesses den Bestand der Forderung ansieht und als Grund, eine Feststellungs-, nicht aber eine Leistungsklage zu erheben, das „Verbot“ der Leistungsklage nach Eröffnung des über das Vermögen des Schuldners eröffneten Insolvenzverfahren ansieht. Ist ihm die Leistungsklage verwehrt, bleibt dem Gläubiger scheinbar nichts anderes übrig, als auf Feststellung zu klagen. Das indes blendet eine Reihe von Gesichtspunkten aus, die sich aus der Einbettung der Tabellenfeststellungsklage in das System des Insolvenzrechts ergeben. Das Reichsgericht[12] hat diesen Zusammenhang aufzugreifen versucht und hat den Ansatz der Bestimmung der Tabellenfeststellungsklage als besonderen Fall einer Feststellungsklage dadurch kritisiert, dass es sie als dem Konkurs angemessene Form einer besonderen Leistungsklage zu begreifen versucht hat – mit der dem Gläubiger das Instrument an die Hand gegeben wird, seine Forderung gegen den Schuldner nach Eröffnung des Insolvenzverfahrens über sein Vermögen durchzusetzen. Dieser Ansatz des Reichsgerichts ist auf den ersten Blick bestechend, verkennt aber doch zentrale Probleme. Denn *der Schuldner* ist gerade nicht mehr Partei des Tabellenfeststellungsstreits. Und selbst wenn man – was heute nur für die Insolvenz von Gesellschaften noch ernsthaft vertreten wird[13] – den mit der Klage nach § 179 Abs. 1 InsO beklagten Insolvenzverwalter als Vertreter des Schuldners betrachten wollte, versagt dieses Modell im Falle des gegen den bestreitenden anderen Gläubiger als Opponenten gerichteten Tabellenfeststellungsklage. Und ein weiteres: Mit der erfolgreichen Tabellenfeststellungsklage wird keine Leistungspflicht tituliert. Es wird auf die spezifische Lage des „Liquidanten“ – des anmeldenden Gläubigers – reagiert, dessen Forderung nicht zur Teilnahme an der Verteilung der Teilungsmasse

---

8 Nach wie vor ist die Auseinandersetzung mit den hierzu vertretenen Ansätzen in der Untersuchung *Spellenbergs* Zum Gegenstand des Konkursfeststellungsverfahrens, 1973, 9 f. noch informativ.

9 *Rocholl* ZZP Bd. 8 (1885) 405 ff.

10 *Oetker*, Konkursrechtliche Grundbegriffe, 1891, Bd. 1, S. 266 f., 309 f., 579; *Seuffert*, Deutsches Konkursprozessrecht, 1899, S. 269.

11 BGH, Urt. 25.6.1957 – III ZR 251/56, WM 1957, 1226, 1227; KS- *Eckhardt*, 3. Aufl., Kap. 17, Rn. 52; *Häsemeyer*, Insolvenzrecht, Rn. 22.28; MünchKomm-*Schumacher*, 3. Aufl. InsO, § 179 Rn. 5 m.w.N.

12 RG, Urt. v. 6.7.1892 – I 91/92, RGZ 32, 6; *Voigt*, Einfluss des Konkurses auf die schwebenden Prozesse des Gemeinschuldners, 1903, 159 f. et passim.

13 Von der sog. „modifizierten Organtheorie“ *K. Schmidts*, Wege zum Insolvenzrecht der Unternehmen, 1990, S. 145.

gem. § 188 InsO zugelassen wird, weil der Insolvenzverwalter oder ein anderer Gläubiger Widerspruch erhoben hat. *Oetker*[14] hat dies dadurch zu beschreiben versucht, dass er die Tabellenfeststellungsklage dadurch eingeordnet hat, sie sei auf die Repression eines Widerspruchs gerichtet. *Jonas*[15] hat dagegen mit gutem Grund darauf hingewiesen, dass der Widerspruch *Anlass* der Tabellenfeststellungsklage sei, nicht aber deren *Gegenstand.* Damit scheint die Bestimmung von Rechtsnatur und Gegenstand der Tabellenfeststellungsklage auf die heute herrschende Bezeichnung[16] als Feststellungsklage i.S.v. § 256 Abs. 1 ZPO zurückverwiesen zu sein. Dies zumal der Wortlaut des Gesetzes in der InsO nicht anders als unter Geltung der Konkursordnung diese Meinung dadurch zu bestätigen scheint, dass er von der Feststellung der Forderung spricht.[17] Wenn das richtig wäre, würde sich daraus die von der ebenfalls überkommenen Lehre[18] vertretene Bestimmung des Streitgegenstandes vordergründig zwanglos ergeben – es wäre dann nämlich die Forderung Streitgegenstand, deren Feststellung begehrt wird. Nochmals: Die Klage auf Feststellung einer Forderung nach § 256 Abs. 1 InsO hat in einem gewissen Sinne durchaus die Forderung zum Gegenstand. Das Urteil, mit dem die Feststellung ausgesprochen wird, dass *eine* Forderung besteht, entscheidet aber noch nicht über die Frage, ob die Forderung in dem über das Vermögen des Schuldners eröffneten Insolvenzverfahren in die Tabelle einzutragen ist. Diese Frage hängt nämlich von weiteren Voraussetzungen ab – nämlich der ordentlichen Anmeldung der Forderung nach § 174 InsO, dem Nichtvorliegen eines Widerspruchs, § 178 Abs. 1 InsO. Zutreffend wird daher die Auffassung vertreten,[19] dass die Feststellung der Forderung nur Vorfrage des Tabellenfeststellungsprozesses ist. Daher ist auch die Meinung, dass mit der Tabellenfeststellungsklage die Feststellung eines zwischen Liquidanten und Opponenten streitigen Rechtsverhältnisses begehrt werde und damit § 256 Abs. 1 ZPO Genüge getan sei,[20] unzutreffend. Dies ließe sich beim Widerspruch des Insolvenzverwalters gegen die Anmeldung noch daraus ableiten, dass der anmeldende Gläubiger mit der Tabellenfeststellungsklage eine aus dem Amt des Verwalters folgende Pflicht feststellen zu lassen begehrt; im Falle der Klage gegen den opponierenden Gläubiger lässt sich ein Rechtsverhältnis nach der von § 256 Abs. 1 ZPO geforderten Art dagegen nicht ableiten. Denn der bestreitende Gläubiger steht allenfalls in dem Verhältnis zu dem Anmeldenden, dass er an der Masse partizipie-

---

14 *Oetker*, Konkursrechtliche Grundbegriffe, 1891, Bd. 1, 309.

15 *Jonas* (Fußn. 6) 5.

16 BGH, Urt. 25.6.1957 – III ZR 251/56, WM 1957, 1226, 1227; KS- *Eckhardt*, 3. Aufl., Kap. 17, Rn. 52; *Häsemeyer*, Insolvenzrecht, Rn. 22.28; MünchKomm-*Schumacher*, 3. Aufl. InsO, § 179 Rn. 5 m.w.N.

17 Krit. gegen dieses Wortlautargument *Jonas* (Fußn. 6) 12.

18 Die sog. Lehre vom Konkursteilnahmeanspruch, s. bei *Gerhardt* in: Jaeger/Henckel, § 179 Rn. 12 m.w.N.

19 *Gerhardt*, in: Jaeger/Henckel § 178 Rn. 18 f.; *Jonas* (Fußn. 66) 6.

20 Krit. gegen diese abgetane Ansicht *Jonas* (Fußn. 6) 8/9.

ren will und insofern mit dem Anmeldenden in der Weise konkurriert, von der der Konkurs seinen Namen herleitet.

Diese vielfältigen systematischen Ungereimtheiten und Brüche vermeidet die nähere Analyse des Gegenstandes der Tabellenfeststellungsklage, der man sich nähert, wenn in den Blick kommt, dass sie auch die in ihrem Bestand unstreitige Forderung betreffen kann. Denn der Bestand der angemeldeten Forderung führt durchaus nicht ohne weiteres dazu, dass sie anmeldefähig ist – wie sich ohne weiteres aus § 174 Abs. 3 InsO im Falle nachrangiger Forderungen ergibt.[21] Zwanglos folgt daraus, dass Bestand und betragsmäßige Höhe der Forderung *Vorfrage* der Tabellenfeststellungsklage, das mit der Forderungsanmeldung geltend gemacht Verfahrensteilnahme- und Haftungsrecht des Gläubigers ihr Streitgegenstand ist. 3.7

c) Sachurteil oder Prozessurteil

Wird die Klage abgewiesen, weil die Forderung nicht angemeldet war, liegen die vom Prozessgericht durch Einsichtnahme in den vom Kläger zu den Akten zu gebenden Tabellenauszug gem. § 179 Abs. 3 InsO von Amts wegen zu prüfenden[22] Prozeßvoraussetzungen nicht vor, § 181 InsO. Gleiches gilt, wenn kein Widerspruch erhoben worden ist. In diesem Fall ergeht Prozeß-, kein Sachurteil: Die Klage wird als unzulässig abgewiesen.[23] Über einen Widerspruch (der Verwalter hat wie bei SKL-M dem Rang widersprochen, es war Darlehen angemeldet und Bereicherung der Tabellenfeststellungsklage zugrundegelegt) kann dann im erstgenannten Fall in der Sache nicht entschieden werden. 3.8

Auch wenn die Klage abgewiesen wird, weil der Rang bestritten worden ist, liegt auch dann kein Prozessurteil vor, wenn zur Anmeldung einer nachrangigen Forderung gem. § 39 Abs. 1 InsO vom Insolvenzgericht nicht nach § 174 Abs. 3 InsO aufgefordert worden ist. Die materiellrechtliche Subsumtion einer Forderung unter die in § 39 Abs. 1 InsO genannten Fälle erfolgt in Bezug auf deren Sachqualität. Nicht die Forderung ist als Gesellschafterdarlehen, Zinsforderung oder Forderung aus Strafen und Bußen Gegenstand der Entscheidung, sondern allein die Anmeldbarkeit der Forderung – und damit die haftungsrechtliche Verfahrensteilnahme des anmeldenden Gläubigers. Dass aber betrifft nicht die Frage, ob die Prozessvoraussetzungen der Tabellenfeststellungsklage vorliegen – die durch den entsprechenden Tabellenauszug nach § 179 Abs. 3 InsO wegen des Widerspruchs des Opponenten wegen fehlender Anmeldbarkeit der Forderung nachgewiesen sind; vielmehr ergeht Sachurteil über den einheitlichen Streitgegenstand der Teilnahme der Forderung am Insolvenzverfahren. 3.9

21 Zum Ganzen zeitlos: *Jonas* (Fußn. 6) 11.
22 BGH, Urt. v. 24.4.1958 – II ZR 38/57, WM 1958, 696 ff.
23 BGH, (SKL-M-)Urt. v. 5.7.2007 – IX ZR 221/05, ZIP 2007, 1760 f.

3.10 Das Urteil, mit dem die Tabellenfeststellungsklage wegen Mangels der besonderen Sachurteilsvoraussetzungen abgewiesen wird, schließt eine erneute Klage nicht aus, die auf einen anderen Rechtsgrund oder auf eine zwischenzeitlich ergangene Aufforderung zur Anmeldung nach § 174 Abs. 3 InsO gestützt wird. Denn das erste Urteil hat nicht in der Sache über das Teilnahme- und Haftungsrecht des Gläubigers entschieden. Der Liquidant kann daher – wie im SKL-M-Fall[24] – die Forderung erstmalig als Bereicherungsforderung oder – nach nunmehr ergangener Aufforderung durch das Insolvenzgericht – als Gesellschafterdarlehen usf. i.S.v. § 177 Abs. 1 InsO „neu" anmelden. Der Opponent ist mit seinem Widerspruch, da es sich um eine Neuanmeldung handelt, nicht etwa an die Gründe gebunden, die er der ursprünglichen Anmeldung gegenüber vorgebracht hat. Vielmehr kann er alle Einwendungen und Einreden vorbringen, die (nunmehr!) der Anmeldung der Forderung entgegengehalten werden können, also, wie wiederum im Beispielsfall SKL-M, die mittlerweile eingetretene Verjährung.

3.11 Bekanntlich hat in der neueren Prozessrechtslehre eindrucksvoll *Rimmelspacher*[25] nachgewiesen, dass im Allgemeinen vom Prozessgericht keine Prüfungsreihenfolge dergestalt einzuhalten sei, dass zunächst die Zulässigkeitsvoraussetzungen einer Klage und erst im Falle ihres Vorliegens deren materielle Begründetheit zu prüfen sei.[26] Dass durch das Prozessgericht die Begründetheit vor der Zulässigkeit einer Klage geprüft werden kann folgt einfach daraus, dass es bei den Prozessvoraussetzungen nicht darum geht, die staatlichen Gerichte vor einer „unzulässigen" Inanspruchnahme zu schützen. Vielmehr geht es im weitesten Sinne darum, den Beklagten davor zu schützen, vor einem unzuständigen Gericht verklagt zu werden und dagegen, möglicherweise verurteilt zu werden, wenn er nicht ordnungsgemäß vertreten ist oder dem Kläger das Rechtsschutzbedürfnis fehlt – also Prozessvoraussetzungen in der Sphäre des Gerichts, der Parteien und des Prozesses fehlen. Da es um das Recht der Parteien geht, sind all diese Prozessvoraussetzungen verzichtbar, wie §§ 295 Abs. 1, 39 S. 1 ZPO zeigen. Ein derartiger Verzicht kann aber keinesfalls zu Lasten eines Dritten erfolgen, wie § 579 Abs. 1 Nr. 4 ZPO zeigt, da die Partei in diesem Fall zwar nachträglich die Prozessführung hinnehmen kann, aber ihr in den entsprechenden Fristen die Nichtigkeitsklage zu Gebote steht, weil sie ja nicht verhandelt hat. Ausschlaggebend für den hier zu erörternden Zusammenhang ist, dass die Verhandlung über die Begründetheit der Klage vor der Prüfung des Vorliegens der (allgemeinen) Prozessvoraussetzungen auf der übereinstimmenden Prozessführung beider Parteien beruht.

3.12 Für die besonderen Prozessvoraussetzungen einer Tabellenfeststellungsklage ist dies anders zu beurteilen, als es *Rimmelspacher* für die allgemeinen Prozessvor-

---

24 BGH, Urt. v. 5.7.2007 –IX ZR 221/05, ZIP 2007, 1760 f.

25 *Rimmelspacher*, Zur Prüfung von Amts wegen im Zivilprozess, 1966 S. 26 f.

26 So die hL: MünchKomm-*Prütting*, 5. Aufl. ZPO, § 295 Rn. 25; Stein/Jonas/*Leipold*, 23. Aufl. ZPO, § 295 Rn. 30; Zöller/*Greger*, 31. Aufl. ZPO, § 295, Rn. 4.

aussetzungen getan hat. Für die Tabellenfeststellungsklage ist im Zusammenhang der Frage nach einer einzuhaltenden Prüfungsreihenfolge deren spezifischer Streitgegenstand zu berücksichtigen. Daher ist vom Prozessgericht zunächst (als besondere Prozessvoraussetzung) über die ordentliche Anmeldung und das Vorliegen des Widerspruchs, dann über die Eigenschaft als (Konkurs-)Insolvenzforderung und schließlich über den Bestand der Forderung zu verhandeln.[27]

Dass es an Anmeldung und Widerspruch trotz ihres scheinbaren Beweises 3.13
durch Vorlage des Tabellenauszuges nach § 179 Abs. 3 InsO fehlen kann folgt zwanglos daraus, dass der Tabellenauszug ja nichts über die Identität der angemeldeten Forderung mit derjenigen aussagt, deren Feststellung zur Tabelle mit der Klage nach § 179 Abs. 1 InsO betrieben wird. Wiederum bietet hierfür das SKL-M-Urteil[28] ein informatives Beispiel.

d) Zusammenhang der Tabellenfeststellungsklage mit dem Insolvenzverfahren

Dies beruht auf dem durch ihren besonderen Streitgegenstand vermittelten Zusam- 3.14
menhang von Tabellenfeststellungsklage mit dem Insolvenzverfahren. Denn die besonderen Prozessvoraussetzungen sind nicht verzichtbar, da es bei dem Vorliegen ordnungsgemäßer Anmeldung und eines Widerspruchs darum geht, dass die gläubigerautonome Entscheidung über die Zulassung des anmeldenden Gläubigers zum Verfahren und zur Verteilung getroffen worden ist. Dies ist nicht i.S.v. § 295 Abs. 1 ZPO verzichtbar (zu § 40 Abs. 2 Nr. 2 ZPO wegen der örtlichen und sachlichen Zuständigkeit Rn. 3.37). Liegen indes Anmeldung einer „identischen Forderung" und hierauf bezogener Widerspruch vor, stellt sich aber im Prozess heraus, dass die Forderung entweder als nachrangig zu qualifizieren und in Ermangelung insolvenzgerichtlicher Aufforderung hierzu gem. § 174 Abs. 3 InsO oder deshalb nicht hätte angemeldet werden dürfen, weil sie nach Eröffnung des Insolvenzverfahrens entstanden ist, man denke an Fälle, in denen der Gläubiger eine Masseforderung zur Tabelle anmeldet etwa wegen Kosten der Herausgabe von Aussonderungsgut. Wie diese Kosten insolvenzrechtlich zu qualifizieren sind hängt bekanntlich davon ab, ob sie vorkonkurslich „angelegt" sind.[29] Sieht das Prozessgericht eine solche Forderung als Masseverbindlichkeit an, geht es aber davon aus, dass diese Forderung überhaupt nicht besteht (weil Mängel des Vertrages vorliegen u.dgl.m.) stellt sich

---

27 So noch *Jonas* (Fußn. 6) 26, der meinte, bei der Möglichkeit zweier Sachabweisungen sei der wirksameren Vorrang zu geben.

28 BGH, Urt. v. 5.7.2007 –IX ZR 221/05, ZIP 2007, 1760f.

29 BGH, Urt. v. 6.11.1978 – VIII ZR 179/77 –, BGHZ 72, 263 = NJW 1979, 310; BAG GrS, Beschl. v. 13.12.1978 –, BAGE 31, 176, 196ff. = KTS 1979, 150, 162ff.; BAG, Urt. v. 30.8.1984 –, 1 AZR 34/84 –, BAGE 45, 357 = ZIP 1984, 983; BFH, Urt. v. 27.8.1975 –, II R 93/70 –, DB 1976, 562; *Bötticher* BB 1975, 977; *Henckel* EzA BetrVG § 113, 1; *Uhlenbruck* BB 1973, 1362; *Zeuner* JZ 1976, 1ff.

die Frage, ob die Behauptung, es sei ein Prozessurteil zu erlassen, gehalten werden kann. Schon *Jonas*[30] ist dem damit entgegengetreten, es sei der wirksameren Sachabweisung der Vorzug zu geben – worum es aber eigentlich nicht geht. Denn die nachrangige Insolvenzforderung oder die Nicht-Insolvenzforderung (namentlich die Masseforderung) können überhaupt nicht festgestellt werden – und daher kann deren Feststellung zur Tabelle auch nicht Gegenstand eines Prozesses nach §§ 179, 180 InsO sein. Ansatzpunkt der hier zu entscheidenden Frage ist daher nicht die Wahl zwischen zwei „Sachabweisungen", sondern zwischen Prozessurteil und Sachurteil.

e) Negative Feststellungsklage des Gläubigers gegen den Verwalter wegen Nichtbestehens einer Masseforderung

3.15 Mit dieser Frage darf nicht vermengt werden, ob die von einem Gläubiger gegen den Verwalter erhobene Klage auf Feststellung, eine Masseforderung bestehe nicht, Rechtskraft entsprechend § 183 InsO entfalte[31] (hier Rn. 3.281ff.). Die Qualifikation der Forderung ist eine doppelfunktionale Tatsache, die sowohl deren Anmeldbarkeit als ihren Grund (ihre Feststellbarkeit) betrifft.

f) Ansatz Henckels

3.16 *Henckel*[32] hat konstatiert, dass für „eine isolierte Feststellung des Bestehens der Forderung als solche ... im Konkursverfahren kein Raum" ist, da diese Feststellung im Tabellenfeststellungsverfahren nur insofern von Bedeutung sein kann, als die Forderung der Eintragung in die Tabelle zugänglich ist.[33] Die Fragen, von denen die Tabellenfeststellung abhängt, hat *Henckel*[34] folgendermaßen entwickelt:

- Die Frage nach dem Bestand der angemeldeten Forderung und ihre Zuordnung zu dem anmeldenden Gläubiger;
- Anmeldbarkeit der Forderung im Insolvenzverfahren und
- Rang der Forderung.

3.17 Da die isolierte Feststellung der Anmeldbarkeit einer (möglicherweise bestehenden) Forderung ebenfalls keinen Sinn hat[35] bestimmt *Henckel*[36] als Gegenstand der Fest-

30 *Jonas* (Fußn. 6) 26/27.
31 OLG Stuttgart, Urt. v. 1.2.1966 – 5 U 51/65, NJW 1966, 2316, 2318.
32 *Henckel*, in: Festschrift für Michaelis, 1972, 151, 152.
33 *Henckel* (Fußn. 34) 153; *Jahr* ZZP Bd. 79 (1966) 377.
34 *Henckel* (Fußn. 34).
35 *Henckel* (Fußn. 34).
36 *Henckel* (Fußn. 34).

stellung Bestand der Forderung *und* Verfolgbarkeit in dem über das Vermögen des Schuldners eröffneten Insolvenzverfahren.[37] Beide Feststellungen – Bestand und Verfolgbarkeit (Anmeldbarkeit) im Insolvenzverfahren können nur einheitlich getroffen werden.[38] *Henckel*[39] begründet dies damit, dass im Falle der Klagabweisung, die auf die fehlende Anmeldbarkeit gegründet wird, im Tabellenfeststellungsstreit nicht etwa ein Prozessurteil zu erlassen sei, sondern die Klage als unbegründet abzuweisen ist; beide Elemente bilden zusammen den „Rechtsbehelf",[40] mit dem der Kläger die Tabellenfeststellung begehrt. Klagt der Gläubiger dagegen auf Feststellung der Forderung gegen den Schuldner, unterscheidet sich der Streitgegenstand von dem einer Tabellenfeststellungsklage.[41]

Nach alledem bestimmt *Henckel*[42] als Gegenstand des Forderungsprüfungs- und Feststellungsverfahrens „das Forderungsrecht des Gläubigers als Rechtsbehelf zur Realisierung der anteiligen Haftung der Masse". **3.18**

Wird sowohl darüber gestritten, ob die Forderung besteht und ob sie, bejahendenfalls, im Insolvenzverfahren verfolgbar ist, hat das Prozessgericht die Tabellenfeststellungsklage abzuweisen, wenn auch nur einer der geltend gemachten Abweisungsgründe vorliegt.[43] **3.19**

Kommen zum Schluss der letzten mündlichen Verhandlung noch alternative Klagabweisungsgründe in Betracht, hat keiner von ihnen an der Rechtskraft des Urteils teil; in Rechtskraft erwächst die Feststellung eines Abweisungsgrundes nur dann, wenn er als einziger zum Schluss der mündlichen Verhandlung in Betracht kommt.[44] **3.20**

Übersicht 5	**Tabellenfeststellungsprozess**		
§ 180 Abs. 1 S. 1 InsO	Auf die Feststellung ist im ordentlichen Verfahren Klage zu erheben.	Keine vis attractiva concursus	Zulässig: Klage aus Forderung auf erstes Anfordern Nicht: Mahnverfahren Str., ob Urkunds- und Wechselprozess

37 *Jahr* (Fußn35) 382 de lege ferenda.
38 *Henckel* (Fußn. 3432) 154.
39 *Henckel*, Prozessrecht und materielles Recht, 1970, 151.
40 Hierzu *Rimmelspacher*, Materiellrechtlicher Anspruch und Streitgegenstandsprobleme im Zivilprozess, 1970, 107 ff.
41 *Henckel* (Fußn. 34) 151/152.
42 *Henckel* (Fußn. 34) 167.
43 *Henckel* (Fußn. 34) 155.
44 Henckel (Fußn. 34); *ders.* (Fußn. 34) 152/153.

Übersicht 5	**Tabellenfeststellungsprozess**		
Örtliche und sachliche Zuständigkeit			
§ 180 Abs. 1 S. 2 InsO	Für die Klage ist das Amtsgericht ausschließlich zuständig, bei dem das Insolvenzverfahren anhängig ist oder anhängig war. Gehört der Streitgegenstand nicht zur Zuständigkeit der Amtsgerichte, so ist das Landgericht ausschließlich zuständig, zu dessen Bezirk das Insolvenzgericht gehört.	Besondere Prozessvoraussetzung: Forderung ist angemeldet und geprüft BGH, Urt. v. 3.7.2014 – IX ZR 261/12, ZIP 2014, 1503	
§ 180 Abs. 2 InsO	War zur Zeit der Eröffnung des Insolvenzverfahrens ein Rechtsstreit über die Forderung anhängig, so ist die Feststellung durch Aufnahme des Rechtsstreits zu betreiben	Besondere Prozessvoraussetzung: Forderung ist angemeldet und geprüft BGH, Urt. v. 3.7.2014 – IX ZR 261/12, ZIP 2014, 1503.	
Anmeldung und Prüfung der Forderung als besondere Zulässigkeitsvoraussetzung			
§ 179 Abs. 3 S. 1 InsO	Das Insolvenzgericht erteilt dem Gläubiger, dessen Forderung bestritten worden ist, einen beglaubigten Auszug aus der Tabelle. Im Falle des Absatzes 2 erhält auch der Bestreitende einen solchen Auszug.	Urkundsbeweis des Vorliegens der besonderen Prozessvoraussetzung	
Betreiben nicht titulierter Forderung			
§ 179 Abs. 1 InsO	Ist eine Forderung vom Insolvenzverwalter oder von einem Insolvenzgläubiger bestritten worden, so bleibt es dem Gläubiger überlassen, die Feststellung gegen den Bestreitenden zu betreiben	Betreibenslast beim anmeldenden Gläubiger Kläger: Anmeldender Gläubiger der bestrittenen Forderung	BGH, Urteil vom 3.7.2014 – IX ZR 261/12, ZIP 2014,1503

Übersicht 5	Tabellenfeststellungsprozess		
		Beklagter: Opponent (bestreitender Insolvenzverwalter oder Gläubiger)	
Betreiben titulierter Forderung			
§ 179 Abs. 2 InsO	Liegt für eine solche Forderung ein vollstreckbarer Schuldtitel oder ein Endurteil vor, so obliegt es dem Bestreitenden, den Widerspruch zu verfolgen.	Betreibenslast beim opponierenden Insolvenzverwalter oder Gläubiger Betreibensbefugnis auch beim anmeldenden Gläubiger Kläger: Bestreitender Insolvenzverwalter oder Gläubiger Aber auch Anmeldender Gläubiger der bestrittenen Forderung Beklagter: Opponent (bestreitender Insolvenzverwalter oder Gläubiger)	BGH, Urteil vom 3.7.2014 – IX ZR 261/12, ZIP 2014,1503 RG, B. v. 24.6.1886 – Beschw.-Rep. IIIa 18/86, RGZ 16, 358 ff., 361

g) Ansatz des BGH

Der BGH[45] hat im Falle der Feststellung des Nichtbestehens der Forderung in derartigen Fällen einen Folgeprozess wegen der Rechtskraft für unzulässig gehalten. 3.21

Widerspricht der Opponent A der angemeldeten Forderung wegen fehlender Anmeldbarkeit im Insolvenzverfahren und der Opponent B wegen fehlenden Bestandes der Forderung, wird die Klage des Liquidanten gegen B unzulässig, weil es am Rechtsschutzbedürfnis fehlt, sobald der Kläger gegen A obsiegt.[46] Denn dann ist ausgeurteilt, dass der Gläubiger entgegen dem mit seiner Tabellenfeststellungsklage erstrittenen Urteil nicht würde am Insolvenzverfahren teilnehmen können. 3.22

45 BGH, Urt. v. 24.4.1958 – II ZR 38/57 WM 1958, 696 ff. (unter II.).

46 *Henckel* (Fußn. 34) 155/156.

3.23 Das die Tabellenfeststellungsklage abweisende Urteil, das auf fehlenden Bestand der Forderung gegründet ist, führt nach *Henckels* Meinung[47] nun nicht etwa dazu, dass die Rechtskraft der Feststellung akzessorische Sicherungsrechte ergriffe. Außerhalb von Tabellenfeststellungsklagen wird dies im Prozessrecht aber allgemein vertreten.[48]

3.24 Streitgegenstand der Insolvenzfeststellungsklage ist nach alledem nicht das Bestehen der angemeldeten Forderung. Das Bestehen der angemeldeten Forderung ist allein Vorfrage der Insolvenzfeststellungsklage. Streitgegenstand der Insolvenzfeststellungsklage ist damit also das Recht des anmeldenden Gläubigers auf Beteiligung an der Insolvenzmasse.

3. Ausstellung eines beglaubigten Tabellenauszugs für den Gläubiger einer bestrittenen Forderung

3.25 Um es dem Gläubiger einer bestrittenen Forderung zu ermöglichen, den richtigen Antrag stellen zu können, sieht § 179 Abs. 3 InsO vor, dass das Insolvenzgericht dem Gläubiger, dessen Forderung bestritten worden ist, einen beglaubigten Auszug aus der Tabelle erteilt. Durch Vorlage des beglaubigten Tabellenauszuges beweist der Gläubiger sein besonderes Feststellungsbedürfnis wegen der Tabellenfeststellungsklage. Mit der Vorlage des vom Insolvenzgericht nach § 179 Abs. 3 InsO erteilten beglaubigten Tabellenauszugs beweist der klagende Gläubiger also das Vorliegen der Sachurteilsvoraussetzungen gem. § 181 InsO.

3.26 Dies geschieht von Amts wegen; eines Antrags des Gläubigers bedarf es nicht.[49]

4. Widerspruchsrichtung der Tabellenfeststellungsklagen

a) § 179 Abs. 1 BGB

3.27 Es sind zu unterscheiden (oben Rn. 3.16): Im Falle des Betreibens durch den anmeldenden Gläubiger nach § 179 Abs. 1 InsO der Bestandsstreit um die Forderung ihrem Grund oder ihrer Höhe nach; der Rangstreit um das Vorliegen eines Vorrangs oder des Nachrangs der Forderung gem. § 39 InsO und der – sich mit dem Rangstreit überschneidende – Anmeldbarkeitsstreit um die Frage, ob die Forderung anmeldbar ist.[50] Der Vorrangstreit ist mit Abschaffung des § 60 KO nicht (vollständig) obsolet,[51]

---

47 *Henckel* (Fußn. 34) 157.

48 MünchKomm-*Gottwald*, 5. Aufl. ZPO, § 325 Rn. 74; Thomas/Putzo/*Reichold*, § 325 ZPO Rn. 5; BGH NJW 1970, 279.

49 *Schumacher*, in: MünchKomm, InsO, § 179 Rn. 45; RGZ 85, 64; *Gerhardt*, in: Jaeger/Henckel, InsO, § 179 Rn. 120.

50 *Gerhardt*, in: Jaeger/Henckel § 179 Rn. 4.

51 Dies berücksichtigt nicht *Gerhardt*, in: Jaeger/Henckel § 179 Rn. 10.

da § 32 Abs. 4 S. 1 DepotG (Rn. 1.82), §§ 315, 316 VAG nach wie vor Insolvenzvorrechte gewähren.[52]

b) § 179 Abs. 2 BGB: Bestandsstreit

Im Falle des Betreibens des Widerspruchs durch den bestreitenden Insolvenzverwalter oder anderen Gläubiger nach § 179 Abs. 2 InsO wird ein anhängiger Rechtsstreit als Bestandsstreit durch Aufnahme im Rechtsmittelverfahren fortgesetzt – oder durch Wiederaufnahme nach § 580 BGB, § 826 BGB (unten Rn. 3.90, 3.91). 3.28

c) § 179 Abs. 1 BGB: „Vorliegen" des Titels und Vorrechtsstreit

Auf die Vorlage des Titels in Urschrift kommt es nicht an – sie ist nicht gefordert (Rn. 1.91). Es wäre aber nicht angemessen, wollte man genügen lassen, dass die Forderung überhaupt tituliert ist, ohne dass es darauf ankommen zu lassen, ob der Gläubiger dies vorträgt und in der Form des § 174 Abs. 1 S. 2 InsO glaubhaft macht. Das Reichsgericht[53] hat darauf hingewiesen, dass die Frage der Titulierung der Forderung Gegenstand des Prüfungsverfahrens ist: Die Frage der Anforderungen, die an das „Vorliegen" des Titels zu stellen sind, ergeben sich aus der Eigenschaft des Prüfungstermins als Verfahrensform der Gläubigerautonomie. Insolvenzverwalter und andere Gläubiger können aber nur prüfen, wenn sie über das Vorliegen eines Titels in der gebotenen Form unterrichtet werden. Will der Gläubiger daher die Wirkung des § 179 Abs. 2 InsO erzielen muss er, sofern nicht mit der Anmeldung die Vorlage des Titels in Abschrift erfolgt, eine Nachprüfung gem. § 177 Abs. 1 InsO veranlassen. Andernfalls ist der der anmeldende Gläubiger auf das Bestreiten von Insolvenzgläubigers oder eines anderen Gläubigers nach § 179 Abs. 1 InsO auch daran gehindert, Tabellenfeststellungsklage als besondere Vorrangklage[54] zu erheben – da deren besondere Voraussetzung, nämlich die Anmeldung der Forderung in der Form, in der mit der Klage die Feststellung begehrt wird, nicht Gegenstand des Prüfungsverfahrens war. 3.29

Allerdings kann sich in derartigen Fällen auch der widersprechende Gläubiger oder Insolvenzverwalter gegen die Inanspruchnahme des nicht vorgelegten Titels mit einer negativen Feststellungsklage wenden, wie der BGH[55] in einem Fall der Klage gegen ein vom anmeldenden Gläubiger behaupteten Vorrechts entschieden hat. 3.30

52 J. *Bauer*, Die Ungleichbehandlung der Gläubiger im geltenden Insolvenzrecht, 2007, 101 ff.
53 RG, Urt. v. 19.5.1914 – Rep. III. 84/14, RGZ 85, 64, 67.
54 *Gerhardt*, in: Jaeger/Henckel § 179 Rn. 9.
55 BGH, Urt. v. 28.11.1955 – III ZR 181/84, BGHZ 19, 163, 164.

5. Fassung des Antrags

3.31 Der **Antrag** des Gläubigers richtet sich auf den Erlass folgenden Urteils: „Es wird festgestellt, dass dem Kläger in dem über das Vermögen des X eröffneten Insolvenzverfahren eine Forderung in Höhe von EUR Y zusteht". Maßgeblich für Grund und Höhe des Anspruches, dessen Feststellung begehrt wird, ist die Anmeldung.

6. Parteiwechsel vom Insolvenzverwalter auf den Schuldner

3.32 Nach Aufhebung des Insolvenzverfahrens ist unter Berücksichtigung des gesetzlichen Parteiwechsels vom Insolvenzverwalter auf den Schuldner der Antrag des Klägers nicht mehr als Tabellenfeststellungsklage gemäß §§ 179, 180 InsO zu verstehen, sondern als allgemeines Feststellungsbegehren. Der Wert des Beschwerdegegenstands des Berufungsverfahrens ist in diesem Fall nicht nach § 182 InsO, sondern nach den allgemeinen Vorschriften (§ 2 i.V.m. §§ 3ff. ZPO) zu bestimmen.[56]

III. Zuständigkeit

1. Zuständigkeit der Prozessgerichte

3.33 Die Zuständigkeit des Insolvenzgerichts als Abteilung des AG ist mit der Verweisung des Streits über die Feststellung der bestrittenen Forderung zur Tabelle an das „ordentliche Verfahren" für die Entscheidung in diesen Sachen ausgeschlossen.[57] Vielmehr ist Klage nach § 179 Abs. 1 InsO bzw. bei Bestreiten einer titulierten Forderung nach § 179 Abs. 2 InsO zu erheben.

3.34 Die besonderen Zuständigkeiten der Tabellenfeststellungsklage gem. § 180 InsO würden als Überbleibsel einer – im Wege der preußisch-reichsdeutschen Konkursgesetzgebung von 1855/56 und 1877 – verkrüppelten vis attractiva concursus[58] mißdeutet werden, wenn man die Regelung der Sätze 2 und 3 dieser Vorschrift rein positivistisch als Zweckmäßigkeitsregelung interpretiert und sie damit in eine Reihe mit dem – ja viel später eingeführten – § 19a ZPO[59] stellt. Die Rechtfertigung des § 180 Abs. 1 S. 2 und S. 3 InsO liegt darin, dass eine sowohl orts- als auch sachnahe Sonderzuständigkeit für die Streitigkeiten über die Insolvenzteilnahme des anmeldenden Gläubigers angeboten wird – was auch zugleich deren Ausschließlichkeit (sogleich Rn. 3.37) rechtfertigt.[60]

---

56 BGH, B. v. 23.4.2015 – IX ZB 76/12, ZIP 2015, 1311 = DZWIR 2015, 478.

57 *Smid*, in: Leonhardt/Smid/Zeuner § 180 Rn. 4.

58 *Sinz*, in: Uhlenbruck, InsO, § 180 Rn. 1.

59 *Smid*, in: Wiezcorek/Schütze, ZPO § 19a Rn. 3.

60 *Jonas*, (Fußn. 6), 17.

2. Örtliche Zuständigkeit,[61] § 180 Abs. 1 S. 2 und 3 InsO

Die **örtliche Zuständigkeit** ergibt sich aus dem besonderen ausschließlichen Gerichtsstand der Insolvenzfeststellungsklage gem. § 180 Abs. 1 S. 3 InsO: Örtlich ausschließlich zuständig ist danach das AG, bei dem die Zuständigkeit für die Durchführung des Insolvenzverfahrens gem. § 2 InsO liegt, bzw. das ihm übergeordnete LG. Der Bestimmung eines gemeinschaftlichen Gerichtsstandes gem. § 36 Abs. 1 Nr. 3 ZPO bedarf es daher nicht.[62] Diese Vorschrift kommt aber in Fällen zur entsprechenden Anwendung, in denen aufgrund mehrfachen Bestreitens der Forderung in verschiedener Höhe Landgericht und Amtsgericht angerufen werden.[63] 3.35

3. Sachliche Zuständigkeit,[64] § 180 Abs. 1 S. 2 und 3 InsO

Über die Verteilung zwischen diesen entscheiden die allgemeinen Regeln der **sachlichen Zuständigkeit** (§§ 23, 71 GVG);[65] im Rahmen des § 95 GVG kann die Feststellungsklage auch vor der Kammer für Handelssachen anhängig gemacht werden.[66] 3.36

4. Ausschließliche Zuständigkeit

Es handelt sich bei der örtlichen wie bei der sachlichen um eine ausschließliche Zuständigkeit.[67] Der Opponent kann daher den anmeldenden Gläubiger nicht vor einem anderen als dem in § 180 Abs. 1 S. 2 und 3 InsO bezeichneten Gericht verklagen, und der Liquidant kann sich auf eine solche Klage auch nicht mit zuständigkeitsbegründender Wirkung rügelos einlassen, §§ 39 S. 1, 40 Abs. 2 Nr. 2 ZPO. § 40 ZPO ist von Amts wegen zu beachten.[68] Gegenüber der auf § 40 ZPO gestützten Rüge der Unzuständigkeit des Gerichts greifen daher die Präklusionsregeln nicht ein.[69] Denn die Verhandlung über den Tabellenfeststellungsstreit soll vor dem sachlich und rechtswegmäßig (§ 185 InsO, hier Rn. 3.38 ff.) zuständigen Gericht erfolgen, dass 3.37

---

61 KS-*Eckardt*, 3. Aufl., Kap. 17 Rn. 48; Graf-Schlicker/*Graf-Schlicker*, 4. Aufl. InsO, § 180 Rn. 3; *Specovius*, in: Braun, InsO, § 181 Rn. 26; *Schumacher*, in: MünchKomm, 3. Aufl. InsO, § 180 Rn. 12 f.

62 *Gerhardt*, in: Jaeger/Henckel § 180 Rn. 36.

63 BGH, B. v. 16.2.1984 – I AZR 395/83, BGHZ 90, 155 ff.; vgl. zum Normzweck *Smid/Hartmann*, in: Wieczorek/Schütze, 4. Aufl. ZPO, § 36 Rn. 1, 21.

64 KS-*Eckardt*, 3. Aufl., Kap. 17 Rn. 48; Graf-Schlicker/*Graf-Schlicker*, 4. Aufl. InsO, § 180 Rn. 3; *Sinz*, in: Uhlenbruck, InsO, § 180 Rn. 8; *Schumacher*, in: MünchKomm, InsO, § 180 Rn. 14.

65 *Sinz*, in: Uhlenbruck, InsO, § 180 Rn. 8; *Schumacher*, in: MünchKomm, InsO, § 180 Rn. 14; Graf-Schlicker/*Graf-Schlicker*, 4. Aufl. InsO § 180 Rn. 2.

66 *Pape/Schaltke*, in: Kübler/Prütting/Bork, InsO, § 180 Rn. 4; Graf-Schlicker/*Graf-Schlicker*, 4. Aufl. InsO, § 180 Rn. 2.

67 *Gerhardt*, in: Jaeger/Henckel § 180 Rn. 38.

68 *Patzina*, in: MünchKomm, ZPO, § 40 Rn. 14.

69 *Smid*, in: Wiezcorek/Schütze, ZPO § 40 Rn. 10.

örtlich nahe am Insolvenzgeschehen ist[70] – denn die „anderen" Gläubiger sollen sich darauf einstellen können, dort und nur dort verhandeln zu müssen.

5. Rechtswegzuständigkeit

a) Zuständigkeit der Zivilgerichte

3.38 Nochmals: Das deutsche Insolvenzrecht kennt keine vis attractiva concursus der Insolvenzgerichte. Der im Verfahren nach §§ 179 ff. InsO isoliert auszutragende Streit z.B. um die rechtliche Einordnung der angemeldeten Forderung als eine Forderung aus vorsätzlich begangener unerlaubter Handlung ist daher vor den Zivilgerichten zu führen. Dass der geltend gemachte Schutzgesetzverstoß den Normen des öffentlichen Rechts z.B. nach dem § 6 UhVorschG zuzuordnen ist, ändert an der Zuständigkeit der Zivilgerichte nichts.[71]

b) Zuständigkeit von Verwaltungsbehörden und Fachgerichtsbarkeiten

3.39 Ist für die Feststellung einer Forderung der Rechtsweg zum ordentlichen Gericht nicht gegeben, so ist daher die Feststellung bei dem zuständigen anderen Gericht zu betreiben oder von der zuständigen Verwaltungsbehörde vorzunehmen. § 180 Abs. 2 InsO und die §§ 181, 183 InsO und § 184 InsO gelten entsprechend. Ist die Feststellung bei einem anderen Gericht zu betreiben, so gilt auch § 182 InsO entsprechend.

3.40 Soweit die **Zuständigkeit von Verwaltungsbehörden oder Fachgerichtsbarkeiten** für die Feststellung einer Forderung gegeben ist (§ 185 InsO), bleibt diese von § 180 Abs. 1 InsO unberührt: Aus dem fehlenden Verweis in § 185 InsO folgt, dass sich dort die Zuständigkeit, insbesondere die örtliche, nach den allgemeinen Vorschriften richtet.[72] Nach ihrem Wortlaut betrifft die Vorschrift nur bürgerlichrechtliche Streitigkeiten.

3.41 Neben zivilgerichtlichen Verfahren (§ 180 Abs. 1 S. 2 InsO) kann für einen Streit über die Inanspruchnahme des Schuldner im Allgemeinen ein Fachgericht zuständig sein. § 185 InsO kommt dem Bedürfnis nach, klarzustellen, dass entsprechende Insolvenzfeststellungsverfahren vor den Fachgerichtsbarkeiten auszutragen sind: § 185 InsO ist keine Kompetenzvorschrift; vielmehr verweist § 185 InsO auf die Zuständigkeitsregeln der allgemeinen Gesetze.[73] Streitigkeiten um Forderungen, für

---

70 *Sinz*, in: Uhlenbruck, InsO, § 180 Rn. 3.

71 BGH, B. v. 2.12.2010 – IX ZB 271/09, ZInsO 2011, 44.

72 *Sinz*, in: Uhlenbruck, InsO, § 180 Rn. 4; *Pape/Schaltke*, in: Kübler/Prütting/Bork, InsO, § 180 Rn. 2; *Häsemeyer*, Insolvenzrecht, 4. Aufl., Rn. 22.30.

73 *Becker*, in: Nerlich/Römermann, InsO, § 185 Rn. 8; *Schumacher*, in: MünchKomm, InsO, § 185 Rn. 3; BSG NJW 1990, 342; BGHZ 97, 312.

deren Feststellung die ordentlichen Gerichte nicht zuständig sind, sind daher von den zuständigen anderen Gerichten oder der zuständigen Verwaltungsbehörde zu entscheiden.

c) Zuständigkeit der Arbeitsgerichte

Streitigkeiten um die Feststellung von **Forderungen aus Arbeitsverhältnissen** sind vor den **Arbeitsgerichten** auszutragen.[74] 3.42

d) Verfahren vor Verwaltungsbehörden

In die Vorschriften über das **Verfahren bei Verwaltungsbehörden** – insbesondere das VwVfG – wird nicht eingegriffen.[75] § 185 InsO betrifft sowohl das Bestreiten noch nicht festgestellter Forderungen als auch das Bestreiten titulierter Forderungen, obwohl keine § 179 Abs. 2 InsO entsprechende Regelung vorliegt.[76] 3.43

e) Feststellungsbescheid der Finanzbehörde

Bei einem Widerspruch gegen eine **angemeldete Steuerforderung** kann die Finanzbehörde einen Feststellungsbescheid nach § 251 Abs. 3 AO erlassen, der an die Stelle des Feststellungsurteils tritt. Für diese Verfahren gelten sinngemäß die §§ 180 ff. InsO über die Feststellung einer Forderung durch das ordentliche Gericht. Die Verweisung in § 180 Abs. 1 S. 3 InsO auf die Streitwertregelung in § 182 InsO wird ausdrücklich auf das Feststellungsverfahren bei einem Gericht beschränkt. 3.44

f) Verhältnis von Feststellungsbescheid und Insolvenzfeststellungsklage

Der BFH[77] hat zum Verhältnis von Feststellungsbescheid und Insolvenzfeststellungsklage zu entscheiden gehabt. 3.45

Über das Vermögen des Insolvenzschuldners, eines Steuerberaters, war im Jahre 2008 unter Einsetzung des späteren Beklagten und Revisionsklägers das Insolvenzverfahren eröffnet worden. Zuvor hatte der Insolvenzschuldner gegen Bescheide des Finanzamts nach erfolglosem Einspruchsverfahren geklagt. Auf Abmeldung dieser Forderung zur Tabelle bestritt der Insolvenzverwalter. Den Prozess nahm das Finanzamt im Jahr 2012 auf. Im Jahr 2010 hatte das Finanzamt in dieser Sache einen Feststellungsbescheid nach § 251 Abs. 3 AO erlassen. 3.46

---

74 *Becker*, in: Nerlich/Römermann, InsO, § 180 Rn. 5; *Hess*, § 180 Rn. 7.

75 Amtl. Begr. zu § 213 RegEInsO, BT-Drs. 12/2443, 185.

76 *Becker*, in: Nerlich/Römermann, InsO, § 185 Rn. 3.

77 BFH, Urt. v. 18.8.2015 – V R 39/14, ZIP 2016, 184.

3.47 Der BFH erkannte darauf, dass grundsätzlich vom Finanzamt eine Steuerforderung, die vor Eröffnung des Insolvenzplans mit Einspruch und Klage angefochten worden ist, nicht mit Feststellungsbescheid nach § 251 Abs. 3 AO, sondern dadurch zu betreiben ist, dass das unterbrochene Klageverfahren aufgenommen wird. § 251 Abs. 3 AO sieht zwar vor, dass die Finanzbehörde, die im Insolvenzverfahren einen Anspruch aus dem Steuerschuldverhältnis als Insolvenzforderung geltend macht, diese erforderlichenfalls durch schriftlichen Verwaltungsakt feststellt. Eine Feststellung durch Verwaltungsakt ist nicht erforderlich, da durch Anmeldung der Forderung zur Tabelle im Falle der Feststellung nach § 178 Abs. 3 InsO eine, wie der BGH ausführt, rechtskraftähnliche Wirkungen des Tabelleneintrags erlangt wird.

3.48 Hierfür zieht nun der BFH eine bemerkenswerte Wendung. Da durch die Aufnahme des durch Eröffnung des Insolvenzverfahrens unterbrochenen Klageverfahrens die Parteirollen – vom Insolvenzschuldner als Kläger im vorkonkursliche (finanzgerichtlichen) Anfechtungsprozess gegen den Bescheid und Finanzamt als Beklagter – umgekehrt werden und Finanzamt als Kläger im Tabellenfeststellungsprozess und dem als Partei kraft Amtes als Beklagter prozessierenden Insolvenzverwalter – sei zu fragen, ob für die Klage (also das prozessuale Begehren des Finanzamts, dass die Forderung zur Tabelle festgestellt werde), die Prozessvoraussetzungen noch gegeben seien. Zwar habe das Finanzamt einen Feststellungsbescheid nicht zu erlassen gehabt, geschähe dies aber im vorliegenden Fall gleichwohl, entfalle das Feststellungsinteresse des Finanzamts im Prozess nach den §§ 179 ff. InsO, wobei der BFH auf § 41 Abs. 1 FGO verweist. Diese dem § 256 Abs. 1 ZPO entsprechende Vorschrift besagt, dass durch Klage die Feststellung des Bestehens oder Nichtbestehens eines Rechtsverhältnisses oder der Nichtigkeit eines Verwaltungsakts begehrt werden kann, wenn der Kläger ein berechtigtes Interesse an der baldigen Feststellung hat (Feststellungsklage). Das Feststellungsinteresse, so der BFH, sei weggefallen, weil der Feststellungsbescheid des Finanzamts in Rechtskraft erwachsen sei.

3.49 Das begegnet Bedenken. Denn zum einen sind nach richtiger Auffassung auf die Klage nach § 179 InsO die prozessualen Regelungen über Feststellungsklagen in § 256 Abs. 1 ZPO und entsprechend in § 41 Abs. 1 FGO deshalb nicht anwendbar, weil es sich wegen § 87 InsO bei der Tabellenfeststellungsklage um die insolvenzspezifische Form einer Klage handelt, in der sich Leistungsklagenelemente und solche verfahrensrechtliche, auf Teilnahme am Insolvenzverfahren gerichtete, verbinden. Sofern nämlich Gegenstand von Feststellungsbescheid nach § 251 Abs. 3 AO und der Forderungsanmeldung, auf die die Tabellenfeststellungsklage gründet, gleich sind, kommt im Falle des Bestreitens durch den Insolvenzverwalter § 179 Abs. 2 InsO zum Zuge. Bestreitet der Insolvenzverwalter eine Forderung, die tituliert ist, kehren sich die Parteirollen um. Der Insolvenzverwalter muss dann seinen Widerspruch verfolgen.

IV. Prozessformen

1. Ordentliches Verfahren

Das Gesetz sieht in § 180 Abs. 1 InsO vor, das Betreiben der Forderung (§ 179 Abs. 1 InsO) habe durch Klage im „ordentlichen Verfahren" zu erfolgen. Damit wird ein jedes Verfahren der Durchsetzung von Forderungen außerhalb des Insolvenzverfahrens bezeichnet. 3.50

Das Insolvenzgericht ist zur Feststellung der Forderung weder nach Grund und Betrag noch ihrem Rang und auch nicht ihrer Anmeldbarkeit nach zuständig; vielmehr ist neben dem Insolvenzverfahren hierfür ein eigenes (streitiges) Verfahren vor dem nach Rechtsweg zuständigem Gericht zu führen. § 180 Abs. 1 InsO verweist daher wegen privatrechtlicher Forderungen auf den Zivilprozess, arbeitsrechtlicher auf den Arbeitsgerichtsprozess (Rn. 3.42), Steuerforderungen des Fiskus auf das finanzgerichtliche Verfahren (Rn. 3.41). 3.51

2. Tabellenfeststellungsprozess wegen Zahlungsansprüchen auf erstes Anfordern

Die angemeldete Forderung kann auf einem Vertrag beruhen, in dem der Schuldner verspricht, dem Gläubiger „auf erstes Anfordern" zu zahlen. Darunter ist zu verstehen, dass der Schuldner mit Einwendungen und Einreden derart in einem Zahlungsprozess ausgeschlossen ist, die erst in einem von ihm anzustrengenden Rückforderungsprozess geltend gemacht werden können. Solche Forderungen können angemeldet werden (oben zur Anmeldbarkeit Rn. 1.70). 3.52

3. Urkunds-, Wechsel- und Scheckprozess

Eine verbreitete Meinung geht nach wie vor davon aus, dass der Gläubiger die Tabellenfeststellung seiner bestrittenen Forderungen auch durch Klage im *Urkunds-, Wechsel- und Scheckprozess* betreiben kann, obwohl diese Verfahrensform auf die rasche Titulierung des Klaganspruches zielt; es gehe dabei aber um die (abschließende) Feststellung.[78] Daher sei nach § 180 Abs. 1 InsO auch die im Urkunden- (**§ 592 ZPO**), Wechsel- (**§ 602 ZPO**) oder Scheckprozess (**§ 605a ZPO**) erhobene Klage statthaft.[79] Die zu § 146 KO artikulierte Gegenmeinung[80] wird mit der Erwägung 3.53

---

78 *Sinz*, in: Uhlenbruck, 14. Aufl. InsO, § 180 Rn. 11.

79 *Sinz*, in: Uhlenbruck, InsO, § 180 Rn. 10 f.; *Schumacher*, in: MünchKomm, 3. Aufl. InsO, § 180 Rn. 6 f.; *Eickmann*, in: Gottwald, Insolvenzrechtshandbuch, § 64 Rn. 40; a.A. Graf-Schlicker/*Graf-Schlicker*, 4. Aufl. InsO, § 180 Rn. 4; KS-*Eckardt*, 3. Aufl, Kap. 17 Rn. 50; K/P/B/*Pape/Schaltke*, § 180 Rn. 7.

80 RG, Urt. v. 9.11.1893 – Rep. VI 168/93 – RGZ 32, 230, 231; OLG Hamm, Urt. v. 20.4.1967 – 5 U 45/67 – KTS 1967, 169; OLG München, Urt. v. 19.10.1984 – 23 U 3153/84 – ZIP 1985, 297, 298; KS-*Eckardt*, 743, 771; unentschieden *Kilger/Schmidt*, KO, § 146 Anm. 2a.

abgelehnt, die besonderen Prozessformen trügen der materiellrechtlichen Lage des Gläubigers Rechnung; die damit verbundene Vereinfachung der Rechtsverfolgung wird dem Gläubiger nicht durch die Eröffnung des Insolvenzverfahrens abgeschnitten.

3.54 Dagegen hat die Judikatur[81] die Ansicht vertreten, der Urkunds-, Wechsel- und Scheckprozess könne schon begrifflich nicht unter die von § 180 Abs. 1 ZPO gemeinten Verfahren fallen, da sie einen besonderen Charakter hätten. Das überzeugt indes nicht.[82]

3.55 Vergleicht man das Nachverfahren gem. § 600 ZPO mit dem Rückforderungsprozess im Falle des Anspruchs auf erstes Anfordern, fällt deren strukturelle Vergleichbarkeit ins Auge. Dem lässt sich nicht entgegenhalten, dass Urkunds-, Wechsel- und Scheckprozess allein eine besondere Beweisform zuließen.[83] Ebenso wie im Einwendungs- und Einredeausschluss im Prozess auf Zahlung auf erstes Anfordern spricht nichts dagegen, dem im Wege der Urkundsklage im Tabellenfeststellungsprozess beklagten Verwalter die Geltendmachung der Rechte im Verfahren nach § 189 Abs. 1 InsO aufzuerlegen.

3.56 Folgt man der Gegenmeinung, muss im Falle des § 180 Abs. 2 ZPO der aufnehmende Gläubiger vom Verfahren im Urkundsprozess Abstand nehmen; dazu ist er gem. § 596 ZPO[84] bis zum Schluss der mündlichen Verhandlung berechtigt, ohne dass es der Einwilligung des Beklagten bedarf. Ist der Urkundsprozess zum Zeitpunkt der Verfahrenseröffnung bereits in das Nachverfahren nach § 600 ZPO[85] eingetreten, ist dieses – als allgemeiner Prozess – aufzunehmen.[86]

4. Mahnverfahren

3.57 Dagegen ist das **Mahnverfahren** mit seiner Anlage als besonderes, auf Erlangung eines Zahlungstitels gerichteten Verfahrens ungeeignet, um die haftungsrechtlichen Wirkungen des § 180 InsO zu erreichen[87]- schon weil der mit dem Mahnantrag verbundene Leistungsantrag durch § 87 ZPO ausgeschlossen ist.

---

81 OLG Hamm, Urt. v. 20.4.1967 – 5 U 45/67, KTS 1967, 169; OLG München, Urt. v. 19.10.1984 – 23 U 3153/84, ZIP 1985, 297.

82 *Teske* ZZP Bd. 99 (1986) 185 ff.; *Gerhardt*, in: Jaeger/Henckel § 180 Rn. 11.

83 *Gerhardt*, in: Jaeger/Henckel § 180 Rn. 10, 12.

84 *Gerhardt*, in: Jaeger/Henckel § 180 Rn. 50.

85 Vgl. dazu *Voit*, in: Musielak/Voit, ZPO, § 600 Rn. 1 ff.

86 *Gerhardt*, in: Jaeger/Henckel § 180 Rn. 47.

87 *Specovius*, in: Braun, InsO, § 181 Rn. 22; *Schumacher*, in: MünchKomm, InsO, § 180 Rn. 8; Graf-Schlicker/*Graf-Schlicker*, 4. Aufl. InsO, § 180 Rn. 5.

5. Schiedsverfahren

a) Klage gegen den bestreitenden Insolvenzverwalter

Die Eröffnung des Insolvenzverfahrens hebt grundsätzlich die rechtlichen Bindungen nicht auf, die der Insolvenzschuldner eingegangen ist; das folgt bereits aus der Funktion der Befugnis des Insolvenzverwalters, die Erfüllung gegenseitiger Verträge zu verlangen oder sie abzulehnen. Insoweit hilft eine Interpretation nicht weiter, die den Schutz der Masse und des Vertragspartners des Gemeinschuldners im Blick hat. Ausschlaggebend ist folgende Überlegung: § 103 InsO normiert Ausnahmetatbestände, die sich aus dem synallagmatischen Verhältnis von Leistung und Gegenleistung nach Maßgabe des vom Gemeinschuldner mit seinem Partner eingegangenen Vertrages begründen lassen. Dieser sachliche Grund der Ausnahmebestimmung des § 103 InsO greift zweifellos nicht, soweit es sich um eine Schiedsabrede handelt. Denn die Schiedsabrede steht evident *nicht* im Zusammenhang einer synallagmatischen Verknüpfung der Rechte und Pflichten der Vertragsparteien. Sie richtet sich nicht auf den Vorgang wechselseitiger Vertragserfüllung, sondern hat die Gestaltung der Modalitäten zur Aufgabe, unter denen die Parteien die Rechtsverfolgung im Hinblick auf den fraglichen materiellen Vertrag geregelt wissen wollen. 3.58

Die Bindung des Insolvenzverwalters an vor Eröffnung des Insolvenzverfahrens wirksam eingegangene Schiedsabreden des Schuldners bewirkt, dass sich der Verwalter auch in Ansehung des Tabellenfeststellungsprozesses nicht durch die Ablehnung der Erfüllung eines mit einer Schiedsabrede verknüpften gegenseitigen Vertrages von den in der Schiedsabrede getroffenen Festlegungen lösen kann.[88] 3.59

b) Klage gegen den bestreitenden Insolvenzgläubiger

Der bestreitende Insolvenzgläubiger ist dagegen nicht Partei der vom anmeldenden Gläubiger mit dem Schuldner geschlossenen Schiedsvereinbarung.[89] Zur fehlenden rechtlichen Möglichkeit der Aufnahme eines Schiedsverfahrens unten Rn. 3.65. 3.60

B) Rechtsverfolgung durch Aufnahme des Rechtsstreits

I. Prozessvoraussetzungen

1. Verhältnis des § 179 Abs. 2 InsO zu § 87 InsO

§ 179 Abs. 2 InsO sieht vor, dass es dem Bestreitenden obliegt, den Widerspruch zu verfolgen, wenn für eine bestrittene Forderung ein vollstreckbarer Schuldtitel oder 3.61

---

88 *Gerhardt*, in: Jaeger/Henckel § 180 Rn. 18.

89 *Gerhardt*, in: Jaeger/Henckel § 180 Rn. 19.

ein Endurteil vorliegt. § 179 Abs. 2 InsO betrifft denknotwendig das Bestreiten (noch) nicht titulierter Forderungen durch Verwalter oder einen Insolvenzgläubiger: Ein anhängiger – § 261 ZPO – Rechtsstreit über eine derartige bestrittene Forderung wird gem. § 240 ZPO unterbrochen. Die Eröffnung des Insolvenzverfahrens beendet nicht die Inhaberschaft des Schuldners über das beschlagnahmte Vermögen, entzieht ihm aber seine **Prozessführungsbefugnis** hinsichtlich der Masse, die auf den Insolvenzverwalter übergeht. § 85 InsO regelt die Aufnahme der nach § 240 ZPO unterbrochenen Rechtsstreitigkeiten durch den Insolvenzverwalter bzw. das Verfahren bei Ablehnung der Aufnahme durch den Verwalter. § 240 ZPO verhindert, dass der Schuldner nach Verfahrenseröffnung noch in der Lage ist, auf anhängige Prozesse einzuwirken.[90] § 179 Abs. 2 InsO sieht demgegenüber (wie manche meinen: vorrangig aus prozessökonomischen Erwägungen)[91] zwingend[92] die Aufnahme dieses unterbrochenen Rechtsstreites durch den Gläubiger der bestrittenen Forderung vor.[93] Der Bestreitende tritt in die Parteirolle des Gemeinschuldners ein, nicht jedoch in das Schuldverhältnis selbst.[94] Ferner ist zu beachten, dass dies eine Umstellung des Klagantrages auf Feststellung zur Tabelle und ggf. eine Kapitalisierung nach § 45 InsO (§§ 263f. ZPO) durch den aufnehmenden Gläubiger voraussetzt,[95] denn nach § 87 InsO ist die Verfolgung einer Leistungsklage während des laufenden Insolvenzverfahrens unzulässig, woran § 179 Abs. 2 InsO nichts ändert.

2. Bestreiten als besondere Prozessvoraussetzung der Tabellenfeststellungsklage

3.62 Der Gläubiger kann den wegen einer Insolvenzforderung geführten und durch die Eröffnung des Insolvenzverfahrens über das Vermögen des Schuldners unterbrochenen Rechtsstreit erst aufnehmen, wenn die Forderung im Insolvenzverfahren angemeldet, geprüft worden und bestritten geblieben ist.[96]

---

90 *Voigt*, Der Einfluss des Konkurses, 1903, bes. 86ff.; *Windel*, in: Jaeger/Henckel, § 85 Rn. 1.

91 *Sinz*, in: Uhlenbruck, InsO, § 180 Rn. 3; *Pape/Schaltke*, in: Kübler/Prütting/Bork, InsO, § 180 Rn. 3; krit. *Häsemeyer*, Insolvenzrecht, 4. Aufl., Rn. 22.31.

92 RG, Urt. v. 30.1.1907 – Rep. V 153/06 – RGZ 65, 132, 133f.; *Becker*, in: Nerlich/Römermann, InsO, § 180 Rn. 13.

93 RG, Beschl. v. 12.6.1906 – Rep. II 34/06 – RGZ 63, 364, 366; RG, Urt. v. 6.3.1909 – Rep. V 234/08 – RGZ 70, 368, 371; KS-*Eckardt*, 3. Aufl., Kap. 17 Rn. 49; *Sinz*, in: Uhlenbruck, InsO, § 180 Rn. 20.

94 *Sinz*, in: Uhlenbruck, InsO, § 180 Rn. 22.

95 *Hess*, § 180 Rn. 13, 18; *Sinz*, in: Uhlenbruck, InsO, § 180 Rn. 29; *Becker*, in: Nerlich/Römermann, InsO, § 180 Rn. 20ff.; zur Zulässigkeit nach § 264 Nr. 2, 3 ZPO vgl. RG, Urt. v. 30.1.1907 – Rep. V 153/06 – RGZ 65, 132, 133f.; OLG Hamm, Urt. v. 6.7.1992 – 31 U 13/92 – ZIP 1993, 444, 445f.; *Pape/Schaltke*, in: Kübler/Prütting/Bork, InsO, § 180 Rn. 13.

96 BGH, Urt. v. 3.7.2014 – IX ZR 261/12, ZIP 2014, 1503.

3. Nichtverfolgung des Widerspruchs gegen angemeldete titulierte Forderung

War zur Zeit der Eröffnung des Insolvenzverfahrens ein Rechtsstreit über eine Forderung anhängig, die vom Insolvenzverwalter oder von einem Insolvenzgläubiger bestritten wird, und verfolgt der die Forderung Bestreitende seinen Widerspruch nicht, ist der Gläubiger der Forderung zur Aufnahme des Rechtsstreits auch dann befugt, wenn für die Forderung ein vollstreckbarer Schuldtitel oder ein Endurteil vorlag.[97] 3.63

Hat der Insolvenzverwalter die streitgegenständlichen Forderungen nicht nur „vorläufig“, sondern endgültig bestritten, so muss sich der Gläubiger nicht vor Wiederaufnahme des Verfahrens gemäß § 240 S. 1 ZPO, § 180 Abs. 2 InsO vergewissern, ob der Insolvenzverwalter sein Bestreiten der Forderungen aufrechterhält.[98] 3.64

II. Keine Aufnahme eines Schiedsverfahrens

Nach deutschem Recht prozedierte Schiedsverfahren werden nicht nach § 240 ZPO unterbrochen, wenn nicht die Anwendung der allgemeinen Vorschriften der ZPO vereinbart ist. Für ausländische Schiedsverfahren gilt dies umso mehr. Eine Aufnahme kommt daher nicht in Betracht. Der Erlass eines auf Leistung lautenden Schiedsspruches würde nach Verfahrenseröffnung aber gegen § 87 InsO verstoßen. Das Schiedsgericht hat daher unter Aussetzung des Verfahrens den Schiedskläger-Gläubiger auf die Anmeldung im Insolvenzverfahren zu verweisen.[99] 3.65

III. Aufnahme im Falle mehrerer Bestreitender

Mit *Gerhardt*[100] ist eine einheitliche Aufnahme des Rechtsstreits gegenüber mehreren Opponenten abzulehnen. Der BGH[101] hat dagegen ausdrücklich darauf erkannt, ein bereits gegen einen Bestreitenden anhängiger Rechtsstreit sei gegenüber auch den übrigen mit der Folge aufzunehmen, dass wegen Rechtshängigkeit eine gesonderte Klage gegen die anderen Bestreitenden nicht erhoben werden könne.[102] Die dafür ins Feld geführten prozessökonomischen Gründe verfangen freilich nicht. Diese Ansicht greift zunächst einmal für den Fall des § 179 Abs. 2 InsO nicht. Denn 3.66

---

97 BGH, B. v. 31.10.2012 – III ZR 204/12, BGHZ 195, 233 = ZIP 2012, 2369 = DZWIR 2013, 125 m. Anm. *Eckardt* EWiR 2012, 799, *Pape* WuB VI A § 179 InsO 1.13; BGH, Urt. v. 29. Juni 1998, II ZR 353/97, NJW 1998, 3121.

98 BGH, B. v. 24.10.2011 – IX ZR 244/09, NZI 2011, 937.

99 *Gerhardt*, in: Jaeger/Henckel § 180 Rn. 61, 62.

100 *Gerhardt*, in: Jaeger/Henckel § 180 Rn. 64.

101 BGH, Urt. v. 13.3.1980 – II ZR 239/78, BGHZ 76, 206, 209.

102 BGH, Beschl. v. 6.3.2013 – III ZR 261/12; BGH, Beschl. v. 31.10.2012 – III ZR 204/12 –, BGHZ 195, 233–243.

wäre es richtig, dass in dem aufzunehmenden Rechtsstreit alle Opponenten zu beteiligen wären, würde, wie *Häsemeyer*[103] überzeugend ausgeführt hat, die Weigerung eines Bestreitenden die Klage gegen die Anmeldung der Forderung hindern und eine Rechtsschutzsperre bewirken.[104] Der Ansatz des BGH würde damit aber zu einer verschiedenartigen Behandlung der Fälle des § 179 Abs. 1 InsO und des § 179 Abs. 2 InsO zwingen, was nicht geboten erscheint, zumal der Widerspruch des Schuldners auch nach den Prämissen des BGH in einem gesonderten Verfahren zu verfolgen ist.

In dem vom BGH entschiedenen Fall hatte der klagende Gläubiger des beklagten Reeders geltend gemacht, dass der Beklagte sich aufgrund eines Schadenfalles, der Gegenstand eines seerechtlichen Verteilungsverfahrens nach § 8 Abs. 2 SeeVertO war, sich dem Kläger gegenüber nicht auf die Haftungsbeschränkung des § 486 Abs. 1 HGB berufen könne. Wäre dies der Fall würde das dem Konkurs bzw. heute dem Insolvenzverfahren nachgebildete seerechtliche Verteilungsverfahren die Klage außerhalb dieses Verfahrens verhindern.

IV. Gegner der Tabellenfeststellungsklage

1. Übersicht

3.67 Gegner des die Feststellung seiner zur Insolvenztabelle angemeldeten Forderung betreibenden Gläubigers ist derjenige, der der Forderung im Insolvenzverfahren widersprochen hat. Er tritt an die Stelle des Schuldners in den aufgenommenen Rechtsstreit ein.[105] Die uneingeschränkte Aufnahme eines Rechtsstreits durch den Gläubiger einer zur Insolvenztabelle angemeldeten Forderung ist, wenn der Forderung mehrere Personen im Sinne von § 178 Abs. 1 Satz 1 widersprochen haben, nur wirksam, wenn der Rechtsstreit gegenüber allen Widersprechenden aufgenommen wird.[106] Der an die Stelle des Schuldners in den aufgenommenen Rechtsstreit eintretende Widersprechende ist an die bisherigen Ergebnisse des Rechtsstreits gebunden.[107] Der Gläubiger kann den wegen einer Insolvenzforde-

103 *Häsemeyer*, Insolvenzrecht 22.32.

104 *Gerhardt*, in: Jaeger/Henckel § 180 Rn. 64.

105 BGH, B. v. 31.10.2012 – III ZR 204/12, BGHZ 195, 233 = ZIP 2012, 2369 = DZWIR 2013, 125 m. Anm. *Eckardt* EWiR 2012, 799, *Pape* WuB VI A § 179 InsO 1.13; BGH, Urt. v. 29. Juni 1998, II ZR 353/97, NJW 1998, 3121.

106 BGH, B. v. 31.10.2012 – III ZR 204/12, BGHZ 195, 233 = ZIP 2012, 2369 = DZWIR 2013, 125 m. Anm. *Eckardt* EWiR 2012, 799, *Pape* WuB VI A § 179 InsO 1.13; BGH, Beschluss vom 28. September 2006, IX ZB 312/04, NZI 2007, 104; BGH, Beschluss vom 14. Mai 1998, IX ZR 256/96, NJW 1998, 2364.

107 BGH, B. v. 31.10.2012 – III ZR 204/12, BGHZ 195, 233 = ZIP 2012, 2369 = DZWIR 2013, 125 m. Anm. *Eckardt* EWiR 2012, 799, *Pape* WuB VI A § 179 InsO 1.13; BGH, Beschluss vom 28. September 2006, IX ZB 312/04, NZI 2007, 104.

rung geführten und durch die Eröffnung des Insolvenzverfahrens über das Vermögen des Schuldners unterbrochenen Rechtsstreit erst aufnehmen, wenn die Forderung im Insolvenzverfahren angemeldet und geprüft worden und bestritten geblieben ist.[108]

2. Rechtsdogmatische Begründung des Parteiwechsels

a) Fragestellung

Die Eröffnung des Insolvenzverfahrens lässt die vorkonkurslich anfechtungsfest 3.68
begründeten Rechte der Gläubiger unberührt. Sie greift aber in vielfältiger Weise in Rechtslagen ein, um das Ziel der Gleichbehandlung der Gläubiger zu erreichen.[109] Daher werden Leistungsprozesse eines Gläubigers gegen den Insolvenzschuldner mit Eröffnung des Insolvenzverfahrens unterbrochen. Sie können als solche Schuldenmassestreitigkeiten nicht aufgenommen werden, § 87 InsO.[110] Vielmehr gilt für die Aufnahme eines Schuldenmassestreits die Sonderregelung des § 180 Abs. 2 InsO. Die Aufnahme setzt nicht allein die Umstellung des Antrags von der Verurteilung des Beklagten zur Leistung auf Feststellung der Forderung zur Tabelle voraus. Vielmehr verändern sich auch die Parteien des aufzunehmenden Rechtsstreits.[111] Anders als im Falle der Universalsukzession liegt eine Rechtsnachfolge im Falle der Insolvenzeröffnung nicht vor, nach der eine Aufnahme wie in § 239 Abs. 1 ZPO[112] geregelt werden könnte. Im Falle des § 179 Abs. 1 InsO ist der betreibende Gläubiger jedenfalls nicht der Rechtsnachfolger des von ihm vorprozessual verklagten Schuldners; weder der bestreitende Insolvenzverwalter noch der bestreitende Gläubiger sind Rechtsnachfolger des Schuldners. Geht man von einer Vertretung des Schuldners durch den Insolvenzverwalter aus, bliebe dieser Beklagter des nach §§ 179 Abs. 1, 180 Abs. 2 InsO aufgenommenen Rechtsstreits;[113] im Falle des Gläubigerbestreitens fände ein Parteiwechsel statt, sofern nicht auch der Insolvenzverwalter bestreitet. Dies ist mit der von der höchstrichterlichen Rechtsprechung überzeugend vertretenen Amtstheorie[114] abzulehnen.

---

108 BGH, Urt. v. 3.7.2014 – IX ZR 261/12, ZIP 2014, 1503.

109 Auch heute noch plastisch *Jonas*, Die Konkursfeststellung in ihrer prozessualen Durchführung, 1907, 41/42.

110 Uhlenbruck/*Mock*, 14. Aufl. InsO, § 87 Rn. 21 f.

111 Das wird in der zivilprozessualen Literatur nicht immer hinreichend betont, vgl. *Gehrlein*, in MünchKomm-ZPO, § 239 Rn. 33.

112 *Gehrlein*, in MünchKomm-ZPO, § 239 Rn. 22.

113 So *Voigt* 163.

114 RGZ 29, 26, 29; RGZ 52, 330, 333; BGH JNW 1965, 1585; BGH NJW 1987, 3133; *Henckel*, ZIP 1991, 133; K/P/B/*Lüke*, § 80 Rn. 37, 38; MünchKomm-*Ott*/*Vuia*, 3. Aufl. InsO, § 80 Rn. 35; Jaeger/*Windel*, § 80 Rn. 15; Zöller/*Vollkommer*, § 51 ZPO Rn. 7.

3.69 *Jonas*[115] hat die damit zusammenhängenden Strukturfragen so gefasst, dass „auf der Beklagtenseite ... ein eigenartiger Wechsel der Person" stattfindet. Dieser „eigenartige Wechsel" wird seines Geheimnisses entkleidet, wenn man den Streitgegenstand in den Blick nimmt. Der prozessuale Anspruch wandelt sich nämlich mit Eröffnung des Insolvenzverfahrens, da es nicht mehr um das Forderungsrecht gegen den Schuldner geht, dessen Titulierung selbst aufgrund § 87 ZPO nicht mehr begeht werden kann. An seine Stelle tritt der („prozessuale") Anspruch auf Feststellung der Forderung zur Tabelle, die nicht gegen den Schuldner, sondern (sinnvoller Weise) nur gegen einen insolvenzverfahrensrechtlichen Opponenten begehrt werden kann und muss.[116]

b) Stellung des betreibenden Gläubigers

3.70 Die Parteistellung des opponierenden Gläubigers war noch im 19. Jahrhundert Zweifeln ausgesetzt, da man keine materielle Rechtsposition fand, aufgrund derer er Beklagter der Tabellenfeststellungsklage sein konnte.[117] Die damit verbundenen Probleme lösen sich aber auf, wenn man die sich aus seiner jeweiligen Stellung im Insolvenzverfahren folgende Rechtszuständigkeit des Opponenten betrachtet, den anmeldenden Gläubiger durch Erhebung des Widerspruchs an Verfahrensteilnahme und daran zu hindern, an der Haftungsverwirklichung des Schuldners beteiligt zu werden: Im Falle des Verwalters folgt dies aus seiner Amtsstellung – die ihm gebietet, die Tabelle ordentlich zu führen, § 175 Abs. 1 InsO. Im Falle des opponierenden (anderen) Gläubigers nimmt dieser, wie es im Schrifttum[118] heißt, ein eigenes Recht oder eine eigene Befugnis zum Widerspruch wahr; diese Befugnis lässt sich aus der haftungsrechtlichen Zuweisung des (pfändbaren) Schuldnervermögens an die Gemeinschaft der Gläubiger erklären, die in seiner Verfahrensteilnahme ihre prozessuale Entsprechung findet: Da Mehrheitsbeschlüsse, wie sie § 76 Abs. 2 InsO vorsieht, in Ansehung der Teilnahmerechte unangemessen wären, da sie keine gerechte Entscheidung ermöglichen würden,[119] weist das Gesetz jedem einzelnen Gläubiger die Befugnis zu, eine angemeldete Forderung zu bestreiten und damit über die Frage der Teilnahme des anmeldenden Gläubigers eine gerichtliche Klärung außerhalb des Insolvenzverfahrens herbeizuführen. Damit folgt die Parteistellung zwanglos aus dem Gegenstand des Tabellenfeststellungsstreits.

---

115 *Jonas* (Fußn. 6) 40.

116 *Jonas* (Fußn. 6) 43/44.

117 *Jonas* (Fußn. 6) 13/14 m.w.Nachw.

118 Jaeger/*Henckel*, § 176 Rn. 29; Braun/Specovius, 6. Aufl. InsO, § 176 Rn. 3ff.

119 Dies zeigt das Verfahren nach § 77 Abs. 2 InsO, vgl. *Wolff*, Stimmrechte im Insolvenzverfahren, S. 27ff.

Das führt zwingend dazu, dass das „Prozessrechtsverhältnis“,[120] das zunächst zwischen dem beklagten Insolvenzschuldner und seinem Gläubiger bestand, nach Eröffnung des Insolvenzverfahrens und gem. § 180 Abs. 2 InsO erfolgter Aufnahme nunmehr zwischen dem betreibenden (anmeldenden) Gläubiger und dem Opponenten besteht. Damit ist nicht etwa wiederum nur eine „akademische“ Frage angeschnitten. Mit dem Verweis auf das Prozessrechtsverhältnis wird angesprochen, ob und unter welchen Voraussetzungen die Rechtshängigkeit des vorkonkurslich zwischen Schuldner und Gläubiger eingeleiteten Prozesses einer nach § 179 Abs. 1 InsO zu erhebenden Tabellenfeststellungsklage entgegensteht. Hier geht es m.a.W. um das Problem, welche Wirkungen die vom Insolvenzschuldner erhobenen prozesshindernden Einreden im vom klagenden Gläubiger gegen den Opponenten aufgenommenen Prozess zeitigen, oder, anders ausgedrückt, ob der Mangel der Prozessvoraussetzungen auf den aufzunehmenden Prozess dergestalt durchschlägt, dass nicht nach § 180 Abs. 2 InsO aufzunehmen, sondern eine neue Klage zu erheben ist, der die Rechtshängigkeit des vorkonkurslich rechtshängigen und nach § 240 ZPO unterbrochenen Prozesses nicht entgegensteht. 3.71

Ist der Schuldner entgegen den Annahmen einer Vertretertheorie[121] nicht Partei des mit Insolvenzeröffnung nach § 240 ZPO unterbrochenen und nach § 180 Abs. 2 InsO aufgenommenen Prozesses, kommt er im aufgenommenen Prozess als Zeuge in Betracht.[122] Die Gegenansicht[123] meint, der Insolvenzschuldner sei im aufgenommenen Prozess zu behandeln, als sei der Opponent Rechtsnachfolger des Schuldners – was aber abzulehnen ist. 3.72

War die vom Gläubiger gegen den Schuldner erhobene Leistungsklage oder auch eine Feststellungsklage erstinstanzlich entschieden, kommt eine Tabellenfeststellungsklage nicht etwa wegen res iudicata nicht in Betracht. Denn ob der Gläubiger mit seiner titulierten Forderung am Insolvenzverfahren teilnahme- und haftungsrechtlich beteiligt ist, hängt nach § 178 Abs. 1 InsO allein davon ab, ob ein Widerspruch von Insolvenzverwalter oder anderem Gläubiger erhoben worden ist. Dass der Opponent die Betreibungslast hat (§ 179 Abs. 2 InsO), steht auf einem anderen Blatt. Denn es geht mit der Tabellenfeststellungsklage allein um den Gegenstand der Haftungsverwirklichung im Insolvenzverfahren materiell und verfahrensteilnahmerechtlich. 3.73

120 Zu dieser prozessrechtlichen Grundkategorie *J. Kohler*, Der Prozess als Rechtsverhältnis (1988), S. 62.

121 Braun/*Kroth*, 6. Aufl. InsO, § 80 Rn. 3; MünchKomm-*Lindacher*, 3. Aufl. ZPO, vor § 50 Rn. 31; FK/*App*, 8. Aufl. InsO, § 80 Rn. 29.

122 Str.: RGZ 29, 29; BFH v. 22.1.1997 – I R 101/95, BStBl. II 1997, 464; *Uhlenbruck*, EWiR 1997, 609; *Häsemeyer*, Insolvenzrecht, Rn. 13.24; *Jonas* 63; a.A.: *Oetker*, Konkursrechtliche Grundbegriffe Bd. 1, 341.

123 *Oetker*, Konkursrechtliche Grundbegriffe Bd. 1, 341.

3. Prozessuale Fragen

3.74 Eine Identität der Mängel in den Prozessvoraussetzungen kommt daher nur in Fällen zum Tragen, in denen der ursprüngliche Prozess wegen der Art des verfahrensrechtlichen Fehlers nicht aufgenommen werden kann.[124]

3.75 In diesem Zusammenhang stellt sich die Frage möglicher Präklusion i.S.v. § 296 ZPO. Dabei ist zu berücksichtigen, dass mit der Aufnahme nach § 240 ZPO, § 180 Abs. 2 InsO nicht nur ein Wechsel der Personen stattfindet, die die Parteirollen wahrnehmen, sondern mit dem Wandel des Streitgegenstandes (Rn. 3.5) die vorzutragenden Tatsachen einen prozessualen Bedeutungswandel erfahren.[125] Das Vorbringen der jeweiligen Parteien bezieht sich, je nachdem, ob es auf die mit der Leistungsklage angestrebte Durchsetzung der Forderung oder auf deren Feststellung zur Tabelle mit der Klage nach §§ 179 Abs. 1, § 181 InsO gerichtet ist, auf eine unterschiedliche prozessuale Bedeutung. Alle Fragen, die sich auf insolvenzspezifische Probleme beziehen, wie die Einordnung einer Darlehensforderung als Gesellschafterdarlehen gem. § 39 Abs. 1 Nr. 5 InsO oder als vorinsolvenzlich „angelegte" Forderung wegen der Rückgabe der Mietsache in Bezug auf die Qualifikation einer Forderung als Insolvenz- oder Masseforderung werden mit der Eröffnung des Insolvenzverfahrens über das Vermögen des beklagten Schuldners „neu" aufgeworfen[126] – und können daher nicht nach § 296 ZPO präkludiert sein.

V. Nichtzulassungsbeschwerde

3.76 Ein Nichtzulassungsbeschwerdeverfahren ist ein Rechtsstreit im Sinne von § 180 Abs. 2 InsO, durch dessen Aufnahme die Feststellung der bestrittenen Forderung zu betreiben ist. Über einen Zwischenstreit über die Wirksamkeit der Aufnahme des Nichtzulassungsbeschwerdeverfahrens ist entsprechend § 303 ZPO durch Beschluss zu entscheiden.[127]

VI. Judikatur

1. Prozessaufnahme setzt Forderungsanmeldung voraus

a) Rechtsprechung des BGH

3.77 Der *BGH*[128] hat in seiner Entscheidung vom 3.7.2014 über die Voraussetzungen zu entscheiden gehabt, unter denen der insolvenzbedingt unterbrochene Rechtsstreit von einem Insolvenzgläubiger aufgenommen werden kann.

---

124 *Jonas* (Fußn. 6) 58 ff.

125 *Jonas* (Fußn. 6) 61.

126 *Jonas* (Fußn. 6) 62.

127 BGHZ 195, 233 = ZIP 2012, 2369 = DZWIR 2013, 125 m. Anm. *Eckardt* EWiR 2012, 799, *Pape* WuB VI A § 179 InsO 1.13; BGH, Urteil vom 29. Juni 1998, II ZR 353/97, NJW 1998, 3121.

128 *BGH*, Urt. v. 3.7.2014 – IX ZR 261/12 – ZIP 2014, 1503.

Die Kläger hatten die spätere Insolvenzschuldnerin als Bauträgerin mit der schlüsselfertigen Erstellung von Eigentumswohnungen beauftragt und im Zusammenhang mit dem Abnahmetermin die angeforderte letzte Kaufpreisrate gezahlt. Später machten diese mit ihrer Klage geltend, die Anforderung der letzten Kaufpreisrate sei in Ermangelung einer Abnahme des Werkes zu Unrecht erfolgt. Im Verfahren über die Berufung der späteren Insolvenzschuldnerin gegen das der Klage stattgebende Urteil wurde über das Vermögen der Bauträgergesellschaft das Insolvenzverfahren eröffnet. Während des Insolvenzverfahrens meldeten die Kläger mit Schreiben vom 11.8.2011 ihre Forderungen zur Tabelle an, wobei der Insolvenzverwalter deren Berücksichtigung wegen formeller Fehler ablehnte. Später, am 10.11.2011, fand ein Prüfungstermin statt, in dem diese Forderungen nicht berücksichtigt wurden. Später, am 10.2.2012, meldeten die späteren Kläger mit ausführlicheren Begründungen ihre Forderungen erneut an, die dann aber nicht geprüft wurden, da das Insolvenzgericht einen Prüfungstermin nicht anberaumte. Zwischenzeitlich hatten die Kläger den unterbrochenen Rechtsstreit gegen den Insolvenzverwalter aufgenommen und den Antrag auf Erstattung der letzten Kaufpreisraten umgestellt auf Feststellung der Erstattungsforderungen zur Insolvenztabelle. Das Berufungsgericht hatte die Berufung des Insolvenzverwalters zurückgewiesen und den Tenor des angefochtenen Urteils im Sinne der begehrten Feststellung neugefasst. 3.78

Der BGH hat das berufungsgerichtliche Urteil mit der Begründung aufgehoben, dass der Rechtsstreit nicht wirksam aufgenommen werden konnte. Die Aufnahme eines Rechtsstreits nach Eröffnung des Insolvenzverfahrens über das Vermögen einer Partei setzt im Falle von Passivprozessen voraus, dass entweder ein Aussonderungsstreit nach § 86 Abs. 1 Nr. 1 InsO oder ein Absonderungsstreit vorliegt – wobei bei letzterem die Voraussetzungen, unter denen die Aufnahme nach den besonderen Voraussetzungen der §§ 166 ff. InsO erfolgen kann, bekanntlich streitig sind. Geht es um einen Passivprozess nach § 87 InsO, in dem der Insolvenzgläubiger Leistung (also nach § 45 S. 1 InsO: Zahlung) vom Insolvenzschuldner begehrt, sei, wie der IX. Zivilsenat des BGH überzeugend ausführt, zu berücksichtigen, dass Insolvenzgläubiger nach Eröffnung des Insolvenzverfahrens ihre Forderungen nur mehr in der insolvenzrechtlich gebotenen Form nach den Vorschriften über das Insolvenzverfahren verfolgen können (§ 87 InsO). Daher ist die Forderung zur Insolvenztabelle anzumelden. Dabei sind die §§ 174, 175 InsO zu berücksichtigen. Weiterhin bedarf es einer Prüfung im Prüfungstermin vor dem Insolvenzgericht oder im schriftlichen Verfahren nach den §§ 5 Abs. 2, 176 ff. InsO bei der die Forderung nicht festgestellt wird, weil der Insolvenzverwalter oder ein anderer Insolvenzgläubiger der Forderung widerspricht, um die Aufnahme des Rechtsstreits mit dem Ziel zu betreiben, dass die Forderung zur Tabelle aufgenommen wird, §§ 179 Abs. 1, § 180 Abs. 2 InsO. Hier galt noch die Besonderheit, dass bereits ein vorläufig vollstreckbarer Schuldtitel in Gestalt des landgerichtlichen Urteils vorlag. In diesem Fall hat nicht der anmeldende Insolvenzgläubiger, sondern der Bestreitende den unterbrochenen Rechtsstreit aufzunehmen, wie sich aus § 179 Abs. 2 InsO ergibt. 3.79

Nur im Falle der Untätigkeit des Bestreitenden ist der Gläubiger nach der Judikatur des BGH zur Aufnahme befugt. Weil die insolvenzrechtlichen Regelungen über das Feststellungsverfahren dazu dienen, dass neben dem Insolvenzverwalter auch die Insolvenzgläubiger sich an der Forderungsfeststellung beteiligen können, und weil die Feststellung nach § 183 Abs. 1 InsO gegenüber allen Insolvenzgläubigern wirkt, sei die Durchführung des Feststellungsverfahrens eine nicht abdingbare zwingende Sachurteilsvoraussetzung für die Aufnahme des Verfahrens und für das Feststellungsurteil. Ob in diesem Zusammenhang die Forderungsanmeldung in ordentlicher Form erfolgt war, sei, da eine Feststellung nicht erfolgte, unerheblich gewesen.

b) Vorlage des beglaubigten Tabellenauszugs als Beweis des Vorliegens der Sachurteilsvoraussetzungen

3.80 Durch die Vorlage des beglaubigten Tabellenauszugs, den das Insolvenzgericht nach § 179 Abs. 3 zu erteilen hat[129] wird – wie oben (Rn. 3.25) gezeigt – das Vorliegen der Sachurteilsvoraussetzungen gem. § 181 InsO **nachgewiesen**. Der Tabellenauszug beweist Anmeldung und Prüfung sowie die Deckung von Klageantrag und Anmeldung. Die Sachurteilsvoraussetzungen müssen bis zum **Schluss der letzten mündlichen Verhandlung** vorliegen;[130] dies gilt gem. § 561 ZPO auch für die Revisionsinstanz.[131]

2. Sonderfall Teilaufnahme von gem. § 240 ZPO unterbrochenen Streitigkeiten durch Erhebung einer Insolvenzfeststellungsklage gem. § 179 InsO

3.81 Der III. Zivilsenat des BGH[132] hat über die Frage der Zulässigkeit der Teilaufnahme eines nach § 240 ZPO unterbrochenen Rechtsstreits mit der Feststellungsklage nach § 179 ZPO zu entscheiden gehabt.

3.82 Der Kläger hatte eine Wirtschaftsprüfungsgesellschaft auf Zahlung von Schadensersatz in Höhe von ca. 80.000 Euro in Anspruch genommen und verklagt. Nachdem die Beklagte in der Berufungsinstanz unterlegen war, legte sie – nachdem das OLG die Revision nicht zugelassen hatte – hiergegen Beschwerde ein. Dieses Beschwerdeverfahren wurde durch die Verhängung eines allgemeinen Verfügungsverbots durch das zuständige Insolvenzgericht nach § 240 S. 2 ZPO unterbrochen.

---

129 Uhlenbruck/*Sinz*, 14. Aufl. InsO, § 179 Rn. 37; MünchKomm-*Schumacher*, 3. Aufl. InsO, § 181 Rn. 5; Graf-Schlicker/*Graf-Schlicker*, 4. Aufl. InsO, § 179 Rn. 15.

130 MünchKomm-*Schumacher*, 3. Aufl. InsO, § 181 Rn. 4; Graf-Schlicker/*Graf-Schlicker*, 4. Aufl. InsO, § 181 Rn. 4;

131 ; MünchKomm-*Schumacher*, 3. Aufl. InsO, § 181 Rn. 4; BGH, Urt. v. 21.2.2000 – II ZR 231/98 – ZIP 2000, 705, 706.

132 BGH, B. v. 27.3.2013 – III ZR 367/12, ZIP 2013, 1094.

Später wurde das Insolvenzverfahren über das Vermögen der beklagten Insolvenzschuldnerin eröffnet. Im Insolvenzverfahren widersprach die H. AG, eine Gläubigerin der beklagten Insolvenzschuldnerin, der Anmeldung der Forderung durch die Klägerin. Der Insolvenzverwalter hatte diese Forderung in Höhe der ursprünglichen Schadensersatzpflicht anerkannt, im Übrigen aber wegen Zinsen in Höhe von ca. 14.000 Euro und Kosten in Höhe von ca. 9.000 Euro widersprochen. Die H. AG war nach Eröffnung des Insolvenzverfahrens dem Rechtsstreit auf Seiten der beklagten Insolvenzschuldnerin beigetreten. Die Klägerin nahm den Rechtsstreit in Höhe des vom Insolvenzverwalter anerkannten und von der Gläubigern H. AG mit Widerspruch begegneten Betrages in Höhe von 80.500 Euro auf. Demgegenüber hat die H. AG als Streithelferin der Beklagten den Antrag gestellt, dass festgestellt werde, das Verfahren sei weiterhin unterbrochen.

Die Aufnahme des Verfahrens erfolgte ausdrücklich nur gegen die Streithelferin 3.83
der Beklagten als widersprechende Gläubigerin gem. § 180 Abs. 2 InsO. Der IX. Zivilsenat des BGH hat[133] darauf erkannt, dass die Aufnahme auch eines zurzeit der Eröffnung des Insolvenzverfahrens in der Revisionsinstanz anhängigen Rechtsstreits möglich sei und dies auch für den Zeitraum der Nichtzulassungsbeschwerde gelte.[134] Mit ihrem Antrag hat die Streithelferin begehrt, über die Zulässigkeit der beschränkt auf ihre Person gerichteten Insolvenzfeststellungsklage als Aufnahme des unterbrochenen Rechtsstreits eine Entscheidung herbeizuführen – mithin führt sie gegen den Kläger einen Zwischenstreit über die Wirksamkeit der vom ihm erklärten Aufnahme über den entsprechend § 303 ZPO zu entscheiden ist durch Beschluss.[135] Der III. Zivilsenat macht in diesem Zusammenhang klar, unter welchen Bedingungen die „Teilaufnahme“ eines nach § 240 ZPO unterbrochenen Rechtsstreits möglich ist.

Grundsätzlich kann, wenn der Anmeldung der Forderung mehrere Personen 3.84
gem. § 178 Abs. 1 S. 1 InsO widersprochen haben, die Aufnahme wirksam nur gegenüber allen Widersprechenden erklärt werden.[136] Denn ansonsten würde entgegen § 180 Abs. 2 InsO immer nur der Widerspruch einer Person durch das angestrebte Urteil beseitigt. Damit ist aber die Frage, ob die angemeldete Forderung zur Tabelle widerspruchsfrei festzustellen ist oder nicht, bis zum Urteil gegen den letzten der Bestreitenden aufgeschoben – was der Beschleunigungsfunktion der zitierten Vorschriften widerspricht und wegen der Formierung von Prozessen mit erheblichen Kosten verbunden wäre.

Die Teilaufnahme des unterbrochenen Rechtsstreits ist dagegen dann möglich, 3.85
wenn in Höhe eines bestimmten Teils dieser Forderung – wie im vorliegenden Fall – nur ein Gläubiger widersprochen hat. Denn unter dieser Voraussetzung erledigt der

133 BGH, ZIP 2012, 2369.
134 BGH, ZIP 2012, 2369.
135 BGH, B. v. 31.10.2012 – III ZR 204/12, ZIP 2012, 2369.
136 So bereits BGH, B. v. 31.10.2012 – III ZR 204/12, ZIP 2012, 2369.

Forderungsfeststellungsstreit zwischen dem anmeldenden klagenden Gläubiger und dem widersprechenden Gläubiger als Beklagten (oder Streithelfer des Beklagten wie im vorliegenden Fall) die Ungewissheit darüber, ob die Forderung zur Tabelle festzustellen sei.[137] Ist aber der Teil des angemeldeten Gesamtanspruchs, dem der Gläubiger – wie im vorliegenden Fall – widersprochen hat, eine Hauptforderung und will der die Feststellungsklage betreibende Gläubiger allein Nebenforderungen, nämlich Zinsen und Kosten, nicht weiter verfolgen, so ist eine Teilaufnahme ausgeschlossen. Denn diese würde die Gefahr nach sich ziehen, dass wegen der Hauptforderung im Forderungsfeststellungsstreit auf der einen Seite und im Übrigen wegen der Nebenforderungen widersprechende Entscheidungen ergehen.

3.86 Daher ist es nachvollziehbar, dass der III. Zivilsenat ausführt, die Teilaufnahme eines nach § 240 ZPO unterbrochenen Rechtsstreits sei nur möglich, wenn es ausgeschlossen werden kann, dass in Bezug auf den aufgenommenen Teil des Rechtsstreits um den nicht aufgenommenen Teil widersprechende Entscheidungen ergehen.

VII. Tabellenfeststellungsprozess im Falle des Bestreitens titulierter Forderungen

1. Voraussetzung

3.87 Prozessvoraussetzung des „Verfolgens" seines Bestreitens durch den Insolvenzverwalter oder den anderen Gläubiger ist wie im Falle nichttitulierter Forderungen auch beim Bestreiten titulierter Forderungen die Anmeldung der Forderung unter Angabe des Titels, oben 3.29. Der beklagte Gläubiger kann gem. § 295 Abs. 2 InsO nicht mit der Heilungswirkung des § 295 Abs. 1 ZPO auf die Rüge, dass dies nicht vorliegt, verzichten, da sie dem Schutz der Verfahrensteilnahmsrechte der Beteiligten dient. Das Prozessgericht muss dies von Amts wegen prüfen.

2. Noch nicht rechtskräftiger Titel

3.88 Gegen Forderungen, für die noch nicht rechtskräftige Endurteile vorliegen, wird der Widerspruch im Wege der Aufnahme des Rechtsstreits nach § 250 ZPO, § 180 Abs. 2 ZPO durch Einlegung von Berufung oder Revision verfolgt.[138] Dies kann auch erfolgen, ohne dass zuvor eine Aufnahmeerklärung abgegeben wird, da die Regelung des § 249 Abs. 2 ZPO, wonach die während der Unterbrechung oder Aussetzung von einer Partei in Ansehung der Hauptsache vorgenommenen Prozesshandlungen der anderen Partei gegenüber ohne rechtliche Wirkung sind, die Rechtsmitteleinlegung nicht hindert.[139]

---

137 Vgl. bereits BGH, B. v. 7.7.1994 – V ZR 270/93, NJW RR 1994, 1213.

138 RG, Urt. v. 11–10/5.11.1890 – Rep. I. 166. 167/90, RGZ 27, 350.

139 Vgl. bereits BGH, Urt. v. 8.1.1962 – VII ZR 65/61, BGHZ 36, 258; BGH, Urt. v. 30.9.1968 – VII ZR 93/67, BGHZ 50, 397.

Der Widerspruch wegen durch Beschlüsse gem. § 794 Abs. 1 Nr. 3 ZPO titulierter Forderungen kann durch Einlegung der sofortigen Beschwerde verfolgt werden.[140] 3.89

3. Rechtskräftiger Titel

Gegen rechtskräftige Titel kommen zunächst einmal die Klagen nach § 578 ff. ZPO in Betracht. Ist ein Endurteil nach Eröffnung des Insolvenzverfahrens erlassen worden war der Schuldner in dem Verfahren nicht nach Vorschrift der Gesetze vertreten, da der Insolvenzverwalter i.d.R. die Prozessführung nicht ausdrücklich genehmigt hat; eine stillschweigende Genehmigung kommt in aller Regel nicht in Betracht. Der Verwalter wird dies mit der Nichtigkeitsklage nach § 579 Abs. 1 Nr. 4 ZPO verfolgen.[141] 3.90

Im Übrigen greifen die Restitutionsklage nach § 580 ZPO, die Vollstreckungsgegenklage gem. § 767 ZPO und die Klage gem. § 826 BGB (eingehender zu deren Voraussetzungen im Zusammenhang der Tabellenkorrektur oben Rn. 2.148 ff.). 3.91

VIII. Streitwert

1. Präzisierung des § 3 ZPO durch § 182 InsO

a) Funktion der Sonderregelung des § 182 InsO

§ 182 InsO präzisiert § 3 ZPO: Würde man den Nennwert der angemeldeten Forderung zum Maßstab des Streitwertes der Insolvenzfeststellungsklage machen, würde die Rechtsverfolgung des Insolvenzgläubigers Risiken ausgesetzt, die einen Prozess unter Bedingungen der Waffengleichheit in Frage stellen würden.[142] Streitgegenstand ist nicht die Forderung, sondern das Haftungsrecht des Anmeldenden gegen bzw. an die Masse.[143] Daher orientiert sich der Streitwert der Insolvenzfeststellungsklage nach § 182 InsO an den Befriedigungschancen des Insolvenzgläubigers. 3.92

b) Nach Verfahrensstage gestufter Streitwert

§ 182 InsO greift auch für nach § 180 Abs. 2 InsO aufgenommene Prozesse.[144] Im Falle der Aufnahme eines durch Verfahrenseröffnung unterbrochenen Prozesses stellt § 182 InsO eine Sonderregelung auch gegenüber § 40 GKG dar, wonach für die Wertberechnung der Zeitpunkt der den jeweiligen Streitgegenstand betreffenden Antrag- 3.93

140 *Gerhardt*, in: Jaeger/Henckel § 179 Rn. 78.

141 *Gerhardt*, in: Jaeger/Henckel § 179 Rn. 81.

142 Ähnlich Uhlenbruck/*Sinz*, 14. Aufl. InsO, § 182 Rn. 5; MünchKomm-*Schumacher*, 3. Aufl. InsO, § 182 Rn. 4; Braun/*Specovius*, 6. Aufl. InsO, § 182 Rn. 2.

143 KS-*Eckardt*, 3. Aufl., Kap. 17 Rn. 53; MünchKomm-*Schumacher*, 3. Aufl. InsO, § 182 Rn. 3; Braun/*Specovius*, 6. Aufl. InsO, § 182 Rn. 3.

144 *Gerhardt*, in: Jaeger/Henckel § 182 Rn. 13.

stellung maßgebend ist, die den Rechtszug einleitet.[145] Das ist gerechtfertigt, da der nach § 180 Abs. 2 InsO auf Widerspruch des Opponenten aufnehmende Gläubiger nicht mehr wie ursprünglich Leistung begehren darf (§ 87 InsO), sondern seinen Antrag auf Tabellenfeststellung umstellen muss (Rn. 1.1). Es geht daher auch streitwertmäßig nicht mehr um die Titulierung der Forderung zu ihrem Nennbetrag, sondern um das Verfahrensteilnahmerecht des anmeldenden Gläubigers.[146] Die bis zur Verfahrenseröffnung anfallenden Kosten berechnen sich nach § 3 ZPO.

2. Anwendungsbereich des § 182 InsO

3.94 § 182 InsO kommt auf den Zuständigkeits- u. den Rechtsmittelstreitwert, unter Einschluss des Wertes des Beschwerdegegenstandes gem. § 511a ZPO,[147] sowie den Gebührenstreitwert zur Anwendung.[148]

3.95 Der Streitwert einer Klage auf Feststellung einer Forderung zur Insolvenztabelle bestimmt sich nach alledem nach dem Betrag, der bei der Verteilung der Insolvenzmasse für die Forderung zu erwarten ist. § 182 InsO gilt grundsätzlich für alle Klagen gemäß §§ 179, 180 InsO auf Feststellung einer bestrittenen Insolvenzforderung. Dabei ist es unerheblich, ob die Feststellung durch Prozessaufnahme gem. § 180 Abs. 2 InsO, positive Feststellungsklage des Gläubigers i.S.v. § 179 Abs. 1 InsO oder negative Feststellungsklage des bestreitenden Insolvenzverwalters betrieben wird (§ 179 Abs. 2 InsO). Auch das Bestehen etwaiger Sicherheiten des Gläubigers und von Absonderungsrechten erhöht den Streitwert nicht.[149]

3. Richterliches Ermessen

a) Maßstab

3.96 Bei einer Forderung, deren Bestand bestritten wird, ist die Höhe des Betrags entscheidend, den der Gläubiger bei der Verteilung der Insolvenzmasse zu erwarten hat. Der Fall, dass nur die Höhe oder der Rang der Forderung bestritten ist, wird nicht ausdrücklich geregelt; hier ergibt jedoch die entsprechende Anwendung der Vorschrift, dass der Unterschied zwischen den Beträgen maßgeblich ist, die der Gläubiger bei einem Obsiegen oder bei einem Unterliegen gegenüber dem Bestreitenden erhalten würde.[150]

---

145 Gerhardt, in: Jaeger/Henckel § 182 Rn. 27.

146 *Gerhardt*, in: Jaeger/Henckel § 182 Rn. 29.

147 BGH, Beschl. v. 28.1.2002 – II ZB 23/01 – NZI 2002, 549.

148 MünchKomm-*Schumacher*, 3. Aufl. InsO, § 182 Rn. 6; Braun/*Specovius*, 6. Aufl. InsO, § 182 Rn. 3.

149 BGH; B. v. 28.5.2015 – III ZR 260/14, ZIP 2015, 1889.; BGH, 12. November 1992, VII ZB 13/92, NJW-RR 1993, 317.

150 Amtl. Begr. zu § 210 RegEInsO, BT-Drs. 12/2443, 185.

b) Schätzung des Streitwertes

Das Gericht hat den Wert nach freiem Ermessen (§ 3 ZPO) aufgrund **objektiver Gesichtspunkte** festzusetzen, wobei der wahre Wert im Sinne des Verkehrswertes zu ermitteln ist.[151] Im Rahmen seiner Schätzungsbefugnis hat das Prozessgericht **sämtliche Erkenntnismöglichkeiten auszuschöpfen**, worunter insbesondere die **Auswertung der Insolvenzakten** zu zählen ist.[152] 3.97

c) Mindeststreitwert

Da die Befriedigungsaussichten des Gläubigers ungewiss sind, hat das Prozessgericht den Streitwert der Feststellungsklage nach § 180 Abs. 1 S. 1 mit einem **Bruchteil des Nennwertes** der bestrittenen Forderung zu beziffern.[153] Das entspricht einer im Streitwertrecht im Vordringen begriffenen wirtschaftlichen Betrachtungsweise, die die Unsicherheit der exekutorischen Durchsetzung der Forderung berücksichtigt.[154] Eine pauschale streitwertrechtliche Bewertung von Insolvenzforderungen etwa mit 10%[155] würde sich aber als Ermessenunterschreitung des Gerichts darstellen. Nicht ausschlaggebend ist das wirtschaftliche Interesse der Parteien an dem Rechtsstreit.[156] Das erkennende Gericht hat auf der Grundlage einer Auskunft des Verwalters[157] das Verhältnis von Teilungs- zur Schuldenmasse zu bestimmen und daraus die voraussichtliche Quote zu ermitteln.[158] Ist überhaupt keine Quote zu erwarten, so ist mit dem BGH vom **Mindeststreitwert i.H.v. € 300** auszugehen.[159] 3.98

151 MünchKomm-*Wöstmann*, 4. Aufl. ZPO, § 3 Rn. 13; *Baumbach/Lauterbach/Albers/Hartmann*, 73. Aufl. ZPO, § 3 Rn. 4.

152 BGH, Urt. v. 9.9.1999 – XI ZR 80/99 – ZInsO 1999, 642, 643 = InVo 2000, 263 = ZIP 1999, 1811 m. Anm. *Tappmeier*, § 148 KO 1/2000, EWiR 2000, 243; Uhlenbruck/*Sinz*, 14. Aufl. InsO, § 182 Rn. 8; Braun/*Specovius*, 6. Aufl. InsO, § 182 Rn. 2f.; MünchKomm-*Schumacher*, 3. Aufl. InsO, § 182 Rn. 8.

153 Vgl. MünchKomm-*Schumacher*, 3. Aufl. InsO § 182 Rn. 7, 8; Uhlenbruck/*Uhlenbruck*, 14. Aufl. InsO, § 182 Rn. 8.; *Hess*, § 182 Rn. 6.

154 OLG Naumburg, Beschl. v. 23.1.1995 – 7 W 34/95 – ZIP 1995, 575 m. Anm. *Pape* EWiR § 148 KO 1/95, 383; MünchKomm-*Schumacher*, 3. Aufl. InsO § 183 Rn. 8.

155 OLG Frankfurt, Beschl. v. 14.5.1986 – 8 U 240/85 – ZIP 1986, 1063 m. Anm. *Schneider* EWiR § 148 KO 1/86, 919.

156 OLG Köln, Beschl. v. 9.3.1971 – 1 W 10/71 – KTS 1971, 286; K/P/*Pape/Schaltke*, § 182 Rn. 2, 8.

157 OLG Köln, Beschl. v. 31.10.1973 – 2 W 137/73 – KTS 1974, 48.

158 BGH, Beschl. v. 29.6.1994 – VIII ZR 28/94 – ZIP 1994, 1193, 1194; ebenso KS-*Eckardt*, 3. Aufl., Kap. 17 Rn. 53; K/P/B-*Pape/Schaltke*, § 182 Rn. 15; MünchKomm-*Schumacher*, 3. Aufl. InsO § 182 Rn. 8.

159 Uhlenbruck/*Sinz*, 14. Aufl. InsO § 182 Rn. 14; K/P-*Pape*, § 182 Rn. 5; BGH Urt. v. 9.9.1999 – IX ZR 80/99, ZInsO 1999, 642; BGH Urt. v. 16.12.1999, IX ZR 197/99, ZIP 2000, 237; Braun/*Specovius*, 6. Aufl. InsO § 182 Rn. 4 m.w.N.

d) Absonderungsrechte. Aufrechenbare Forderungen

3.99 Der III. Zivilsenat des BGH[160] hat darauf erkannt, dass maßgeblich für den Streitwert der Insolvenzfeststellungsklage nach §§ 179, 180 InsO ausschließlich der Betrag ist, von dem zu erwarten ist, dass er bei der Verteilung der Insolvenzmasse auf die Forderung entfällt. Das Bestehen etwaiger Sicherheiten des Gläubigers und von Absonderungsrechten bleibt, wie der III. Zivilsenat überzeugend ausführt, für den Streitwert außer Betracht. Bei der Streitwertfestsetzung sind **aufrechenbare Gegenforderungen der Masse** gegen den auf Feststellung klagenden Insolvenzgläubiger zu berücksichtigen. Der Streitwert bemisst sich daher nach dem **um die Gegenforderung erhöhten Betrag.**[161]

e) Perpetuatio fori

3.100 Nach § 4 ZPO, der nach § 4 InsO entsprechend anzuwenden ist, kommt es für die Wertberechnung auf die Befriedigungsaussichten des Gläubigers zum **Zeitpunkt der Einreichung der Klage** bzw. der **Aufnahme des Rechtsstreits** an, in der Rechtsmittelinstanz ist dies der Zeitpunkt der Einlegung des Rechtsmittels,[162] bei der Verurteilung ist der Zeitpunkt des Schlusses der mündlichen Verhandlung, auf die das Urteil ergeht, entscheidend. Früchte, Nutzungen, Zinsen und Kosten bleiben unberücksichtigt, wenn sie als Nebenforderungen geltend gemacht werden. Bei einem Wertverlust des Interesses kommt der Grundsatz der **perpetuatio fori** zum Tragen.[163]

4. Einzelfragen

a) Prognose des Wertes der Dividende

3.101 Der Streitwert einer Klage auf Feststellung einer Forderung zur Insolvenztabelle bestimmt sich nach dem Betrag, der bei der Verteilung der Insolvenzmasse für die Forderung zu erwarten ist. § 182 InsO gilt grundsätzlich für alle Klagen gemäß §§ 179, 180 InsO auf Feststellung einer bestrittenen Insolvenzforderung. Dabei ist es unerheblich, ob die Feststellung durch Prozessaufnahme (§ 180 Abs. 2 InsO), positive Feststellungsklage des Gläubigers (§ 179 Abs. 1 InsO) oder negative Feststellungsklage des bestreitenden Insolvenzverwalters betrieben wird (§ 179 Abs. 2 InsO).

---

160 BGH Beschl. v. 28. Mai 2015-III ZR 260/14, ZIP 2015, 98.

161 BGH, Urt. v. 16.12.1999 – IX ZR 197/99 – ZIP 2000, 237 = ZInsO 2000, 99.

162 K/P/B/*Pape/Schaltke*, 67. Lfg. InsO, § 182 Rn. 4; Braun/*Specovius*, 6. Aufl. InsO, § 182 Rn. 2; MünchKomm-*Schumacher*, 3. Aufl. InsO, § 182 Rn. 10.

163 NR/*Becker*, 29. Egl. InsO, § 182 Rn. 21; K/P/B/*Pape/Schaltke*, 67. Lfg. InsO, § 182 Rn. 4.

Auch das Bestehen etwaiger Sicherheiten des Gläubigers und von Absonderungsrechten erhöht den Streitwert nicht.[164]

b) Lage nach Aufhebung des Insolvenzverfahrens

Der Wert des Beschwerdegegenstands des Berufungsverfahrens ist nach Aufhebung 3.102
des Insolvenzverfahrens[165] nicht nach § 182 InsO, sondern nach den allgemeinen Vorschriften (§ 2 i.V.m. §§ 3ff. ZPO) zu bestimmen.

Denn wie oben (Rn. 3.32) gezeigt ist nach Aufhebung des Insolvenzverfahrens der 3.103
Antrag des Klägers nicht mehr als Tabellenfeststellungsklage gemäß §§ 179, 180 InsO zu verstehen, sondern unter Berücksichtigung des gesetzlichen Parteiwechsels vom Insolvenzverwalter auf den Schuldner nicht mehr als Tabellenfeststellungsklage gemäß §§ 179, 180 InsO zu verstehen, sondern als allgemeines Feststellungsbegehren.[166]

5. Streitwert einer „Attributklage"

Die Klage auf Feststellung des Rechtsgrundes einer vorsätzlich begangenen uner- 3.104
laubten Handlung des Schuldners richtet sich im Unterschied zur allgemeinen Tabellenfeststellungsklage der §§ 179ff. InsO nicht darauf, die Teilnahme des Gläubiger am Insolvenzverfahren und an der Verteilung der Masse gem. §§ 188ff. InsO zu erreichen. Vielmehr findet sie ihren Sinn in § 302 InsO, wonach von der Erteilung der Restschuldbefreiung Verbindlichkeiten des Schuldners aus einer vorsätzlich begangenen unerlaubten Handlung nicht berührt werden. Daher kommt in diesem Zusammenhang die Vorschrift des § 182 InsO nicht zum Zuge, nach der der Wert des Streitgegenstands einer Klage auf Feststellung einer Forderung, deren Bestand vom Insolvenzverwalter oder von einem Insolvenzgläubiger bestritten worden ist, sich nach dem Betrag bestimmt, der bei der Verteilung der Insolvenzmasse für die Forderung zu erwarten ist. Es ist daher, wie das OLG ausführt, auf die Zeit nach Erteilung der Restschuldbefreiung abzustellen. Dabei ist zu berücksichtigen, dass auch nach Erteilung der Restschuldbefreiung die nachkonkursrechtlichen Durchsetzungmöglichkeiten der Forderung des Gläubigers tatsächlich wegen der Vermögenslage des Schuldners beschränkt sein können, was es rechtfertigt, bei der Streitwertbemessung entsprechende Abschläge vorzunehmen.[166a]

---

164 BGH; B. v. 28.5.2015 – III ZR 260/14, ZIP 2015, 1889; BGH, 12. November 1992, VII ZB 13/92, NJW-RR 1993, 317.

165 BGH, B. v. 23.4.2015 – IX ZB 76/12, ZIP 2015, 1311 = DZWIR 2015, 478.

166 BGH, B. v. 23.4.2015 – IX ZB 76/12, ZIP 2015, 1311 = DZWIR 2015, 478.

166a OLG Hamm, B. v. 4. 5. 2016 – 32 Sa 16 /16, ZIP 2016, 2429.

Kapitel 2. Negative Feststellungsklagen gegen bestrittene, aber nicht „betriebene" Forderungen durch Insolvenzverwalter und Insolvenzgläubiger

A) Fragestellung

I. Fall

3.104 Die vordergründig einfache gesetzliche Regelung des durch Erhebung des Widerspruchs erfolgenden Bestreitens der angemeldeten Forderung bedarf der Konkretisierung in komplexeren Sachverhalten:

3.105 Der Insolvenzverwalter bestreitet z.B. die angemeldete Forderung der Gläubigerbank aus einem Beitritt der schuldnerischen KG zu einer vom Komplementär begründeten Darlehensforderung, mit der er den Kauf der Gesellschaftsanteile an der KG finanziert hat. Der Verwalter vertritt die Ansicht, dass der Schuldbeitritt der insolvenzschuldnerischen KG sich als unentgeltliches Rechtsgeschäft i.S.v. § 134 InsO darstellt. Aus dem Darlehensbetrag sind Zahlungen an Kommanditisten der insolvenzschuldnerischen KG vorgenommen worden. Die bestrittene Forderung beläuft sich auf 100 Millionen Euro; alle angemeldeten Forderungen anderer Gläubiger erreichen diese Summe zusammen. Greift die Insolvenzanfechtung durch, wäre ein Rückgriff auf die Kommanditisten gem. § 172 HGB i.V.m. § 93 InsO ausgeschlossen.

3.106 Der Anfechtungsanspruch droht aber nach § 146 Abs. 1 InsO zu verjähren. Betrachtet man allein das Verhältnis der Masse zur anmeldenden Gläubigerbank mit der Forderung aus dem (möglicherweise) anfechtbaren Schuldbeitritt würde freilich § 146 Abs. 2 InsO helfen, wenn die Gläubigerbank die Tabellenfeststellungsklage nach Ablauf der Verjährungsfrist erhebt. Denn nach der Theorie der haftungsrechtlichen Unwirksamkeit anfechtbarer Rechtshandlungen[167] begründet § 146 Abs. 2 InsO die Einwendung der – als Rechtszustand einer Verjährung nicht unterliegenden – haftungsrechtlichen Unwirksamkeit, die vom bestreitenden Insolvenzverwalter (arg. § 129 Abs. 1 InsO) im Tabellenfeststellungsprozess dem Gegner daher zeitlich unbegrenzt entgegengehalten werden kann. Da die §§ 179 ff. InsO für die Erhebung der Tabellenfeststellungsklage keine Frist vorsehen[168] stellt sich die Frage, ob im Tabellenfeststellungsstreit vom Bestreitenden – Insolvenzverwalter oder Widerspruch erhebenden Gläubiger – eine negative Feststellung des Nichtbestehens der angemeldeten Forderung erreicht werden kann.

---

167 Jaeger/*Henckel*, KO, § 37 Rn. 8 ff.; *Hess*, § 143 Rn. 57 f.

168 *Häsemeyer*, Insolvenzrecht, Rn. 22.28.

II. Hemmung der Verjährung (§ 146 InsO)

Allein mit der Verteidigung des Insolvenzverwalters durch die Einwendung des § 146 Abs. 2 InsO ist aber den geschädigten Gläubigern mit ihrem vom Insolvenzverwalter nach § 93 InsO geltend gemachten Anspruch auf Ersatz des möglicherweise durch Auszahlung im Verhältnis zu den Kommanditisten entstandenen Gesamt-Schadensersatzanspruch nicht gedient, der ebenfalls der Verjährung unterliegt, § 195 BGB. Im Übrigen stellt sich die in der Kommentarliteratur nicht erörterten Frage, ob der widersprechende Gläubiger in einer gegen ihn gerichteten Tabellenfeststellungsklage sich auf § 146 Abs. 2 InsO würde berufen können. 3.107

Dies alles ruft die Frage hervor, welche verjährungshemmenden Schritte bestreitender Insolvenzverwalter oder bestreitender Gläubiger einleiten können – was zunächst auf die negative Feststellungsklage gegen die mit der Forderungsanmeldung verbundenen Rechtsbehauptung des anmeldenden Gläubigers verweist. 3.108

B) Voraussetzungen einer leugnenden Feststellungsklage

I. Problemstellung

Das Vorliegen der Voraussetzungen einer leugnenden Feststellungsklage kann aber jedenfalls nicht deshalb bereits bejaht werden, weil eine rechtskräftige Entscheidung über die aus der Schuldübernahme und dem abstrakten Schuldanerkenntnis der Insolvenzschuldnerin hergeleitete Forderung der Feststellungsbeklagten für den Fall in Betracht kommt, dass die Gläubigerbank (möglicherweise) sich künftig mit der Feststellungklage gem. § 179 Abs. 1 InsO gegen das Bestreiten des Insolvenzverwalters wendet. 3.109

Eine den Anspruch des Gegners leugnende negative Feststellungsklage setzt voraus, dass der Kläger ein rechtliches Interesse an der Feststellung des Nichtbestehens der Forderung hat. Dies ist im Allgemeinen gegeben, wenn der Rechtslage des Klägers eine gegenwärtige Gefahr der Unsicherheit droht und das Feststellungsurteil geeignet ist, diese Gefahr zu beseitigen, wie der BGH[169] in ständiger Judikatur ausführt.[170] 3.110

II. Feststellungsinteresse des Insolvenzverwalters wegen Massegefährdung

Im Allgemeinen ist dies zu bejahen, wenn die Unsicherheit der Rechtslage Vermögensrechte des Klägers betrifft. Dies ist hier evident nicht der Fall, da der klagende 3.111

---

169 BGH, Urt. v. 8.12.1954 – II ZR 291/53, BGHZ 15, 382, 390; BGH, Urt. v. 22.6.1977 – VIII ZR 5/76, BGHZ 69, 144, 147.

170 Hierzu etwa MünchKomm-ZPO-*Becker-Eberhardt*, § 256 Rn. 37.

Insolvenzverwalter als Partei kraft Amtes[171] prozessiert und dabei Vermögensinteressen des Schuldners („der Masse") wahrnimmt. Für die Fälle der gesetzlichen Prozessstandschaft, um die es sich bei der Prozessführung durch den Insolvenzverwalter nach § 80 Abs. 1 InsO, § 85f. InsO handelt, gilt aber immer, dass es sich um insoweit fremde Vermögensinteressen handelt, die der Kläger in eigenem Namen im Prozesswege verteidigt. Insofern ist hier zu bejahen, dass es sich im Sinne des von § 256 Abs. 1 ZPO geforderten Feststellungsinteresse bei den Vermögensinteressen der insolvenzschuldnerischen Gesellschaft um insoweit die Amtstätigkeit als Insolvenzverwalter betreffende Vermögensinteressen des Klägers handelt. Regelmäßig liegt insoweit eine Gefährdung der Vermögenslage, die der klagende Insolvenzverwalter von Amts wegen zu schützen verpflichtet ist, vor, wenn und soweit sich der mit der Klage in Anspruch zu nehmende künftige Beklagte eines Rechts gegen den Kläger – bzw. hier: des vom Kläger von Amts wegen wahrzunehmende Vermögensinteresse – berühmt.[172] Eine außerprozessuale Berühmung des Anspruchs durch den Beklagten, die hier wegen der mit den Rechtsanwälten der künftigen Beklagten geführten Verhandlungen zu bejahen ist, genügt im Übrigen, die Gefährdung des vom Kläger wahrzunehmenden Rechts zu begründen. Im Übrigen wird das Feststellungsinteresse auch ohne weitere Erklärungen des mit der negativen Feststellungsklage in Anspruch zu nehmenden Beklagten begründet, wenn die Verjährung der Rechtsbehelfe des Klägers droht. Im Beispielsfall läuft der Kläger Gefahr, dass die Verjährung des gegen die aus dem abstrakten Schuldanerkenntnis der Insolvenzschuldnerin geltend zu machenden Anfechtungsansprüche eintritt.

3.112 An dieser Stelle der Prüfung kann indes dahingestellt bleiben, ob insoweit ein Interesse des Insolvenzverwalters an alsbaldiger Feststellung besteht.[173] Denn hier stellt sich die Frage, ob das mit der Feststellungsklage bzw. negativen Feststellungsklage angestrebte Feststellungsurteil das am besten geeignete Mittel ist, um die zwischen den Parteien strittigen Fragen endgültig zu klären.[174] Das kann aber jedenfalls nicht deshalb bereits bejaht werden, weil eine rechtskräftige Entscheidung über die aus dem abstrakten Schuldanerkenntnis der Insolvenzschuldnerin hergeleitete Forderung der Feststellungsbeklagten für den Fall, dass die Feststellungsbeklagte künftig die Feststellungklage gem. § 179 Abs. 1 InsO gegen das Bestreiten des Insolvenzverwalters verfolgt.

171 Vgl. allein LSZ-*Smid* § 80 Rn. 37 ff. m.w.Nachw.

172 Ständige Rechtsprechung des BGH: BGH, Urt. v. 4.4.1984 – VIII ZR 129/83, BGHZ 91, 37, 41; BGH, Urt. v. 20.5.1985 – II ZR 165/84, BGHZ 94, 324, 329; vgl. Münch-Komm-ZPO-*Becker-Eberhardt*, § 256 Rn. 38.

173 MünchKomm-ZPO-*Becker-Eberhardt*, § 256 Rn. 46.

174 MünchKomm-ZPO-*Becker-Eberhardt*, § 256 Rn. 43.

III. Fehlendes Feststellungsinteresse wegen anderer Klagemöglichkeiten?

1. Fragestellung

Fraglich ist aber weiter, ob dem klagenden Insolvenzverwalter andere Rechtschutzmöglichkeiten als die der negativen Feststellungsklage zu Gebote stehen, was insbesondere dann der Fall wäre, wenn er das Rechtschutzziel unmittelbarer als im Wege der negativen Feststellungsklage durch eine Leistungsklage oder einen vergleichbaren Rechtsbehelf verfolgen könnte. Da in diesen Fällen die Leistungsklage nicht in Betracht kommt, ist danach zu fragen, ob anstelle der negativen Feststellungsklage eine Anfechtungsklage nach den §§ 129 ff. InsO vom Insolvenzverwalter gegen die Beklagte erhoben werden könnte. So könnte man daran denken, dass der Insolvenzverwalter bereits heute, auch ohne dass die beklagte Bank ihre hieraus abgeleitete Forderung zur Tabelle anmeldete, die Abgabe des abstrakten Schuldanerkenntnisses durch die Insolvenzschuldnerin im Jahr 2007 im Wege der Insolvenzanfechtung angreifen könnte. Denn die Forderung, die von der klageweise in Anspruch zu nehmenden Bank geltend gemacht wird, beruht unmittelbar auf dem abstrakten Schuldanerkenntnis. 3.113

2. Anfechtungsklage

Die InsO bezeichnet die Rechtshandlung als Gegenstand der Anfechtung. Dies ist jedoch missverständlich, da Handlungen durch das Recht nicht beseitigt oder rückgängig gemacht werden können.[175] Es kann ihnen lediglich die rechtlichen Wirkungen nehmen und den Anfechtungsgegner verpflichten, die Folgen seiner Handlung zu beseitigen. Die Rechtsfolgen der Anfechtung beziehen sich demnach nur auf die Wirkungen, die mit der Handlung herbeigeführt oder ausgelöst worden sind. 3.114

Die Rechtshandlung Abgabe des abstrakten Schuldversprechens ist auch Ursache der für die Insolvenzanfechtung vorausgesetzten Gläubigerbenachteiligung: Voraussetzung ist eine Verringerung des Aktivvermögens oder, wie im vorliegenden Fall, eine Vermehrung der Passiva,[176] also der Schuldnermasse.[177] 3.115

Die Anfechtung ist auch nicht deshalb ausgeschlossen, weil § 143 Abs. 1 InsO als Rechtsfolge der Anfechtung vorsieht, dass der in anfechtbarer Weise weggegebene Gegenstand nach bereicherungsrechtlichen Vorschriften zurückzugeben ist. Bei anfechtbar weggegebenen Gegenständen wird § 143 Abs. 1 InsO aber von der überzeugenden Lehre *Henckels*[178] im Sinne einer haftungsrechtlichen Unwirksamkeit der benachteiligenden Verfügungen bzw. verfügungsähnlichen Rechtshandlungen verstanden. In Fällen wie dem vorliegenden, in dem durch die anfechtbare Rechtshand- 3.116

---

175 Kölner Schrift zur Insolvenzordnung-*Henckel*, 813, 814 Rn. 3; Jaeger/*Henckel*, InsO, § 129 Rn. 14.
176 Jaeger-Henckel-*Gerhardt* § 178 Rn. 47 f.
177 BGH NJW 1992, 624, 627; Jaeger-Henckel-*Henckel*, InsO, § 129 Rn. 77.
178 Jaeger-*Henckel*, InsO, § 143 Rn. 23 ff., 32.

lung eine Mehrung der Schuldenmasse erfolgt ist, führt diese Auslegung zu dem überzeugenden Ergebnis, dass der Anfechtungsgegner sich infolge der Insolvenzanfechtung nicht mehr auf die ihm eigenräumte Rechtsposition berufen kann. *Henckel* formuliert dies überzeugend mit den Worten, dass die haftungsrechtliche Konsequenz der Anfechtung der Schuldbegründung darin bestehe, dass die Masse für diese Verbindlichkeit nicht haftet.[179] Die Anfechtung zielt in diesen Fällen daher nicht darauf, einen Gegenstand in die Masse „zurückzuholen", um ihn der Verwertung durch den Insolvenzverwalter zu unterwerfen. Bei der Anfechtung der Schuldbegründung, um die es im vorliegenden Fall geht, beschränkt sich die Insolvenzanfechtung auf die Abwehr der anfechtbar begründeten Forderung; Verwertungshandlungen sind in diesem Fall nicht Gegenstand des Begehrens des Verwalters.[180]

3.117 *Henckel*[181] folgt der Judikatur[182] darin, dass der Insolvenzverwalter auf Verzicht auf die anfechtbar begründete Forderung klagen könne.

3.118 Diesem haftungsrechtlichen Ansatz von Henckel widerspricht die sogenannte schuldrechtliche Theorie der Insolvenzanfechtung – auf deren Begründung hier nicht näher einzugehen ist. Sie geht davon aus, den Anfechtungsgegner treffe die Pflicht, die anfechtbar erworbene Forderung nicht geltend zu machen. Der Insolvenzverwalter habe den sich daraus ergebenden Unterlassungsanspruch einredeweise geltend zu machen.[183] Im Falle des § 179 Abs. 2 InsO soll der Insolvenzverwalter dies auch klageweise geltend machen können. Für den hier zu beurteilenden Fall würde aus der schuldrechtlichen Theorie der Insolvenzanfechtung folgen, dass – wegen der bis dato unterlassenen Forderungsanmeldung durch die Deutsche Bank – in Ermangelung der Möglichkeit einer einredeweisen Geltendmachung der Anfechtbarkeit der Forderung aus dem abstrakten Schuldversprechen sich die Frage einer negativen Feststellungsklage stellt.

3.119 Es erweist sich vor dem Hintergrund der schuldrechtlichen Theorie aber die Frage, ob der Insolvenzverwalter ein rechtliches Interesse an dieser Klage hätte, als entscheidendes Problem: Die Insolvenzordnung begreift die Anfechtung als Anspruch des Insolvenzverwalters.[184] Dieser Anspruch unterliegt zwar der Verjährung (§146 Abs. 1 InsO). Die Verjährung führt aber bereits im allgemeinen nicht dazu, dass der Anspruch vernichtet werde; dieser bleibt vielmehr des Verjährungseintritts ungeachtet materiell bestehen.[185] Im Kontext des Insolvenzanfechtungsanspruchs des Insolvenzverwalters

179 Jaeger-*Henckel*, InsO, § 143 Rn. 37.

180 So überzeugend Jaeger-*Henckel*, InsO, § 143 Rn. 37, der ausführt, § 147 Abs. 1 InsO passe hier nach seinem Wortlaut nicht.

181 Jaeger-*Henckel*, InsO, § 143 Rn. 37.

182 LG Potsdam ZIP 1997, 1383.

183 So zur Konkursordnung, Jaeger/*Lent*, KO, 8. Auflage § 37 Rn. 5.

184 Vgl. allein LSZ-*Zeuner* § 143 Rn. 9.

185 MünchKomm-BGB-*Grothe* § 194 Rn. 5.

hat der Verjährungseintritt daher nicht allein zur Folge, dass der Anfechtungsgegner gegen einen Rückgewähranspruch eine Einrede erheben kann. In dem hier interessierenden Fall der Anfechtung einer Schuldeingehung trifft § 146 Abs. 2 InsO die – insoweit konsequente – Regelung, dass „auch wenn der Anfechtungsanspruch verjährt ist, [...] der Insolvenzverwalter die Erfüllung einer Leistungspflicht verweigern [kann], die auf einer anfechtbaren Handlung beruht." Versteht man diese Vorschrift unter den von der schuldrechtlichen Theorie gemachten Bedingungen, kann der Verwalter dem Leistungsbegehren des Anfechtungsgegners insbesondere in der Forderungsanmeldung die Anfechtbarkeit der Forderung weiter entgegenhalten.

Für eine negative Feststellungsklage würde daraus folgen, dass es dem Kläger an dem geforderten rechtlichen Interesse an alsbaldiger Feststellung fehlen würde. 3.120

IV. Prozessuale Folgen des Nicht-Betreibens der bestrittenen Forderung durch den anmeldenden Gläubiger

1. Verzichts- oder Unterlassungsklage des Insolvenzverwalters?

Fraglich ist freilich, ob dem Insolvenzverwalter eine Klage auch dann zur Verfügung steht, wenn, wie im vorliegenden Fall, die Gläubiger-Bank zwar die Forderung angemeldet und er die angemeldete Forderung („vorläufig") bestritten hat, aber die anmeldende Gläubigerin die Feststellungsklage nach § 179 InsO nicht erhebt. 3.121

In diesem Fall verhält es sich nämlich anders als in den unter Darstellung des Meinungs- bzw. Streitstandes geschilderten Fragestellungen, ob der Insolvenzverwalter gegen den Inhaber einer anfechtbar begründeten Forderung eine Verzichts- oder eine Unterlassungsklage zu erheben legitimiert ist. 3.122

All dies gilt aber auch, soweit der Verwalter wie im vorliegenden Fall die angemeldete Forderung „vorläufig" bestritten hat. Häufig wird der Verwalter mit Anmeldungen konfrontiert, die Forderungen betreffen, deren Bestand er auch im Prüfungstermin nicht abschließend beurteilen kann. In derartigen Fällen tatsächlicher oder rechtlicher Ungewissheit über den Bestand der Forderung empfiehlt es sich aus Kostengründen für den Verwalter, die Forderung „vorläufig" zu bestreiten und mit einem „vorläufigen Widerspruch" in die Tabelle aufzunehmen. 3.123

Wie gezeigt (Rn. 1.227) löst auch der Insolvenzverwalter, der eine von einem Insolvenzgläubiger zur Insolvenztabelle angemeldete Forderung lediglich „vorläufig" bestreitet, die vom Gesetz an das Bestreiten geknüpften Rechtsfolgen aus. Wird die zunächst vorläufig bestrittene Forderung später zur Insolvenztabelle festgestellt und erklären die Parteien daraufhin übereinstimmend den zuvor vom anmeldenden Gläubiger aufgenommenen Rechtsstreit für erledigt, ist die Kostenentscheidung nach den zu § 93 ZPO entwickelten Grundsätzen zu treffen.[186] 3.124

186 BGH, Beschl. v. 9.2.2006 – IX ZB 160/04 – DZWIR 2006, 252 f.

3.125 Im Falle des Bestreitens von Verwalter oder Insolvenzgläubiger obliegt es vorbehaltlich des § 179 Abs. 2 InsO dem Gläubiger der bestrittenen Forderung, die Voraussetzungen für deren Berücksichtigung dadurch herbeizuführen, dass der Gläubiger ihre „Feststellung betreibt". Der Gläubiger hat dabei regelmäßig ein Rechtsschutzinteresse an einer Feststellungsklage gegen den widersprechenden Verwalter oder Gläubiger, solange das Insolvenzverfahren nicht eingestellt und es nicht offenkundig ausgeschlossen ist, dass mit der Klage noch schutzwürdige Ziele zu erreichen sind.[187] Durch § 179 Abs. 2 InsO wird mithin lediglich die Klaglast vom Gläubiger auf den Bestreitenden verschoben.[188]

2. Stellungnahmen in Schrifttum und Judikatur

a) Urteil des Reichsgerichts aus dem Jahr 1886

3.126 Im Schrifttum wird nach alledem verbreitet die Meinung vertreten,[189] der bestreitende habe *im Allgemeinen* kein rechtliches Interesse an einer negativen Feststellungsklage gegen den Anmeldenden auf Nichtbestehen der Forderung. Diese Meinung stützt sich auf eine Entscheidung des Reichsgerichts[190] und eine – ältere – Entscheidung des BGH.[191]

3.127 Das Reichsgericht[192] hat ausgeführt: „In dem nun das Gesetz ... den Gläubigern streitig gebliebener Forderungen überlässt, die Feststellung derselben gegen die Bestreitenden zu betreiben, gibt dasselbe durch diese Ausdrucksweise schon zur Genüge zu erkennen, dass lediglich das Ermessen des Gläubigers darüber zu befinden habe, ob er die Feststellung seiner Forderung betreiben wolle oder nicht. Dieses Ermessen würde illusorisch gemacht, wenn auch dem bestreitenden Konkursverwalter gestattet würde, nach jener Richtung thätig zu werden."

3.128 Dem lag zugrunde, dass der Beklagte, über dessen Vermögen später der Konkurs eröffnet worden war, rechtskräftig im Wechselprozeß mit bedingtem Endurteil dazu verurteilt worden war, zu schwören, für einen Wechsel keinen Gegenwert im Wechselbetrag erhalten zu haben. Nachdem der Konkurs eröffnet worden war, versuchte der Konkursverwalter den unterbrochenen Prozeß aufzunehmen. Das Feststellungsinteresse des Konkursverwalters hätte sich hier „allein" auf den Anspruch des Gemeinschuldners auf Kostenerstattung gerichtet. Diesen erachtete der erken-

---

187 BGH, Urt. v. 5.2.1998 – IX ZR 259/98 – ZIP 1998, 515 m. krit. Anm. *Johlke/Schröder* EWiR § 11 GesO 1/98, 501; MünchKomm-*Schumacher*, § 179 Rn. 10; K/P-*Pape*, § 179 Rn. 1f.; Graf-Schlicker/*Graf-Schlicker*, § 179 Rn. 4.

188 *Smid*, in:LSZ § 179 Rn. 13.

189 MünchKomm-*Schumacher* § 179 Rn. 21.

190 RG, B. v. 24.6.1886 – Beschw.-Rep. IIIa 18/86, RGZ 16, 358 ff.

191 BGH, Urt. v. 28.11.1955 – III ZR 181/54, BGHZ 19, 163 ff.

192 RG (Fn. 190) 361.

nende Senat als „so untergeordnet“,[193] dass ein Feststellungsinteresse des Konkursverwalters hierauf nicht gestützt werden könne. Immerhin: Damit hat das Reichsgericht in der Tat seine auf die unisono in der damaligen Kommentarlitertur gestützte Prämisse jedenfalls relativiert, ein Feststellungsinteresse des bestreitenden Konkursverwalters sei aufgrund der im Wortlaut des Gesetzes (heute: § 179 Abs. 1 InsO) zum Ausdruck gebrachten Struktur der Klagelast und des Prozessführungsermessens des anmeldenden Gläubigers ausgeschlossen.

b) Urteil des BGH aus dem Jahr 1955

In der im Schrifttum zur Stützung der Meinung, der bestreitende Konkursverwalter 3.129 könne keine leugnende Feststellungsklage gegen die angemeldete und von ihm bestrittene Forderung erheben, zitierte Entscheidung des BGH im 19. Band der Amtlichen Sammlung[194] trägt diese Meinung ebenfalls nicht. Dort ging es um eine negative Feststellungsklage des das Vorrecht des anmeldenden Gläubigers bestreitenden Konkursverwalters. Der BGH[195] hat im Gegenteil die Ansicht vertreten, „daß aus Gründen der Prozeßwirtschaftlichkeit über eine das Vorrecht leugnende Feststellungsklage des Konkursverwalters jedenfalls dann sachlich entschieden werden kann, wenn sich der Gläubiger auf diese Klage sachlich eingelassen und somit zu erkennen gegeben hat, daß auch ihm eine Entscheidung über Bestehen oder Nichtbestehen des von ihm behaupteten Vorrechts erwünscht ist“.

c) Urteil des Reichsgerichts aus dem Jahr 1927

In dem vom Reichsgericht im Jahre 1927 entschiedenen Fall[196] lag eine durch ent- 3.130 sprechenden Bescheid titulierte, angemeldete Steuerforderung vor, deren – nicht tituliertes![197] – Vorrecht der Konkursverwalter mit der negativen Feststellungsklage leugnete. Das Reichsgericht hob dabei hervor, die Aktivlegitimation zur negativen (Konkurs-)Feststellungsklage (heute: nach § 179 Abs. 2 InsO) ergebe sich aus dem Gesetz; „ungezwungen“ folge aber ebenfalls aus dem Gesetz, dass der Konkursverwalter, der gegen den Titel mit der leugnenden Konkursfeststellungsklage vorgehe zugleich auch das Vorrecht mit der negativen Feststellungsklage angreifen könne.[198]

193 RG (Fn. 190) 362.
194 BGH (Fn. 191).
195 BGH (Fn. 191) 164 f.
196 RG, Urt. v. 18.3.1927 – VI 540/26, RGZ 116, 368, 372.
197 So ausdrücklich das RG (Fn. 196) 374.
198 RG (Fn. 196).

3. Folgerungen

3.131 Wendet man die Grundsätze, die der skizzierten Judikatur zugrundeliegen, auf den vorliegenden Fall an, kommt man zu dem Schluss, dass das Feststellungsinteresse vor dem Hintergrund der hier gegebenen besonderen Haftungslage des Verwalters wegen des drohenden Verjährungseintritts zu bejahen ist.

3.132 Es bedarf aber des Nachweises eines besonderen Feststellungsinteresses des die negative Feststellungsklage erhebenden bestreitenden Insolvenzverwalters überhaupt nicht. Die vom Reichsgericht vertretene Meinung, die Verlagerung der Feststellungslast schließe eine negative Feststellungsklage des Insolvenzverwalters von Gesetzes wegen aus, ist falsch. Sie verkennt zwei Gesichtspunkte:

3.133 Zum einen: Heute herrscht die Meinung vor, die Feststellungsklage nach § 179 InsO „sei" eine Feststellungsklage i.S.v. § 256 ZPO.[199] Daraus könnte man für den vorliegenden Fall den vom Reichsgericht im 16. Band seiner Amtlichen Sammlung vertretenen Schluss zu ziehen geneigt sein. Dies aber erscheint nicht richtig zu sein. Denn: „Das Reichsgericht hat wiederholt ausgesprochen, dass Zweck und Charakter der Feststellungsklage aus § 146 KO ein wesentlich anderer sei als der einer Feststellungsklage aus § 256 ZPO, die eine rein grundsätzliche Entscheidung bezwecke.[200] Wenn die Feststellungsklage aus § 146 KO auch nicht auf eine Leistung geht, so hat die Forderung feststellende Erkenntnis doch in Verbindung mit dem daraufhin erfolgten Tabelleneintrag neben der Wirkung, dass die Forderung am Konkurs teilnehmen kann, doch die gleiche Wirkung wie eine Leistungsklage, nämlich die Wirkung der Vollstreckbarkeit über den Konkurs hinaus, falls der Gemeinschuldner im Prüfungstermin nicht widersprochen hat."[201]

3.134 Zum anderen: *Häsemeyer*[202] bejaht die Aktivlegitimation des Insolvenzverwalters zur Verfolgung seines Bestreitens mittels einer negativen Feststellungsklage. Er begründet dies überzeugend aus allgemeinen prozessualen Gesichtspunkten der Waffengleichheit der Parteien. Dagegen spricht, wie *Häsemeyer*[203] mit guten Gründen darlegt, nicht etwa, dass der Insolvenzverwalter im Falle des § 179 Abs. 1 InsO durch die gesetzliche Verteilung der Feststellungslast begünstigt ist. Denn dies soll nicht gegen ihn gewendet werden.

3.135 *Häsemeyer* kommt daher zu dem Schluss, dass „Widersprüche gegen nichttitulierte Forderungen ... vom Verwalter ... mit negativer Feststellungsklage verfolgt [werden können"].[204]

---

199 Vgl. zum Meinungsstand (krit.) Jaeger-Henckel-*Gerhardt* § 179 Rn. 12, 13.

200 RG JW 1900 S. 393 Nr. 13; 1903 S. 315 Nr. 12, RGZ Bd. 24 S. 405.

201 RG, Urt. v. 18.3.1927 – VI 540/26, RGZ 116, 368, 372.

202 *Häsemeyer*, Insolvenzrecht Rn. 22.38.

203 *Häsemeyer* (Fn. 202).

204 *Häsemeyer* (Fn. 202).

Kapitel 3. Wirkung der Beendigung des Insolvenzverfahrens auf laufende Tabellenfeststellungsprozesse

A) Fragestellung. Unterscheidungskriterien

Die Beantwortung der Frage nach den rechtlichen Auswirkungen der Beendigung 3.136 des Insolvenzverfahrens auf noch laufende Tabellenfeststellungsprozesse hängt von der Funktion dieser Prozesse und diese wiederum von der Funktion der Forderungsfeststellung zur Tabelle ab (zu den kostenrechtlichen Folgen oben Rn. 3.102 und 3.103). Es ist oben (Rn. 2.78) darauf hingewiesen worden, dass Gegenstand der Forderungsanmeldung und der Tabelleneintragung nach § 178 Abs. 3 InsO das Haftungsrecht des anmeldenden Gläubigers ist. Geht man davon aus, lässt sich eine Fortsetzung des Tabellenfeststellungsstreits nach Beendigung des Insolvenzverfahrens nicht damit rechtfertigen, dass die Forderung zwecks Nachforderung gem. § 201 Abs. 2 InsO weiter verfolgt werde.[205] *Gerhardt*[206] behandelt dies gleichsam als Nebenfolge, soweit der Prozess aus anderem Grund, nämlich zur haftungsrechtlichen Klärung bei Nachtragsverteilungen (sogleich Rn. 3.148) fortgeführt werden kann, lehnt es aber mit überzeugenden Gründen ab, die Nachhaftung des Schuldners nach § 201 InsO allgemein als Grundlage eines Rechtsschutzbedürfnisses der Parteien nach Aufhebung des Insolvenzverfahrens anzusehen.[207] Damit liegt eine differenzierende Behandlung nahe, die daran anknüpft, ob mit dem fortzusetzenden Tabellenfeststellungsstreit über den Zugriff des Gläubigers auf Teilungsmasse entschieden wird oder dies nicht in Betracht kommt. Weiter ist danach zu unterscheiden, ob die Tabellenfeststellung durch Aufnahme eines vor Verfahrenseröffnung anhängigen Prozesses gem. § 180 Abs. 2 InsO oder nach § 180 Abs. 1 InsO erfolgt.

Weiter stellt sich im Zusammenhang damit die Frage, ob mit Aufhebung des In- 3.137 solvenzverfahrens der Tabellenfeststellungsprozess unterbrochen und ein Parteiwechsel (§§ 240, 239 Abs. 1 ZPO) vollzogen wird.[208]

---

205 Vgl. hierzu MünchKomm-*Schumacher*, 3. Aufl. InsO, § 179 Rn. 46, wonach es dem Gläubiger primär auf eine Auszahlung der zurückbehaltenen Beträge ankommt; eine Nachforderung im Rahmen einer Zwangsvollstreckung bleibt jedoch nicht unbeachtet.

206 *Gerhardt*, in: Jaeger/Henckel § 179 Rn. 102 a.E.

207 *Gerhardt*, in: Jaeger/Henckel § 179 Rn. 108.

208 *Gerhardt*, in: Jaeger/Henckel § 179 Rn. 112.

B) Nach § 240 ZPO aufgenommene Prozesse

I. Bestreiten des Insolvenzverwalters

1. Fortführung des Prozesses wegen Nachhaftung des Schuldners

a) Übersicht

3.138 Ist die vor Verfahrenseröffnung rechtshängig gewordene Forderung des anmeldenden Gläubigers vom Insolvenzverwalter bestritten worden, „betreibt" der Gläubiger die Tabellenfeststellung durch Aufnahme des Prozesses gem. § 180 Abs. 2 InsO, was mit Blick auf § 87 InsO die Umstellung des Klagantrages von Leistung auf Feststellung zur Tabelle voraussetzt[209] (eingehend Rn. 3.7, 3.25). Ursprünglich war der Schuldner Partei des Rechtsstreits.[210] §§ 240, 239 Abs. 1 ZPO i.V.m. § 80 Abs. 1 InsO führen zu einem Parteiwechsel.[211]

3.139 Die Beendigung des über das Vermögen des ursprünglich auf Leistung verklagten Schuldners eröffneten Insolvenzverfahrens führt nun nicht zu einem Wegfall des Rechtsschutzbedürfnisses des klagenden Gläubigers. Wegen des Widerspruchs des Insolvenzverwalters gegen die streitbefangene Forderung wird diese nicht nach § 178 Abs. 2 InsO mit der Wirkung festgestellt, dass der Gläubiger aus dem Tabellenauszug die Vollstreckung gegen den Schuldner betreiben kann. Um seine Forderung zu titulieren, muss er daher nach Beendigung des über das Vermögen des Schuldners eröffneten Insolvenzverfahrens den – unterbrochenen und als Tabellenfeststellungsstreit aufgenommenen – Prozess erneut aufnehmen.

3.140 Er kann den als Tabellenfeststellungsprozess geführten Prozess aber nicht als solchen aufnehmen. Denn an der Beseitigung des gegen seine Anmeldung erhobenen Widerspruchs, die er mit der Tabellenfeststellungsklage betreibt, hat er kein schutzwürdiges Interesse mehr.[212] Vielmehr muss er seine Klage der durch die Aufhebung des Insolvenzverfahrens entsprechend veränderten Lage durch Antragsumstellung anpassen.

3.141 Wird nun in dieser Lage der Tabellenfeststellungsprozess nicht durch die Überleitung in ein Restschuldbefreiungsverfahren erledigt, sondern kommt es zur Beendigung des Insolvenzverfahrens, nimmt der klagende Gläubiger den Prozess als Leistungsprozess auf.

---

209 *Gerhardt*, in: Jaeger/Henckel § 180 Rn. 70.

210 *Gerhardt*, in: Jaeger/Henckel § 180 Rn. 44.

211 Vgl. *Gerhardt*, in: Jaeger/Henckel § 180 Rn. 75 i.V.m. dem in MünchKomm-*Ott/Vuia*, 3. Aufl. InsO, § 80 Rn. 20 f. dargestellten Theorienstreit zur allgm. Stellung des Insolvenzverwalters.

212 *Gerhardt*, in: Jaeger/Henckel § 179 Rn. 108.

b) Beendigung des Amtes des Insolvenzverwalters

Mit Aufhebung des Insolvenzverfahrens endet das Amt des Verwalters (§ 56 InsO) und damit seine Verfügungs- und Verwaltungsbefugnis gem. § 80 InsO.[213] Daher endet unabhängig davon, welcher Verwaltertheorie man folgt, seine Prozessführungsbefugnis für die nach § 240 ZPO aufgenommenen Prozesse.[214] 3.142

c) Rechtsstellung des Schuldners nach Beendigung des Insolvenzverfahrens

Handelt es sich beim Schuldner um eine natürliche Person, so wird mit Aufhebung des Insolvenzverfahrens dessen Rechtsstellung wiederhergestellt: Die mit Wirksamwerden des Eröffnungsbeschlusses verlorene Verfügungs- und Verwaltungsbefugnis hinsichtlich der von der Beschlagnahme erfassten Teile seines Vermögens erlangt er dementsprechend mit der Aufhebung des Insolvenzverfahrens zurück, wie sich aus § 215 Abs. 2 S. 1 InsO im Zusammenhang mit der Einstellung des Verfahrens ergibt.[215] Der Schuldner erhält wieder den unmittelbaren Eigenbesitz der zuvor beschlagnahmten Vermögensgegenstände, sofern diese nicht verwertet worden sind oder die abschließende Gläubigerversammlung nicht nach § 197 Abs. 1 S. 2 Nr. 3 InsO[216] anderweitig über nicht verwertbare Vermögensgegenstände entschieden hat. 3.143

2. Ende der Unterbrechungswirkung des § 240 ZPO

Mit Aufhebung des Insolvenzverfahrens endet folgerichtig die Unterbrechungswirkung des § 240 ZPO.[217] Es enden alle Modifikationen der rechtlichen Befugnisse der Beteiligten, die an den Eröffnungsbeschluss geknüpft sind: Prozesse, die im Gefolge der Eröffnung des Verfahrens unterbrochen worden sind, werden weitergeführt, wie der BGH[218] in folgendem Fall entschieden hat: 3.144

Der Kläger hatte gegen ein Urteil fristgerecht Berufung eingelegt. Vor Ablauf der Berufungsbegründungsfrist wurde über sein Vermögen der Konkurs eröffnet. Gegen dessen Einstellung wurde von Gläubigern Beschwerde geführt, die vom Beschwerdegericht zurückgewiesen wurde, wovon der Kläger aber keine Kenntnis erhielt. Er war gehalten, sich über den Verfahrensgang zu unterrichten, in dessen Verlauf er seine Prozeßführungsbefugnis wiedererlangt hatte. 3.145

---

213 *Smid*, in: Leonhardt/Smid/Zeuner, § 80 Rn. 10, 41 ff.

214 *Gerhardt*, in: Jaeger/Henckel § 179 Rn. 111.

215 *Smid*, in: Leonhardt/Smid/Zeuner, § 200 Rn. 12.

216 *Smid*, in: Leonhardt/Smid/Zeuner, § 197 Rn. 8.

217 BGH, Beschl. v. 20.4.1982 – VI ZB 4/82 – KTS 1983, 281, 282; Stein/Jonas/*Roth*, ZPO, § 240 Rn. 36.

218 BGH, Beschl. v. 20.4.1982 – VI ZB 4/82 – KTS 1983, 281, 282; Stein/Jonas/*Roth*, ZPO, § 240 Rn. 36.

3.146 Durch die Eröffnung des Insolvenzverfahrens unterbrochene Prozesse (§ 240 ZPO) hat daher der wiedereingesetzte Schuldner nachkonkurslich fortzuführen.[219]

3.147 Handelt es sich beim Schuldner um eine juristische Person obliegt den Abwicklern gem. § 265 AktG oder Liquidatoren nach § 66 GmbHG die Prozessführung nach Aufhebung des Insolvenzverfahrens unabhängig von einer bereits erfolgten Löschung.[220]

3. Fortdauer der Beschlagswirkungen bei Anordnung der Nachtragsverteilung

3.148 Nur hinsichtlich solcher Massegegenstände, wegen derer eine Nachtragsverteilung vorbehalten worden ist, dauert die Beschlagnahme und die Verwaltungs- und Verfügungsbefugnis des Verwalters fort.[221]

3.149 Soweit noch Prozesse des Verwalters als Partei kraft Amtes („für die Masse“) schweben und diese nicht ausnahmsweise vom Verwalter fortzuführen sind (Rn. 3.150), ist entweder § 239 ZPO entsprechend anzuwenden oder dem Antrag eines Prozessbevollmächtigten des Verwalters auf Aussetzung gem. § 246 Abs. 1 ZPO stattzugeben.[222]

3.150 Hat das Insolvenzgericht nach § 203 InsO die Nachtragsverteilung angeordnet dient diese der „insolvenzmäßigen“ Befriedigung der Insolvenzgläubiger aus dem ihr unterworfenen Schuldnervermögen. Für die hieraus für einen Schuldenmassestreit sich ergebenden Konsequenzen kommt es dabei nicht darauf an, ob mit der Nachtragsverteilung der ursprüngliche Beschlag fortgeschrieben oder ein Neubeschlag ausgesprochen wird.[223] Der Tabellenfeststellungsstreit wird dann fortgeführt, weil es dabei um die haftungsrechtliche Zuordnung der Nachtragsverteilungsmasse geht.[224]

3.151 In diesem Fall muss der Gläubiger seinen Antrag wegen der Beendigung des Insolvenzverfahrens nicht umstellen. Denn die haftungsrechtliche Partizipation an der nachtragsweise zu verteilenden Masse erreicht der Gläubiger nur über die Tabellenfeststellungsklage.[225]

---

219 *Smid*, in: Leonhardt/Smid/Zeuner, § 200 Rn. 12.

220 Zur aktiven Parteifähigkeit einer gelöschten Treuhand-GmbH der KPD nach deren Verbot: BGH, Urt. v. 29.9.1967 – V ZR 40/66, BGHZ 48, 303, 307.

221 Dazu Uhlenbruck, ZIP 1993, 241, 245; K/P/B/*Holzer*, 67. Lfg. InsO, § 200 Rn. 7, 9; Uhlenbruck/*Wegener*, 14. Aufl. InsO, § 200 Rn. 20.

222 K/P/B/*Holzer*, 67. Lfg. InsO, § 200 Rn. 8; NR/*Westphal*, 29. Lfg. InsO, § 200 Rn. 11; *Häsemeyer*, Insolvenzrecht, 4. Aufl., Rn. 7.71.

223 Vgl. hierzu im einzelnen *Meyer*, Masseverwaltung nach Aufhebung des Insolvenzverfahrens am Beispiel der Nachtragsverteilung, 2015, S. 193 ff.

224 *Gerhardt*, in: Jaeger/Henckel § 179 Rn. 102.

225 *Gerhardt*, in: Jaeger/Henckel § 179 Rn. 102.

Gerhardt[226] weist in diesem Zusammenhang zutreffend darauf hin, dass dies zum einen für Klagen gilt, die auf Feststellung von Grund und Betrag der Forderung gerichtet sind. Zum anderen greifen diese Überlegungen aber auch für den Streit um den Rang der angemeldeten Forderung und den Anmeldestreit (zur Typologie Rn. 3.16, 3.27). 3.152

II. Bestreiten eines anderen Insolvenzgläubigers

1. Kostenentscheidung bei Erledigung

Eine Fortsetzung des Prozesses gegen den Schuldner kommt nach Beendigung des Insolvenzverfahrens hier nicht in Betracht.[227] Denn der bestreitende andere Insolvenzgläubiger erhebt den Widerspruch gegen die angemeldete Forderung in eigenem Namen und kraft eigener aus §§ 178 Abs. 2, 180 Abs. 2 InsO folgenden Prozessführungsbefugnis. Er ist und handelt nicht etwa als Vertreter oder Prozeßstandschafter des Schuldners mit der Folge, dass nach Verfahrensbeendigung eine Lage der §§ 240, 239 Abs. 1 ZPO einträte, weil Vertretung oder Prozeßstandschaft wegfielen. 3.153

Führt der Anmeldende den Rechtsstreit gem. § 180 Abs. 2 InsO auf das Bestreiten eines anderen Insolvenzgläubigers hin weiter, führt – außer den Fällen einer Anordnung der Nachtragsverteilung (oben Rn. 3.148) – die Beendigung des Insolvenzverfahrens zur Erledigung des Rechtsstreits – denn der Anmeldende kann sein Ziel der Beseitigung des die Feststellung hindernden Widerspruchs zum Zwecke der haftungsrechtlichen Berücksichtigung seiner Forderung mit der Tabellenfeststellungsklage gegen den anderen Gläubiger nicht mehr erreichen. 3.154

Der anmeldende Gläubiger hat die Möglichkeit, die Erledigung des Rechtsstreits in der Hauptsache zu erklären. Es kommt dann für die Kostenentscheidung auf die Zulässigkeit und Begründetheit des nach Verfahrenseröffnung auf Tabellenfeststellung umgestellten Antrages an. Stimmt der beklagte bestreitende Gläubiger der Erledigungserklärung zu, ist nach § 91a ZPO über die Kosten zu entscheiden.[228] Im Falle des Betragsrechtsstreits hat das Gericht seiner Kostenentscheidung den gesamten Prozessstoff auch des Leistungsprozesses vor Verfahrenseröffnung zugrundezulegen. Im Rangrechtsstreit und im Anmelderechtstreit geht es dagegen darum, ob die Forderung in der Art und Weise oder überhaupt hat angemeldet werden können. Auch der, eine ursprünglich nach Grund und Betrag begründete Forderung, Anmeldende kann daher im Tabellenfeststellungstreit um Rang und Anmeldbarkeit unterliegen. Tritt der beklagte Bestreitende der Erledigungserklärung entgegen, wird der 3.155

---

226 *Gerhardt*, in: Jaeger/Henckel § 179 Rn. 103.

227 *Gerhardt*, in: Jaeger/Henckel § 179 Rn. 115.

228 Zu den Maßstäben der „Ermessensentscheidung“ *Smid/Hartmann*, in: Wiezcorek/Schütze, 4. Aufl. ZPO, § 91a Rn. 11; *ders.*, Verfahren und Kriterien der Kostenentscheidung nach § 91a – zugleich ein Versuch der historischen Konstruktion der Problemstellung, ZZP 97 (1984), 245 f.

Prozess durch Antragsumstellung des klagenden Anmeldenden auf Feststellung der ursprünglichen Zulässigkeit und Begründetheit der Klage (in der Fassung des nach Verfahrenseröffnung gefassten Antrags) in einen Erledigungsrechtsstreit umgewandelt.[229]

2. Gewillkürter Parteiwechsel?

3.156 Der betreibende Gläubiger kann ein Interesse daran haben, nach Beendigung des Insolvenzverfahrens die Feststellung von Grund und Betrag der Forderung gegen den Schuldner zu betreiben. Im Schrifttum[230] wird vertreten, hier lägen die Voraussetzungen für einen gewillkürten Parteiwechsel vor. Die damit verbundene Klageänderung – nämlich der von dem Antrag, auf Feststellung der Forderung zur Tabelle gegen den beklagten Opponenten zu erkennen auf den Antrag, den Schuldner zur Leistung zu verurteilen – sei sachdienlich i.S.v. § 263 ZPO.

3.157 Hat der Schuldner gem. § 178 Abs. 1 S. 2 InsO widersprochen zeigt bereits § 184 Abs. 1 S. 1 InsO, dass ein gewillkürter Parteiwechsel nicht angemessen wäre. Daher wird er von *Gerhardt*[231] auf Fälle beschränkt, in denen der Schuldner der vom Kläger angemeldeten Forderung nicht selbst widersprochen hat. Hier soll es sachgerecht sein, den Schuldner an die bisherige Prozessführung durch den widersprechenden Gläubiger zu binden. Im Falle eines Rangrechtsstreits oder eines Anmelderechtstreits kommt ein gewillkürter Parteiwechsel nicht in Frage, weil der anmeldende Gläubiger kein Rechtsschutzbedürfnis hat.[232]

229 *Smid/Hartmann*, in: Wiezcorek/Schütze, ZPO § 91a Rn. 21 f.; *Smid*, Verfahren und Kriterien der Kostenentscheidung nach § 91a – zugleich ein Versuch der historischen Konstruktion der Problemstellung, ZZP 97 (1984), 245 f.

230 *Gerhardt*, in: Jaeger/Henckel § 179 Rn. 115.

231 *Gerhardt*, in: Jaeger/Henckel § 179 Rn. 115.

232 *Gerhardt*, in: Jaeger/Henckel § 179 Rn. 116.

Kapitel 4. Zusammenfassung: Parteien des Tabellenfeststellungsprozesses

A) Widerspruch nur des Insolvenzverwalters oder eines Gläubigers

I. § 180 Abs. 1 InsO

1. Grundstruktur

Widerspricht nur der Insolvenzverwalter oder ein anderer Gläubiger der angemeldeten Forderung ergeben sich die Parteirollen nach den bisherigen Überlegungen zwanglos aus der Stellung im Verfahren der Forderungsanmeldung: Der Anmeldende ist als der die Feststellung gegen den Widerspruch „Betreibende" Kläger (§ 180 Abs. 1 InsO), der Insolvenzverwalter oder der andere Gläubiger ist Beklagter.[233] **3.158**

2. Rechtsnachfolger des Anmelders

Im Falle der Gesamtrechtsnachfolge (§ 1922 Abs. 1 BGB bei natürlichen Personen,[234] §§ 71 Abs. 1 Nr. 5 AktG, §§ 20 UmwG bei juristischen Personen)[235] wird der Rechtsnachfolger Partei des Tabellenfeststellungsstreits und nimmt die Klägerrolle ein. Wird im Falle der Sonderrechtsnachfolge (idR Zession) die Rechtsnachfolge durch Neuanmeldung unter Vorlage entsprechender Erklärungen des Zedenten nachgewiesen *und* in die Tabelle eingetragen, wird der Zessionar Partei des gegen den Widerspruch zu führenden Tabellenfeststellungsstreits. Denn dass die angemeldete Forderung zunächst in der Person des Zedenten als Gläubiger entstanden und dieser für sie zuständig war, ist nicht ausschlaggebend.[236] Das steht nicht in Widerspruch zu der hier vertretenen Auffassung, dass nach § 4 InsO i.V.m. § 265 ZPO der Zedent nach der Zession Verfahrensbeteiligter bleibt. **3.159**

Das stimmt mit der zivilprozessualen Bestimmung des Streitgegenstands bei der Geltendmachung eines Anspruchs aus abgetretenem Recht überein. Auch bei einem einheitlichen Klageziel stellt die Geltendmachung eines Anspruchs aus abgetretenem Recht einen anderen Streitgegenstand dar als die Geltendmachung aus eigenem Recht.[237] Denn der Lebenssachverhalt, der der Klage zugrunde gelegt wird, än-

---

233 *Gerhardt*, in: Jaeger/Henckel § 180 Rn. 31.
234 MünchKomm-*Leipold*, 6. Aufl. ZPO, § 1922 Rn. 2.
235 Grigoleit/*Grigoleit*/*Rachlitz*, 1. Aufl 2013 AktG, § 71 Rn. 45; Schmitt/*Stratz*, 7. Aufl. 2016 UmwG, § 20 Rn. 23 ff.
236 Str.: *Gerhardt*, in: Jaeger/Henckel § 180 Rn. 33; a.A.
237 BGH, Urt. v. 27.9.2006 – VIII ZR 19/04, NJW 2007, 2414; BGH, Urt. v. 17.11.2005 – IX ZR 8/04, NJW-RR 2006, 275; BGH, Urt. v. 4.5.2005 – VIII ZR 93/04, NJW 2005, 2004; BGH, Urt. v. 13.4.1994 – XII ZR 168/92, NJW-RR 1994, 1143; BGH, Urt. v. 29.11.1990 – I ZR 45/89, NJW 1991, 1683.

dert sich im Kern, wenn die Klage statt auf eigenes auf fremdes Recht gestützt wird.[238]

3. Sonderinsolvenzverwalter

3.160 Hat ein Sonderinsolvenzverwalter im Prüfungstermin die Forderung bestritten, wird vom BAG[239] die Ansicht vertreten, der Insolvenzverwalter werde als Bestreitender in die Tabelle eingetragen; das Amt des Sonderinsolvenzverwalters ende mit dem Prüfungstermin und der Insolvenzverwalter sei folglich als Beklagter Partei des Tabellenfeststellungsprozesses.[240] Dem kann nicht gefolgt werden. Denn die Bestellung eines Sonderinsolvenzverwalters dient der Beseitigung der Lage eines Interessenkonflikts.[241] Der aber endet nicht mit dem Bestreiten im Prüfungstermin, sondern setzt sich in die Prozesslage fort.

4. Zession des bestreitenden Insolvenzgläubigers nach Widerspruch

3.161 Bestreitet ein anderer Insolvenzgläubiger und zediert danach die von ihm angemeldete Forderung, bleibt er auch in Ansehung seiner Beklagtenrolle im Tabellenfeststellungsstreit Partei, § 265 ZPO (zu den Problemen der Zession im Verfahren der Forderungsanmeldung Rn. 1.299 ff.). *Gerhardt*[242] weist dabei überzeugend darauf hin, dass andernfalls der anmeldende Gläubiger prozessieren würde, ohne seinen Gegner zu kennen, was nicht nur, wie *Gerhardt* meint, unbillig wäre, sondern den „Wertungen" des § 265 ZPO widerstreiten würde.

II. § 180 Abs. 2 InsO

3.162 Dies kann auch im Falle des Bestreitens einer titulierten Forderung so sein, da der Anmeldende gegen den Opponenten seine Forderung ungeachtet der Verlagerung der Betreibungslast gem. § 180 Abs. 2 InsO als Kläger gegen den Opponenten als Beklagten betreiben kann (Rn. 3.30).

3.163 Da die titulierte Forderung zur Tabelle auch bei Widerspruch des Insolvenzverwalters oder eines anderen Gläubigers festzustellen ist, sofern nicht der Opponent sein Bestreiten mit den geeigneten Klagen „betreibt" (Rn. 3.162) drehen sich die Parteirollen hier um; der Opponent tritt als Kläger, der anmeldende Gläubiger als Beklagter auf.

---

238 BGH, Urt. v. 27.9.2006 – VIII ZR 19/04, NJW 2007, 2414.

239 BAG, Urt. v. 10.8.1988 – 5 AZR 478/87, ZIP 1988, 1587 f.

240 So wohl auch *Gerhardt*, in: Jaeger/Henckel § 180 Rn. 31 a.E.

241 Vgl. darstellend MünchKomm-*Graeber*, 3. Aufl. InsO, § 56 Rn. 153 f.; Uhlenbruck/*Mock*, 14. Aufl. InsO, § 63 Rn. 12 f.

242 *Gerhardt*, in: Jaeger/Henckel § 180 Rn. 32.

B) Mehrere Opponenten

I. Betreiben des Anmeldenden gegen eine Mehrzahl von Bestreitenden

Zur Aufnahme gegen mehrere Bestreitende oben Rn. 3.66. Bestreiten mehrere Beteiligte nebeneinander die angemeldete Forderung im Falle des § 180 Abs. 1 InsO hindert jeder Widerspruch für sich genommen die Feststellung der Forderung zur Tabelle.[243] Denn Gegenstand des Widerspruchs ist zwar die eine angemeldete Forderung. Doch bestreitet der Opponent jeweils aufgrund seiner eigenen Berechtigung bzw., wie im Falle des Insolvenzverwalters, aufgrund seiner Amtsstellung. So kann jeder Bestreitende seinen Widerspruch unabhängig von den Widersprüchen anderer Opponenten zurückziehen, die in ihrer rechtlichen Wirkung von derjenigen der anderen unabhängig sind. Daraus folgt, dass der Anmeldende grundsätzlich gegen jeden Opponenten die Feststellung i.S.v. § 180 Abs. 1 InsO betreiben, also Tabellenfeststellungsklage erheben muss. **3.164**

Tabellenfeststellungsklagen gegen mehrere Bestreitende können nach § 147 ZPO verbunden werden, da die gegen die angemeldete Forderung gerichteten Widersprüche, die den Gegenstand dieser Prozesse bilden, in rechtlichem Zusammenhang stehen.[244] **3.165**

Daher muss der „Betreibende" seine Klage nicht „gleichzeitig" gegen alle Opponenten gemeinsam erheben: So heißt es im „Leitsatz" eines Urteils des II. Zivilsenats des BGH aus dem Jahr 1990, die Feststellungsklage des Gläubigers müsse sich im Falle des Widerspruchs mehrerer Beteiligter (im Prüfungstermin eines dem Konkurs nachgebildeten seerechtlichen Verteilungsverfahrens) die Feststellungsklage des Gläubigers nicht zugleich gegen alle Widersprechenden richten.[245] Denn materiell rechtlich sind die Widersprechenden nicht nur in ihrer Gesamtheit legitimiert. **3.166**

II. Notwendige Streitgenossenschaft

Nach § 62 Abs. 1. 1. Var. ZPO liegt notwendige Streitgenossenschaft zwischen bestreitendem Insolvenzverwalter und anderen Gläubigern bzw. unter mehreren bestreitenden Insolvenzgläubigern wegen § 183 Abs. 1 InsO vor, da die Entscheidung über die Feststellung nur mit Wirkung gegen Insolvenzverwalter und die anderen Insolvenzgläubiger ergeht.[246] Einer inhaltlichen Übereinstimmung der Wider- **3.167**

---

243 *Gerhardt*, in: Jaeger/Henckel § 180 Rn. 22.

244 MünchKomm-*Wagner*, 4. Aufl. ZPO, § 147 Rn. 1f., 5; Musielak/Voit/*Stadler*, 13. Aufl. ZPO, § 147 Rn. 2.

245 BGH, Urt. v. 9.7.1990 – II ZR 69/89, BGHZ 112, 95, 98; RG, Urt. v. 17.3.1902 – Rep. IV. 401/01, RGZ 51, 94, 97.

246 BGH, Urt. v. 9.7.1990 – II ZR 69/89, BGHZ 112, 95, 98; RG, Urt. v. 17.3.1902 – Rep. IV. 401/01, RGZ 51, 94, 97.

sprüche bedarf es nicht.[247] Denn scheitert die Tabellenfeststellungsklage gegen den Widerspruch gegen Grund und Bestand der Forderung, kann damit eine, gegen einen anderen derartigen Widerspruch erhobene Klage wegen Bestreitens des Ranges oder der Anmeldbarkeit keinen Erfolg mehr haben.[248]

III. Nebenintervention

3.168 Andere Insolvenzgläubiger und Insolvenzverwalter können dem Tabellenfeststellungsprozess wechselseitig als Streithelfer gem. § 66 ZPO beitreten. Denn es besteht ein rechtliches Interesse an dem Prozessausgang wegen der Bedeutung für die Schuldenmasse.[249]

C) Betreiben des Anmeldenden gegen Widerspruch des Schuldners

3.169 Im Falle des Widerspruchs des Schuldners liegt eine notwendige Streitgenossenschaft nach § 62 Abs. 1, 1. Var. ZPO mit bestreitendem Insolvenzgläubiger oder Insolvenzverwalter nicht vor.[250] Denn die (nachkonkursliche) Haftung des Schuldners kann auch dann greifen, wenn der Widerspruch von Insolvenzgläubiger oder Insolvenzverwalter wegen fehlendem Rang oder fehlender Anmeldbarkeit begründet ist.

3.170 In dem gegen Insolvenzgläubiger oder Insolvenzverwalter geführten Tabellenfeststellungsstreit kann der Schuldner als Nebenintervenient auftreten.[251]

---

247 Zutr. *Gerhardt*, in: Jaeger/Henckel § 180 Rn. 25; a.A.: Stein/Jonas/*Bork*, ZPO § 62 Rn. 6.

248 *Gerhardt*, in: Jaeger/Henckel § 180 Rn. 25 a.E.

249 *Gerhardt*, in: Jaeger/Henckel § 180 Rn. 27.

250 *Gerhardt*, in: Jaeger/Henckel § 180 Rn. 26.

251 *Gerhardt*, in: Jaeger/Henckel § 180 Rn. 28, 29.

Kapitel 5. Rechtsbehelfe im Falle des Widerspruchs des Schuldners

A) Übersicht

Die Rechtsbehelfe zur Beseitigung der Wirkungen, die aus dem **Bestreiten der Forderung durch den Schuldner** herrühren, regelt § 184 InsO.[252] Wenn der Schuldner im Prüfungstermin einer Forderung widerspricht, so steht dies der Feststellung der Forderung nicht entgegen (§ 178 Abs. 1 S. 2 InsO), anders im Falle der Eigenverwaltung, § 283 Abs. 1 S. 2 InsO. Der Widerspruch des Schuldners – im Falle juristischer Personen der gesellschaftsrechtlichen Organe[253] bzw. bei Personengesellschaften ihrer geschäftsführungsbefugten Gesellschafter – schließt es jedoch aus, dass der Gläubiger nach der Aufhebung des Insolvenzverfahrens aus der Eintragung in die Tabelle die Zwangsvollstreckung betreiben kann (vgl. § 201 Abs. 2 S. 1 InsO). Der Gläubiger hat also ein rechtliches Interesse daran, den Widerspruch des Schuldners auszuräumen. Er kann dies schon während des Insolvenzverfahrens im Wege der Klage (§ 184 S. 1 InsO) oder, wenn schon ein Rechtsstreit anhängig war, im Wege der Aufnahme dieses Rechtsstreits (§ 184 S. 2 InsO) zu erreichen versuchen.[254] 3.171

B) Widerspruch des Schuldners gegen untitulierte Forderung

I. Feststellungsklage

Der Gläubiger kann allein auf Feststellung klagen.[255] § 87 InsO steht einer Leistungsklage entgegen. Für diese besondere Feststellungsklage gelten die Grundsätze, die für die Feststellungsklage nach § 180 Abs. 1 S. 1 InsO eingreifen (oben 3.7, 3.25): Insbesondere bedarf es keines besonderen Feststellungsinteresses nach § 256 Abs. 1 ZPO;[256] vielmehr wird das Rechtsverfolgungsinteresse des Gläubigers entsprechend § 179 Abs. 3 S. 1 InsO durch den nach § 179 Abs. 3 InsO erstellten Tabellenauszug 3.172

252 Im überkommenen Recht war nur der 2. Fall ausdr. geregelt (§ 144 Abs. 2 KO), der 1. Fall jedoch bereits anerkannt: RG, Urt. v. 23.3.1889, Rep. 33/89, RGZ 24, 405, 407; *Kuhn/Uhlenbruck*, KO, § 144 Rn. 5; *Kilger/K. Schmidt*, KO, § 144 Anm. 4.

253 NR/*Becker*, 29. Lfg. InsO, § 184 Rn. 3; Uhlenbruck/*Sinz*, 14. Aufl. 2015, § 184 Rn. 5.

254 Amtl. Begr. zu § 212 RegEInsO, BT-Drs. 12/2443, 185.

255 RG, Urt. v. 23.3.1889 – Rep. 33/89 – RGZ 24, 405, 407; Braun/*Specovius*, 6. Aufl. InsO, § 184 Rn. 6; einschr. BGH, Urt. v. 11.11.1979 – I ZR 13/78 – ZIP 1980, 23; ihm folgend KS-*Eckardt*, 547, 548 Rn. 28: Zulässigkeit der Leistungsklage mit der Maßgabe, dass die Vollstreckung erst nach Verfahrensbeendigung erfolgen darf; vgl. *Spellenberg*, Zum Gegenstand des Konkursfeststellungsverfahrens, 155 ff.; vgl. auch MünchKomm-*Schumacher*, 3. Aufl. 2013, § 184 Rn. 3, 6.

256 MünchKomm-*Schumacher*, 3. Aufl. 2013, § 184 Rn. 3; Uhlenbruck/*Sinz*, 14. Aufl. InsO, § 184 Rn. 6.

nachgewiesen. Denn ohne die Erhebung einer Feststellungsklage läuft der Gläubiger Gefahr, dass er nach § 201 Abs. 2 InsO nicht berücksichtigt wird.[257]

3.173 Mit § 184 Abs. 1 InsO hat sich die Frage erledigt, ob der Gläubiger im Falle eines titulierten Anspruchs für eine weitere Klage überhaupt das notwendige Feststellungsinteresse besitzt.[258]

II. Verfahren

3.174 Für die Geltendmachung der Feststellungsklage ist das im jeweiligen Rechtsweg kompetente Fachgericht zuständig. Hat neben dem Schuldner der Insolvenzverwalter oder ein Insolvenzgläubiger die Forderung bestritten ist die Klage gegen den Bestreitenden und den Schuldner als einfache Streitgenossen zu richten.[259] Soweit Forderungen durch eine Behörde angemeldet worden sind, die ihre Forderungen durch Verwaltungsakt feststellt (**Finanzamt**: § 251 Abs. 3 AO, **Krankenkasse**: § 28h Abs. 2 S. 1 SGB IV),[260] erfolgt die Feststellung im jeweiligen Verwaltungsverfahren.

C) Aufnahme des Rechtsstreits gegen den Schuldner

3.175 Ein bereits anhängiger Rechtsstreit kann gem. § 184 Abs. 1 S. 2 InsO durch Schriftsatz nach § 250 ZPO aufgenommen werden. Es greifen die allgemeinen Grundsätze für den Tabellenfeststellungsprozess und die für ihn zulässigen Verfahrensarten (oben Rn. 3.50 ff.). In dem aufzunehmenden Prozess muss der Gläubiger wegen § 87 InsO seinen Antrag umstellen.[261] Dabei müssen Parteien des aufzunehmenden Prozesses der bestreitende Schuldner und der Gläubiger der bestrittenen Forderung sein.[262] Auch soweit der Gläubiger einen gegen den Schuldner anhängigen und durch die Eröffnung des Insolvenzverfahrens unterbrochenen Rechtsstreit **aufnimmt** (§ 240 ZPO), gelten die zu §§ 179, 180 Abs. 1 S. 1 InsO einschlägigen Regeln. Der Gläubiger muss dann wegen § 87 InsO seinen Klagantrag auf ein Feststellungsbegehren umstellen.[263]

---

257 Vgl. NR/*Becker*, 29. Egl. InsO, § 184 Rn. 12; Uhlenbruck/*Sinz*, 14. Aufl. InsO, § 184 Rn. 1; MünchKomm-*Schumacher*, 3. Aufl. InsO, § 184 Rn. 2, 3.

258 Begr. Bes Teil zum Insolvenzverfahrens VereinfG Art. 1 Zur Nr. 25.

259 MünchKomm-*Schumacher*, 3. Aufl. InsO, § 184 Rn. 4; K/P/B/*Pape*/*Schaltke*, 67. Lfg. InsO, § 184 Rn. 20; BGH, Urt. v. 11.11.1979 – I ZR 13/78 – ZIP 1983, 23.

260 NR/*Becker*, § 184 Rn. 17; K/P/B-*Pape*/*Schaltke*, § 184 Rn. 5; Braun/*Specovius*, § 186 Rn. 11.

261 RG, Urt. v. 6.3.1909 – Rep. V 234/08 – RGZ 70, 371; NR/*Becker*, § 184 Rn. 24.

262 NR/*Becker*, § 184 Rn. 20; MünchKomm-*Schumacher*, § 184 Rn. 5; Uhlenbruck/*Sinz*, § 184 Rn. 6.

263 Vgl. RG, Urt. v. 6.3.1909, Rep. V 234/08, RGZ 70, 371; Uhlenbruck/*Sinz*, § 184 Rn. 6 ff.; NR/*Becker*, § 184 Rn. 24.

Bei einer negativen Feststellungsklage des Schuldners bezüglich des Rechtsgrunds der vorsätzlich begangenen unerlaubten Handlung trifft die Darlegungs- und Beweislast dafür, dass die angemeldete Forderung tatsächlich auf einer vorsätzlichen unerlaubten Handlung beruht, den Gläubiger.[264] 3.176

Für das Feststellungsbegehren, dass ein zur Insolvenztabelle festgestellter Anspruch auf (Kindes-) Unterhalt entgegen dem vom Schuldner erhobenen Widerspruch i.S.v. § 174 Abs. 2 InsO auch auf unerlaubter Handlung beruht („Attributsklage“),[265] ist als Unterhaltssache gemäß § 231 Abs. 1 Nr. 1 FamFG das Familiengericht zuständig; das gilt insbesondere auch dann, wenn die Unterhaltsforderung als solche bereits gerichtlich tituliert ist.[266] 3.177

In einem Feststellungsverfahren i.S.d. § 184 InsO, in dem isoliert über den Schuldgrund der vorsätzlichen unerlaubten Handlung gestritten wird, darf sich der Schuldner auf die Verjährung des privilegierten Anspruchs berufen.[267] 3.178

D) Widerspruch des Schuldners gegen titulierte Forderung

Soweit der Gläubiger über einen Schuld**titel** verfügt, führt dies nicht dazu, dass der schuldnerische Widerspruch den Titel beseitigt; der Wortlaut des § 201 Abs. 2 ist insofern ungenau. 3.179

§ 179 Abs. 2 InsO sieht bei Bestreiten einer titulierten Forderung durch den Insolvenzverwalter oder einen anderen Gläubiger vor, dass es dem Bestreitenden obliegt, den Widerspruch zu verfolgen. Es erscheint unbillig, dass der Gläubiger trotz eines erstrittenen Titels nochmals prozessieren muss und auch bei einer erfolgreichen Prozessführung Gefahr läuft, wegen der wirtschaftlichen Situation des Schuldners seine Kostenerstattungsansprüche nicht oder nur schwer durchsetzen zu können. Um alsbald Rechtsklarheit über die Wirkung des Widerspruchs zu erhalten, sollte eine Befristung der Widerspruchsklage vorgesehen werden. Daher hat der Gesetzgeber es für sinnvoll erachtet, in § 184 InsO eine strukturell vergleichbare Regelung wie in § 878 Abs. 1 ZPO zu schaffen. Der Schuldner wird damit verpflichtet, binnen einer Frist von einem Monat, die mit dem Prüfungstermin oder im schriftlichen Verfahren mit dem Bestreiten der Forderung beginnt, gegen den Gläubiger Klage zu erheben. Verfolgt der Schuldner nicht innerhalb der Frist seinen Widerspruch, so gilt dieser als nicht erhoben. Damit kann der Gläubiger nach Verfah- 3.180

264 Jaeger/*Gerhardt*, § 174 Rn. 56.

265 Vgl. OLG Celle, Beschl. v. 11.3.2013 – 10 WF 67/13; OLG Celle, MDR 2012, 1167.

266 OLG Celle, B. v. 7.5.2012 – 10 WF 385/10, FamRZ 2012, 1838.; KG Berlin, Beschluss vom 30. August 2011, 18 WF 93/11, FamRZ 2012, 138 ff. = NJW-RR 2012, 201 ff. = ZInsO 2011, 1843 ff.; gegen OLG Rostock, Beschluss vom 14. Januar 2011, 10 WF 4/11, FamRZ 2011, 910 in einem obiter dictum.

267 OLG Köln, B'se v. 23.1.2014 – II-27 UF 113/13, 27 UF 113/13, ZInsO 2014, 713.

rensaufhebung gegen den Schuldner gem. § 201 Abs. 2 S. 1 InsO die Vollstreckung aus dem Tabellenauszug betreiben.

E) Gerichtlicher Hinweis

I. Fragestellung

3.181 § 184 InsO bereitet den Gerichten erhebliche Schwierigkeiten. Schon immer trägt der Schuldner, welcher der Forderung widerspricht, die Klagelast nach § 184 Abs. 2 S. 1 InsO, wenn er der Feststellung einer Forderung widerspricht, für die ein vollstreckbarer Titel oder ein Endurteil vorliegt. Das Insolvenzgericht hat den Schuldner auf die Frist des § 184 Abs. 1 S. 1 InsO und die Folgen der Fristversäumnis gem. § 184 Abs. 1 S. 2 InsO hinzuweisen, wenn das AG, wozu es verpflichtet ist, dem Schuldner einen entsprechenden Tabellenauszug erteilt. Der Schuldner hat daraufhin die Eintreibung der Forderung nachzuweisen, wobei im Übrigen fraglich ist, ob darunter die Verfolgung eines Anspruchs i.S.v. § 194 BGB zu verstehen ist.

3.182 Eine entsprechende Anwendung des § 184 Abs. 2 InsO ist ausgeschlossen, wenn der Anspruchsgrund der vorsätzlich begangenen unerlaubten Handlung vom Schuldner bestritten und die Forderung tituliert, nicht aber der Anspruchsgrund selbstständig festgestellt ist.[268] Dies gilt auch dann, wenn ein rechtskräftiges Versäumnisurteil oder ein rechtskräftiger Vollstreckungsbescheid gegen den Schuldner vorliegt; denn in beiden Fällen ist nicht mit der für § 184 Abs. 2 erforderlichen Rechtskraftwirkung festgestellt, dass die Forderung auf einer vorsätzlich begangenen unerlaubten Handlung beruht.[269]

II. Lage des Insolvenzgerichts

3.183 Das Gericht kann nicht erkennen, ob ein vollstreckbarer Titel vorliegt oder nicht. Deshalb wird sich das Gericht über seine Belehrungspflicht oftmals nicht klar sein können, wenn der Schuldner im Termin z.B. einer Krankenkassenforderung widerspricht. Das Gericht weiß ja nicht, ob der Schuldner einen Titel hat, ob dieser Titel dem Verwalter eingereicht wurde und welchen Inhalt er hat. Daher ist es ratsam, dass der Insolvenzverwalter bei der Erstellung von Tabellen, bei der mit Schuldnerwidersprüchen zu rechnen ist, eine Liste beilegt, aus der sich das Vorliegen vorhandener Titel ergibt. Der Gesetzgeber hat es – gefolgt von der Judikatur des BGH[270] – den Gläubigern erlassen, Originaltitel vorzulegen; es reicht eine Kopie (§ 174 Abs. 1

268 BGH, 2. Dezember 2010, IX ZR 41/10, ZinsO 2011, 39.

269 BGH, VUrt. v. 28.6.2012 – IX ZR 160/11, ZInsO 2012, 1614.

270 BGH, Urt. v. 1.12.2005 – IX ZR 95/04 – DZWIR 2006, 125–127 – jurisPR-InsR 7/2006 Anm. 3 m. Anm. *Smid.*

Satz 2 InsO). Wird dem Insolvenzverwalter ein kopierter Titel eingereicht oder wird gar kein Titel vorgelegt, sondern nur behauptet, so gelangt dies nicht ins Urkundenheft, also nicht bereits deswegen zur Kenntnis des Gerichts.

Bei den besonders relevanten Krankenkassenforderungen können Titel vorliegen, ohne dass Insolvenzverwalter und Insolvenzgericht hiervon Kenntnis erlangen (Beitragsbescheide oder vollstreckbare Nachweise). Hier bedarf es der eingehenden Prüfung der Titelqualität vorgelegter Unterlagen. 3.184

Besondere Probleme entstehen, wenn zwar ein Titel „vorliegt", aber mit der Forderungsanmeldung dem Verwalter nicht eingereicht wird und daher auch nicht zur Kenntnis des Insolvenzgerichts gelangt, weil der Titel beim Gläubiger verbleibt. Dies kann nicht genügen, um die Frist für § 184 InsO auszulösen. Ein Titel liegt i.S.v. § 180 Abs. 2 InsO nur vor, wenn er wenigstens beim Verwalter eingereicht wird, und zwar müsste der Originaltitel gefordert werden, weil sonst dessen Existenz nicht festgestellt werden kann. 3.185

Bei alledem ist unklar, wann und wie der Schuldner die Verfolgung des Anspruchs nachweisen soll. Fraglich ist dabei, wie es zu bewerten ist, wenn er dies erst nach Jahren tut. Die Rechtsfolge nach § 184 InsO, dass der Widerspruch als nicht erhoben gilt, hängt einzig vom Nichtverfolgen des „Anspruchs" ab, nicht aber vom Nachweis. Da andererseits weder das Gericht noch der Insolvenzverwalter wissen kann, ob der Schuldner seinen Widerspruch tatsächlich verfolgt, sind Gericht und Insolvenzverwalter nie sicher, ob die Forderung nun als ohne Widerspruch oder mit Schuldnerwiderspruch festgestellt ist, was wiederum für die Erteilung vollstreckbarer Ausfertigungen von Bedeutung ist (§ 178 Abs. 2 S. 2, § 201 Abs. 2 S. 1 InsO). 3.186

F) Negative Feststellungsklage des Schuldners

Nach alledem ist der Schuldner trotz § 80 InsO befugt, sich gegen die Anmeldung der Forderung mittels **negativer Feststellungsklage** zur Wehr zu setzen. Dies gilt sicherlich bei der Anmeldung titulierter Forderungen, wobei die negative Feststellungsklage soweit zulässig ist, wie die Voraussetzungen der §§ 578 ff. ZPO vorliegen. Aber auch soweit die Anmeldung nichttitulierter Forderungen vorliegt, ist der Schuldner zur Erhebung einer negativen Feststellungsklage rechtsschutzberechtigt. Denn er zielt darauf, die Unsicherheit über das Vorliegen der Voraussetzungen des § 201 Abs. 2 auszuräumen.[271] 3.187

271 NR/*Becker*, § 184 Rn. 15, 27; a.A. K/P-*Pape*/*Schaltke*, § 184 Rn. 12; MünchKomm-*Schumacher*, § 184 Rn. 8; Graf-Schlicker/*Graf-Schlicker*, § 184 Rn. 11.

G) Widerspruch allein gegen den Rechtsgrund der Forderung

3.188 **Widerspricht** der Schuldner der angemeldeten Forderung soweit, wie sie der Gläubiger auf vorsätzlich begangene Handlung stützt, bewirkt der Widerspruch, dass die Forderung entgegen § 302 Nr. 1 InsO an der Restschuldbefreiung teilnimmt.[272] Ebenso wie im Zusammenhang des Nachweises der Vollstreckungsvoraussetzungen gem. § 850f Abs. 2 ZPO[273] ist auch für die Feststellungsklage des Gläubigers gegen diesen Widerspruch des Schuldners mit Blick auf § 302 Nr. 1 InsO von seinem Rechtsschutzbedürfnis auszugehen.

3.189 Der Schuldner kann seinen Widerspruch gegen den angemeldeten, nicht titulierten Rechtsgrund der vorsätzlich begangenen unerlaubten Handlung bereits vor Aufhebung des Insolvenzverfahrens mit der negativen Feststellungsklage gegen den Gläubiger weiter verfolgen.[274]

3.190 Weitere Schwierigkeiten entstehen in diesem Zusammenhang mit der Monatsfrist des § 201 Abs. 2 InsO, wenn der Schuldner zwar nicht die Forderung, wohl aber den Rechtsgrund, etwa einer unerlaubten Handlung, bestreiten will. Der Beitragsbescheid der Krankenkasse weist den Rechtsgrund nicht aus, nur die Forderung. Der Titel reicht damit nicht aus, dass der Schuldner auch die Klagelast wegen des bestrittenen Forderungsgrunds hat. Hier muss es der Krankenkasse, die einen Titel mit derartiger Rechtsqualität durch Bescheid gar nicht schaffen kann, weiterhin obliegen, den Rechtsgrund im ordentlichen Zivilprozess zu verfolgen.

H) Wirkungen des Urteils

3.191 Das Urteil des Prozessgerichts in dem Prozess zwischen anmeldendem Gläubiger und dem Schuldner wirkt im Unterschied zu dem Urteil nach §§ 181, 183 InsO nicht für und gegen alle Beteiligten des Forderungsfeststellungsverfahrens im Insolvenzverfahren über das Vermögen des Schuldners, sondern zwischen den Parteien – also Schuldner und anmeldendem Gläubiger.

3.192 Im Fall eines auf den Schuldgrund beschränkten Widerspruchs des Schuldners gegen die Feststellung einer Forderung zur Insolvenztabelle (hier: Einordnung der Forderung als eine solche aus vorsätzlicher unerlaubter Handlung), kann der Gläubiger die Erteilung einer vollstreckbaren Ausfertigung des Tabellenauszugs verlangen. Denn im Fall des auf den Schuldgrund beschränkten Widerspruchs lässt der Schuldner die übrigen tabellenrelevanten Feststellungen gerade unbestritten.[275]

---

272 BGH, Beschl. v. 18.9.2003 – IX ZB 44/03 – ZInsO 2003, 1044 f.

273 BGH, Beschl. v. 5.4.2005 – VII ZB 17/05 – JZ 2006, 393 m. Anm. *Smid*.

274 BGH, Urt. v. 10.10.2013 – IX ZR 30/13 ZIP 2013, 2265 = DZWIR 2014, 179.

275 LG Köln, B. v. 3.7.2012 – 13 T 50/12, ZInsO 2012, 1682.

l) Eigenverwaltender Schuldner

Ist Eigenverwaltung des Schuldners angeordnet, kann er nach § 178 Abs. 1 S. 2 InsO persönlich mit den Folgen des § 184 InsO widersprechen. Bestreitet der Schuldner die Forderung, ohne ausdrücklich einen persönlichen Widerspruch zu erklären, bestreitet er als Amtswalter in eigenen Angelegenheiten[276] nach § 283 Abs. 1 InsO.[277] 3.193

Der negativen Feststellungsklage, mit welcher die schuldnerische GmbH ihren im Prüfungstermin erhobenen Widerspruch gegen die Feststellung einer Forderung verfolgt, für die ein vorläufig vollstreckbarer Titel vorliegt, kann nicht das Rechtsschutzbedürfnis abgesprochen werden, solange nicht feststeht, dass eine Vollstreckung nach Aufhebung des Insolvenzverfahrens nicht mehr möglich ist.[278] 3.194

Auch der eigenverwaltende Schuldner kann seinen Widerspruch auf den Rechtsgrund der vorsätzlich begangenen unerlaubten Handlung beschränken.[279] 3.195

---

276 *Häsemeyer*, Insolvenzrecht, 3. Aufl. 2003, Rn. 8.13 f.; *Wehdeking*, Masseverwaltung durch den insolventen Schuldner, 2005, 108 Rn. 11.

277 MünchKomm-*Schumacher*, § 184 Rn. 9; Uhlenbruck/*Sinz*, § 184 Rn. 2; Braun/*Specovius*, § 184 Rn. 1.

278 BGH, Urt. v. 11.7.2013 – IX ZR 286/12, ZIP 2013, 1640 = DZWIR 2014, 32.

279 BGH, Urt. v. 10.10.2013 – IX ZR 30/13 ZIP 2013, 2265 = DZWIR 2014, 179.

Kapitel 6. Zusammenhang von Zulässigkeit der Tabellenfeststellungsklage und Anforderungen an die Forderungsanmeldung

A) Ausgangslage

I. Unstreitiges

3.196 Völlig unstreitig[280] ist, dass Gegenstand der Tabellenfeststellungsklage allein die Forderung des Anmeldenden in der Form sein kann, in die sie in der Anmeldung erfahren hat.[281] Daher kann die Tabellenfeststellungsklage allein auf den Betrag gerichtet sein, mit dem sie in der Anmeldung beziffert worden ist.[282]

3.197 Zulässig ist also nicht etwa ein erhöhter oder reduzierter Betrag, mit dem die Tabellenfeststellung der Forderung begehrt wird.

II. Fragestellung

3.198 § 179 InsO behandelt das Verfahren, wenn der Verwalter oder ein Gläubiger eine angemeldete Forderung bestreitet, da diese dann gem. § 178 Abs. 1 InsO nicht „festgestellt" werden kann.[283] Liegt ein Widerspruch vor, wird das (weitere) Verfahren der Feststellung der Forderung außerhalb des Insolvenzverfahrens vor dem fachlich zuständigen Gericht betrieben. Dabei wird in § 179 Abs. 1 InsO der Fall des Widerspruchs von Verwalter oder Insolvenzgläubiger gegen nichttitulierte und in § 179 Abs. 2 InsO gegen titulierte Forderungen behandelt.[284] Für die Bestimmtheit des Klageantrages gelten Besonderheiten, wie in der Judikatur des BGH (im Folgenden Rn. 3.209) herausgearbeitet worden ist.

3.199 Streitig ist im Zusammenhang der Frage nach den Prozessvoraussetzungen der Tabellenfeststellungsklage die Behandlung der weiteren „klassischen" Fallkonstellation. Dabei geht es darum, ob eine als Forderung aus Darlehensvertrag zur Tabelle angemeldete Forderung, wenn ein Vertragsmangel gegeben ist, im Forderungsfeststellungsverfahren als Forderung aus ungerechtfertigter Bereicherung verfolgt und festgestellt werden kann.[285] Die höchstrichterliche Rechtsprechung zu dieser Frage hat eine wechselhafte Entwicklung durchlaufen, die daher im Folgenden nachgezeichnet zu werden (Rn. 3.200 ff.). Die Beantwortung der Frage nach den Voraussetzungen ei-

---

280 RG, Urt. v. 17. März 1902 – Rep. IV 401/01, RGZ 51, 94, 96/97.
281 RG, Urt. v. 17. März 1902 – Rep. IV 401/01, RGZ 51, 94, 96/97.
282 RG, Urt. v. 17. März 1902 – Rep. IV 401/01, RGZ 51, 94, 96/97.
283 MünchKomm-*Schumacher*, § 179 Rn. 3; Graf-Schlicker/*Graf-Schlicker*, § 179 Rn. 1.
284 *Smid*, in: Leonhardt/Smid/Zeuner, InsO, 3. Aufl. 2010 § 179 Rn. 1.
285 BGH, B. v. 12.11.2015 – IX ZR 313/14, ZIP 2016, 30.

ner zulässigen Tabellenfeststellungsklage beeinflusst weitere Fragestellungen wie namentlich die nach der Reichweite zivilprozessualer Prozesshandlungsoptionen (3.200) und der materiell rechtlichen Problematik der Verjährung der Forderung, auf der Tabellenfeststellung geklagt wird (Rn. 3.229 ff.).

B) Vom allgemeinen zivilprozessualen Verständnis des „Grundes" zur insolvenzrechtlichen Auslegung der §§ 181, 183 InsO

I. Zur Entwicklung der höchstrichterlichen Rechtsprechung bis zur SKL-M-Entscheidung des BGH

1. Zur Judikatur des Reichsgerichts

a) Eigener Vortrag weiterer Gläubiger im Prüfungstermin zur Unwirksamkeit der angemeldeten Forderung

Das Reichsgericht[286] hatte in einem Fall zu entscheiden gehabt, in dem der Gläubiger (der Konkursverwalter in dem über das Vermögen der kreditierenden Bank) in dem über das Vermögen eines Bankkunden eröffneten Konkurs Forderungen aus dem Saldo des im Kontokorrent geführten Kontos des Gemeinschuldners Th. jr. anmeldete, nicht aber alternativ Forderungen aus Bereicherung. Die Forderungen wurden vom Konkursverwalter und zwei weiteren „Konkursbeteiligten" bestritten. Im Feststellungsprozess beriefen sich die beklagten bestreitenden Konkursbeteiligten darauf, die Forderung wegen arglistiger Täuschung seitens der Bank angefochten zu haben. 3.200

Das Reichsgericht führte aus, es könne nicht „eingewendet werden, dass ein Bereicherungsanspruch im Konkurs nicht angemeldet und nicht geprüft sei. Nach § 139 KO hat die Anmeldung die Angabe des Grundes der Forderung zu enthalten. Grund der Forderung ist derjenige Tatbestand, aus dem die Forderung entspringt. Es müssen also die Tatumstände, die der Forderung zugrunde liegen, angegeben werden; Angabe der rechtlichen Gesichtspunkte, aus denen diese Tatumstände zu würdigen sind, ist nicht erforderlich". Diese Passage ist hier wörtlich zitiert, weil sie auf eine Kontinuität der Rechtsprechung zu verweisen scheint, an die der BGH vordergründig mit seinem Nichtzulassungsbeschluss anzuknüpfen versucht. Der Sachverhalt, über den das Reichsgericht zu entscheiden hatte, macht aber den Unterschied deutlich, der zwischen dem vom Reichsgericht 1918 entschiedenen Fall und dem SKL-M-Fall aus dem Jahr 2007 liegt, von dessen Entscheidung sich der IX. Zivilsenat in seinem Nichtzulassungsbeschluss distanziert. Denn in seinem Fall haben die bestreitenden Konkursbeteiligten mit ihrer Täuschungsanfechtung der zugrundeliegenden Geschäfte nach § 123 BGB *selbst* die Voraussetzungen dafür geschaffen, dass 3.201

286 RG, Urt. v. 1. Mai 1918 – Rep. I 422/17, RGZ 93, 13/14.

die angemeldete Forderung keinen rechtlichen Bestand hatte – und allein Ansprüche aus rechtsgrundloser Bereicherung in Betracht zu ziehen waren. Daher ist es *nachvollziehbar*, dass das Reichsgericht Fragen der Gläubigerbeteiligung am Prüfungstermin nicht näher in den Blick genommen hat. Ob aber angesichts der Besonderheit des Sachverhaltes des vom Reichsgericht entschiedenen Falles aber die Argumentation, die der BGH in seinem Urteil vom 5.7.2007[287] (unten Rn. 3.209) aus der Gläubigerbeteiligung am Prüfungstermin entwickelt hat, ausgehebelt wird, begegnet Bedenken.

b) Auswertung weiterer reichsgerichtlicher Judikatur

3.202 In seiner Judikatur zur Rechtskraft der Feststellung der Forderung zur Tabelle (oben Rn. 2.79 ff.) hat das Reichsgericht sich incident zum Streitgegenstand der Tabellenfeststellung – und damit zu den Anforderungen an die Anmeldung zur Tabelle geäußert. Es hat sich bereits gezeigt, dass das Reichsgericht dabei von einer Feststellung des Bestandes der Forderung ausgegangen ist. Damit hat es nahegelegen, allgemeine zivilprozessuale Anforderungen an die Forderungsanmeldung zu stellen – auch wenn dies außer der in der vorangegangenen Rn. besprochenen Entscheidung im Übrigen nie explizit entschieden worden ist.

2. Judikatur des BFH bis zur SKL-M-Entscheidung

3.203 Nach Eröffnung des Konkursverfahrens am 11. Februar 1975 hatte das Finanzamt mit dem Anspruch auf Vorrecht aus § 61 Abs. 1 Nr. 2 der Konkursordnung (KO) eine Umsatzsteuerforderung für 1975 in Höhe von zuletzt ca. 42.000 DM angemeldet, wobei sich dieser Betrag aus der Umsatzsteuer für Leistungen der Gemeinschuldnerin vor Konkurseröffnung in Höhe von ca. 14.000 DM und aus der Rückforderung von Vorsteuerabzugsbeträgen in Höhe von ca. 28.000 DM für Leistungen, welche die Gemeinschuldnerin vor Konkurseröffnung erhalten, aber nicht bezahlt hatte, zusammensetzte. Im Prüfungstermin Anfang Juli 1975 bestritt der Konkursverwalter die Forderung. Das Finanzamt erließ daraufhin Anfang August 1975 einen Bescheid gemäß § 226a AO a.F., in dem es unter der Bezeichnung „Umsatzsteuer 2/75“ die bestrittene Forderung als bevorrechtigte Konkursforderung nach § 61 Abs. 1 Nr. 2 KO feststellte. Es führte dazu aus, 14.000 DM entfielen auf nicht abgerechnete fertige und halbfertige Arbeiten, 28.000 DM beträfen die Rückforderung von geltend gemachten Vorsteuerbeträgen gemäß § 17 Abs. 2, Abs. 1 Nr. 2 Buchst. a des Umsatzsteuergesetzes (UStG) für von der Gemeinschuldnerin nicht erfüllte Verbindlichkeiten. Den Einspruch des Konkursverwalters wies das Finanzamt zurück.

287 BGH, Urt. v. 5.7.2007 – IX ZR 221/05, ZIP 2007, 1760 ff.

Das Finanzgericht (FG) hat die auf Aufhebung des Feststellungsbescheids vom 2. August 1976 gerichtete Klage abgewiesen und dazu ausgeführt: Aufgrund einer im Jahre 1979 durchgeführten Umsatzsteuersonderprüfung, die das FG angeregt hatte, habe sich ergeben, dass neben dem Vorsteuerrückforderungsanspruch in Höhe von 28.146,37 DM für 1975 aus Leistungen der Gemeinschuldnerin eine Umsatzsteuerforderung in Höhe von 61.085,89 DM bestehe, wovon mindestens 42.367,22 DM auf den Zeitraum 2/1975 entfalle. Der Kläger habe in der mündlichen Verhandlung vor dem FG nicht bestritten, dass die Umsatzsteuerforderung von 61.085,90 DM zu Recht bestehe. Seine Einwendungen gegen den Rückforderungsanspruch in Höhe von 28.146,37 DM könnten die Rechtmäßigkeit des Feststellungsbescheides vom 2. August 1976 nicht beeinträchtigen. Es könne nämlich dahingestellt bleiben, ob diese Einwendungen zu Recht bestünden, denn aufgrund der Prüfungsfeststellungen stehe unbestritten fest, dass in dem vom Feststellungsbescheid erfassten Zeitraum Februar 1975 Umsatzsteuerforderungen bezüglich fertiger und halbfertiger Bauten entstanden seien, die den im Feststellungsbescheid angegebenen Betrag von 42.367,22 DM bei weitem überstiegen. Auf den Streit bezüglich des Betrages von 28.146,37 DM komme es bei dieser Sachlage nicht mehr an. 3.204

Die Klage des Konkursverwalters gegen den Feststellungsbescheid des Finanzamtes vom August 1975 blieb erfolglos, wogegen der Verwalter mit seiner Revision rügte, das angefochtene Urteil verletze § 146 Abs. 4 KO, weil das FG entgegen dieser Vorschrift den Schuldgrund für die angemeldeten Forderungen ausgewechselt habe. 3.205

Der BFH hat dem Konkursverwalter Recht gegeben. Im Falle vom Konkursverwalter oder anderen Gläubigern bestrittenen Steuerforderungen des Schuldners erfolgt das „Betreiben“, wie oben (Rn. 3.44 ff.) ausgeführt, durch die Feststellung des Finanzamtes gemäß § 226a AO a.F. (§ 251 Abs. 3 der AO 1977), sofern die Steuern noch nicht vor Verfahrenseröffnung durch einen Steuerbescheid festgesetzt und damit tituliert sind. Diese Feststellung kann aber nur auf den Grund gestützt und nur auf den Betrag gerichtet werden, welcher in der Anmeldung oder in dem Prüfungstermin angegeben ist, wie sich heute aus § 174 Abs. 2 InsO ergibt, weil andernfalls einem Gläubiger, der die angemeldete Forderung nicht bestritten hatte (§ 179 InsO), durch Einbeziehung einer nicht geprüften Forderung das Recht zum Widerspruch genommen wäre.[288] 3.206

Der BFH führt dies näher dadurch aus, dass er die Judikatur des Reichsgerichts aufzugreifen scheint, in dem er zur Begründung weiter ausführt, „Grund der Forderung“ i.S.d. heutigen § 174 Abs. 2 InsO sei der Sachverhalt, auf dem die Forderung beruht. Dabei sind steuerrechtliche Besonderheiten zu berücksichtigen. Denn anders als nach § 2 EStG entstehen bei der Umsatzsteuer die sich aus der Verwirklichung der 3.207

288 BFH. Urt. v. 17. Mai 1984 V R 80/77, BFHE 141, 7.

im UStG enthaltenen gesetzlichen Tatbestände (z.B. §§ 1, 14 Abs. 2, Abs. 3, § 15 Abs. 1, §§ 15a, 17 Abs. 1, Abs. 2 UStG 1973) ergebenden Steuerbeträge, unbeschadet der Zusammenfassung bei der Steuerberechnung, gesondert.[289] Forderungsgrund ist demnach der Sachverhalt, der zur Verwirklichung des gesetzlichen Tatbestandes geführt hat. Die Zusammenfassung der einzelnen Steuerforderungen unter Berücksichtigung der abziehbaren Vorsteuern (§ 15 UStG 1973) zu einer positiven oder negativen Steuerzahlungsschuld (§ 16 Abs. 1, Abs. 2 UStG 1973) ändert nichts daran, dass die einzelnen Tatbestandsverwirklichungen Besteuerungsgegenstand sind.

3.208 Für die Behandlung des insolvenzrechtlichen Tabellenfeststellungsprozesses ausschlaggebend ist, dass nach Ansicht des BFH die Zusammenfassung der Durchführung des Besteuerungsverfahrens dient, aber nicht erlaubt, „eine im Konkursverfahren nach Grund und Höhe angemeldete, jedoch bestritten gebliebene Umsatzsteuerforderung gegen eine andere Forderung auszutauschen; denn dies ginge über den Zweck der Zusammenfassung hinaus und würde das Widerspruchsrecht der anderen am Konkursverfahren Teilnehmenden gefährden“.

II. SKL-M-Urteil des BGH vom 2. Juli 2007

1. Fall

3.209 Die Bundesrepublik hat durch die BvS der (später) insolvenzschuldnerischen SKL-M in der Zeit von Juli 1997 – März 2000 diverse Darlehen in Höhe von insgesamt ca. 55 Mio. Euro gewährt. Im September 2000 erfolgte die Eröffnung des Insolvenzverfahrens über das Vermögen der SKL-M durch das AG – Insolvenzgericht – Magdeburg. Der Gläubigerin war vom Insolvenzverwalter ein von ihm erstelltes Merkblatt für die Forderungsanmeldung übergeben worden, in dem die Anforderungen des § 174 InsO in allen Einzelheiten korrekt wiedergegeben waren. Im Oktober 2000 erfolgte die Anmeldung einer Forderung auf Rückzahlung geleisteter Darlehen durch die Bundesrepublik (BvS) zur Tabelle. Im April 2002 erfolgte die Entscheidung der Kommission der EU darüber, dass die gewährten Darlehen gegen europarechtliche Grundsätze der Beihilfegewährung verstoßen haben. Der Insolvenzverwalter hat die angemeldeten Forderungen der Bundesrepublik mit der Begründung bestritten, es handle sich um nachrangige Forderungen i.S.v. § 39 Abs. 1 Nr. 5 InsO. Hierüber führte der Insolvenzverwalter mit der BvS Verhandlungen, letztmalig am 27. Oktober 2003. Im Jahr 2004 erhob die Bundesrepublik (BvS) Klage auf Feststellung der angemeldeten Forderungen. In erster und zweiter Instanz ist der Insolvenzverwalter antragsgemäß verurteilt worden. Mit Urteil vom 5.7.2007 hat der BGH die Feststellungsklage als unzulässig abgewiesen; in den Gründen hat der erkennende Senat u.a. ausgeführt, die angemeldeten Forderungen nähmen aufgrund des europarecht-

289 BFH, Urt. v. 30. September 1976 V R 109/73, BFHE 120, 562, 566.

lichen Grundsatzes des effet utile den Rang von nicht nachrangigen Insolvenzforderungen ein; allerdings beruhe der Anspruch der Bundesrepublik nicht auf § 488 BGB, da die Darlehensverträge wegen Verstoßes gegen europäisches Beihilferecht gem. § 134 BGB nichtig seien. Der Klägerin stehen aber Forderungen aus § 812 BGB gegen die insolvenzschuldnerische SKL-M zu, die aber nicht angemeldet worden sind.

2. Zusammenhang von Anmeldeverfahren und Tabellenfeststellungsprozess

Der IX. Zivilsenat hat ausgeführt, dass die Feststellung nach Grund, Betrag und Rang der Forderung nur in der Weise begehrt werden kann, wie die Forderung in der Anmeldung oder im Prüfungstermin bezeichnet worden ist (§ 181 InsO). Die Anmeldung zur Tabelle ist Sachurteilsvoraussetzung; eine Feststellungsklage ohne Anmeldung ist unzulässig.[290] Der Grund für das vorrangig zu betreibende Anmeldungs- und Prüfungsverfahren liegt darin, dass das Feststellungsurteil gegenüber dem Insolvenzverwalter und allen Gläubigern wirkt (§ 183 Abs. 1 InsO); diese müssen ebenso wie der Verwalter selbst zunächst Gelegenheit erhalten, die angemeldete Forderung zu prüfen und gegebenenfalls zu bestreiten. Maßgebend für diese Prüfung ist der Sachverhalt, der in der Anmeldung angegeben worden ist (§ 174 Abs. 1 S. 1, Abs. 2 InsO). Dieser Sachverhalt (der „Grund" des Anspruchs) bestimmt, soweit die Forderung als anerkannt in die Tabelle eingetragen wird, den Umfang der Rechtskraft der Eintragung gegenüber den Gläubigern (§ 183 InsO) und, soweit die Forderung bestritten wird, den Umfang der Rechtskraft des im Feststellungsprozess ergehenden Urteils. Deswegen muss der Anspruchsgrund bei der Anmeldung zur Tabelle angegeben werden. Wird er nach der insolvenzrechtlichen Prüfung geändert, so bedarf es einer neuen Anmeldung; ohne sie ist eine auf den anderen Anspruchsgrund gestützte Feststellungsklage ebenso unzulässig wie eine Klage ohne jede Anmeldung.[291] 3.210

Die Insolvenzgläubiger haben – wie oben ausgeführt, gem. § 174 Abs. 1 S. 1 InsO ihre Forderungen schriftlich (Rn. 1.56) beim Insolvenzverwalter anzumelden. Und § 174 Abs. 2 InsO bestimmt, dass bei der Anmeldung der Grund (Rn. 1.96) und der Betrag der Forderung anzugeben sind. Daraus folgt u.a., dass z.B. Sammelanmeldungen, die mehrere Gläubiger aus Gründen der Kostenersparnis für ihre gleichartigen Forderungen (z.B. Kaufpreisforderungen aufgrund von Lieferungen an den Schuldner) durch einen Treuhänder vornehmen lassen, grundsätzlich zulässig 3.211

290 BGH, Urt. v. 27. September 2001 – IX ZR 71/00, WM 2001, 2180, 2181; v. 23. Oktober 2003 – IX ZR 165/02, WM 2003, 2429, 2432; MünchKomm-*Schumacher*, § 181 Rn. 3.

291 BGH, Urt. v. 27. September 2001 und v. 23. Oktober 2003, jew. a.a.O.

sind.[292] Sie genügen aber nur dann den Bestimmtheitsanforderungen, wenn die einzelnen Forderungen vom Verwalter dergestalt individualisiert werden können, dass es ihm und den übrigen Gläubigern möglich ist, den Bestand jeder einzelnen Forderung zu prüfen und gegebenenfalls zu bestreiten.[293]

3. Streitgegenstand der Tabellenfeststellungsklage

3.212 Streitgegenstand der Insolvenzfeststellungsklage ist, wie oben (Rn. 3.5 ff., 3.16 ff.) eingehend dargelegt, nicht das Bestehen der angemeldeten Forderung. Das Bestehen der angemeldeten Forderung ist allein Vorfrage der Insolvenzfeststellungsklage (eingehend oben Rn. 3.5 ff., 3.7).[294] Streitgegenstand der Insolvenzfeststellungsklage ist demgegenüber das Recht des anmeldenden Gläubigers auf Beteiligung an der Insolvenzmasse.[295]

3.213 Die Klage nach § 179 Abs. 1 InsO richtet sich auf Feststellung der Forderung zur Tabelle, nicht auf Feststellung der Forderung schlechthin. Entgegen einer vorherrschenden Meinung ist daher davon auszugehen, dass es sich bei der Klage nach § 179 Abs. 1 InsO um eine Feststellungsklage besonderer, nämlich insolvenzrechtlicher Art handelt, mit der die haftungsrechtliche Partizipation des Klägers verfolgt wird.[296] Dafür spricht, dass nach § 183 Abs. 1 InsO die Feststellung (unmittelbar) gegenüber dem Insolvenzgericht, dem Insolvenzverwalter und den Insolvenzgläubigern wirkt,[297] das zu erwirkende Urteil mithin einen haftungsrechtlichen Charakter trägt. Streitgegenstand ist nach alledem das Teilnahmerecht des Gläubigers an dem der Gläubigergemeinschaft haftungsrechtlich zugewiesenen Vermögen des Schuldners.[298]

3.214 Streitgegenstand einer Feststellungsklage nach § 181 InsO ist vielmehr allein das Haftungsrecht des anmeldenden Gläubigers, wofür sich die Forderung, die in der Anmeldung zur Tabelle nach Grund, Höhe und Rang festgelegt worden ist, als Vorfrage darstellt.[299] Selbstverständliche zivilprozessuale Folge hieraus ist, dass z.B. bei einer Sammelanmeldung mehrerer Forderungen für jede einzelne Forderung

---

292 BAG, Urt. v. 19.12.1979 – 5 AZR 96/76 – AP Nr. 10 zu § 112 BetrVG 1972 m. Anm. *Uhlenbruck* = ZIP 1980, 378, 379; BAG, Urt. v. 3.12.1985 – 1 AZR 545/84 – NJW 1986, 1896; *Gottwald/Eickmann*, Insolvenzrechtshandbuch, 3. Aufl., § 63 Rn. 8; MünchKomm-*Riedel*, § 174 Rn. 24.

293 *Mohrbutter*, KTS 1974, 221, 223; Uhlenbruck/*Sinz*, § 174 Rn. 25; MünchKomm-*Riedel*, § 174 Rn. 25.

294 BGH, Urt. v. 25.10.2004 – II ZR 413/02, ZIP 2005, 42 zum feststellungsfähigen Rechtsverhältnis.

295 Eingehend und auch für die InsO in den Strukturaussagen maßgeblich: *Spellenberg*, Zum Gegenstand des Konkursfeststellungsverfahrens (§§ 138 ff. KO), Göttingen, 1973, 124 et passim.

296 *Spellenberg* (Fn.176) 15 ff.

297 Uhlenbruck/*Sinz*, § 183 Rn. 2; KS-*Eckardt*, Kapitel 17, Rn. 54; MünchKomm-*Schumacher*, § 183 Rn. 3 ff.

298 *Spellenberg* (Fn.176) 81 ff.; KS-*Eckardt*, Kapitel 17, Rn. 1 f, 39.

299 OLG Karlsruhe, Urt. v. 27.10.2011 – 9 U 27/11, ZInsO 2012, 1229.

eine Substantiierung zu erfolgen hat. Jede einzelne Forderung muss individualisierbar sein. Diesen Anforderungen wird eine Sammelanmeldung nicht gerecht, bei der der Gläubiger lediglich eine einheitliche Hauptforderung nennt, ohne diese Summe nach Einzelforderungen aufzugliedern und bei der sich auch aus den beigefügten Rechnungen und weiteren Unterlagen nicht für jede Einzelforderung der betreffende Lebenssachverhalt entnehmen lässt.[300] Stehen auf Gläubigerseite mehrere Forderungen im Raum und nimmt der Gläubiger Verrechnungen mit Gegenansprüchen des Schuldners vor, so muss aus einer Sammelanmeldung deutlich hervorgehen, welche Verrechnung sich auf welche Forderung bezieht.[301] Diese Substantiierungslast erschöpft die Anforderungen nicht, die an die Forderungsanmeldung und Forderungsprüfung als Zulässigkeitsvoraussetzungen der Tabellenfeststellungsklage gerichtet sind.

4. Ne eat iudex ultra petita partium

Da 181 InsO bestimmt, dass die Feststellung der angemeldeten und im Prüfungstermin bestrittenen Forderung nach Grund, Betrag und Rang der Forderung nur in der Weise begehrt werden kann, wie die Forderung in der Anmeldung oder im Prüfungstermin bezeichnet worden ist. § 181 InsO ist eine auf die Insolvenzfeststellungsklage nach § 180 Abs. 1 S. 1 InsO zugeschnittene Fassung des allgemeinen (zivil-)prozessualen Grundsatzes **ne eat iudex ultra petita partium** (§ 308 Abs. 1 ZPO): Während das Zivilgericht im Allgemeinen nur das zuzusprechen befugt ist, was von den Parteien beantragt worden ist, begrenzt § 181 InsO die Antragsbefugnis des Klägers im Insolvenzfeststellungsstreit auf die Feststellung des Bestehens der Forderung in dem Umfang, in dem der Kläger sie als Insolvenzgläubiger angemeldet hat (§ 174 Abs. 1 InsO).[302] Damit wird dem Umstand Rechnung getragen, dass für die Zulässigkeit der Insolvenzfeststellungsklage kein besonderes Feststellungsbedürfnis vorausgesetzt wird,[303] weil sie sich auf den Widerspruch gegen die Forderung in der Form bezieht, die sie durch die Anmeldung erfahren hat.[304] 3.215

Der IX. Zivilsenat hat in seinem Nichtzulassungsbeschluss aus dem November 2015 freilich die frühere Rechtsprechung von Reichsgericht und BGH wieder aufgegriffen, die an allgemeinen Grundsätzen des Zivilprozessrechts über die Substantiierung von Klageforderungen orientiert war und diese auf die Tabellenfeststellungsklage übertragen hat. Gegenüber der (wie die oben Rn. 3.203 zitierte Entscheidung des BFH aus dem Jahr 1984 zeigt: nur scheinbaren!) Kontinuität dieser Rechtspre- 3.216

300 OLG Jena, Urt. v. 20.3.2013 – 2 U 554/12, ZIP 2013, 1235.
301 OLG Jena, Urt. v. 20.3.2013 – 2 U 554/12, ZIP 2013, 1235.
302 Amtl. Begr. zu §§ 207 bis 209 RegEInsO, BT-Drs. 12/2443, 185.
303 KS-*Eckardt*, Kapitel 17 Rn. 54; Braun/*Specovius*, § 181 Rn. 32.
304 Vgl. KS-*Eckardt*, Kapitel 17 Rn. 56.

chung mag nun auf den ersten Blick die SKL-M-Rechtsprechung in der Tat als „Ausrutscher“ anmuten, der übertriebene Ansprüche formuliert – und deren scheinbare Exzentrizität eine rechtsdogmatische Auseinandersetzung verzichtbar erscheinen lässt, die über die Betonung der angesprochenen Kontinuität des Rückgriffs auf den Satz hinausgehen, mit der Forderungsanmeldung seien Tatsachen vorzubringen, aus denen auf die Rechtsgrundlage schließen lassen. Das Bild, dass dieser Art der Darstellung zugrundeliegt, lässt sich mit der Parömie *da mihi facta dabo tibi ius* umreissen. Ginge es in der Tat allein um den Bestand „der“ angemeldeten Forderung, wäre es ausreichend, dass der klagende Liquidant „die Forderung“ ebenso bestimmt darlegt wie er es im allgemeinen Leistungsprozess zu tun hätte, den er außerhalb des Insolvenzverfahrens gegen den Schuldner führt. Die Prämissen des BGH in dem Nichtzulassungsbeschluss mit dem Rückgriff auf die überkommene Judikatur wären tragfähig, wenn es in der Tat allein darauf ankäme, dass der Kläger der Tabellenfeststellungsklage dem erkennenden Gericht die Tatsachen liefern und das Prozessgericht auf dieser Grundlage entscheiden würde.

3.217 Dieses Bild bekommt aber bereits im allgemeinen Zivilprozess Risse. Das Urteil des Prozessgericht aus „bereitestem Grund“, das auf die Rechtsgrundlage gestützt wird, die das klägerische Vorbringen bzw. die Beweislage trägt, kann gefällt werden, da die Sache zur Endentscheidung i.S.v. § 300 ZPO „reif“ ist. Urteilsreife tritt aber dann nicht ein, wenn der Kläger die Verurteilung des Beklagten aus einem bestimmten Grund begeht; § 300 ZPO tut dem Rechtsschutzbedürfnis des Klägers, dies zu begehren, keinen Abbruch, wenn er die Verurteilung aus besonderem Rechtsgrund beantragt, um in den Genuss einer privilegierten Zwangsvollstreckung (namentlich § 850f Abs. 2 ZPO) zu gelangen. Nun könnte man sich auf den Standpunkt stellen, dabei handele es sich um einen Sonderfall, von dem her für die hier interessierende Frage der Anforderungen an die Zulässigkeit einer Tabellenfeststellungsklage keine Rückschlüsse gezogen werden könnten und eine Abweichung von *da mihi facta dabo tibi ius* nicht zu tragen geeignet sei.

3.218 Dieser Einwand trägt indessen nicht. Die § 850f Abs. 2 ZPO und § 302 InsO beziehen sich auf die Reichweite des Vollstreckungszugriffs des Gläubigers im Singularvollstreckungsverfahren – also darauf, auf welchen Vermögensgegenstand des Schuldners er Zugriff nehmen kann. Es geht m.w.W. um die haftungsrechtliche Frage, wie weit und damit womit der Schuldner nach Sonderung von Vermögensmassen durch die §§ 811, 850ff. ZPO haftet. Gerade auch das Insolvenzverfahren beruht auf der Sonderung von Vermögensmassen, wie § 36 Abs. 1 InsO deutlich macht. Diese Bildung eines haftenden Sondervermögens im Wege des in seiner Reichweite durch § 36 Abs. 1 InsO beschriebenen Insolvenzbeschlags gem. § 35 Abs. 1 InsO[305]

305 Das besondere Problem eines Zweitinsolvenzverfahrens zugunsten von Neugläubigern nach Freigabe gem. § 35 Abs. 2 InsO gehört nicht hierher, vgl. K. Schmidt/*Büteröwe*, 19. Aufl. InsO, § 35 Rn. 45; BGH NZI 2008, 609.

bildet den Rahmen, aus dem das Verfahren der Forderungsanmeldung, der Forderungsfeststellung und des Tabellenfeststellungsstreits seinen Sinn herleitet und innerhalb dessen es funktioniert. Dies zumal der Gläubiger auch auf das beschlagsfreie Vermögen des Schuldners während der Dauer des Insolvenzverfahrens im allgemeinen keinen Zugriff nehmen kann. Im eröffneten Insolvenzverfahren kann der Gläubiger nach alledem nur durch Teilnahme an der Verteilung auf das haftende Schuldnervermögen Zugriff nehmen.

Wenn es aber bei der Forderungsanmeldung um die Geltendmachung des Haf- 3.219
tungsrechts des Gläubigers *und* dessen Verfahrensteilnahme geht, führt der Widerspruch eines Opponenten dazu, dass im Tabellenfeststellungsprozess um den Bestand der Forderung gestritten werden mag – aber doch nur dann, wenn der Anmeldende ordnungsgemäß angemeldet hat. Dies ist unstreitig, anders als die hieraus zu ziehenden Folgerungen. Die Regelung des § 181 InsO trägt dafür Sorge, dass die im Prüfungsverfahren Beteiligten, nämlich nicht allein der Insolvenzverwalter, sondern auch die anderen anmeldenden Gläubiger Gelegenheit haben, ihren Widerspruch gegen die angemeldete Forderung mit sachlich treffende Einwendungen zu unterlegen. Wäre es dagegen dem Liquidanten möglich, seine Anmeldung der vertraglichen Forderung im Tabellenfeststellungsprozess auf Bereicherung umzustellen, wäre es den Opponenten verwehrt, Einwendungen wie Entreicherung gem. § 818 Abs. 3 BGB zu prüfen.

5. Anmeldung und Prüfung der Forderung

Da es, wie im SKL-M-Urteil herausgearbeitet, Sachurteilsvoraussetzung der Klage 3.220
nach § 179 Abs. 1 und 2 InsO ist, dass die Forderung vom Kläger im Falle des § 179 Abs. 1 InsO bzw. vom Titelgläubiger im Falle des § 179 Abs. 2 InsO angemeldet und im Prüfungstermin geprüft worden ist,[306] ist die Frage der mit Deckung der Anspruchsgrundlage, auf die sie gestützt wird „ordnungsgemäßen" bzw. vollständig den Anforderungen des § 174 Abs. 2 InsO entsprechenden Anmeldung der Forderung nicht eine Frage der Begründetheit, sondern der Zulässigkeit der Tabellenfeststellungsklage.

Die Klage gem. § 179 Abs. 1 InsO ist daher grundsätzlich **unzulässig**, wenn der 3.221
Kläger vom Grund der angemeldeten Forderung abweicht oder Feststellung eines höheren Betrages oder besseren Ranges als mit der Anmeldung begehrt.[307] An den nach § 174 Abs. 2 InsO mit der Forderungsanmeldung zu bringenden Vortrag des Liquidanten werden nicht etwa überzogene Anforderungen gestellt.

---

306 Uhlenbruck/*Sinz*, § 181 Rn. 1; HamK/*Herchen*, § 181 Rn. 1; MünchKomm-*Schumacher*, § 181 Rn. 1.

307 BGH, Urt. v. 8.11.1961 – VIII ZR 149/60 – NJW 1962, 153, 154 = ZZP Bd. 75 (1962) 347 m. Anm. *Henckel*; BGH, Urt. v. 21.2.2000 – II ZR 132/98 – ZIP 2000, 705, 706; MünchKomm-*Schumacher*, § 181 Rn. 10; Graf-Schlicker/*Graf-Schlicker*, § 181 Rn. 5.

6. Verhältnis von Forderungsanmeldung und Forderungsfeststellungsprozess

3.222 Der Ansatz des BGH im SKL-M-Urteil ist nicht etwa überzogen. Im zivilprozessualen Erkenntnisverfahren gilt der Grundsatz iura novit curia: Das Gericht, nicht die Parteien, ist dafür zuständig, das Recht zu erkennen, auf dessen Grundlage das begehrte Urteil zu erlassen oder die Klage abzuweisen ist.[308] *Deshalb* hätte das erkennende Prozessgericht im Leistungsprozess den aus Darlehen auf Rückzahlung der Valuta Klagenden nach § 139 Abs. 1 S. 2 ZPO[309] darauf hinzuweisen, dass der rechtliche Gesichtspunkt des § 134 BGB zu einer Umstellung der rechtlichen Begründung der Klage auf § 812 BGB zwingt und insofern beide Parteien ihren Sachvortrag hierauf einzustellen haben. Auf den rechtlichen Hinweis hätte der Kläger gegebenenfalls seine rechtlichen oder tatsächlichen Ausführungen zu ergänzen – was mit Blick auf § 139 Abs. 1 S. 2 ZPO naturgemäß gemäß § 264 Nr. 1 ZPO ohne Einwilligung des Beklagten (vgl. § 263 ZPO) zulässig ist.[310] Auch ohnedies hätte das Gericht „aus bereitestem Grunde" zu entscheiden (§ 300 Abs. 1 ZPO), was nach dem Grundsatz iura novit curia dazu führt, dass das Gericht ein Leistungsurteil auf Bereicherungsrecht stützt. Dies gilt deshalb für den Leistungsprozess, da dort zwei Parteien dem unparteiischen Gericht gegenübersitzen, dessen Aufgabe die Erkenntnis des streitigen Rechts ist. Das Gericht hat die Aufgabe und die ihm durch seine institutionelle Stellung im System der Gewaltenteilung anvertraute Fähigkeit und Aufgabe, das Recht zu erkennen – und d.h. aufgrund eines von den Parteien vorgetragenen Sachverhalts zu beurteilen, ob und inwieweit der Sachverhalt geeignet ist, eine Anspruchsgrundlage des geltend gemachten Klagbegehrens zu tragen.[311]

3.223 Dies ist aber im Verfahren der Forderungsanmeldung nicht in dieser Weise der Fall. Denn eine streitige Rechtserkenntnis durch ein Gericht als unabhängigen Dritten[312] findet noch nicht einmal summarisch statt. Vielmehr geht es in diesem Diskussions-Verfahren (*J. Kohler* – oben Rn. 1.3) darum, die Voraussetzungen dafür zu schaffen, dass der Gläubiger mit der von ihm angemeldeten Forderung haftungsrechtlich auf die Teilungsmasse Zugriff erhalten kann.[313] Es liegt daher bei dem anmeldenden Gläubiger, nicht nur alle Tatsachen vorzubringen, aus denen auf die Anspruchsgrundlage geschlossen werden kann.[314] Um den anderen Gläubigern die Möglichkeit einzuräumen, die Reichweite der Forderungsanmeldung deutlich zu

---

308 Die Parteien haben die Befugnis, die Verurteilung wegen einer bestimmten Anspruchsgrundlage zu begehren, soweit hierfür z.B. wegen der aus § 850f Abs. 2 ZPO folgenden Privilegierung ein Rechtsschutzinteresse besteht. Darüber hinaus gilt der Grundsatz des iura novit curia fort.

309 Vgl. allein Wieczorek/Schütze/*Smid*, ZPO, § 139 Rdn. 99 ff.

310 Vgl. allein statt aller Thomas/Putzo/ *Reichold*, ZPO, 37. Aufl., § 264 Rdn. 2.

311 MünchKomm- *Becker-Eberhard*, 5. Aufl. 2016 ZPO, Rn. 26 f.

312 *Häsemeyer*, Insolvenzrecht, Rn. 22.15.

313 MünchKomm-*Schumacher*, 3. Aufl. InsO, § 178 Rn. 15; KS-*Eckardt*, S. 533, Rn. 39; a.A. Graf-Schlicker/*Graf-Schlicker*, 2. Aufl InsO, § 178 Rn. 5.

314 K/P/B/*Pape*/*Schaltke*, § 174 Rn. 47 ff.

machen, muss auch die Anspruchsgrundlage vorgebracht werden.[315] Denn anders als in der mündlichen Verhandlung im Leistungsprozess können Unklarheiten nicht durch gerichtliche Hinweise geklärt und damit die Reichweite der Prüfung und der Gegenstand eines Widerspruchs – des Bestreitens – bestimmt werden.[316]

Anders als die gegnerische Partei im Erkenntnisverfahren können die anderen Gläubiger regelmäßig nicht beurteilen, ob und inwieweit die Forderungsanmeldung auf eine bestimmte Anspruchsgrundlage gestützt ist – da ihnen nur die Unterlagen zur Verfügung stehen, die mit der Anmeldung vorgebracht sind.[317] Wird daher z.B. anders als von § 174 Abs. 1 InsO gefordert die Urkunde des Darlehensvertrages oder ihre Abschrift vom anmeldenden Gläubiger nicht eingereicht, ergibt sich hieraus nicht (zwingend) dessen Nichtigkeit – da sich solche Gesichtspunkte häufig erst im Prozess nach §§ 179, 181 InsO ergeben, weil sich der Kläger etwa auf Nichtigkeitsgründe beruft, aus denen sich wie im SKL-M-Fall bereicherungsrechtliche Ansprüche ergeben. Der opponierende, „andere" Insolvenzgläubiger kann freilich auf die ordnungsgemäße Anmeldung nicht verzichten;[318] denn wie der BGH gezeigt hat, schützen die Anforderungen an die Anmeldung, die § 174 InsO stellt, die übrigen Insolvenzgläubiger dadurch, dass der anmeldende Gläubiger den Umfang der Feststellung nicht nur betragsmäßig, sondern gerade auch in Ansehung des Anspruchs bestimmt, der der festzustellenden Forderung zugrundliegt. Dieser Schutz wird durch § 181 InsO gegenüber den übrigen Insolvenzgläubigern verwirklicht, weil die Feststellung auch ihnen gegenüber wirkt (§ 183 Abs. 1 InsO). § 174 Abs. 1 InsO bestimmt, dass die Insolvenzgläubiger ihre Forderungen schriftlich beim Insolvenzverwalter anzumelden und der Anmeldung die Urkunden, aus denen sich die Forderung ergibt, in Abdruck beizufügen haben, § 174 Abs. 1 S. 2 InsO. Dem Erfordernis des § 174 Abs. 2 InsO, bei der Forderungsanmeldung den Rechtsgrund der Forderung anzugeben, wird Rechnung getragen. Legt im Verfahren der Anmeldung einer Darlehensforderung der Gläubiger den Darlehensvertrag vor, nicht aber Unterlagen, aus denen sich seine Nichtigkeit ergibt (Kommissions-Entscheide usf.), stützt der Liquidant seine Forderung auf den „Grund" des § 488 BGB. *Dieser* wird geprüft. Den anderen Gläubigern und dem Insolvenzverwalter ist dann nicht erkennbar, dass im Rahmen der Forderungsprüfung auf bereicherungsrechtliche Fragen wie z.B. § 814 BGB oder § 818 Abs. 3 BGB einzugehen ist. 3.224

Das mag eine weitere Überlegung untermauern: Im Prozess nach § 181 InsO vermag § 264 ZPO daher insoweit nicht zu greifen, dass der Kläger als neuen rechtli- 3.225

315 *Kiesbye*, Die Hemmung der Verjährung durch die Anmeldung einer Forderung im Insolvenzverfahren, 2011, S. 123.

316 K/P/B/*Pape/Schaltke*, § 174 Rn. 47 ff.

317 *Häsemeyer*, Insolvenzrecht 4. Aufl., Rn. 22.23 ff.

318 BGH, Urt. v. 27.9.2001 – IX ZR 71/00, WM 2001, 2180, 2181.

chen Gesichtspunkt eine Anspruchsgrundlage „nachschiebt“, die nicht Gegenstand der zuvor wirksam vorgenommenen Forderungsanmeldung war; dementsprechend ist es auch unerheblich, wenn die Vorinstanzen in dem Feststellungsprozess es – aus welchen Gründen auch immer – unterlassen haben, entsprechende rechtliche Hinweise nach § 139 Abs. 1 S. 2 ZPO zu geben.[319] Damit wird kein Verfahrensfehler i.S.v. § 547 ZPO verwirklicht.[320] Denn diese Hinweise wären unbeachtlich geblieben, da der Kläger auf sie nicht hätte entsprechend wie im Leistungsprozess reagieren können. Eine „Nachbesserung“ durch Umstellung der Klage hat der BGH folgerichtig mit Blick auf §§ 181, 183 InsO in seinem Urteil vom 5.7.2007 ausdrücklich abgelehnt und im Übrigen hierzu ausgeführt, dass die europarechtlichen Regelungen und der auf ihnen beruhende Rückforderungsbescheid der Kommission nicht dazu zwingen, von den Voraussetzungen des § 181 InsO abzuweichen. Der BGH hat insofern darauf hingewiesen, dass die Forderung gemäß § 177 InsO auch nach Ablauf der Frist des § 28 Abs. 1 Satz 1 InsO jederzeit angemeldet werden kann.[321]

3.226 Zwar bedarf es regelmäßig einer gem. § 264 ZPO zulässigen Umstellung des Klageantrages, wenn nach § 180 Abs. 2 InsO ein Rechtstreit als Feststellungsprozess gem. § 179 InsO aufgenommen wird.[322] Die Änderung des Vortrages wegen Grund, Betrag oder Rang der angemeldeten Forderung ist dagegen nicht nach §§ 263 f. ZPO zulässig, da dies zu einer den Regelungszweck des § 181 InsO aushöhlenden verengenden Auslegung führen würde; § 4 InsO spricht ausdrücklich davon, dass zur Ergänzung insolvenzrechtlicher Regelungen nur insoweit auf Vorschriften der ZPO verwiesen werden darf, als dies der Struktur des Insolvenzrechts entspricht. Dies ist hier aber nicht der Fall.[323]

3.227 Das nach § 180 InsO zuständige Prozessgericht darf nach alledem weder eine Umstellung des Antrags nach § 139 Abs. 1 ZPO von der mit der Forderungsanmeldung geltend gemachten Anspruchsgrundlage auf eine „einschlägige“ anregen noch eine solche Umstellung nach § 263 ZPO für sachdienlich erklären.

3.228 Der BGH[324] hat entschieden, dass sich die Frage, ob eine **Änderung** zwischen dem Grund der Anmeldung und dem der Klage vorliegt, nach insolvenzrechtlichen Grundsätzen bestimmt.[325] Maßstab ist der Schutzzweck des § 181 InsO. Nach dem BGH[326] soll § 181 InsO sicherstellen, dass die übrigen Widerspruchsberechtigten Ge-

---

319 Vgl. MünchKomm-ZPO/*Fritsche*, § 139 Rn. 24 und *Greger*, in: Zöller-ZPO, § 139 Rn. 20.

320 a.A.: Ganter, NZI 2010, 387 a.E.

321 BGH, Beschl. v. 15.12.2005 – IX ZB 135/03, DZWIR 2006, 171.

322 MünchKomm-*Schumacher*, § 181 Rn. 7;

323 MünchKomm-*Schumacher*, § 181 Rn. 6.

324 BGH, Urt. v. 5.7.2007 – IX ZR 221/05 – ZIP 2007, 1760.

325 BGH, Urt. v. 23.6.1988 – IX ZR 172/87 – BGHZ 105, 34, 37; BGH, Urt. v. 23.10.2003 – IX ZR165/02 – DZWIR 2004, 200 f.

326 BGH, Urt. v. 5.7.2007 – IX ZR 221/05 – ZIP 2007, 1760 f.

legenheit zur Mitwirkung bei der Feststellung der Insolvenzforderungen erhalten.[327] Es darf keine Insolvenzforderung eingeklagt werden, welche nicht der vorschriftsmäßigen Prüfung unterworfen worden ist. Dies ist insbesondere der Fall, wenn eine Änderung des das Wesen der Forderung bestimmenden Schuldgrundes gegeben ist.[328] Die übrigen Gläubiger müssen dann Gelegenheit erhalten, sich zu dem neuen Anspruchsgrund zu äußern, weil sie in ihrer, aufgrund der Anmeldung vorgenommenen Prüfung noch nicht alle nunmehr in der Klage wesentlichen Aspekte berücksichtigen konnten. Das ist nach der Judikatur des BGH anzunehmen, wenn die den Klagegrund der Feststellungsklage begründende Forderung rechtlich wesentlich anders zu beurteilen ist als die angemeldete, es also nicht lediglich um eine andere rechtliche Qualifizierung der schon angemeldeten Forderung geht.[329] Es handelt sich daher immer um eine wesentliche Änderung des Grundes der Forderung, wenn dem in der Klage geltend gemachten Anspruchsgrund eine andere Verteidigung als dem angemeldeten entgegengesetzt werden muss.[330] Wegen des Schutzzwecks des § 181 InsO genügt es nicht, dass der beklagte Insolvenzverwalter den gemeinsamen Gegenstand des Anspruchsgrundes „erkennen kann".[331]

C) Weitere Entwicklung

I. Abkehr von dem Urteil vom 5.7.2007?

Welche Anforderungen an die Anmeldung der Forderung zur Tabelle in dem über das Vermögen des Schuldners eröffneten Insolvenzverfahren zu stellen sind, schien nach seinem Urteil des IX. Zivilsenats des BGH aus dem Jahr 2007 geklärt. Für den Berater des Gläubigers, aber auch den Insolvenzverwalter wirft ein Nichtzulassungsbeschluss des Senats Fragen auf, in welchem Umfang die bisherige Judikatur zu berücksichtigen ist. **3.229**

Mit nicht viel mehr als einem Federstrich scheint der IX. Zivilsenat des BGH in seinem Nichtzulassungsbeschluss[332] seine bisherige Judikatur zu den Zulässigkeitsvoraussetzungen der Forderungsfeststellungklage gem. §§ 179, 181, 183 ZPO vom Tisch gewischt zu haben: Der Senat erklärt, wie ausdrücklich in diesem Beschluss **3.230**

327 *Hahn*, Die Gesamten Materialien zu den Reichsjustizgesetzen, Band IV KO, S. 329; MünchKomm-*Schumacher*, § 181 Rn. 1.
328 *Hahn* (Fn.205).
329 BGH, Urt. v. 23.10.2003 – IX ZR165/02 – DZWIR 2004, 200.
330 BGH, Urt. v. 5.7.2007 – IX ZR 221/05 – ZIP 2007, 1760.
331 Graf-Schlicker/*Graf-Schlicker*, § 174 Rn. 15; BGH, Urt. v. 27.9.2001 – IX ZR 71/00 – ZIP 2001, 2099.
332 BGH, B. v. 12.11.2015 – IX ZR 313/14.

zu lesen ist, an seiner, seinem Urteil vom 5.7.2007 zugrundeliegenden Rechtsauffassung nicht mehr festhalten zu wollen.

II. Nichtzulassungsbeschluss des BGH vom 12. November 2015

1. Fragestellung

3.231 Zu den Fragen, die sich im Schnittbereich zwischen Prozessrecht und juristischer Methodenlehre stellen, nimmt die Frage einen wichtigen Platz ein, welche Bindungswirkung Entscheidungen haben. Die Richter sind an Recht und Gesetz gebunden; an die Entscheidungen anderer Gerichte sind sie im Falle der Zurückverweisung gem. § 563 ZPO oder im Falle von Entscheidungen des BVerfG gem. § 31 Abs. 1 GG gebunden. Eine Selbstbindung von Gerichten findet darüber hinaus nicht statt.[333] Es liegt in der Unabhängigkeit der Rechtsprechung begründet, dass ein Gericht, zumal das höchste Bundesgericht der Zivilgerichtsbarkeit, von seiner bisherigen Judikatur abweichen kann und darf – sofern dies ihm geboten scheint. Eine Abweichung von bisheriger Entscheidungspraxis ist geboten, wenn dadurch die Gleichbehandlung gleichgelagerter Fälle ermöglicht oder gegenüber der bisherigen Art der Entscheidung verbessert werden kann – denn die Richtigkeit von Recht ist vom Prinzip normativer Gleichbehandlung[334] her zu bestimmen.[335] Abweichungen von der bisherigen Judikatur bedürfen daher einer Begründung, die nicht zuletzt den Rechtsanwendern deutlich macht, welche *Sachgründe* der Änderungen unterlegt sind.

Der Nichtzulassungsbeschluss vom November 2015 ist freilich *im Ergebnis* richtig, aufgrund seiner *Begründung widersprüchlich*. Denn mit der ersten SKL-M-Entscheidung aus dem Jahr 2007 und der zweiten aus dem Jahr 2013 waren die rechtlichen Zulässigkeitsvoraussetzungen der Tabellenfeststellungsklage geklärt. *Insofern* war die Nichtzulassungsbeschwerde nach § 544 ZPO zu verwerfen, da die Revision nicht nach § 543 Abs. 2 ZPO zuzulassen war, weil sie wegen der Klärung der Rechtssache durch die SKL-M-Urteile keine grundsätzliche Bedeutung hatte und daher auch die Fortbildung des Rechts oder die Sicherung einer einheitlichen Rechtsprechung eine Entscheidung des Revisionsgerichts erfordert.[336] Materiellrechtlich hat die Nichtzulassung keine Bindungswirkung an die Gründe zur Folge.[337] Dass hier aber entgegen SKL-M im Rahmen eines obiter dictum entschieden

333 MünchKomm-*Krüger*, 5. Aufl. 2016 ZPO, § 563 Rn. 17.
334 Pawlowski, Methoden Rn. 53.
335 Frei nach Aristoteles, Nikomachische Ethik.
336 MünchKomm-*Krüger*, ZPO, § 544 Rn. 18.
337 MünchKomm-*Krüger*, ZPO, § 544 Rn. 30, 31.

worden ist ruft für *weitere* Verfahren das Erfordernis der Revision auf den Plan – um die Unsicherheit aus dem Weg zu schaffen, die mit dem Nichtzulassungsbeschluss hervorgerufen worden ist. Denn seit dem Nichtzulassungsbeschluss ist die Rechtslage wieder unklar!

2. Änderung der Rechtsprechung in Form einer Nichtzulassungsbeschwerde

a) Wideraufnahme einer Kontinuität höchstrichterlicherlicher Rechtsprechung

Dass der Senat mit seinem Nichtzulassungsbeschluss aus dem November 2015 von seinem Urteil aus dem Jahr 2007 abweichen *wollte*, hat er zwar ausdrücklich gesagt. Im Folgenden soll der Frage nach der Tragfähigkeit der Begründung der Entscheidung des IX. Zivilsenats nachgegangen werden. Dass in einem Nichtzulassungsbeschluss versucht worden ist, die Abkehr von der bisherigen Judikatur zu vollziehen, mutet zunächst sonderbar an, erklärt sich aber daraus, dass der Senat an die Kontinuität der früheren Judikatur von Reichsgericht und BGH anknüpfen zu können meint. Denn gerade in diesen Fällen läge die Voraussetzung für die Zulassung der Revision vor – denn in solchen Fällen dient die Revision der Sicherung einer einheitlichen Rechtsprechung, § 543 Abs. 2 Nr. 2 ZPO und die Rechtssache ist damit zugleich von grundsätzlicher Bedeutung, § 543 Abs. 2 Nr. 2 ZPO. 3.232

b) Widerspruch des Nichtzulassungsbeschlusses vom November 2015 zum Verjährungsurteil aus dem Jahr 2013

Der IX. Zivilsenat nimmt freilich für die Form des Nichtzulassungsbeschlusses, in dem er entschieden hat, in Anspruch, er habe sich bereits in vorangegangenen Entscheidungen von dem SKL-M-Urteil distanziert. Er beruft sich dabei auf die Sammelanmeldungsentscheidung aus dem Jahr 2009 – also zwei Jahre nach SKL-M (eingehend unten Rn. 3.235, 3.243) – und das SKLM-II Urteil aus dem Februar 2013, das oben (Rn. 1.265 ff., 1.296) angesprochen worden ist und im Folgenden (Rn. 3.255 ff.) noch einmal im Kontext der Tabellenfeststellungsklage zu behandeln sein wird. 3.233

Soweit es SKLM-II angeht: Dort findet man unter Randnummer 19 folgende Ausführung: 3.234

> „Die dem – durch das Senatsurteil vom 5. Juli 2007 (IX ZR 221/05, BGHZ 173, 103) rechtskräftig abgeschlossenen – Vorprozess *zugrunde liegende Forderungsanmeldung vom 11. Oktober 2000 war nicht geeignet, für diese Forderung gemäß § 204 Abs. 1 Nr. 10 BGB eine Hemmung der Verjährung auszulösen.* (Hervorheb. v. Verf.).“

Der Senat hat sich seinerzeit also nicht etwa vom SKLM-I-Urteil distanziert, im Gegenteil – er hat daran festgehalten und sogar für die bürgerlich-rechtliche Verjährungshemmung daraus *materielle* systematische Schlussfolgerungen gezogen. Und um jedes Missverständnis auszuräumen sei Randnummer 23 in dieser Entscheidung zitiert, in der es heißt:

> „Die Anmeldung der Forderung als solche aus Darlehen war, wie der Senat bereits in dem zwischen den Parteien geführten Vorprozess entschieden 15 hat (BGH, Urteil vom 5. Juli 2007 – IX ZR 221/05, BGHZ 173, 103 Rn. 15ff.), rechtlich unwirksam, weil es sich infolge der Entscheidungen der Kommission tatsächlich um eine Bereicherungsforderung handelte. Die für die Kennzeichnung der Forderung ausschlaggebende Tatsache ihrer rechtlichen Umgestaltung durch die Entscheidung der Kommission hat die Klägerin bei der Anmeldung nicht mitgeteilt. Deshalb fehlte es an der gebotenen Individualisierung der angemeldeten Forderung. Diesem Mangel kann nur durch eine vor Verjährungsablauf nachzuholende fehlerfreie Neuanmeldung abgeholfen werden". Dass die Darlehensforderung aufgrund einer Beihilfeentscheidung der Kommission zurückgefordert werden musste, war freilich bekannt. Und der rechtliche Schluss auf § 134 BGB hatte gezogen werden können.

c) Zum Sammelanmeldungsurteil

3.235 Allerdings hat der IX. Zivilsenat bereits in dem „Sammelanmeldungsurteil" die im Nichtzulassungsbeschluss wieder aufgegriffene Formel der früheren Rechtsprechung erneut zitiert:

> „Mit dem Grund der Forderung ist der Klagegrund und damit der Sachverhalt gemeint, aus dem die Forderung entspringt (RGZ 93, 13, 14; BFHE 149, 98, 101). Da die Anmeldung eine Form der Rechtsverfolgung darstellt und der Gläubiger aus der Eintragung als Titel die Zwangsvollstreckung betreiben kann (§ 178 Abs. 3 InsO), muss die Forderung zur Bestimmung der Reichweite der Rechtskraft eindeutig konkretisiert werden".

Es wird indes unten zu zeigen sein, dass für eine Auseinandersetzung mit dem SKL-M-Urteil in diesem Zusammenhang kein Raum war.

3. Sachverhalt des Nichtzulassungsbeschlusses vom 12. November 2015

3.236 Der Entscheidung des IX. Zivilsenats lag folgender Sachverhalt zugrunde:

3.237 Bei dem später mit der Forderungsfeststellungklage in Anspruch genommenen Insolvenzverwalter hatte der Gläubiger eine Darlehensforderung i.H.v. 1,5 Millionen € zur Tabelle angemeldet. In dem nach Bestreiten des Insolvenzverwalters angestrengten Feststellungsrechtsstreit hat der Gläubiger sich dann die Behauptung des Beklagten zu Eigen gemacht, dass der Darlehensvertrag nur zum Schein geschlossen worden sei. Er stellte die Klage auf § 812 Abs. 1 S. 1, 1. Variante BGB um. Der beklagte

Insolvenzverwalter ist vor dem Landgericht und dem OLG unterlegen. Die Nichtzulassungsbeschwerde des Insolvenzverwalters ist ebenfalls erfolglos geblieben.

4. Ausblendung der verfahrensrechtlichen Rolle der bestreitenden Gläubiger im Prüfungsverfahren

Der IX. Zivilsenat des BGH ist der Auffassung, dass die Rechtssache keine grund- **3.238** sätzliche Bedeutung habe und weder der Fortbildung des Rechts noch der Sicherung einer einheitlichen Rechtsprechung diene – was erstaunt, da er immerhin von einer eigenen Entscheidung abzuweichen intendiert, die in der Beurteilung u.a. verjährungshemmender Wirkungen der Forderungsanmeldung bestätigt worden ist und somit Folgen in der Senatsrechtsprechung gehabt hat.[338]

Denn nach seiner oben (Rn. 3.209) zitierten SKLM-Entscheidung aus dem Juli **3.239** 2007,[339] in der der IX. Zivilsenat des BGH die auf Feststellung zur Tabelle gerichtete Klage der BvS nach § 179 InsO gerade deshalb als unzulässig abgewiesen hatte, weil die Gläubigerin gemäß §§ 174, 175 InsO als Darlehensrückforderung angemeldet hatte, nach ihrem eigenen Vortrag der Darlehensvertrag aber wegen Verstoß gegen ein Verbotsgesetz nichtig war und daher gemäß § 183 InsO nicht festgestellt werden konnte, hat der IX. Zivilsenat des BGH[340] in seinem Nichtzulassungsbeschluss erneut zu der Frage Stellung zu nehmen gehabt, ob eine als Darlehensforderung zur Tabelle angemeldete Forderung im Forderungsfeststellungsverfahren als Forderung aus ungerechtfertigter Bereicherung festgestellt werden kann, wenn ein Vertragsmangel gegeben ist.

Allerdings konzediert der IX. Zivilsenat, dass die Feststellung der angemeldeten **3.240** Forderung nach Grund, Betrag und Rang der Forderung gemäß § 181 InsO nur in der Weise begehrt werden kann, wie die Forderung in der Anmeldung oder im Prüftermin bezeichnet worden ist. Er hält insoweit an seiner bisherigen Judikatur fest, als in der vorliegenden Entscheidung ausgeführt wird, dass der Anspruchsgrund bei der Anmeldung zur Tabelle angegeben werden muss und verweist insoweit auf sein Urteil aus dem Juli 2007.[341] Im Unterschied zu dieser früheren Entscheidung, von der der erkennende Senat ausdrücklich abweichen will, führt er aus, der Gläubiger habe bei der Forderungsanmeldung den Lebenssachverhalt darzulegen, der i.V.m. einem Rechtssatz die geltend gemachte Forderung als begründet erscheinen lässt;[342] der Rechtssatz selbst sei nicht notwendig ebenfalls vorzutragen. Er begründet dies da-

338 BGH, Urt. v. 21.2.2013 – IX ZR 92/12, ZIP 2013, 680.
339 SKLM I: BGH, Urt. v. 5. Juli 2007 – IX ZR 221/05, ZIP 2007, 1760.
340 BGH, Beschluss vom 12. November 2015 – IX ZR 313/14, ZIP 2016, 30.
341 BGH, Urt. v. 5.7.2007 – IX ZR 221/05 – ZIP 2007, 1760.
342 Vgl. Sammelanmeldungsfall: BGH, Urt. v. 2.1.2009 – IX ZR 3/08, ZIP 2009, 483; SKLM II: BGH, Urt. v. 21.2.2013 – IX ZR 92/12, ZIP 2013, 680; *OLG München, Urt. v. 2.10.2015 – 10 U 1534/13.*

mit, dass die rechtliche Einordnung der Forderung nicht Gegenstand der Anmeldung sei. Führe der Gläubiger bei der Anmeldung aber alle Tatsachen vor, die den Lebenssachverhalt konstituieren, aus dem auf die rechtliche Würdigung des Anspruchsgrundes der angemeldeten Forderung zu schließen sei, sei noch nicht einmal erforderlich, dass alle Tatsachen vorgetragen worden sein. Wörtlich führt der Senat aus: „Auch der schließlich geltend gemachte Anspruch aus § 812 BGB konnte nur nach Prüfung der Wirksamkeit des einzig als Rechtsgrund in Betracht kommenden Darlehensvertrags sowie der Feststellung, dass die nunmehr zurückverlangten Geldbeträge wie behauptet ausgezahlt worden waren, zuerkannt werden."

3.241 Nun erscheint es nur vordergründig plausibel, auf die Parteien des Tabellenfeststellungsstreits abzustellen. Es ist hier nur zu wiederholen: Anmeldender Gläubiger und bestreitender Insolvenzverwalter stehen sich zwar *im Prozess* als streitende Parteien gegenüber – aber der Prozess gründet auf dem Verfahren der Forderungsfeststellung nach §176 InsO, an dem neben dem Insolvenzverwalter auch die *anderen Insolvenzgläubiger* beteiligt sind.[343] Denn im Prüfungstermin werden nach §176 InsO die angemeldeten Forderungen ihrem Betrag und ihrem Rang nach geprüft, wobei die Forderungen, die vom Insolvenzverwalter, vom Schuldner oder von einem Insolvenzgläubiger bestritten werden, einzeln zu erörtern sind – woraus die strukturelle Bedeutung ersichtlich wird, die das Gesetz der Rolle der anderen Insolvenzgläubiger beimisst.[344] In der vorliegenden Entscheidung setzt sich der erkennende Senat aber im Unterschied zu seiner bisherigen Judikatur nicht mehr mit der Frage auseinander, wie denn die Stellung der anderen Gläubiger im Insolvenzverfahren zu bestimmen sei.

3.242 Wenn die vorliegende Nichtzulassungsentscheidung zutreffend wäre, müsste im Übrigen nicht zuletzt auch die Frage der Verjährung der nach seiner Anspruchsgrundlage nicht angemeldeten Bereicherungsforderung anders als in der SKL-M-Entscheidung zu beurteilen sein.[345] Der IX. Zivilsenat setzt sich damit nicht auseinander und schreibt insofern lapidar, er halte an dieser Entscheidung (aus dem Jahr 2007) nicht fest – ohne nach den Auswirkungen auf seine verjährungsrechtliche Judikatur zu fragen.

III. Genügt es, dass ein Sachverhalt vorgetragen wird, aus dem auf die mögliche Anspruchsgrundlage geschlossen werden kann?

1. Zur „Sammelanmeldungsentscheidung"

3.243 Mit der (Rn. 3.209, 3.222) ersten SKLM-Entscheidung hatte der IX. Zivilsenat des *BGH* bereits näher auf die Anforderungen an eine ordnungsgemäße und wirksame An-

---

343 Braun/*Specovius*, 6. Aufl. InsO, § 176 Rn. 3; K/P/B/*Pape/Schaltke*, § 176 Rn. 3.

344 Häsemeyer, Insolvenzrecht 4. Aufl., Rn. 22.14 ff.

345 Zu der Frage *Smid* DZWIR 2012, 267, und *Kiesbye*, Die Hemmung der Verjährung durch die Anmeldung einer Forderung im Insolvenzverfahren 2011, S. 199 ff.

meldung einer Forderung zur Insolvenztabelle abgestellt. Diese Judikatur hatte ein Urteil vom 22.1.2009[346] fortgesetzt.

Fall: Dort ging es wiederum um die Voraussetzungen, die eine Forderungsanmeldung erfüllen muss, damit eine von dem anmeldenden Gläubiger auf das Bestreiten des Insolvenzverwalters oder eines Gläubigers erhobene Tabellenfeststellungsklage zulässig war. Dort hatte in dem über das Vermögen der Schuldnerin eröffneten Insolvenzverfahren die Klägerin am 7.8.2002 eine Hauptforderung aus Warenlieferung in Höhe von ca. 2 Mio. € und Zinsen in Höhe von ca. 23.000 € zur Insolvenztabelle angemeldet. Dabei bediente sie sich eines vom Insolvenzverwalter gefertigten und ihr zur Verfügung gestellten Anmeldeformulars. Die angemeldete Forderung beruhte auf abgetretenem Recht: Im November 2001 war die Schuldnerin einer von der Klägerin geschaffenen Handelsorganisation beigetreten. Im Rahmen der zur Gründung dieser Handelsorganisation getroffenen Abreden bezog die Schuldnerin unmittelbar von den Lieferanten der Klägerin Ware. Die Klägerin beglich dann die Zahlungsforderungen der Lieferanten gegen die Schuldnerin und die Lieferanten traten an die Klägerin ihre Forderungen gegen die Schuldnerin ab. Von der Klägerin wurden in diesem Zusammenhang der Schuldnerin zweimal monatlich Debitorenabrechnungen erstellt. Für den Abrechnungszeitraum Januar 2002 bis Februar 2003 wiesen diese Abrechnungen einen Forderungsbestand von ca. 3.000 € aus, auf die für die Monate Januar und Februar 2002 von der Schuldnerin durch Schecks ca. 925.000 € bezahlt wurden und ein Wechsel über 914.000 € ausgestellt wurde, der im Unterschied zu den Schecks nicht eingelöst wurde. Das Bestreiten des beklagten Insolvenzverwalters führte in Berufungsinstanz und Revision zur Abweisung der Klage. 3.244

Die nunmehr vollzogene Abkehr von seiner SKLM-Rechtsprechung stützt der IX. Zivilsenat des BGH auch darauf, die Art der Begründung des Urteils aus dem Jahr 2009 beruhe nicht auf den Argumentationslinien, die er 2007 entwickelt habe. Dies scheint allerdings nur vordergründig so zu sein. 3.245

2. Substantiierungslasten des anmeldenden Gläubigers

Und auch aus der Sammelanmeldungsentscheidung lässt sich dies nicht herleiten. Der BGH ging allerdings zunächst in seinem Urteil aus dem Jahr 2009 mit dem Reichsgericht[347] davon aus, mit der Formulierung des § 174 InsO, die Forderung sei ihrem Grund nach anzumelden, sei der „Klagegrund und damit der Sachverhalt gemeint, aus dem die Forderung entspringt".[348] Und der Senat führt dort weiter aus, der Gläubiger habe daher „bei der Anmeldung den Lebenssachverhalt schlüssig darzulegen, 3.246

---

346 *BGH*, Urt. v. 22.1.2009 – IX ZR 3/08 – ZIP 2009, 483.
347 RG, Urt. v. 1.5.1918 – Rep. I 442/17, RGZ 93, 13, 14.
348 Vgl. auch BFH, Urt. v. 26.2.1987 – V R 114/79, BFHE 149, 98, 101.

der in Verbindung mit einem – nicht notwendig ebenfalls vorzutragenden – Rechtssatz die geltend gemachte Forderung als begründet erscheinen lässt". Insoweit bleibt es dem Gläubiger unbenommen, auf die Unterlagen, die er nach § 174 InsO der Forderungsanmeldung beizufügen hat, Bezug nehmen. Diese Unterlagen müssen aber geeignet sein, Rechtsgrund und Lebenssachverhalt, wie etwa eine erbrachte Leistung, erkennbar werden zu lassen und entsprechend aufzuschlüsseln.

3.247 Dies war nach Ansicht des BGH nicht erfolgt, da die Klägerin seinerzeit die angemeldete Forderung nicht hinreichend schlüssig dargelegt hatte. Denn sie hatte eine „Gesamtforderung" aus einer Mehrzahl abgetretener Forderungen angemeldet, was nach – überzeugender Ansicht des BGH[349] – die Substantiierung der einzelnen Forderungen erforderlich macht, deren Inhaberschaft der anmeldende Gläubiger durch die Abtretung erlangt hat – da die Abtretung ihn nur im Falle des Bestandes der Forderungen legitimiert. Das steht mit der langjährigen Rechtsprechung zu den Anforderungen an die Schlüssigkeit von Teilklagen gem. § 253 Abs. 2 Nr. 2 ZPO in Einklang.[350] Diese Judikatur geht davon aus, dass eine Teilklage ohne weiteres zulässig ist, wenn mit ihr ein Teilbetrag eines einzigen Anspruchs geltend gemacht wird. Dann – aber nach der Judikatur nur dann – liegt in der summenmäßigen Bezifferung der Teilleistungsklage ihre hinreichende Bestimmtheit. Verhält es sich dagegen so, dass dem Kläger mehrere selbständige Ansprüche zur Seite stehen, soll die Teilleistungsklage nur dann substantiiert erhoben sein, wenn der Kläger den eingeklagten Betrag auf die einzelnen Ansprüche verteilt und darlegt, in welcher Reihenfolge diese Ansprüche bis zu der geltend gemachten Gesamtsumme zur Entscheidung des Gerichts gestellt werden sollen. Unterlässt der Kläger eine Verteilung, führt dies nach ständiger Judikatur des BGH deshalb zur Unzulässigkeit der Teilklage, weil diese nicht hinreichend substantiiert sei.[351]

3.248 Wird in einer Sammelanmeldung, wie im 2009 entschiedenen Fall, vom klagenden Gläubiger eine Reihe von Forderungen geltend gemacht, die entweder ihm oder mehreren Berechtigten zustehen, die eine gebündelte Forderungsanmeldung vornehmen, genügt, wie der IX. Zivilsenat ausführte, eine Pauschalabrechnung, wie sie der Gläubiger im vorliegenden Fall vorgenommen hat, den Anforderungen des § 174 InsO nicht. In dem der Entscheidung aus dem Jahr 2009 zugrundeliegenden Fall hatte der klagende Gläubiger allein mit der Klage die fraglichen Debitorenabrechnungen vorgelegt. Diese Debitorenabrechnungen wiesen lediglich Rechnungsaussteller – nämlich die klagende Gläubigerin –, das Rechnungsdatum und den Rechnungsbetrag aus. Gegenstand und die rechtliche Grundlage der Leistung gingen aus

---

349 Vgl. auch BGH Urt. v. 23.4.1991 – X ZR 77/89; BGH Urt. v. 8.10.1988 – IX ZR 337/97.

350 Jüngst m.w.Nachw. BGH, Urt. v. 17.7.2008 – IX ZR 96/106, ZIP 2008, 1638.

351 BGH, Urt. v. 18.11.1993 – IX ZR 244/92, BGHZ 124, 164, 166; BGH, Urt. v. 22.5.1984 – VI ZR 228/82, NJW 1984, 2346, 2347; BGH, Urt. v. 8.12.1989 – V ZR 174/88, NJW 1999, 2068, 2069; BGH, Urt. v. 9.10.2006 – II ZR 193/05, ZIP 2007, 79, 80.

diesen Debitorenabrechnungen nicht hervor, so dass eine Individualisierung der den Abrechnungen zugrunde liegenden Forderungen, die von der klagenden Gläubigerin gesammelt geltend gemacht worden sind, nicht möglich war. Der IX. Zivilsenat ging – zu Recht – davon aus, dass die Gläubigerin schon deshalb die Anforderungen des § 174 InsO verfehlt hatte.

Da die Forderungsanmeldung sich als Rechtsverfolgung des Gläubigers zum 3.249 Zweck des Erwerbs eines Titels, aus dem die Zwangsvollstreckung betrieben werden kann, § 178 Abs. 3 InsO, darstellt, bedarf es einer eindeutigen Konkretisierung der geltend gemachten Forderung, damit die Rechtskraft des Tabelleneintrags eindeutig bestimmt werden kann.[352] Insoweit unterscheidet sich die Anforderung, die an die Anmeldung der Forderung zu stellen ist, freilich nicht von den Anforderungen des § 253 Abs. 2 Nr. 2 ZPO im streitigen (Zwei-Parteien-)Prozess.[353]

3. Verfahrensrechtlicher Unterschied von zivilprozessualem Erkenntnisverfahren und Forderungsprüfung

Im Insolvenzverfahren ist aber noch ein weiterer Gesichtspunkt maßgeblich, auf 3.250 den der *BGH* in seiner SKLM-Entscheidung[354] aufmerksam gemacht hat. Denn neben der Bestimmung der Reichweite der Rechtskraft der Forderungsfeststellung gem. § 178 Abs. 3 InsO oder, im Falle des Bestreitens eines vom im Tabellenfeststellungsstreit obsiegenden Gläubigers erstrittenen Urteils nach §§ 181, 183 InsO dient die konkrete Bestimmung der einzelnen Forderung und ihrer Individualisierung dazu, dass sowohl der Insolvenzverwalter als auch die übrigen Insolvenzgläubiger dazu in den Stand versetzt werden, den geltend gemachten Grund der Forderung zu prüfen und gegebenenfalls die Anmeldung zu bestreiten. Diese Individualisierung der Forderung kann zum einen dadurch geschehen, dass der Gläubiger eine rechtliche Anspruchsgrundlage benennt, was aber u.U. verzichtbar sein mag.[355] Jedenfalls aber muss er bei der Anmeldung einen Lebenssachverhalt schlüssig darlegen, der in Verbindung mit einem Rechtssatz die geltend gemachte Forderung individualisiert und ihre rechtliche Begründbarkeit möglich macht. Dieser Satz, der sich in der „Abkehrentscheidung" wiederfindet, trifft gewiss auf das streitige Verfahren der Rechterkenntnis im Zivilprozess zu. Er erleidet aber Ausnahmen, wenn man das Verfahren der Forderungsfeststellung nach § 176 InsO betrachtet.

Dies zeigt wiederum die „Sammelanmeldungsentscheidung": Der *BGH* hat in 3.251 der „Sammelanmeldungsentscheidung" hilfsweise geprüft, ob in der mit der Feststellungsklage vorgelegten Debitorenabrechnung eine Neuanmeldung der Forde-

352 *BGH*, Urt. v. 27.9.2001 – IX ZR 71/00 – ZIP 2001, 2099.
353 Grundsätzlich *Smid*, Zivilgerichtliche Verfahren, S. 131 ff.
354 *BGH*, Urt. v. 5.7.2007 – IX ZR 221/05 – ZIP 2007, 1760, Tz. 12.
355 RG (Fußn. 347), RGZ 93, 13, 14, MünchKomm-*Riedel*, § 174 Rn. 26.

rung zu sehen sei. Denn der anmeldende Gläubiger ist im Allgemeinen nicht daran gehindert, Forderungen auch nach Ablauf der Anmeldefrist noch nachzumelden, § 177 InsO[356] (oben Rn. 1.108, 1.246ff.). Bereits in der SKLM-Entscheidung[357] hatte der IX. Zivilsenat des *BGH* freilich eine Klageänderung bei der Änderung des zunächst mit der Forderungsanmeldung vom Gläubiger benannten Rechtsgrundes deshalb für unzulässig gehalten, weil dies dem Prüfungsverfahren der InsO widerspräche und den betroffenen Gläubigern die Möglichkeit nehme, im Verfahren der Forderungsprüfung ihre Recht gegen den anmeldenden Gläubiger geltend zu machen. Im vorliegenden Urteil greift der IX. Zivilsenat diese Überlegungen im Hinblick auf die Substantiierung der angemeldeten Forderung auf. Denn auch für den Fall, dass die mit der Feststellungsklage vorgelegte Debitorenabrechnung geeignet wäre, die in der Sammelanmeldung erfassten Forderungen zu substantiieren, ist die Feststellungsklage gleichwohl unzulässig. Denn die Sachurteilsvoraussetzung der Feststellungsklage ist eine Forderungsprüfung nach § 176 InsO. Diese Forderungsprüfung war jedenfalls nicht im dem Maße möglich, das durch die Vorlage der Debitorenabrechnung erfolgte. Die Auslegung der Klagebegründung als Neuanmeldung scheitert damit an der Zulässigkeitsvoraussetzung der Durchführung eines Prüfungstermins, wie der IX. Zivilsenat überzeugend ausführt.

IV. Ausblick

3.252 Die Art der Begründung seines Nichtzulassungsbeschlusses durch den BGH mit dem Verweis auf Strukturelemente des prozessualen Erkenntnisverfahrens vermögen nicht zu überzeugen, dass eine Abweichung von der bisherigen Rechtsprechung im Urteil vom 5.7.2007 sachgerecht wäre. Für die Praxis der Beratung von Insolvenzgläubigern empfiehlt es sich, die Anforderungen auch weiterhin zu beachten, die in der bisherigen Judikatur formuliert worden sind und gegebenenfalls eine ausdrückliche Anmeldung nach alternativen Anspruchsgrundlagen der Forderung vorzunehmen, um Zulässigkeitsproblemen einer Tabellenfeststellungsklage gem. §§ 181, 183 ZPO vorzubeugen.

D) Grund und Grenzen der verjährungshemmenden Wirkung der Tabellenfeststellungsklage

I. Regelung des § 204 Abs. 1 Nr. 10 BGB

3.253 § 204 Abs. 1 Nr. 10 InsO bestimmt, dass durch die Anmeldung der Forderung in dem über das Vermögen des Schuldners angemeldeten Insolvenzverfahren die Verjäh-

356 HamK/*Preß*/*Henningsmeier*, § 177, Rn. 3; Graf-Schlicker/*Graf-Schlicker*, § 177 Rn. 1.
357 *BGH*, Urt. v. 5.7.2007 – IX ZR 221/05 – ZIP 2007, 1760, Tz. 19.

rung gehemmt wird. Oben (1.265ff.) ist herausgearbeitet worden, dass von der Verjährungshemmung gem. § 204 Abs. 1 Nr. 10 BGB nur der bestimmt angegebene Anspruch in Gestalt des vom Anmeldenden angegebenen Grundes erfasst wird. Nach dem Nichtzulassungsbeschluss des BGH vom 12. November 2015 fragt sich freilich, ob dies noch aufrechtzuerhalten ist und, bejahendenfalls, ob etwas anderes gilt, wenn im Tabellenfeststellungstreit der Anmeldende den Anspruchsgrund ändert bzw. einen anderen Anspruchsgrund nachschiebt.

Bereits bei der Behandlung der materiell rechtlichen verjährungshemmenden 3.254
Wirkungen der Forderungs*anmeldung* ist oben (1.296 unter Verweis auf SKLM-II) dargestellt worden, dass die Anmeldung z.B. einer Forderung aus Darlehen wegen einer auf dem identischen Lebenssachverhalt beruhenden Bereicherungsforderung keine verjährungshemmende Wirkung entfaltet. Nichts anderes ergibt sich aber für die Wirkung der Tabellenfeststellungsklage, mit der der Liquidant die zunächst angemeldeten und bestrittenen Darlehensforderungen betrieben hat.

II. SKLM-II

1. Sachverhalt

Die Bundesrepublik hat der (später) insolvenzschuldnerischen S GmbH in der Zeit 3.255
von Juli 1997 – März 2000 diverse Darlehen in Höhe von insgesamt ca. 55 Mio. Euro gewährt. Im September 2000 erfolgte die Eröffnung des Insolvenzverfahrens über das Vermögen der S GmbH durch das zuständige AG – Insolvenzgericht. Der Gläubigerin war vom Insolvenzverwalter ein von ihm erstelltes Merkblatt für die Forderungsanmeldung übergeben worden, in dem die Anforderungen des § 174 InsO in allen Einzelheiten korrekt wiedergegeben waren. Im Oktober 2000 meldete die Bundesrepublik unter Beachtung der Formalitäten des § 174 InsO eine Forderung zur Tabelle an, als deren Rechtsgrund sie angab, einen Anspruch auf Rückzahlung geleisteter Darlehen gegen die schuldnerische Gesellschaft zu haben. Im April 2002 erfolgte die Entscheidung der Kommission der EU darüber, dass die gewährten Darlehen gegen europarechtliche Grundsätze der Beihilfegewährung verstoßen haben. Der Insolvenzverwalter hat die angemeldeten Forderungen der Bundesrepublik mit der Begründung bestritten, es handle sich um nachrangige Forderungen i.S.v. § 39 Abs. 1 Nr. 5 InsO. Hierüber führte der Insolvenzverwalter mit den Gläubigern Verhandlungen, letztmalig am 27. Oktober 2003. Im Jahr 2004 erhob die Bundesrepublik Klage auf Feststellung der angemeldeten Forderung. In erster und zweiter Instanz ist der Insolvenzverwalter antragsgemäß verurteilt worden. Mit Urteil vom 5.7.2007 hat der BGH die Feststellungsklage als unzulässig abgewiesen; in den Gründen hat der erkennende Senat u.a. ausgeführt, die angemeldeteten Forderungen nähmen aufgrund des europarechtlichen Grundsatzes des effet utile den Rang von nicht nachrangigen Insolvenzforderungen ein; allerdings beruhe der Anspruch der Bundesrepublik nicht auf § 488 BGB, da die Darlehensverträge wegen Verstoßes gegen europäisches Beihilferecht gem. § 134 BGB nichtig seien. Der Klägerin stehen

aber Forderungen aus § 812 BGB gegen die insolvenzschuldnerische S GmbH zu, die aber nicht angemeldet worden sind. Die Bundesrepublik hat daraufhin mit Schreiben vom 24.9.2007 ihre Forderungen erneut beim Insolvenzverwalter angemeldet. Sie hat ihre Forderungen (S. 2 des Schreibens) nunmehr auf § 812 BGB gestützt. Im Folgenden sollen die beihilferechtlichen Implikationen des vorliegenden Falles ausgeblendet bleiben. Von Interesse ist hier die „zweite" Forderungsanmeldung aus dem September des Jahres 2007.

2. Folgen für den Insolvenzverwalter

3.256 Der Insolvenzverwalter hat nach alledem davon auszugehen, dass die von der Bundesrepublik (BvS) angemeldete Bereicherungsforderung in Hauptforderung und Nebenforderungen (Zinsen) bis zum Tag der Eröffnung des Insolvenzverfahrens über das Vermögen der SKL-M GmbH den Rang einer nicht-nachrangigen Insolvenzforderung gem. § 38 InsO einnehmen. Dies obwohl im Schrifttum[358] nachdrückliche und in Ansehung der hier nicht weiter interessierenden Qualifikation eines Gesellschafterdarlehens als Forderung nach § 38 InsO aufgrund des europäisch-rechtlichen effet utile-Grundsatzes überzeugende Kritik am Urteil des BGH v. 5.7.2007 in Sachen SKL-M GmbH geäußert worden ist. Denn nur so kommt der Insolvenzverwalter seiner Pflicht nach, die Masse vor finanziellen Belastungen aus einer Prozessführung über den Rang von Hauptforderung und Nebenforderungen (Zinsen) bis zum Tag der Eröffnung des Insolvenzverfahrens über das Vermögen der SKL-M GmbH zu schützen, die wegen der Festlegungen des letztinstanzlich zuständigen IX. Zivilsenats des BGH offensichtlich wenig aussichtsreich wäre.

III. Einredefreiheit der angemeldeten Forderung

1. Fragestellung

3.257 Den Insolvenzverwalter trifft die nach § 60 Abs. 1 InsO schadensersatzbewehrte Amtspflicht, durch Prüfung und gegebenenfalls durch Bestreiten von angemeldeten Forderungen dafür Sorge zu tragen, dass die Teilungsmasse den Inhabern von einwendungs- und einredefreien Forderungen gegen den Insolvenzschuldner zur Verfügung steht und nur solche Insolvenzgläubiger an der Verteilung der Masse teilhaben. Den Insolvenzverwalter trifft daher die Amtspflicht, die angemeldete Forderung der Bundesrepublik dem Grunde nach zu bestreiten, wenn der angemeldeten Forderungen Einwendungen oder Einreden entgegenstehen.

358 *Cranshaw* DZWIR 2008, 89 ff.

2. Erstreckung der Verjährungshemmung auf den Bereicherungsanspruch der Gläubigerin durch Anmeldung der Darlehensforderung im Jahr 2000 gem. § 204 Nr. 10 BGB?

Eine Verjährungshemmung war im SKLM-Fall nicht aufgrund der Forderungsanmeldung gem. § 204 Abs. 1 Nr. 10 BGB eingetreten. 3.258

3. Verjährungshemmung durch Insolvenzfeststellungsklage aus dem Jahr 2004

a) Verjährungshemmung durch Einlegung einer unzulässigen Klage?

Eine Verjährungshemmung ist auch jedenfalls nicht durch die Erhebung der Feststellungsklage im Jahr 2004 eingetreten. Dabei kommt es allerdings nicht darauf an, dass diese Klage unzulässig war (so BGH v. 5.7.2007), denn im Allgemeinen ist jedenfalls nach hL auch eine unzulässige Klage geeignet, die Verjährung zu hemmen.[359] 3.259

Schon an dieser Stelle ist aber darauf aufmerksam zu machen, dass nicht etwa ein Bereicherungsanspruch angemeldet worden ist. Daher konnte die Feststellung der auf den Grund der ungerechtfertigten Bereicherung gem. § 181 InsO auch nicht mit einer – im Übrigen unzulässigen – Tabellenfeststellungsklage geltend gemacht worden sein. Vielmehr war bereits die Klage auf Feststellung der angemeldeten Forderung unzulässig, da eine Darlehensforderung nach dem eigenen Vortrag der anmeldenden Gläubigerin keinen Bestand hatte und Bereicherungsansprüche nicht angemeldet waren. Insofern lag überhaupt keine Leistungsklage vor, deren Unzulässigkeit zu ihrer Abweisung geführt haben könnte, ohne dass damit eine Verjährungshemmung zwingend ausgeschlossen worden war. Das ergibt sich auch aus einer Erwägung a maiore ad minus: Wenn schon die Anmeldung der Darlehensforderung nicht nach § 204 Abs. 1 Nr. 10 BGB die Verjährung eines Bereicherungsanspruchs zu hemmen geeignet ist, dann ebenfalls nicht die auf diese Anmeldung gestützte und damit zudem unzulässige Feststellungsklage. 3.260

b) Strukturvergleich von Tabellenfeststellungsklage und allgemeiner Leistungsklage

Unabhängig von der allgemeinen Leistungsklage nach § 253 Abs. 2 ZPO ist wegen einer möglichen Verjährungshemmung von Gläubigeransprüchen danach zu fragen, welchen Gegenstand die Feststellungsklage nach §§ 179 ff. InsO hat. Daher fragt es sich, ob der Klagegegenstand der Insolvenzfeststellungsklage der Bundesrepublik sich auf den mit der neuerlichen Anmeldung aus dem Jahr 2007 geltend gemachten Bereicherungsanspruch erstreckt und dessen Verjährung hemmt. Zieht man 3.261

359 MünchKomm-*Grothe*, BGB, § 204 Rn. 25.

zum Vergleich mit der hier gegebenen Sachlage die Verjährungsunterbrechung durch Erhebung einer Leistungsklage nach § 204 Abs. 1 Nr. 1 BGB heran, wird deutlich, um welche Probleme es geht: Dabei ist zunächst zu beachten, dass das Gesetz keine Regelung darüber trifft, welche formellen Anforderungen an die Klage zu stellen seien, damit sie die Wirkungen einer Verjährungshemmung auszulösen geeignet ist.[360]

3.262 Dies könnte genügen wenn – ebenso wie nach § 203 Satz 1 BGB – unter dem „Anspruch", dessen Verjährung nach § 204 Abs. 1 Nr. 1 BGB gehemmt wird, ebenfalls nicht die konkrete materiell-rechtliche Anspruchsgrundlage zu verstehen wäre, sondern allgemein das auf einen bestimmten Sachverhalt gestützte Begehren des Gläubigers auf Befriedigung seines wirtschaftlichen bzw. rechtlichen Interesses. Nach § 204 Abs. 1 Nr. 1 BGB bezieht sich die Verjährungshemmung auf den sogenannten prozessualen Anspruch.[361] Der prozessuale Anspruch wird nach der vorherrschenden Streitgegenstandslehre durch den Klageantrag und den zu seiner Begründung vorgetragenen Lebenssachverhalt bestimmt.[362] Dabei ist zu berücksichtigen, dass – von Lagen eines besonderen Interesses an der Feststellung einer bestimmten Anspruchsgrundlage abgesehen[363] – das beantragte Urteil wie oben ausgeführt auf bereitesten Grund ergeht (§ 300 ZPO).[364] Da auf der Grundlage von Antrag und festgestelltem Sachverhalt das Gericht „das Recht erkennt", wird eine jede von Antrag und vorgetragenen bzw. festgestellten Lebenssachverhalt umfasste Anspruchsgrundlage von der Rechtshängigkeit erfasst. Der BGH[365] begründet vor diesem Hintergrund mit einer „Wesensgleichheit" der Ansprüche, dass sich die Verjährungshemmung auf alle in Betracht kommenden Ansprüche erstreckt, auf die das Klagebegehren gestützt werden kann.

c) Erstreckung der Verjährungshemmung auf die objektive Erkennbarkeit auf Seiten des Schuldners

3.263 Im Schrifttum wird in diesem Zusammenhang gefordert, es sei bei einer Erstreckung der Verjährungshemmung auf die objektive Erkennbarkeit auf Seiten des Schuldners abzustellen.[366] Dieses Erfordernis bleibt freilich im Bereich einer nicht näher

---

360 *Peters/Zimmermann*, Verjährungsfristen. Gutachten und Vorschläge zur Überarbeitung des Schuldrechts, Bd. I, S. 257.

361 MünchKomm-*Grothe*, BGB, § 204 Rn. 10.

362 BGHZ 132, 240; BGH NJW 1993, 2439, 2440; BGH NJW 1999, 2110.

363 Z.B. mit Blick auf § 850f Abs. 2 ZPO eine vorsätzlich begangene unerlaubte Handlung, BGH, B. v. 5. April 2005, VII ZB 17/05.

364 Vgl. allein Wieczorek-Schütze/*Rensen*, § 300 Rn. 6 ff.

365 BGHZ 104, 268, 274 f.; BGHZ 132, 240, 243 f.

366 *M. Wolf*, Befreiung des Verjährungsrechts vom Streitgegenstandsdenken, in: Schumann-Festschr., 2001, 579 ff., 585 ff.

konkretisierbaren Abwägung stecken, da für den mit einer Leistungsklage in Anspruch genommenen Schuldner jedenfalls „erkennbar" ist, dass er aus einem Lebenssachverhalt eine Leistung zu erbringen verpflichtet ist (§ 194 BGB).

d) Ansatz des BGH

Der BGH[367] hat aber betont, dass die Wesensgleichheit von Ansprüchen notwendige, nicht aber hinreichende Bedingung für die Verjährungsunterbrechung (heute: Hemmung) sei. Die Bedingung für die Unterbrechung (heute: Hemmung) der Verjährung liegt erst vor, wenn durch den Vortrag des Klägers dem erkennenden Gericht ein Lebenssachverhalt unterbreitet wird, durch den die fragliche Anspruchsgrundlage streitgegenständlich wird.[368] Im Einzelnen ist kumulativ Bedingung für die Erstreckung der Verjährungshemmung, dass die rechtliche Ausgestaltung der Ansprüche nicht so unterschiedlich ist, dass eine Wesensgleichheit zu verneinen ist und dass der zur Begründung des Anspruchs vorgetragene Lebenssachverhalts in seinem Kern bereits geeignet war, den Anspruch zu tragen.[369] 3.264

III. Verjährungshemmung gem. § 213 BGB wegen elektiver Anspruchskonkurrenz?

1. Fragestellung

Der Gedanke des § 213 BGB – der Verjährungshemmung bei Geltendmachung nur eines von mehreren in elektiver Konkurrenz stehenden Ansprüchen kommt hier aber nicht in Betracht. Es ist bereits im Zusammenhang der verjährungshemmenden Wirkung der Forderungsanmeldung zu § 204 Abs. 1 Nr. 10 BGB dargelegt worden (Rn. 1.265 ff., 1.270 ff.), weshalb dort § 213 BGB nicht eingreifen kann – weil damit die Schutzfunktion des § 174 Abs. 2 InsO in Ansehung der anderen am Insolvenzverfahren beteiligten Gläubiger in Frage gestellt würde. 3.265

2. BGH im Urteil SKLM-II

Im SKLM-II-Urteil (dort Randnummer 26) führt der IX. Zivilsenat überzeugend aus, und sollte deshalb im Folgenden wörtlich zitiert werden: 3.266

> „Wird ein Insolvenzverfahren eröffnet, kann für eine Insolvenzforderung eine Hemmung der Verjährung grundsätzlich nur mit Hilfe einer Forderungsanmeldung nach § 204 Abs. 1 Nr. 10 BGB erwirkt werden, weil im Insolvenzverfahren andere Möglichkeiten der Rechtsverfolgung ausscheiden (RGZ 39, 37, 47;

367 BGH, Urt. v. 27.3.1996 – IV ZR 185/95, BGHZ 132, 240, 242.
368 BGH (Fußn. 367), BGHZ 132, 240, 243.
369 BGH (Fußn. 367), BGHZ 132, 240, 244.

129, 339, 344; BAG, NJW 1986, 1896; Jaeger/Henckel, InsO, § 39 Rn. 4; Jaeger/Gerhardt, a.a.O. § 174 Rn. 106; Staudinger/Peters/Jacoby, BGB, 2009, § 204 Rn. 98; Vallender, ZInsO 2002, 110; Wenner/Schuster, BB 2006, 2649; Entwurf einer Konkursordnung für das Deutsche Reich nebst Einführungsgesetz und Motiven, a.a.O. S. 1389).“ ... und Randnummer 34: „Andernfalls könnte ein Gläubiger während eines laufenden Insolvenzverfahrens durch eine [gem. § 87 InsO, d.Verf.] unzulässige Leistungsklage gegen den Schuldner oder den Insolvenzverwalter für eine Insolvenzforderung eine Verjährungshemmung erwirken. Dies will § 204 Abs. 1 Nr. 10 BGB in Übereinstimmung mit seinen Vorläuferbestimmungen gerade verhindern. Gleichermaßen vermag auch eine ohne vorherige Anmeldung erhobene Feststellungsklage die Verjährung nicht zu hemmen.

Schließlich Randnummer 37: „Die Forderungsanmeldung durch die Klägerin war mangels hinreichender Konkretisierung unwirksam. Erweist sich bereits die Anmeldung als unwirksam, hat gleiches mit der Folge einer fehlenden verjährungshemmenden Wirkung für eine auf ihrer Grundlage erhobenen Feststellungsklage zu gelten. Die Fehleridentität bedingt, dass die Klage verjährungsrechtlich nicht anders als die ihr zugrunde liegende Anmeldung gewürdigt werden kann. Wegen des identischen Klagegrunds ist die Erhebung einer insolvenzrechtlichen Feststellungsklage zu einer Hemmung der Verjährung nicht geeignet (§ 204 Abs. 1 Nr. 1 BGB), wenn sie einer ordnungsgemäßen, ihrerseits verjährungshemmenden Forderungsanmeldung ermangelt.“

Kapitel 7. Wirkung des Tabellenfeststellungsurteils

A) Wirkung des Feststellungsurteils, § 183 Abs. 1 InsO[370]

I. Rechtskraftwirkung des Tabellenfeststellungsurteils

1. Allgemeine zivilprozessuale Rechtskraftwirkung

Nach § 322 Abs. 1 ZPO sind Urteile der Rechtskraft nur insoweit fähig, als über den durch die Klage oder durch die Widerklage erhobenen Anspruch entschieden ist. § 322 Abs. 1 ZPO ist so zu verstehen, dass die Rechtskraft der Entscheidung den Streitgegenstand ergreift. Die Reichweite der Rechtskraft folgt daher der Definition des Streitgegenstandes.[371] Der Umfang des Streitgegenstandes[372] wird indessen unterschiedlich betrachtet. Nach der Lehre vom eingliedrigen Streitgegenstand[373] wird der Streitgegenstand allein durch den Antrag als formalisierten Ausdruck des Klagezieles bestimmt. Der Sachverhalt soll dafür grundsätzlich keine Rolle spielen. Durchgesetzt hat sich dagegen der sog. zweigliedrige Streitgegenstandsbegriff: Der Streitgegenstand (der prozessuale Anspruch) wird demzufolge durch den Klageantrag bestimmt, in dem sich die vom Kläger in Anspruch genommene Rechtsfolge konkretisiert, und den Lebenssachverhalt (Klagegrund), aus dem der Kläger die begehrte Rechtsfolge herleitet.[374] Nach dessen Annahmen wird[375] der Streitgegenstand durch den klägerischen Antrag und den vom Kläger dazu vorgetragenen Sachverhalt bestimmt. Antrag und Sachverhalt sind also gleichwertige Elemente des Streitgegenstandes. Darüber hinaus vertritt der EuGH[376] – abweichend vom deutschen Recht – einen sehr weit verstandenen Streitgegenstandsbegriff. Dabei kommt es nicht entscheidend auf die formale Kongruenz der Klageanträge, sondern auf den „Kernpunkt" des Streits in den verschiedenen Verfahren an, der beiden Abänderungsklagen gemein ist. 3.267

Der allgemeine zivilprozessuale Anspruchsbegriff ist im Zusammenhang des § 183 Abs. 1 InsO nicht ohne weiteres aussagekräftig. Denn es ist im Vorangegangenen herausgearbeitet worden, dass Gegenstand des Tabellenfeststellungsprozesses 3.268

370 BGH, Urt. v. 5.7.2007 – IX ZR 221/05 – ZIP 2007, 1760.

371 *Musielak*, in: Musielak, ZPO, § 322 Rn. 16; *Rosenberg/Schwab/Gottwald*, § 154 Rn. 2.

372 *Rosenberg/Schwab/Gottwald*, § 92 Rn. 1ff.

373 *Schwab*, Der Streitgegenstand im Zivilprozeß, 1954.

374 BGH, Beschluss vom 24. März 2011 – I ZR 108/09.

375 BGH, Urt. v. 8.5.2007 – XI ZR 278/06, BGH NJW 2007, 2560; BGH, Urt. v. 19.11.2003 – VIII 60/03, BGH NJW 2004, 1252; *Becker-Eberhard*, in: MünchKomm, ZPO, Vorb. §§ 253 ff. Rn. 32; *Rosenberg/Schwab/Gottwald*, § 92 Rn. 10; *Habscheid*, Der Streitgegenstand im Zivilprozeß und im Streitverfahren der freiwilligen Gerichtsbarkeit, 1956, 206 ff.

376 EuGH NJW 1989, 665; EuGH NJW 1995, 1883; EuGH, Konflikt zwischen inländischen Scheidungs- und ausländischen Unterhaltsurteil, Urteil vom 04.02.1988 – Az.: RS 145/86. EuGH, Auslegung des Art. 21 EuGVÜ (doppelte Rechtshängigkeit), Urteil vom 06.12.1994 – Az.: RS. C-406/92.

und -urteils das Haftungsrecht des anmeldenden Gläubigers der bestrittenen Forderung ist.[377]

2. Inter-Partes-Wirkung des Tabellenfeststellungsurteils

a) Fragestellung

3.269 Auch das Tabellenfeststellungsurteil wirkt nach den allgemeinen zivilprozessualen Regelungen Rechtskraft zwischen den Parteien des Rechtsstreits, § 325 Abs. 1 ZPO.[378] Für diese allgemeine Rechtskraftwirkung kommt es daher darauf an, wer die Parteien des Tabellenfeststellungsstreits sind (Rn. 3.67) – was darauf verweist, wer die angemeldete Forderung bestritten hat und daher Beklagter der Tabellenfeststellungsklage des anmeldenden Gläubigers ist.

b) Insolvenzverwalter als Partei

3.270 War dies der Insolvenzverwalter als Partei kraft Amtes wirkt das Urteil auf die Masse. Obsiegt der Gläubiger, ist die Forderung zur Tabelle mit der Wirkung festzustellen, dass die Masse für die Forderung haftet. Das Urteil stellt dann positiv den Umfang der Schuldenmasse in Bezug auf die angemeldete Forderung fest. Der Gläubiger ist am Verteilungsverfahren zu beteiligen, § 188 InsO. Wegen § 201 Abs. 2 InsO haftet das beschlagsfreie Schuldnervermögen für die festgestellte Forderung.[379] Die Rechtskraft des zwischen anmeldenden Gläubiger und opponierenden Insolvenzverwalter ergangenen Tabellenfeststellungsurteils erstreckt sich daher auch auf den Schuldner.

c) Wirkungen gegen den Schuldner

3.271 Der Schuldner kann diese Wirkung des Tabellenfeststellungsurteils für seine nachkonkursliche Haftung nur durch eigenen Widerspruch gegen die angemeldete Forderung (§ 184 Abs. 1 InsO) vermeiden. Der Gläubiger muss, um die nachkonkursliche Haftung des Schuldners nach § 201 Abs. 2 InsO durchzusetzen, im Falle des Bestreitens durch den Schuldner die Forderung gegen den Schuldner als Partei betreiben. Der Widerspruch des Schuldners hat aber nach § 178 Abs. 1 S. 2 InsO[380] keinen Einfluss auf die Rechtsverfolgung der Gläubiger im Insolvenzverfahren, da der Schuldner seine Verwaltungs- und Verfügungsbefugnis über die Masse mit Eröffnung des Verfahrens (§ 80 Abs. 1 InsO) verloren hat.[381]

---

377 *Gerhardt*, in: Jaeger/Henckel § 183 Rn. 11.
378 K. Schmidt/*Jungmann*, 19. Aufl. InsO, § 183 Rn. 2.
379 *Gerhardt*, in: Jaeger/Henckel § 183 Rn. 18.
380 *Gerhardt*, in: Jaeger/Henckel § 178 Rn. 9.
381 *Gerhardt*, in: Jaeger/Henckel § 183 Rn. 17.

Dies greift wegen § 270 Abs. 1 InsO nicht im Verfahren unter Anordnung der Eigenverwaltung, § 283 Abs. 1 InsO.[382] Liegt eine Anordnung nach § 270 Abs. 1 InsO – wie im Regelfall – nicht vor, ist für die Abwicklung des Insolvenzverfahrens allein die haftungsrechtliche Zuweisung der Masse an die Gläubigergemeinschaft ausschlaggebend.[383] Deshalb vollzieht sich im „Regel"insolvenzverfahren die Auseinandersetzung um die Schuldenmasse allein zwischen den Gläubigern – und es ist zutreffend, von einem Verfahren in Gläubigerautonomie zu sprechen.[384] 3.272

Hat der Gläubiger widersprochen, ergeht das Urteil, mit dem der betreibende Anmelder obsiegt, ebenfalls mit Wirkung inter partes dergestalt, dass negativ die Unrechtmäßigkeit des Bestreitens und positiv das Haftungsrecht des Gläubigers festgestellt wird. Liegt ein Widerspruch eines anderen Beteiligten nicht vor, greift im Verhältnis zum Schuldner der Mechanismus, der zum Fall des erfolgreichen Betreibens gegen den Insolvenzverwalter ausgeführt worden ist: Der Schuldner, der keinen eigenen Widerspruch erhoben hat, haftet im Insolvenzverfahren mit dem beschlagnahmten Vermögen (§ 35 Abs. 1 InsO) und nach Aufhebung des Verfahrens nach § 201 Abs. 2 InsO auch mit dem beschlagsfreien Vermögen, sofern es der Pfändung unterliegt. 3.273

Wird mit auf die Tabellenfeststellungsklage gegen den bestreitenden Insolvenzverwalter ergangenen abweisenden Urteil über das Nichtbestehen der Forderung erkannt, wird von einer im Vordringen befindlichen Meinung[385] vertreten, dieses Urteil wirke nicht auch für den Schuldner. Dies wird zum einen aus dem Wortlaut des § 183 Abs. 1 InsO gefolgert, der von der Wirkung des Tabellenfeststellungsurteils „gegenüber dem Insolvenzverwalter und allen Insolvenzgläubigern" spricht. Sachlich wird dies damit begründet, Gegenstand des Urteils und damit von seiner Rechtskraftwirkung sei der Streit um die haftungsrechtliche Zuordnung der Masse (die Zugehörigkeit der bestrittenen Forderung zur Haftungsmasse). Der Bestand der Forderung sei hierbei nur Vorfrage, nicht Gegenstand des Urteils. Die Wirkung des Urteils erfasse daher nicht die Forderung, sondern allein das Haftungsrecht des Gläubigers.[386] 3.274

Die höchstrichterliche Rechtsprechung hat dagegen eine Wirkung des klagabweisenden Tabellenfeststellungsurteils auf den Schuldner bejaht.[387] 3.275

---

382 K. Schmidt/*Undritz*, 19. Aufl. InsO, § 283 Rn. 2.

383 K. Schmidt/*Undritz*, 19. Aufl. InsO, § 270 Rn. 2; *Häsemeyer*, Insolvenzrecht, Rn. 1.01.

384 *Häsemeyer*, Insolvenzrecht, Rn. 1.01.

385 BGH Urt. v. 24.4.1958 – II ZR 38/57, WM 1958, 696f.; Uhlenbruck/*Sinz*, 14. Aufl. InsO, § 183 Rn. 7ff.; Braun/*Specovius*, § 183 Rn. 3; *Gerhardt*, in: Jaeger/Henckel § 183 Rn. 19; a.A. MünchKomm-*Hintzen*, 3. Aufl. InsO, § 201 Rn. 18.

386 *Gerhardt*, in: Jaeger/Henckel § 183 Rn. 19 a.E.

387 BGH, Urt. v. 24.4.1958 – II ZR 38/57 WM 1958, 696f.

3.276 Auch das Urteil, mit dem der bestreitende Insolvenzverwalter gegen den anmeldenden Gläubiger obsiegt, betrifft die Schuldenmasse, nicht aber das nachhaftende insolvenzfreie Vermögen des Schuldners. Organtheoretische Ansätze[388] einer Erklärung der Rechtsstellung des Insolvenzverwalters müssen in diesem Zusammenhang mit einer dinglichen Beschränkung der Vertretungsmacht auf die Masse argumentieren; die Amtstheorie[389] gelangt zwanglos dazu, dass sich das Handeln des Insolvenzverwalters nur auf die Masse, nicht aber das beschlagsfreie Vermögen des Schuldners bezieht.[390] Das vom Insolvenzverwalter gegen den betreibenden Gläubiger erstrittene obsiegenden Urteils kommt dem Schuldner danach nur insoweit zugute, als die Gläubigerforderung nicht nach § 201 Abs. 2 InsO für eine Vollstreckung in das freie Vermögen des Schuldners tituliert wird.[391]

3.277 Dies wird deutlicher, wenn man die Tabellenfeststellungstreitigkeiten näher differenziert. Wird um den Rang der Forderung oder um deren Anmeldbarkeit gestritten liegt es auf der Hand, dass es allein um die haftungsrechtliche Teilnahme des betreibenden Gläubigers am Insolvenzverfahren und besonders dem Verteilungsverfahren geht – und damit um eine Haftung des Schuldners im Insolvenzverfahren, die der gläubigerautonomen Entscheidung unterliegt. Der Schuldner hat damit wegen des Beschlags der Masse kein rechtliches Interesse an der Teilnahme an dem Rangrechtsstreit oder dem Anmelderechtsstreit.

3.278 Im Bestandstreit ist dies anders zu beurteilen. Denn der Schuldner hat ein rechtliches Interesse i.S.v. § 66 ZPO[392] an dem Ausgang des Prozesses. Da der Bestand der Forderung hier Vorfrage der haftungsrechtlichen Entscheidung ist, besteht ein Interesse des nebenintervenierenden Schuldners am Ausgang des Rechtsstreits.

II. Wirkung gegenüber auch den nicht widersprechenden Gläubigern

3.279 Nach § 183 Abs. 1 InsO wirkt eine rechtskräftige Entscheidung, durch die eine Forderung festgestellt oder ein Widerspruch für begründet erklärt wird, gegenüber dem Insolvenzverwalter und allen Insolvenzgläubigern. Im Einzelnen bedeutet das, dass, wenn auf Klage des Gläubigers durch Urteil festgestellt wird, dass dem Gläubiger einer bestrittenen Forderung die Forderung zusteht, nicht nur der unterlegene Bestreitende, sondern **alle Insolvenzgläubiger** diese **Entscheidung gegen sich**

388 *Pawlowski*, JuS 1990, 378, 380; *Bötticher*, ZZP 77 (1964), 55 ff.; *Erdmann*, KTS 1967, 87 ff.
389 S. Fn. 114.
390 K/P/B/*Lüke*, § 80 Rn. 37, 38.
391 *Gerhardt*, in: Jaeger/Henckel § 183 Rn. 21.
392 *Gerhardt*, in: Jaeger/Henckel § 179 Rn. 4 ff., 8 f.

gelten lassen müssen.[393] Das Urteil tritt m.a.W. an die Stelle der Prüfung und Anerkennung der Forderung im Prüfungstermin.[394] Unterliegt der Gläubiger einer bestrittenen Forderung auch nur wegen eines erhobenen Widerspruches, so ist die Forderung zugunsten aller Insolvenzgläubiger ausgeschlossen.[395]

III. Wirkung gegenüber dem Insolvenzverwalter

In § 183 Abs. 1 InsO wird darüber hinaus ergänzend klargestellt, dass die Wirkung **3.280** auch im Verhältnis zum **Insolvenzverwalter** eintritt, wenn nicht er, sondern ein bestreitender Insolvenzgläubiger Partei des Feststellungsprozesses war.[396]

IV. Wirkung der Feststellung der Begründetheit des Widerspruchs

1. Wirkung des die Tabellenfeststellungsklage des Anmeldenden abweisenden Feststellungsurteils gegenüber Gläubigern und Insolvenzverwalter

Nach § 183 Abs. 1 InsO wirkt die rechtskräftige Entscheidung über die Feststellung **3.281** der Forderung zur Tabelle auch dann für und gegen alle Beteiligten, wenn nur ein Widerspruchsberechtigter die Forderung bestritten hatte. Das hat nicht allein mit der Spiegelbildlichkeit von positiver Feststellungsklage auf Feststellung des Haftungsrechts des Gläubigers und dem, einer leugnenden negativen Feststellungsklage des Widersprechenden entsprechenden, Bestreiten zu tun.[397] Ausschlaggebend ist, dass die Teilnahmebefugnis des Anmeldenden festgestellt wird, was im Zusammenhang der allseitigen Haftung der Masse nur gegen alle anderen Insolvenzgläubiger geschehen kann.

Wird daher festgestellt, dass der Widerspruch begründet ist, wirkt dies ebenso **3.282** wie die Feststellung seiner Begründetheit gem. § 183 Abs. 1 InsO schon deshalb für und gegen alle Beteiligten, weil festgestellt wird, dass der Anmeldende am Insolvenzverfahren an der Masse nicht zu beteiligen ist.

---

393 MünchKomm-*Schumacher*, § 183 Rn. 4; Graf-Schlicker/*Graf-Schlicker*, § 183 Rn. 6; Braun/*Specovius*, § 183 Rn. 3; krit. mit Rücksicht auf eine mögliche Konstellation mehrerer erhobener Widersprüche u. darauf gründenden Feststellungsklagen KS-*Eckardt*, Kapitel 17 Rn. 58.

394 RG, Urt. v. 1.7.1903 – Rep. V 78/03 – RGZ 55, 158, 160; RG, Urt. v. 4.7.1904 – Rep. VI 309/93 – RGZ 58, 369, 375.

395 Vgl. BGH, Urt. v. 16.11.1951 – V ZR 17/51 – BGHZ 3, 385, 390.

396 Amtl. Begr. zu § 211 RegEInsO; MünchKomm-*Schumacher*, § 183 Rn. 1; Braun/*Specovius*, § 183 Rn. 1.

397 MünchKomm-*Schumacher*, § 183 Rn. 4; Braun/*Specovius*, § 183 Rn. 3.

2. Wirkung des die Tabellenfeststellungsklage des Anmeldenden abweisenden Feststellungsurteils gegenüber dem Schuldner

3.283 Aus § 183 Abs. 1 InsO folgt dagegen keine Rechtskraftwirkung eines den Widerspruch für unbegründet erklärenden Feststellungsurteils **gegenüber dem Schuldner**. Ihm gegenüber wirkt erst der nach § 183 Abs. 2 InsO durchgeführte Tabelleneintrag, § 201 InsO.[398] Die Rechtskraft eines das Nichtbestehen der Insolvenzforderung feststellenden Urteils kommt hingegen auch dem Insolvenzschuldner zugute, und zwar unabhängig davon, ob er selbst die Forderung bestritten hat.[399]

3. Forderungen aus vorsätzlich begangener unerlaubter Handlung

3.284 Zu den Fragen, die sich im Zusammenhang der Feststellung von Forderungen ergeben, die auf vorsätzlich begangenen unerlaubten Handlungen des Schuldners beruhen, unten Rn. 3.310 ff.

B) Tabellenberichtigung nach Obsiegen des Klägers der Tabellenfeststellungsklage, § 183 Abs. 2 InsO

I. Berichtigungsantrag. Zuständigkeit

1. Keine amtswegige Tabellenberichtigung durch das Insolvenzgericht

3.285 Obsiegt der anmeldende Gläubiger im Tabellenfeststellungsprozess, erlangt er ein entsprechendes Urteil, das vom angerufenen Gericht gem. § 180 Abs. 1 InsO erlassen wird. Das Insolvenzgericht ist, wie bereits eingehend dargestellt, hieran nicht beteiligt. Weder hat das Prozessgericht das Insolvenzgericht vom Erlass des Urteils amtswegig zu unterrichten noch hat das Insolvenzgericht entsprechende Auskünfte beim Prozessgericht einzuholen. Aber auch wenn das Insolvenzgericht – etwa durch Mitteilungen des Insolvenzverwalters in seinen Berichten gem. § 58 Abs. 1 S. 2 InsO[400] von dem Vorliegen eines Urteils Kenntnis erlangt hat es doch die Tabelle nicht von Amts wegen zu berichtigen.[401]

3.286 Die Tabelle ist nach alledem aufgrund des Feststellungsurteils nicht von Amts wegen zu **berichtigen**; das Insolvenzgericht wird vielmehr **nur auf Antrag** des im Feststellungsstreit **obsiegenden Gläubigers** tätig. Die Zuständigkeit liegt vorbe-

---

398 KS-*Eckardt*, Kapitel 17 Rn. 59; Braun/*Specovius*, § 183 Rn. 3; MünchKomm-*Schumacher*, § 183 Rn. 4; Kreft/*Depré*, § 183 Rn. 3; Graf-Schlicker/*Graf-Schlicker*, § 183 Rn. 7.

399 BGH, Urt. v. 24.4.1958, II ZR 38/57, WM 1958, 696, 697; MünchKomm-*Schumacher*, § 183 Rn. 6; Uhlenbruck/*Sinz*, § 183 Rn. 6 ff.; dagegen KS-*Eckardt*, Kapitel 17 Rn. 59 m.w.N.

400 Vgl. *Rechel*, Aufsicht des Insolvenzgerichts über den Insolvenzverwalter, S. 12.

401 *Gerhardt*, in: Jaeger/Henckel § 183 Rn. 23.

haltlich der Ausübung des Selbsteintrittsrechts des Richters (§ 18 Abs. 2 RPflG i.d.F. des Art. 14 Nr. 5 EGInsO) beim Rechtspfleger.

2. Antrag des im Tabellenfeststellungsstreit obsiegenden Gläubigers auf Tabellenberichtigung

Die Berichtigung der Tabelle muss daher in erster Linie der obsiegende Gläubiger der Forderung dadurch veranlassen, dass er die Tabellenberichtigung beim Insolvenzgericht unter Beifügung einer Ausfertigung des rechtskräftigen Urteils beantragt.[402] **3.287**

Ist eine Forderung nach § 179 Abs. 2 InsO in die Tabelle eingetragen und ist der dagegen vom Verwalter oder anderen Gläubigern erhobene Widerspruch erfolgreich betrieben worden, ist der obsiegende Opponent zum Antrag auf Tabellenberichtigung entsprechend § 183 Abs. 2 InsO berechtigt.[403] **3.288**

3. Amtspflichten des Insolvenzverwalters im Zusammenhang der Tabellenberichtigung

Unterliegt ein vom anmeldenden betreibenden Gläubiger verklagter „anderer" widersprechender Gläubiger und erhält der Insolvenzverwalter hiervon Kenntnis, gehört es nicht zu seinen Amtspflichten i.S.v. § 60 Abs. 1 InsO, tätig zu werden.[404] Das folgt bereits aus dem Wortlaut des Gesetzes, da er nicht Adressat des § 183 Abs. 2 InsO ist; in Ermangelung einer amtswegigen Tabellenberichtigung durch das Insolvenzgericht ist er auch nicht gehalten, über seine allgemeine Berichtspflicht nach § 58 Abs. 1 InsO hinaus das Insolvenzgericht zu unterrichten. Gleiches gilt auch, wenn er der Klage des Gläubigers der bestrittenen Forderung unterlegen ist. **3.289**

Differenziert ist die Lage im Falle der Rücknahme des Widerspruchs durch den Insolvenzverwalter zu beurteilen. Erklärt er die Rücknahme im Prüfungstermin hat das Insolvenzgericht die Erklärung zu protokollieren und nach § 178 Abs. 2 InsO zu verfahren, also die Forderung als festgestellt in die Tabelle einzutragen. Der Gläubiger muss in diesem Falle nicht nach § 183 Abs. 2 InsO einen Antrag stellen, kann dies aber, um Zweifel auszuräumen oder wenn das Insolvenzgericht den entsprechenden Eintrag unterlassen hat, wobei er sich auf die Beweiskraft des Protokolls berufen kann. Wird dagegen vom Insolvenzverwalter die Rücknahme seines Widerspruchs gegenüber dem anmeldenden Gläubiger der bestrittenen Forderung außerhalb des Prüfungstermins erklärt, steht dem Gläubiger § 183 Abs. 2 InsO in Ermangelung des Urteils nicht zu Gebote. Er ist grundsätzlich auf die Klage nach § 180 Abs. 1 **3.290**

402 *Gerhardt*, in: Jaeger/Henckel § 183 Rn. 23, 26.
403 *Gerhardt*, in: Jaeger/Henckel § 183 Rn. 25 a.E.
404 Braun/*Baumert*, 6. Aufl. InsO, § 60 Rn. 8.

InsO verwiesen. Für diesen Fall wird im Schrifttum[405] vertreten, der Insolvenzverwalter habe „in einer zur Tabellenberichtigung ausreichenden Weise den Antrag des Gläubigers" nach § 183 Abs. 2 InsO „zu unterstützen oder selbst die Berichtigung zu beantragen".[406]

3.291 Eine eigene Antragsbefugnis des Insolvenzverwalters gerichtet auf Tabellenberichtigung ist vom Gesetz nicht vorgesehen. Es hat sich aber bereits im Zusammenhang der Bindungswirkung des § 178 Abs. 3 InsO gezeigt (Rn. 2.159), dass der Verwalter nach §§ 797 Abs. 4, 767 ZPO die Vollstreckungsgegenklage gegen die widerspruchslos zur Tabelle festgestellte Forderung erheben kann. Obsiegt er vor Verfahrensbeendigung ist das von ihm erstrittene Urteil nicht erst im Verteilungsverfahren nach § 188 InsO zu berücksichtigen, sondern bei der Tabellenführung im laufenden Insolvenzverfahren. Dies setzt seine Antragsbefugnis entspr. § 183 Abs. 2 InsO voraus. Damit stellt sich aber die Frage, ob, wenn der Verwalter einen Berichtigungsantrag stellen kann, er gegebenenfalls verpflichtet (§ 60 Abs. 1 InsO) ist, einen solchen Antrag zu stellen. Dies ist schon deshalb zu bejahen, weil der Insolvenzverwalter zur unparteiischen Ermittlung der Schuldenmasse verpflichtet ist.

3.292 *Grunsky*[407] hat den Fall des OLG Stuttgart erörtert, in dem der Bestreitende nicht gegen den Inhaber einer Masseforderung, sondern gegen den Insolvenzverwalter geklagt hat (oben Rn. 3.15).

3.293 Das OLG Stuttgart[408] hat darüber zu entscheiden gehabt, ob die von einem Konkursgläubiger gegen den Insolvenzverwalter erhobene Klage auf Feststellung, dass eine Masseforderung nicht bestehe. Das OLG hat die Zulässigkeit der negativen Feststellungsklage darauf gestützt, dass „die im gemeinen Recht geltende rechtliche Anziehungskraft des Konkurses nicht mehr besteht, sondern Rechtsstreitigkeiten über Aussonderung, Absonderung, Aufrechnung, Gläubigeranfechtung, Masseansprüche und Konkursforderungen außerhalb des Konkursverfahrens nach allgemeinen Regeln auszutragen sind". Daher sei dem klagstattgebenden erstinstanzlichen Urteil zu folgen, das ausgeführt hat, es sei „nicht einzusehen, warum nicht ein Konkursgläubiger, sofern er ein rechtliches Interesse an dieser Feststellung hat, gegenüber dem Konkursverwalter auf Feststellung des Nichtbestehens eines Masseanspruchs soll klagen können". Nach Ansicht des OLG solle das „Klagrecht" des Konkursgläubigers nicht dadurch ausgeschlossen werden, dass ein solches Urteil nicht Rechtskraft gegenüber allen Konkursgläubigern wirkt. Denn § 146 KO (heute: § 183 InsO) lag nicht vor. Das Urteil wirke aber gem. § 147 KO auch über § 146 KO hinaus Rechtskraft auch für und gegen die anderen Kon-

405 *Gerhardt*, in: Jaeger/Henckel § 183 Rn. 23.
406 *Gerhardt*, in: Jaeger/Henckel § 183 Rn. 25.
407 *Grunsky* NJW 1966, 2316.
408 OLG Stuttgart, Urt. v. 1.2.1966 – 5 U 51/65, NJW 1966, 2316, 2318.

kursgläubiger. Dieses von *Gerhardt*[409] im Zusammenhang der Tabellenfeststellungsklage zustimmend zitierte Urteil ist jedenfalls heute nicht mehr so tragbar. *Grunsky*[410] hat ihm zugestimmt, weil die negative Feststellung, eine Forderung sei keine Masseforderung, für den Fall der Befriedigung vorab aus der Masse durch den Verwalter eine Schadensersatzpflicht gem. § 82 KO begründe – was auf eine Lage verweist, die heute in § 92 S. 2 InsO geregelt ist. Eine Ausdehnung des § 183 InsO in derartigen Fällen kommt entgegen der Meinung *Gerhardts* für derartige Fälle nicht in Betracht.

Gerhardt[411] meint, es sei nicht vertretbar, dem Insolvenzgläubiger in einem derartigen Fall keinen Einfluss auf den Bestand der Masse zu geben. **3.294**

4. Eintragung und Weigerung des Insolvenzgerichts, die Eintragung vorzunehmen

Das Insolvenzgericht trifft im allgemeinen keine förmliche Entscheidung über die Eintragung, die es als Beurkundung der Änderung der Tabelle vornimmt.[412] Verweigert das Insolvenzgericht die Eintragung, greift die Rechtspflegererinnerung gem. § 11 Abs. 2 RPflG. Trifft das Insolvenzgericht keine ausdrückliche Entscheidung kommt eine Untätigkeitserinnerung in Betracht.[413] **3.295**

II. Eintragung in die Tabelle

1. Voraussetzungen

Wird festgestellt, dass der Widerspruch begründet ist, erfolgt auch insofern die Eintragung zur Tabelle.[414] Die Feststellung der Forderung im arbeitsgerichtlichen oder den verwaltungsgerichtlichen Rechtswegen sowie die Feststellung im Verwaltungsverfahren führt ebenso zu den Wirkungen des § 183 InsO.[415] **3.296**

2. Grenze einer entsprechenden Anwendung des § 183 Abs. 2 InsO

Eine entsprechende Anwendung des § 183 Abs. 2 InsO ist ausgeschlossen, wenn der Anspruchsgrund der vorsätzlich begangenen unerlaubten Handlung vom Schuldner **3.297**

---

409 *Gerhardt*, in: Jaeger/Henckel § 183 Rn. 14.
410 *Grunsky*, Anm. zu OLG Stuttgart, Urt. v. 1.2.1966 – 5 U 51/65, NJW 1966, 2316, 2318.
411 *Gerhardt*, in: Jaeger/Henckel § 183 Rn. 14.
412 *Gerhardt*, in: Jaeger/Henckel § 183 Rn. 27.
413 Uhlenbruck/*Sinz*, 14. Aufl. InsO, § 177 Rn. 8.
414 NR/*Becker*, § 183 Rn. 13; MünchKomm-*Schumacher*, § 183 Rn. 7; Graf-Schlicker/*Graf-Schlicker*, § 183 Rn. 8; Braun/*Specovius*, § 183 Rn. 5.
415 So auch NR/*Becker*, § 183 Rn. 10.

bestritten und die Forderung tituliert, nicht aber der Anspruchsgrund selbstständig festgestellt ist.[416]

3. Berichtigung der Tabelle entsprechend § 183 InsO bei Nichtverfolgen des Widerspruchs durch den Schuldner

3.298 Der BGH[417] hat dagegen überzeugend darauf erkannt, dass § 183 InsO in dem Fall entsprechend anzuwenden ist, in dem der Schuldner seinen Widerspruch gegen den durch vollstreckbaren Schuldtitel oder Endurteil nach Durchführung einer richterlichen Schlüssigkeitsprüfung rechtskräftig festgestellten Schuldgrund der vorsätzlichen unerlaubten Handlung nicht weiter verfolgt und nach § 184 Abs. 2 InsO der Widerspruch als nicht erhoben gilt.[418] Dies stützt der BGH darauf, dass, wenn der Schuldner nicht innerhalb der Monatsfrist des § 184 Abs. 2 InsO seinen Widerspruch verfolgt hat, der Widerspruch i.S. von § 201 Abs. 2 InsO beseitigt ist. Die Insolvenztabelle ist dann analog § 183 Abs. 2 InsO zu berichtigen.

C) Erstattung der Prozesskosten

3.299 **§ 183 Abs. 3** InsO regelt die **Erstattung der Prozesskosten im Verhältnis zur Masse** (dem haftungsrechtlich der Gemeinschaft der Gläubiger zugewiesenen Vermögen), die einzelnen Gläubigern im Insolvenzfeststellungsprozess nach § 180 Abs. 1 S. 1 InsO entstanden sind.[419]

3.300 Obsiegt der opponierende Gläubiger kann er nach § 183 Abs. 3 InsO Ersatz seiner Kosten in Höhe der aufgewendeten Prozesskosten[420] als Masseverbindlichkeit aus der Masse verlangen. Dieser Anspruch ist ein besonderer Fall des Ersatzes nützlicher Verwendungen:[421] Voraussetzung dafür ist, dass der Masse durch die Prozessführung ein Vorteil erwachsen ist, der in Höhe der Dividende besteht, die andernfalls an den unterliegenden Anmelder auszuschütten gewesen wäre. Der prozessierende Gläubiger muss die Prozesskosten, die die Dividende überschreiten, selbst tragen, soweit er sie nicht beim Unterliegenden eintreiben kann.[422]

3.301 Voraussetzung dafür ist, dass nur einzelne Insolvenzgläubiger, nicht aber der Verwalter den Feststellungsstreit geführt haben. Der Verwalter kann einen Ersatz-

416 BGH, 2. Dezember 2010, IX ZR 41/10, ZInsO 2011, 39.
417 OLG Brandenburg, Urt. v. 11.2.2010 – 12 U 164/09, ZIP 2010, 2022.
418 OLG Brandenburg, Urt. v. 11.2.2010 – 12 U 164/09, ZIP 2010, 2022.
419 *Gerhardt*, in: Jaeger/Henckel § 183 Rn. 32.
420 *Gerhardt*, in: Jaeger/Henckel § 183 Rn. 32.
421 *Gerhardt*, in: Jaeger/Henckel § 183 Rn. 31.
422 *Gerhardt*, in: Jaeger/Henckel § 183 Rn. 31.

anspruch nicht geltend machen, da er für die Masse handelt. Prozessiert der Verwalter neben einem bestreitenden Gläubiger, steht dem ein Ersatzanspruch aus § 183 Abs. 3 InsO nicht zu.[423]

Es kommt nicht darauf an, ob der Gläubiger als Beklagter in einem Streit nach § 179 Abs. 1 InsO oder als Kläger in einem Streit nach § 179 Abs. 2 InsO aufgetreten ist. Maßstab für die Erstattungsfähigkeit der Kosten aus der Masse nach § 183 Abs. 3 InsO ist allein, dass der Masse durch die Entscheidung ein Vorteil erwachsen ist. Ein Massezuwachs ist schwer vorstellbar, weil es bei der Feststellung einer Forderung im Hinblick auf den Bestand der Masse um eine Art „Nullsummenspiel" geht: Die Nichtfeststellung einer Forderung wirkt sich danach nur auf die Dividende, nicht aber das Dividendum aus. Der Vorteil für die Masse beläuft sich daher auf die Dividende, die ohne den für begründet erklärten Widerspruch auf die Forderung entfallen wäre.[424] Der Umfang dieses Vorteils beschränkt („insoweit") die Höhe der Kostenerstattung. 3.302

Soweit der Unterlegene dem Insolvenzgläubiger nach den allgemeinen Vorschriften (§§ 91ff. ZPO) zur Kostenerstattung verpflichtet ist, kann die Masse im Gegenzug die Abtretung dieser Ansprüche in Höhe der nach § 183 Abs. 3 InsO erfolgenden Zahlung verlangen. Diesen Anspruch auf Abtretung des Kostenerstattungsanspruchs des obsiegenden Opponenten gegen den Unterliegenden hat der Insolvenzverwalter im Umfang des Ersatzes der Prozesskosten aus der Masse für die Masse geltend zu machen.[425] 3.303

Eine Ersatzpflicht nach § 183 Abs. 3 InsO entfällt, wenn dem Insolvenzgläubiger die Kosten vom Unterlegenen bereits erstattet wurden.[426] 3.304

---

423 *Gerhardt*, in: Jaeger/Henckel § 183 Rn. 31 a.E.

424 K/P/*Pape/Schaltke*, § 183 Rn. 18ff.; NR/*Becker*, § 183 Rn. 20; Graf-Schlicker/*Graf-Schlicker*, § 183 Rn. 12; Braun/*Specovius*, § 183 Rn. 8.

425 *Gerhardt*, in: Jaeger/Henckel § 183 Rn. 34.

426 Uhlenbruck/*Sinz*, § 183 Rn. 16; Graf-Schlicker/*Graf-Schlicker*, § 183 Rn. 13; MünchKomm-*Schumacher*, § 183 Rn. 12.

Kapitel 8. Anmeldung von Forderungen aus vorsätzlich begangener unerlaubter Handlung

A) Die Haftung des Schuldners wegen und Anmeldung von Forderungen aus vorsätzlich begangener unerlaubter Handlung

I. Gesetzliche Regelungen

1. Systematischer Zusammenhang

3.305 Die Titulierung seiner Forderung gegen den Schuldner wird dem Gläubiger schon deshalb häufig nicht genügen, weil er in der Gesamtvollstreckung – in dem über das Vermögen des Schuldners eröffneten Insolvenzverfahren – mit der angemeldeten Forderung von der Restschuldbefreiung erfasst wird. Anders ist dies nur, wenn es sich um eine Forderung aus vorsätzlich begangener unerlaubter Handlung des Schuldners handelt. Deshalb sieht § 174 Abs. 2 S. 1 InsO vor, dass bei der Anmeldung neben dem Grund und dem Betrag der Forderung die Tatsachen anzugeben sind, aus denen sich nach Einschätzung des Gläubigers ergibt, dass ihr eine vorsätzlich begangene unerlaubte Handlung des Schuldners zugrunde liegt.[427] Der Schuldner soll dann frühzeitig einzuschätzen in der Lage sein, ob er sich einem Insolvenzverfahren mit anschließender Restschuldbefreiung überhaupt unterwerfen will.[428]

2. Verfahren

a) Insolvenzgerichtliche Hinweispflichten

3.306 § 175 Abs. 2 InsO sieht vor, dass das Insolvenzgericht den Schuldner auf die Rechtsfolgen des § 302 InsO und auf die Möglichkeit des Widerspruchs hinzuweisen hat, wenn ein Gläubiger eine Forderung aus einer vorsätzlich begangenen unerlaubten Handlung angemeldet hat.

b) Zustellung der Belehrung gem. § 175 Abs. 2 InsO

3.307 Hat der Schuldner einen Verfahrensbevollmächtigten benannt, sind Zustellungen an ihn zu bewirken. Dies gilt auch für die Belehrung gem. § 175 Abs. 2 InsO. Eine gesonderte Zustellung/Übersendung an den Schuldner ist daneben möglich. Bei Verstößen ist Wiedereinsetzung zu bewilligen.

---

427 *Smid*, in: Leonhardt/Smid/Zeuner, InsO, 3. Aufl., § 174 Rn. 23.
428 Gesetz zur Änderung der InsO und anderer Gesetze, BT-Drs. 14/5680, zu § 174.

c) Überlegungsfrist

Dem Schuldner ist im Falle der Belehrung nach § 175 Abs. 2 InsO eine Überlegungsfrist zuzubilligen, welche mindestens drei Tage zu betragen hat.[429] 3.308

3. Ausnahme von Forderungen wegen vorsätzlich begangener unerlaubter Handlungen des Schuldners von der Restschuldbefreiung

Von der Erteilung der Restschuldbefreiung werden nach § 302 Nr. 1 InsO Verbindlichkeiten des Schuldners aus einer vorsätzlich begangenen unerlaubten Handlung nicht berührt, sofern der Gläubiger die entsprechende Forderung unter Angabe dieses Rechtsgrundes nach § 174 Abs. 2 InsO angemeldet hatte. 3.309

II. Klage auf Feststellung der Begründung der angemeldeten Forderung aus vorsätzlich begangener unerlaubter Handlung

1. Klagefrist

Die Erhebung einer Klage auf Feststellung der Deliktseigenschaft ist nicht an die Einhaltung einer Klagefrist gebunden und ist auch noch nach Beendigung des Insolvenzverfahrens möglich.[430] Dies gilt auch nach Erteilung der Restschuldbefreiung gemäß § 300 InsO. Der BGH[431] führt aus, ein Zuwarten des Gläubigers mit Erhebung einer Feststellungsklage, kommt auch deshalb in Betracht, um abzuwarten, ob sich der Schuldner in der Wohlverhaltensperiode wirtschaftlich erholen wird, so dass anschließende Vollstreckungsversuche aussichtsreich erscheinen.[432] 3.310

2. Feststellungs- und Rechtsschutzbedürfnis

a) Fragestellung

Bestreitet der Schuldner den Rechtsgrund einer angemeldeten Forderung, ergeben sich Fragen, ob eine Feststellungsklage gem. § 179 ff. InsO erhoben werden kann, wenn die angemeldete Forderung tituliert war; weiter ergeben sich Probleme, ob eine Klage zur Feststellung der deliktischen Grundlage einer Forderung nach Erteilung der Restschuldbefreiung an den Schuldner erhoben werden kann, wenn der Kläger es im Insolvenzverfahren versäumt hat, den Rechtsgrund aus vorsätzlich begangener unerlaubter Handlung feststellen zu lassen. 3.311

429 AG Düsseldorf, B. v. 26.1.2010 – 502 IN 246/09, ZInsO 2010, 1707.
430 BGH ZInsO 2009, 278.
431 BGH ZInsO 2009, 278 Tz. 12.
432 AG Göttingen, Urt. v. 12.2.2013 – 21 C 121/12 ZInsO 2013, 628.

b) Lage bei Widerspruch des Schuldners gegen die Begründung der angemeldeten Forderung aus vorsätzlich begangener unerlaubter Handlung

3.312 In einer Entscheidung vom 2.12.2010, die dem am gleichen Tag ergangenen Urteil des IX. Zivilsenats zur Unverjährbarkeit des Anspruchs auf Feststellung des Rechtsgrunds der vorsätzlich begangenen unerlaubten Handlung[433] zur Seite tritt, hat der IX. Zivilsenat[434] zum *Rechtsschutzinteresse* für Klagen eines Gläubigers mit vollstreckbarem Titel auf Feststellung des Rechtsgrundes der unerlaubten Handlung zu entscheiden gehabt. Dieser Entscheidung lag folgender, hier vereinfacht wiedergegebener Sachverhalt zugrunde:

3.313 Die Klägerin hatte ein rechtskräftiges Urteil gegen den Beklagten auf Zahlung von ca. 75.000 Euro erstritten. In den Urteilsgründen wurde ausgeführt, der Anspruch beruhe auf § 823 Abs. 2 BGB i.V.m. § 266a StGB. In dem über das Vermögen des Beklagten eröffneten Insolvenzverfahren meldete die Klägerin den titulierten Anspruch an, der mit dem Schuldgrund „Forderung aus vorsätzlich begangener unerlaubter Handlung“ vom Verwalter zur Tabelle festgestellt wurde. Daraufhin widersprach der Schuldner dem Rechtsgrund der Forderung. Hiergegen richtete sich die Feststellungsklage der Klägerin, die in den Vorinstanzen für unzulässig gehalten wurde, da dieser Klage das Rechtsschutzbedürfnis fehle.[435] Dies war schon aus allgemeinen prozessualen Gründen verfehlt.

3.314 Wie der IX. Zivilsenat des BGH feststellt, fehlt es nach dem auf den Rechtsgrund beschränkten Widerspruch des Schuldners der Klage eines Titelgläubigers nicht an einem rechtlich geschützten Interesse, das die Feststellungsklage zu tragen vermag.

3.315 Nach Einstellung des über sein Vermögen eröffneten Insolvenzverfahrens haftet der Schuldner grundsätzlich unbeschränkt für die Verbindlichkeiten, die er vor Eröffnung des Insolvenzverfahrens begründet hat. Den Gläubigern dieser Ansprüche steht also als Haftungsmasse auch das vom Schuldner neu erworbene Vermögen zur Verfügung.[436] Nach Aufhebung des Insolvenzverfahrens nach § 200 InsO fallen die Schranken fort, die durch die §§ 85ff. InsO der individuellen Rechtsverfolgung durch die Gläubiger gegenüber dem Schuldner gezogen waren.[437] § 201 Abs. 1 InsO gilt nach Abs. 2 S. 1 der Vorschrift dagegen nicht für die Gläubiger, deren Forderungen im Prüfungstermin ausdrücklich vom Schuldner bestritten worden sind. Denn andernfalls würden diese Gläubiger einen Titel erhalten, gegen den sich dann der Schuldner nach Rückerlangung seiner diesbezüglichen Prozessführungsbefugnis

433 BGH, Urt. v. 2.12.2010 – IX ZR 247/09, ZIP 2011, 37.
434 BGH, Urt. v. 2.12.2010 – IX-ZR 41/10, ZIP 2011, 39.
435 Im einzelnen Brandenburgisches OLG, ZIP 2010, 2022.
436 *Smid*, in: Leonhardt/Smid/Zeuner, InsO, 3. Aufl. § 201 Rn. 1.
437 *Smid*, in: Leonhardt/Smid/Zeuner, InsO, 3. Aufl. § 201 Rn. 2.

gem. § 85 InsO wehren müsste, ohne dass der Schuldner im Hinblick auf jenen Titel rechtliches Gehör (Art. 103 Abs. 1 GG) erhalten hätte.[438] Der Gläubiger kann gem. § 184 Abs. 1 InsO Klage auf Feststellung der Forderung gegen den Schuldner erheben oder einen zur Zeit der Eröffnung des Insolvenzverfahrens über die Forderung anhängigen Prozess gegen den Schuldner aufnehmen, wenn der Schuldner im Prüfungstermin oder im schriftlichen Verfahren gem. § 177 InsO eine Forderung bestritten hat.[439]

Widerspricht der Schuldner der angemeldeten Forderung soweit, wie sie der Gläubiger auf vorsätzlich begangene Handlung stützt, bewirkt der Widerspruch, dass die Forderung entgegen § 302 Nr. 1 InsO an der Restschuldbefreiung teilnimmt.[440] 3.316

Nach § 302 Nr. 1 InsO werden – wie gezeigt (oben Rn. 3.309) von der Erteilung der Restschuldbefreiung Verbindlichkeiten des Schuldners aus einer vorsätzlich begangenen unerlaubten Handlung nicht „berührt", sofern der Gläubiger die entsprechende Forderung unter Angabe dieses Rechtsgrundes nach § 174 Abs. 2 InsO angemeldet hatte. Der Schuldner wird daher durch die Restschuldbefreiung nicht von solchen Verbindlichkeiten befreit, die auf einer vorsätzlich begangenen unerlaubten Handlung i.S.v. §§ 823ff. BGB beruhen.[441] Neben Ansprüchen aus der Verletzung eines absoluten Rechts werden insbesondere Ansprüche aus der Verletzung eines Schutzgesetzes, § 823 Abs. 1 und Abs. 2 BGB privilegiert. Zu den Schutzgesetzen i.S.v. § 823 Abs. 2 zählen z.B. die Betrugstatbestände i.S.d. §§ 263, 264, 264a StGB, aber auch § 266a StGB, um den es bei dem Urteil des BGH ging. § 302 Nr. 1 InsO setzt für die haftungsrechtliche Privilegierung des nachkonkurslichen Zugriffs des Gläubigers auf das Schuldnervermögen verfahrensrechtlich voraus, dass der Gläubiger gem. § 174 Abs. 2 InsO bei seiner Forderungsanmeldung den Grund und den Betrag der Forderung sowie die Tatsachen angibt, aus denen sich nach seiner Einschätzung ergibt, dass seiner Forderung eine vorsätzlich begangene unerlaubte Handlung des Schuldners zugrunde liegt.[442] 3.317

Der Schuldner hat die Möglichkeit, der angemeldeten Forderung insgesamt nach Grund und Höhe oder auch nur der Qualifikation der Forderung als vorsätzlich begangene unerlaubte Handlung zu widersprechen.[443] Der beschränkte Widerspruch steht gem. § 177 Abs. 1 S. 2 InsO der Feststellung der Forderung nicht entgegen, hindert aber eine Vollstreckung aus der Tabelle, solange er nicht durch ein ent- 3.318

---

438 *Smid*, in: Leonhardt/Smid/Zeuner, InsO, 3. Aufl. § 201 Rn. 7.
439 Zum überkommenen Recht *Kuhn/Uhlenbruck*, KO, § 144 Rn. 5.
440 BGH, Beschl. v. 18.9.2003 – IX ZB 44/03 – ZInsO 2003, 1044f.
441 *Kiesbye*, in: Leonhardt/Smid/Zeuner, InsO 3. Aufl. § 302 Rn. 4.
442 *Kiesbye*, in: Leonhardt/Smid/Zeuner, InsO 3. Aufl. § 302 Rn. 8.
443 BGH, Urt. v. 18.1.2007 – IX ZR 176/05 – ZVI 2007, 424ff.; FK/*Ahrens*, § 302 Rn. 43.; Kreft/*Waltenberger*, § 302 Rn. 11; MünchKomm-*Stephan*, § 302 Rn. 19; HamK/*Streck*, § 302 Rn. 12ff.

sprechendes Feststellungsurteil beseitigt worden ist (§ 201 Abs. 2 S. 2 InsO).[444] Ebenso wie im Zusammenhang des Nachweises der Vollstreckungsvoraussetzungen gem. § 850f Abs. 2 ZPO[445] geht der BGH daher auch für die Feststellungsklage des Gläubigers gegen diesen Widerspruch des Schuldners mit Blick auf § 302 Nr. 1 InsO von seinem Rechtsschutzbedürfnis aus.[446]

3.319 Die Bekämpfung des Widerspruchs des Schuldners, mit dem dieser sich gegen eine nachkonkursliche Vollstreckung aus der Tabelle zur Wehr setzen kann (§ 201 Abs. 2 InsO), dient also dem Titelgläubiger dazu, die sich aus dem Titel ergebenden Wirkungen auch seinem vollstreckbaren Tabellenauszug beimessen zu lassen. Verfahrenstechnisch wird somit nach Vorstellung des Gesetzgebers die aus dem Tatbestand der vorsätzlichen unerlaubten Handlung des Schuldners herrührende „Bevorrechtigung“ des Gläubigers wie die Behandlung eines Konkursvorrechts nach altem Recht behandelt. Wie in dem isolierten Vorrechtsstreit nach der KO werden auch bei dem Streit, ob der Forderung eine unerlaubte Handlung zugrunde liegt, alle gegen den Bestand gerichteten Einwendungen durch die Rechtskraftwirkung des Feststellungsvermerks abgeschnitten.[447]

3.320 Der IX. Zivilsenat stellt fest, dass der Gläubiger dies nicht nach § 183 Abs. 2 InsO durch Berichtigung der Tabelle erreichen kann, da die Tabelle nach Eintragung des Widerspruchs des Schuldners nicht unrichtig geworden ist. Es liegt auch kein Fall des § 184 Abs. 1 InsO vor, da der Gläubiger den auf § 823 BGB gestützten Titel nicht allein hat erstreiten können, weil ein vorsätzlich begangenes deliktisches Handeln des Schuldners vorlag, sondern ein derartiger Titel auch im Falle vorsätzlich begangenen unerlaubten Handelns möglich gewesen sein kann. Daher wird in diesem Fall dem Gläubiger die Führung eines Forderungsfeststellungsstreits zugemutet, der damit aber auch zulässig auf ein Feststellungsinteresse gegründet ist.

3.321 Mit der Neuregelung des § 184 Abs. 1 InsO hat sich im Übrigen die Frage erledigt, ob der Gläubiger im Falle eines titulierten Anspruchs für eine weitere Klage überhaupt das notwendige Feststellungsinteresse besitzt.[448] Soweit der Gläubiger über einen Schuldtitel verfügt, führt dies nicht dazu, dass der schuldnerische Widerspruch den Titel beseitigt; der Wortlaut des § 201 Abs. 2 InsO ist insofern ungenau.[449]

---

444 FK/*Ahrens*, § 302 Rn. 44.
445 BGH, Beschl. v. 5.4.2005 – VII ZB 17/05 – JZ 2006, 393 m. Anm. *Smid*.
446 *Smid*, in: Leonhardt/Smid/Zeuner, InsO 3. Aufl. § 184 Rn. 14.
447 *Smid*, in: Leonhardt/Smid/Zeuner, InsO, 3. Aufl., § 174 Rn. 24.
448 Begr. Bes Teil zum Insolvenzverfahrens VereinfG Art. 1 Zur Nr. 25.
449 *Smid*, in: Leonhardt/Smid/Zeuner, InsO, 3. Aufl. § 184 Rn. 6.

3. Unvollständige Anmeldung

Der IX. Zivilsenat des BGH hat in einem weiteren Fall[450] darauf erkannt, dass eine nicht oder ohne den Hinweis auf den Rechtsgrund der vorsätzlich begangenen unerlaubten Handlung angemeldete Forderung auch dann von der Restschuldbefreiung erfasst wird, wenn die unterbliebene oder unvollständige Anmeldung nicht auf einem Verschulden des Gläubigers beruht. 3.322

Dieser Entscheidung lag folgender Sachverhalt zugrunde: Das vom Kläger der schuldnerischen Gesellschaft bürgerlichen Rechts gewährte Darlehen war mit der Sicherungsübereignung von Teilen des – zuvor anderweitig sicherungsübereigneten – Anlagevermögens besichert worden. Das Insolvenzverfahren über die Gesellschaft wurde mangels Masse aufgehoben; die beiden Gesellschafter stellten, verbunden mit Restschuldbefreiungsanträgen, Eigenanträge. In den daraufhin eröffneten Insolvenzverfahren meldete der Kläger Darlehensforderungen zur Tabelle an; vom Insolvenzverwalter wurde er über die seiner Sicherung zeitlich vorgehende Sicherungsübereignung unterrichtet. In beiden Insolvenzverfahren wurde am 15. Januar 2007 bzw. am 25. Oktober 2006 die Restschuldbefreiung angekündigt; zugleich wurden die Insolvenzverfahren aufgehoben. Darauf klagte der Kläger auf Feststellung, dass ihm die Beklagten auf Schadensersatz wegen unerlaubter Handlung gem. § 823 Abs. 2 BGB, § 263 StGB haften. 3.323

Der IX. Zivilsenat des BGH hat zutreffend ausgeführt, dass es sich bei der Klage um eine allgemeine Feststellungsklage gem. § 256 Abs. 1 ZPO, nicht dagegen um eine Feststellungsklage nach § 184 InsO handelt. Da der Kläger es versäumt hatte, seine Forderung unter dem Rechtsgrund der unerlaubten Handlung anzumelden, ist für eine Feststellungsklage nach § 184 InsO kein Raum, die dem Gläubiger das Mittel an die Hand gibt, dem Widerspruch des Schuldners gegen den Bestand der Forderung oder gegen den Rechtsgrund der unerlaubten Handlung entgegenzutreten.[451] Fraglich und vom Berufungsgericht verneint war, ob die Klage zulässig oder wegen fehlenden Feststellungsinteresses deshalb als unzulässig abzuweisen war, weil der Kläger nach Erteilung der Restschuldbefreiung seine Forderung nicht mehr verfolgen konnte. Da das Feststellungsinteresse gemäß § 256 Abs. 1 ZPO nur für ein stattgebendes Urteil Sachurteilsvoraussetzung ist[452] stellte sich die Frage, wie zu verfahren war. Nach der Auslegung durch die st. Rechtsprechung ist ein rechtliches Interesse an einer alsbaldigen Feststellung des Bestehens oder Nichtbestehens eines Rechtsverhältnisses gegeben, wenn dem Recht oder der Rechtslage des Klägers eine gegenwärtige Gefahr der Unsicherheit droht und wenn das Urteil auf die Feststel- 3.324

450 BGH, Urt. v. 9.1.2014 – IX ZR 103/13, ZInsO 2014, 236.

451 BGH, Urt. v. 18. Januar 2007 – IX ZR 176/05, WM 2007, 659 Rn. 8 ff; v. 18. Dezember 2008 – IX ZR 124/08, WM 2009, 313 Rn. 6 ff; v. 25. Juni 2009 – IX ZR 154/08, WM 2009, 1619 Rn. 6.

452 BGHZ 12, 308, 316; BGH, Urt. v. 14. März 1978 – VI ZR 68/76, NJW 1978, 2031, 2032; v. 2. Juli 2007 – II ZR 111/05, WM 2007, 1932 Rn. 66.

lungsklage geeignet ist, diese Gefahr zu beseitigen.[453] Der IX. Zivilsenat meint nun, dass ein Interesse für die Klage auf Feststellung eines Anspruchs aus einer vorsätzlich unerlaubten Handlung in dem von ihm zu entscheidenden Fall vorlag, weil damit geklärt werden *kann*, ob der Kläger die der Klage zugrunde liegende Forderung ungeachtet der fehlenden Anmeldung des Rechtsgrundes der unerlaubten Handlung noch nach Erteilung der Restschuldbefreiung gegenüber den Beklagten verfolgen kann. Der BGH hat es dahingestellt bleiben lassen, ob ein gegenwärtiges Feststellungsinteresse an der Ungewissheit, ob die Beklagten nach Ablauf der Wohlverhaltensperiode (§ 287 Abs. 2 Satz 1 InsO) überhaupt in den Genuss von Restschuldbefreiung gelangen werden, scheitert, weil sich das klägerische Begehren in der Sache als unbegründet erwies. Denn in der Sache konnte der Kläger keinen Erfolg haben, weil infolge der Umgestaltung der klägerischen Forderung durch Gewährung der Restschuldbefreiung in eine unvollkommene Verbindlichkeit das Begehren auf Feststellung des Rechtsgrundes der unerlaubten Handlung und damit der Durchsetzbarkeit der Forderung nicht begründet war.

3.325 Nur sofern der Gläubiger die entsprechende Forderung unter Angabe dieses Rechtsgrunds nach § 174 Abs. 2 InsO angemeldet hat, werden gem. § 302 Nr. 1 InsO von der Erteilung der Restschuldbefreiung Verbindlichkeiten des Schuldners aus einer vorsätzlich begangenen unerlaubten Handlung nicht berührt. Erfolgt keine – wenigstens nachträgliche – Anmeldung bis zum Schlußtermin, greift § 302 Nr. 1 InsO nicht. Mangels einer Anmeldung unter dem Rechtsgrund einer unerlaubten Handlung erfasst die Restschuldbefreiung die von dem Kläger vorliegend geltend gemachte Forderung. Eine besondere Schutzbedürftigkeit des Klägers mit der Folge, dass ihm auch ohne eine dem § 174 Abs. 2 InsO genügende Anmeldung nach Erteilung der Restschuldbefreiung gegen den Beklagten die Durchsetzbarkeit seiner Deliktsforderung zu gewähren wäre, verneint der IX. Zivilsenat, der sich in diesem Zusammenhang der Auffassung anschließt, dass die gesetzliche Regelung des § 301 Abs. 1 Satz 2, § 302 Nr. 1 InsO in Hinsicht auf den Eintritt der Restschuldbefreiung keine Ausnahme zugunsten solcher Gläubiger vorsieht, die schuldlos an der Anmeldung ihrer Forderung oder an der Angabe der eine unerlaubte Handlung begründenden Umstände gehindert waren, da die Regelungen der §§ 301, 302 InsO die Rechtssicherheit der Verhältnisse des Schuldners in den Vordergrund stellen. Dass deckt sich damit, dass auch im Übrigen eine verspätet angemeldete Forderung nicht bei der Verteilung berücksichtigt[454] oder eine nicht angemeldete Forderung gem. § 254 Abs. 1 S. 1 und 3 InsO durch den Insolvenzplan gekürzt wird[455], § 254b InsO.

3.326 Prozessual überzeugt das Urteil, soweit der BGH die Auslegung des § 256 Abs. 1 ZPO vornimmt. Es ist indes vor dem Hintergrund des § 139 Abs. 1 ZPO unbefriedi-

453 BGHZ 69, 144, 147.

454 BGH, Urt. v. 2. Juli 2009 – IX ZR 126/08, WM 2009, 1578.

455 *Smid/Rattunde/Martini*, Der Insolvenzplan, 4. Aufl., Rn. 22.10.

gend. Denn der IX. Zivilsenat stellt zutreffend fest, dass für den Fall, dass die Beklagten die aus der mehrfachen Sicherungsübereignung herrührende Deliktsforderung des Klägers zwecks Erreichung der Restschuldbefreiung bewusst verschwiegen hätten, ein Ersatzanspruch aus § 826 BGB in Betracht käme.[456] Der BGH stellt nun lakonisch fest, ein solcher Sachverhalt sei nicht vorgetragen worden. Es liegt aber auf der Hand, dass dies Gegenstand des von § 139 Abs. 1 S. 2 ZPO geforderten „Rechtsgesprächs" in den Vorinstanzen hätte sein müssen – wäre von diesen mit Blick auf die §§ 256 Abs. 1 ZPO, 184 InsO richtig verfahren worden. Für die Praxis lässt sich hieraus der Schluss ziehen, jedenfalls § 826 BGB als Anspruchsgrundlage in vergleichbaren Fallkonstellationen zu nennen.

III. Verjährung

1. Fragestellung

Mit seiner Entscheidung aus dem Dezember 2010[457] hat der erkennende Senat darauf erkannt, dass der Anspruch auf Feststellung, dass sich der Leistungsanspruch des Klägers (auch) aus vorsätzlich begangener unerlaubter Handlung des Beklagten ergibt, nicht nach den Vorschriften verjährt, die für die Verjährung des Leistungsanspruchs gelten. 3.327

2. Rechtscharakter der Titelergänzungsklage

Die titelergänzende Feststellungsklage scheint in ihrer Entwicklung durch die Judikatur des BGH zu einem „prozessualistischen" Rechtsbehelf zu werden, der, losgelöst von dem festzustellenden Anspruch, aus jedweder Verjährungsproblematik losgelöst ist. 3.328

In seiner Anmeldung hat der Gläubiger den Betrag und den Schuldgrund seiner Forderung darzulegen.[458] Als Angabe des Schuldgrundes genügt nicht allein die Beschreibung der Tatumstände, aus denen sich seine Forderung ergeben soll. Die früher vertretene Ansicht; eine rechtliche Würdigung müsse nicht wiedergeben werden,[459] lässt sich in dieser Allgemeinheit nicht halten. In seinem SKL-M-Urteil[460] hat der BGH darauf erkannt, dass § 174 InsO die Angabe des Schuldgrundes – also der 3.329

---

456 BGH, Beschl. v. 6.11.2008 – IX ZB 34/08, NZI 2009, 66.

457 BGH, Urt. v. 2.12.2010 – IX ZR 247/09, ZIP 2011, 37.

458 BFH, Urt. v. 17.5.1984 – VR 80/77 – ZIP 1984, 1004, 1005 sowie BFH, Urt. v. 26.2.1987 – VR 114/79 – ZIP 1987, 583; Uhlenbruck/*Sinz*, § 174 Rn. 28; NR/*Becker*, § 174 Rn. 14; Braun/*Specovius*, § 174 Rn. 24 f.; MünchKomm-*Riedel*, § 174 Rn. 26 f.; Graf-Schlicker/*Graf-Schlicker*, § 174 Rn. 15.

459 RG, Urt. v. 1.5.1918 – Rep. I. 422/17 – RGZ 93, 13, 14; LG Mönchengladbach, Beschl. v. 2.6.1969 – 4 T 77/69 – KTS 1970, 62; Uhlenbruck/*Sinz*, § 174 Rn. 29; MünchKomm-*Riedel*, § 174 Rn. 26; Braun/*Specovius*, § 174 Rn. 25.

460 BGH, Urt. v. 5.7.2007 – IX ZR 221/05, ZIP 2007, 1760 ff.

Anspruchsgrundlage – voraussetzt, um sowohl dem Insolvenzverwalter als auch den beteiligten Gläubigern die Prüfung der Forderung zu ermöglichen; die Forderungsanmeldung bestimmt damit den Gegenstand eines möglichen Feststellungsstreits nach §§ 181, 183 InsO.[461] Daraus ergeben sich für die Frage der Verjährung bzw. der Hemmung der Verjährung gem. § 204 Abs. 1 Nr. 10 InsO der angemeldeten Forderung eine Reihe eigener Probleme. Kommt nämlich ein alternativer Grund (eine alternative Anspruchsgrundlage) in Fällen in Betracht, in denen der Gläubiger z.B. bei seiner Forderungsanmeldung einen Anspruch aus § 488 BGB angegeben hat, der Darlehensvertrag aber nichtig war und daher ein Bereicherungsanspruch besteht, der aber entgegen § 174 Abs. 2 S. 1 InsO nicht mit der Forderungsanmeldung angegeben worden ist, ist zunächst einmal der Ablauf der Verjährung des Bereicherungsanspruchs nicht nach § 204 Abs. 1 Nr. 10 BGB gehemmt.[462] Und eine Erstreckung der Verjährungshemmung nach § 213 BGB auf den Bereicherungsanspruch kommt nicht in Betracht, da diese Vorschrift bei alternativen Anspruchsgrundlagen für den allgemeinen Leistungsprozeß die Konsequenz daraus zieht, dass der Kläger die Anspruchsgrundlage ohne weiteres gem. § 264 Nr. 1 ZPO auswechseln kann[463] – was, wie das SKLM-Urteil[464] deutlich macht, für den Feststellungsprozess nach § 179 ff. InsO aber gerade ausgeschlossen ist.

3.330 Die Beurteilung des Urteils des BGH vom 2. Dezember 2011 hängt davon ab, ob der Fall der unterlassenen Angabe des Qualifikationsgrundes einer vorsätzlich begangenen unerlaubten Handlung des Schuldners und der Fall des Unterlassens der Angabe eines Alternativgrundes zu einer nicht eingreifenden Anspruchsgrundlage strukturell vergleichbar sind, oder unterschiedliche verfahrensrechtliche Lagen betreffen.

3.331 Anknüpfungspunkt für die Beurteilung dieser Frage ist die Funktion der Insolvenzfeststellungsklage, wie sie der IX. Zivilsenat im SKLM-Urteil[465] herausgestellt hat:

3.332 Der IX. Zivilsenat unterscheidet die Feststellung einer Leistungspflicht von der Feststellung eines „anderweitigen Rechtsverhältnisses“ oder einer „Rechtslage“. Die Feststellung eines „anderweitigen Rechtsverhältnisses“ oder „einer Rechtslage“ beruhe *nicht* auf einem Anspruch gem. § 194 Abs. 1 BGB. Soweit es sich um die Feststellung handelt, dass eine vorsätzlich begangene unerlaubte Handlung vorliege, schuldet der Beklagte nach Ansicht des erkennenden Senats kein Tun oder Unter-

---

461 *Smid* in: Leonhardt/Smid/Zeuner, InsO, 3. Aufl., § 174 Rn. 20.

462 *Smid*, Verjährungshemmung durch Forderungsanmeldung, DZWIR 2012, 267.

463 *Smid* (Fn. 462); *Kiesbye*, Die Hemmung der Verjährung durch die Anmeldung einer Forderung im Insolvenzverfahren, 2011, S. 199 ff.

464 BGH, Urt. v. 5.7.2007 – IX ZR 221/05 – ZIP 2007, 1760.

465 BGH, Urt. v. 5.7.2007 – IX ZR 221/05 – ZIP 2007, 1760.

lassen. Er habe vielmehr eine „sonstige Beurteilung“ gegen sich gelten zu lassen. Dies unterliege nicht der Verjährung.

Im Schrifttum[466] ist freilich die Ansicht vertreten worden, die Feststellung, Ansprüche gründeten in einer unerlaubter Handlung des Schuldners, beruhten selber auf einem Anspruch i.S.v. § 194 Abs. 1 BGB und unterlägen damit der Verjährung.[467] 3.333

3. Prämissen des BGH

Prozessual stellt sich in der Tat die vom Senat aufgeworfene Frage, weil unser heutiges Prozessrecht von einer Unterscheidung von Anspruch als materielle Befugnis auf der einen Seite und dem prozessualen Klagerecht als publizistischer (öffentlich-rechtlicher) Erscheinung auf der anderen Seite auszugehen scheint. Die damit verbundene Trennung von materiellem Recht und Prozessrecht beruhte auf der Notwendigkeit, den rechtlichen Gehalt von Feststellungsklagen zu erklären, was seit *Adolf Wach*[468] mit dem Hinweis auf eine öffentlich-rechtliche Natur der Feststellungsklage verbunden war, die einem materiell-rechtlichen Anspruch nicht korrespondiere. Dies kommt in der Formulierung des erkennenden Senats im vorliegenden Fall zum Ausdruck, es gehe bei der Feststellung, ob eine vorsätzlich begangene unerlaubte Handlung vorgelegen habe, nicht (mehr) darauf an, über einen materiell-rechtlichen Anspruch zu erkennen – vielmehr gehe es um eine den Beklagten wirkende „sonstige Beurteilung“. 3.334

Ursprünglich sollte ein aus dem materiellen Recht erwachsener Anspruch auf Feststellung oder Anerkennung der Feststellungsklage zugrunde liegen.[469] Dieser Feststellungsanspruch konnte im materiellen Recht kaum noch niedergelegt werden, so dass *Windscheid* die actio praeiudicialis als ausschließlich prozessrechtliche Erscheinung betrachtet hat.[470] Vor diesem Hintergrund hat *Wach*[471] an die Stelle des zweifelhaft zu begründenden materiellen Feststellungsanspruchs einen neuen Anspruchsbegriff aus dem Kontext des Prozessrechts selbst zu konstruieren versucht, den er in einem Recht auf zivilprozessualen Schutz[472] zu sehen versucht, das sowohl gegen den Staat als auch gegen den Prozessgegner gerichtet sein sollte. Es ist ersichtlich, dass damit an eine Verdoppelung der Streitgegenstände gedacht war.[473] 3.335

---

466 *Peters* KTS 2006, 127, 131 f.; *Grothe* ZInsO 2008, 776, 780; *Kollwe*, Deliktische Forderungen und Restschuldbefreiung, 2009, 200.

467 *Kahlert*, ZInsO 2005, 192, 194 f.

468 *Adolf Wach*, Handbuch Des Deutschen Civilprozessrechts 1885, Band 1, S. 99, S. 108.

469 Jaeger/Henckel/*Gerhardt*, Band 6 2010, § 174 Rn. 56.

470 *Windscheid*, Die Actio des römischen Civilrechts vom Standpunkte des heutigen Rechts, 1856, S. 1 f., 103 f.

471 *Wach*, Feststellungsanspruch, 15, 31 f.

472 *Wach*, Feststellungsanspruch, 15.

473 Jaeger/Henckel/*Gerhardt*, Band 6 2010, § 174 Rn. 57 f.

3.336 Nun wäre freilich, erhöbe der Kläger eine Leistungsklage aus § 823 BGB nach Ablauf der Verjährungsfrist, der Anspruch der Verjährungseinrede ausgesetzt und bei deren Erhebung durch den Beklagten die Klage abzuweisen. Anders würde es sich verhalten, wenn der Klage aus bereitesten anderem Rechtsgrund stattzugeben wäre, § 300 ZPO. Dann wäre der geltend gemachte Leistungsantrag begründet, aber eben nicht aus § 823 BGB. Derartige Fälle lassen sich wegen der Regelverjährungsfrist von 3 Jahren gem. § 195 BGB allerdings nur in solchen Ausnahmefällen vorstellen, in denen der Lauf der Verjährungsfrist des anderen Antrags gehemmt war – etwa weil spezifisch hierüber Verhandlungen geführt worden sind.

3.337 Der IX. Zivilsenat meint nun, dass der Kläger dadurch vor dem Verjährungseintritt geschützt wird, wenn er zunächst eine vertragliche Anspruchsgrundlage geltend macht und einklagt und, nachdem er den Titel hieraus erstritten hat, auch nach Ablauf der Verjährungsfrist, die für den deliktischen Anspruch gelten würde, deren Vorliegen festzustellen begehrt. Die Begründung hierfür stützt der IX. Zivilsenat auf die Funktion der Feststellung des Vorliegens einer vorsätzlich begangenen unerlaubten Handlung: Die Vollstreckungsgläubigerin will damit einer Vollstreckungsabwehrklage der Beklagten vorbeugen, die geltend macht, aus dem gegen sie ergangenen Urteil könne wegen Erteilung der Restschuldbefreiung nicht mehr vollstreckt werden.

3.338 Will man das Problem der Voraussetzungen der Verjährungshemmung näher betrachten, führt dies notwendig zum Anspruchsbegriff und damit in die Auseinandersetzung um das Verhältnis von Prozeß und (materiellem) Recht. Und dieses Verhältnis ist untrennbar mit der Entwicklung der Feststellungsklagen verbunden: Die Feststellungsurteile und damit die Feststellungsklagen in der Gestalt, die sie mit der CPO in der zweiten Hälfte des 19. Jahrhunderts gesetzlich gefunden haben, rühren aus der Entwicklungsgeschichte von Klagen her, die ein Urteil über ein Rechtsverhältnis oder über eine Tatsache als Praeiudicium zur Vorbereitung eines künftigen Leistungsprozesses bezweckten.[474] Während es in italienischen Stadtrechten des Mittelalters Klagen auf Bestätigung von Rechtsgeschäften gab, die darauf zielten, den Beklagten von der Berühmung eines Rechts u. dgl. m. abzuhalten, gingen diese Prozessformen in Vergessenheit und blieben als Verurteilung zur Klagerhebung bei Vermeidung der Verurteilung zu ewigem Stillschweigen als Residuum erhalten, die mit anderen Worten als Leistungsklagen erhoben wurden.[475]

3.339 Im gemeinen Prozessrecht des frühen 19. Jahrhunderts wurde daher die Praeiudicial- oder die Statusklage als Klage de statue affirmativae, wodurch jemand bittet, einen Zustand anzuerkennen oder negative Feststellungsklage zugelassen.[476] In die-

474 Stein/*Juncker*, Grundriss des Zivilprozessrechts und des Konkursrechts, 3. Aufl. 1928, § 7 (S. 19).

475 Stein/*Juncker*, § 7.

476 Vgl. allein Christian Friedrich Koch, Der preußische Civilprozeß, 2. Aufl., 1855, 265.

ser noch stark aktionenrechtlich begründeten Unterteilung von Klagearten[477] war m.a.W. noch stark der Anerkenntnischarakter der auf Erstellung gerichteten Praeiudicialklage wirksam. Da die Klage selbst aber das Instrument des Schutzes verletzten beleidigten Rechts verstanden wurde, lag später nach den Arbeiten *Otto Bährs* der Schritt zur Konstruktion eines materiell-rechtlichen, der Verstörungsklage unterlegten Anspruchs zugrunde, der allerdings nicht im materiell-bürgerlichen, sondern im materiell-öffentlichen Recht verankert und gegen den Staat auf Rechtschutzgewährung gerichtet war. Der BGH scheint nun sich einer Konstruktion zu bedienen, die versucht, sich auch aus den Gedanken eines Rechtschutzanspruches zu lösen. Er bemüht sich nämlich darum, die Titel ergänzende Feststellungsklage allein auf eine prozessuale Lage zu stellen. Dieses Bemühen aber, mit dem versucht werden soll, eine jede Erinnerung an einen möglichen, der Rechtsfeststellung zugrundeliegenden Anspruch des Klägers gegen den Beklagten als Angelpunkt des festzustellenden Rechtsverhältnisses zu konstruieren, verkennt, dass die prozessuale Geltendmachung von Rechten, ... , nicht von der materiellen Rechtslage losgelöst werden kann. Das Zivilverfahren existiert nicht öffentlich-rechtlich an sich selbst, da es auf das materielle Recht ausgerichtet und gleichsam die Daseinsform der materiellen Rechte und Befugnisse ist.[478] Es bedarf allerdings zur Kritik der Entscheidung des BGH keiner rechtsphilosophisch vertieften Betrachtung des Prozesses als Wirklichkeitsform des Rechts; vielmehr ist zunächst an Folgendes zu erinnern:

Erst in der Diskussion im 19. Jahrhundert[479] hat sich die Feststellungsklage aus **3.340** einer als Klage auf Abgabe eines Anerkenntnisses verstandenen Leistungsklage entwickelt. In der Tat kommt das vom BGH vertretene Modell dicht an diese Ursprünge der in die ZPO Aufnahme gefundenen Feststellungsklage heran. Denn es geht bei der vom BGH entwickelten Titel ergänzenden Feststellungsklage, wie das „Verjährungsurteil“ zeigt, weniger darum, dass die Feststellung eines Rechtsverhältnisses (nämlich des Bestehens eines Anspruchs des Klägers gegen den Beklagten) als „alleiniges Prozessziel“[480] betrieben wird. Vielmehr geht es darum, dass der Titelschuldner sich in Bezug auf den im Übrigen von der Pfändung nicht erstreckten Teil seines Vermögens der Zwangsvollstreckung aus dem Titel unterwirft. Es geht m.a.W. um eine Form von „Anerkenntnis“ – nämlich des Anerkennens, das die Voraussetzungen einer privilegierten Zwangsvollstreckung vorliegen, bzw. dass im Rahmen der nachkonkurslichen Haftung die vom Gläubiger in dem über das Vermögen des Schuldners eröffneten Insolvenzverfahren nicht von der später erteilten Restschuldbefreiung erfasst wird, § 302 InsO. Nun gibt es in der Tat einen solchen

477 Christian Friedrich *Koch*, Der preußische Civilprozeß, 2. Aufl., 1855, 264.
478 So *J. Binder*, Prozess und Recht, 1927, S. 31.
479 *Otto Bähr*, Die Anerkennung als Verpflichtungsgrund, 1855, § 69, S. 279 ff.
480 Stein/*Juncker*, § 7 S. 20.

Anerkenntnisanspruch materiell-rechtlich nicht. Gäbe es ihn, dann wäre er als materiell-rechtlicher Anspruch nach § 194 ff. InsO der Verjährung unterworfen. Er wäre m.a.W. auch der Regelverjährung unterworfen.

3.341 In dem vom BGH zu der auf § 266a StGB gestützten Deliktsklage nicht verjährt. Der deliktische Anspruch verjährt somit in 30 Jahren. In der Tat geht es in derartigen Fallgestaltungen allein um das Problem, ob und unter welchen Voraussetzungen die unbegrenzte konkursliche Nachhaftung besteht. Es geht m.a.W. bei der begehrten Feststellung tatsächlich allein darum, gleichsam ein zusätzliches vollstreckungs- oder insolvenzrechtliches Tatbestandsmerkmal festzustellen. Freilich ist dies für den Beklagten nicht minder entscheidend als für den Kläger. Zäumt man das Pferd einmal von hinten auf und betrachtet die verjährungsrechtliche Frage unter der Funktionsweise des Verjährungsrechts und damit nicht zuletzt der prozessualen Waffengleichheit der Parteien, dann wird Folgendes deutlich. Aufgabe der Verjährung ist es unstreitig jedenfalls auch, den Beklagten davor zu bewahren, zur Unzeit mit der Geltendmachung von Ansprüchen ausgesetzt zu werden, gegen die er aus tatsächlichen Gründen Einwendungen und Einreden nicht mehr geltend machen kann, weil die Beweismittel durch Zeitablauf verschüttgegangen sind. Stellt man sich nun vor, dass der Kläger eine Deliktsklage erhebt, aber im Titel aus welchen Gründen auch immer die vorsätzliche Begehung einer unerlaubten Handlung nicht zum Ausdruck kommt. Dann liegt auf der Hand, dass der Beklagte sich gegen die spätere Geltendmachung der „Qualifikation“ des Anspruchs als auf vorsätzlich begangener Handlung beruhend nicht unter Berufung darauf entziehen kann, der Deliktsanspruch sei verjährt. Insoweit ist im Ergebnis der Entscheidung des BGH ja recht zu geben. Denn geht es um den späteren Beweis, dass der Beklagte die unerlaubte Handlung vorsätzlich begangen habe, stehen Kläger und Beklagter vor den gleichen Beweisproblemen. Nun sind diese Probleme für den Beklagten, der seinerseits mit dem Widerspruch gegen die Forderungsanmeldung des Klägers, wie in dem vom BGH entschiedenen Fall vorgegangen ist, strukturell deshalb größer, weil in den Insolvenzfällen, in denen in der Unternehmensinsolvenz es um § 266a StGB gegangen ist, eine fahrlässige Begehung nicht strafbar ist und auch kaum in Betracht kommen wird, dass der Beklagte sich hiergegen mit Erfolg wendet. Dies ist aber kein Problem der Verschlechterung der Beweismittel, sondern ergibt sich strukturell aus der Art des begangenen Delikts. Insofern ist die Entscheidung des BGH nicht nur „verständlich“, sondern angesichts der Struktur des zu entscheidenden Falles richtig. Anders verhalten sich bereits Konstellationen, in denen der titulierte Anspruch, dessen Verjährungsfrist 30 Jahre läuft, nicht ohne weiteres als Deliktsanspruch qualifiziert werden kann. Anders als in dem vom BGH entschiedenen Fall, in dem eine andere Anspruchsgrundlage als eine deliktische von vornherein nicht in Betracht zu ziehen war, können sowohl im Zusammenhang der zwangsvollstreckungsrechtlichen Privilegierung als auch der Voraussetzungen der nachkonkurslichen unbeschränkten Haftung Konstellationen auftreten, in denen sowohl eine vertragliche als auch eine deliktische Anspruchsgrundlage des Titels in Betracht zu ziehen sind. So ist daran zu denken, dass der Vermieter in der Verbraucherinsolvenz, der Opfer eines Mietnomaden geworden ist, seine Forderung auf Mietzahlung sowohl auf Vertrag als auch mit Blick auf § 263 Abs. 2 StGB 823 Abs. 2 BGB stützt. Kommt es nun zu einem Versäumnisurteil oder entscheidet der Richter aus bereits diesem Grund, oder erwirkt der Vermieter einen Vollstreckungsbescheid, liegt in allen Fällen jedenfalls die deliktische Anspruchsgrundlage nicht zugrunde. Im Falle des BGH ist es nämlich in der Tat nicht einzusehen, weshalb für die Feststellung der Qualifikation des titulierten Tatbestandes eine andere Verjährungsfrist, nämlich die allgemeinen dreijährige Verjährungsfrist, greifen soll, als diejenige des Titels. Betrachtet man dagegen die zweite Fallgruppe ist dies anders. Würde man ohne Weiteres die Art der Argumentation des IX. Zivilsenats zugrundelegen wollen, wäre in dieser zweiten Fallgruppe danach zu fragen, ob und inwieweit der immerhin nicht titulierte Anspruch aus Delikt von der Titulierung des vertraglichen Anspruchs soll „profitieren" können. In diesem Zusammenhang lässt sich nun nicht ohne weiteres darüber hinweggehen, da die Titulierung sich auf unterschiedliche Anspruchsgrundlagen bezieht. Der BGH geht über dieses Problem durch seine wohl verfahrensrechtlich gemeinte Konstruktion einer Pflicht, anzuerkennen, dass der Kläger vollstreckungs- oder restschuldbefreiungsrechtlich mit der titulierten bzw. angemeldeten Forderung privilegiert sei, hinweg. Man fragt sich nun, was damit gemeint sein soll. Zu behaupten, dass sich die Titulierung des vertraglichen Anspruchs gleichsam „analog" § 213 BGB auch auf den Deliktsanspruch beziehe, steht im Widerstreit dazu, dass vollstreckungs- und insolvenzrechtlich hier unterschiedliche Mechanismen je nachdem eingreifen, um welchen Anspruch es sich handelt. Der BGH argumentiert aber auch nicht so. Die Lage im vorliegenden Fall unterscheidet sich von derjenigen, die eintritt, wenn es um die Beurteilung der Verjährungshemmung nach § 204 i.V.m. § 217 BGB geht. Denn im vorliegenden Fall stellt sich der Anspruchsinhaber als der Angreifer dar, der den bereits titulierten Anspruch erweitern will. Das führt dann auch in der Entscheidung des BGH zu der Konstruktion eines prozessualen Anerkenntnisanspruchs. Nach § 213 BGB stellt sich die Frage, ist die Verjährung dadurch gehemmt, dass ein konkurrierender Anspruch geltend gemacht worden ist. Dies ist dann interessant, wenn alternierende Anspruchsgrundlagen vorliegen. Im vorliegenden Fall haben die Parteien ja bereits einen Titel erstritten bzw. ist der Beklagte bereits mit einem Titel überzogen.

Geht es um die Feststellung, ob das qualifikations- und privilegierungsbegründende Merkmal des vorsätzlichen Begehens der unerlaubten Handlung vorliegt, geht es gleichsam um das, was im Schrifttum[481] als Feststellung eines Elements eines Rechtsverhältnisses bzw. von Tatsachen bezeichnet worden ist. Der Sache nach handelt es sich um eine Tatsachenfeststellung, aus der juristische Schlüsse gezogen **3.342**

481 *Jacobs*, Der Gegenstand des Feststellungsverfahrens, 2005, S. 339.

werden. Denn ob der Beklagte die unerlaubte Handlung vorsätzlich oder fahrlässig begangen hat, lässt sich nicht bereits aus einer Subsumtion aus den bereits festgestellten Tatsachen ermitteln – weshalb sich aus dem vorliegenden Deliktstitel auch nicht ohne weiteres auf die Vorsatzform schließen lässt. Vielmehr bedarf es besonderer Tatsachenfeststellungen, aufgrund derer auf den inneren Tatbestand des Vorsatzes bei der Begehung geschlossen werden kann. Derartige Tatsachenfeststellungen sieht § 256 Abs. 1 ZPO im Übrigen aber nicht vor. Die Feststellung und Dokumentation von Tatsachen ist nicht Aufgabe der zivilprozessualen Feststellungsklage.[482] Dies zeigt sich zwanglos daraus, dass § 256 Abs. 1 ZPO als Ausnahmetatbestand die Feststellung der Tatsache der Echtheit oder Unechtheit einer Urkunde zulässt, woraus sich ohne weiteres ergibt, dass jedenfalls der Gesetzgeber von CPO und ZPO eine allgemeine Tatsachenfeststellungsklage nicht im Auge hat. Für die titelergänzende Feststellungsklage sieht der BGH hier eine Ausnahme, wie sie von der Judikatur bereits in anderen Zusammenhängen[483] befürwortet worden ist.

3.343 Betrachtet man die vorliegende Entscheidung des BGH vom Streitgegenstand her, den der Kläger ursprünglich mit der ersten Klage anhängig gemacht hat und auf Bezug auf den das erste, als ergänzungsbedürftig angesehene Urteil ergangen ist, fällt auf, dass der BGH in einem anderen Zusammenhang, nämlich dem der Deliktszuständigkeit gem. § 32 ZPO, sich von der Annahme eines einheitlichen prozessualen Streitgegenstandes ursprünglich entfernt und eine Aufspaltung des Streitgegenstandes nach materiell-rechtlichen Ansprüchen in dergestalt vorgenommen hat, dass über den deliktischen Anspruch Gerichtsstand des § 32 ZPO, über andere nichtdeliktische Ansprüche dagegen auf den für diese Ansprüche in Betracht kommenden Gerichtsständen zu prozessieren sei.[484] Der dagegen erhobene Einwand, dass nach Maßgabe des § 32 ZPO angerufene Gericht habe aufgrund der allgemeinen gerichtsverfassungsrechtlichen Bestimmung des § 17 Abs. 2 1 GVG[485] eine umfassende sachliche Prüfungskompetenz, so dass gleichsam eine Anschlusszuständigkeit des Gerichts des Deliktsgerichtsstandes auch für weitere Anspruchsgrundlagen gegeben sei.[486] Dies hat den BGH[487] dazu bewogen, eine Anschlusszuständigkeit zu bejahen.[488]

---

482 *Jacobs* (Fußn. 481) S. 359.
483 *Jacobs* (Fußn. 481) S. 360.
484 BGH, NJW 1974, 410, 411; *M. Schwab*, Zivilprozessrecht 4. Aufl., 2012, Rn. 115.
485 *Schilken*, Gerichtsverfassungsrecht, 4. Aufl. 2007, Rn. 318.
486 *M. Schwab*, Rn. 116 G.
487 BGH, Urt. v. 16.12.1997 – VI ZR 408/96, BGH NJW 1998, 988, BGH, B. v. 19.2.2002 – X ARZ 334, 01, NJW 2002, 1425.
488 BGH, B. v. 10.12.2002 – X ARZ 208/02, BGH NJW 2003, 828, 829.

Stichwortverzeichnis

www.ingramcontent.com/pod-product-compliance
Lightning Source LLC
LaVergne TN
LVHW080852300926
849162LV00003B/408

* 9 7 8 3 1 1 0 5 2 5 9 8 4 *